立德树人 铸魂育人

复旦大学"三全育人"综合改革案例选编

焦 扬／主编

复旦大學出版社

序：捧着一颗初心来叩问新时代育人之道

2020年第36个教师节之际，习近平总书记寄语广大教师，不忘立德树人初心，牢记为党育人、为国育才使命，积极探索新时代教育教学方法，不断提升教书育人本领，为培养德、智、体、美、劳全面发展的社会主义建设者和接班人作出新的更大贡献。话虽不长，句句千钧，道出了教育战线的初心使命、教师队伍的奋斗姿态，还有党和人民对教育工作者的深切期待。在纪念建党99周年前夕，总书记在给复旦师生的回信中，寄语广大青年坚持理想信念、践行初心使命、矢志拼搏奋斗，走好新时代的长征路。寄语教师和回信青年，虽然形式各异，却都体现了总书记对教育的谆谆嘱托和对年轻一代的殷殷期望。

新时代是高等教育的大时代。面对中华民族伟大复兴战略全局和世界百年未有之大变局，面对新发展阶段对高等教育的迫切需求和知识人才的强烈渴求，面对人民日益增长的美好生活需要，面对风起云涌的科技浪潮和蔚然成风的学习革命，面对多元多样多变的社会思潮和意识形态斗争交锋，我们能否恪守初心、践行使命、奋发有为，闯出新路子、展现新作为、彰显新担当，向党和人民交出满意答卷？

立德树人 铸魂育人
——复旦大学"三全育人"综合改革案例选编

这本书就是复旦人在新时代回答"培养什么人、怎样培养人、为谁培养人"这个根本问题的答卷之一。全国高校思政会以来，全校深入学习贯彻总书记关于教育的重要论述，坚持和加强党的全面领导，推动思政工作和人才培养守正创新。2018年9月，复旦大学入选全国首批10家"三全育人"综合改革试点高校。学校党委谋篇布局、系统探索新时代全员全程全方位育人的新体系、新思路、新方法。既坚持目标导向、加强顶层设计，把立德树人融入思想道德教育、文化知识教育、社会实践教育各环节，把思政工作体系贯通学科、教学、教材和管理体系，进而推动更高水平的人才培养体系建设；又坚持问题导向、破解关键难题，点面结合、聚力攻坚，上下联动、压茬推进。在"三全六度十育人"的顶层设计框架下，2019年重点推进思政课创优、课程思政攻坚、书院立德修身、全面强师第一阶段四大行动计划，2020年重点推进研究生思政、实践育人、网络育人和评价体系改革第二阶段四大行动计划。

我们把校内外各方面力量调动起来，把一切育人元素利用起来，举全校之力推进改革。学校党委制定实施改革方案，召开两次全校"三全育人"工作推进会，委托民主党派开展专项监督。我们充分发挥学校、院系和基层"三线联动"的政治优势、组织优势，各条线协作联动、同频共振，各单位全力动员、重心下沉，围绕德、智、体、美、劳五育并举，开展了一场蔚为大观又润物无声的思政大改革、育德大思考、育人大实践。本书选编的95个案例，展现了全校上下同向同行、合力育人的政治自觉、思想自觉和行动自觉，反映了全校教职员工践行办学初心、履行育人使命、努力投入改革的热情、智慧和担当，总结了各条线、各单位在"三全育人"综合改革试点中的探索、思考和经验。

"三全育人"综合改革已初步取得一些实践成效。比如，2020年实施"红色基因铸魂育人"工程，2021年开展"党旗领航铸魂育人"项目，2022年启动"强国追梦铸魂育人"行动，打造"铸魂育人三部曲"，建设"宣言精神"的理论、文化和育人高地，不负总书记嘱托，培养更多"宣言精神"的忠实传人；思政课承担教育部创新任务，实现习近平新时代中国特色社会主义思想课程系统性覆盖全体学生，课程入选首批全国一流本科课程，教纲成果在全国发挥示范引领作用；"两个所有"理念深入人心，教师育德意识和能力不断提升，"三全育人我当先"成为思想共识和行动自觉；在重点建设示范课412门基础上，全面推进课程思政建设；本科生书院以爱国主义和传统文化教育为轴心，实施思想引领、学术拓展、身心健康、文化涵养、创新实践和领导能力六类项目220余个，夯实一站式学生社区育人功能；在教师思政方面，对教师政治理论学习、轮训挂职和社会实践做出制度性安排，每年500多名教师组团式参加国情实践。

"三全育人"综合改革也初步形成一些经验体会。比如，要坚持系统设计、整体推进，建设"大思政"一体化育人格局；坚持党建引领、三线联动，确保"三全育人"改革理念"一线贯通"；坚持价值引领、五维育德，把立德树人作为检验工作成效的根本标准；坚持问题导向、精准施策，治痛点、疏堵点、破难点、攻盲点、补弱点；坚持师生为本、激活一线，充分发挥教师、学生的主体作用和院系的主观能动性。

光阴荏苒，白驹过隙。我们深知立德树人是永恒使命，"三全育人"是系统工程。党的十九届四中全会提出，要加强和改进学校思想政治教育，建立全员全过程全方位育人体制机制。学校将落实中央要求，进一步深化综合改革，全面推动"三全育人"贯穿学科体系、教学体系、教材体系、管理体系建设，构建高水平人才培养体系；深化思政课建设内涵式发展，推动课程思政教育教学改革向纵深发展，做强课堂"主渠道"，建强教师"主力军"，促进学生全面发展；进一步加强制度建设，聚焦教师社会实践、三集三提、基层教学组织建设等，推动现有成果制度化常态化，完善立德树人落实机制；进一步着眼体系构建，把改革成果巩固扩大为制度建设成效，按照目标明确、内容完善、标准健全、运行科学、保障有力、成效显著的要求，加快构建与"第一个复旦"相适应的思想政治工作体系，加快形成扎根中国、跻身世界一流前列的人才培养体系，努力为党和国家培养更多担当民族复兴大任的时代新人，不辱时代使命、不负人民期望。

是为序，与全校师生员工共勉。

焦 扬

2022 年 6 月

学习总书记回信精神

学思践悟,奋发有为,走好新时代的长征路
——复旦大学认真学习宣传贯彻习近平总书记重要回信精神 / 3

传承红色基因　播撒真理火种
——复旦大学打造《共产党宣言》展示馆"星火"党员志愿服务队 / 12

发挥课堂主渠道作用

打造学生真心喜爱的思政课
——以复旦大学"习近平新时代中国特色社会主义思想概论"课为例 / 19

网上教学不忘育人初心　课程思政与抗疫同向同行
——复旦大学2020年春季学期网上教学课程思政纪实 / 25

思政教育与专业知识相得益彰　育人成效与课程质量双向提升
　　——复旦大学理工科课程思政教育探索与实践 / 31

在服务学习中培养学生社会责任感和担当意识
　　——复旦大学服务学习课程的探索 / 36

以人文医学教育为载体　促课程思政建设落地生根
　　——复旦大学上海医学院人文医学课程思政体系建设 / 42

以马克思主义新闻思想铸魂育人　培养新时代卓越新闻传播人才
　　——复旦大学新闻学院课程思政纪实 / 47

学科理论体系、教材体系和教学体系相结合　培养服务治国理政的卓越人才
　　——复旦大学国际关系与公共事务学院课程思政建设综述 / 53

课程与思政有机结合　育才与育人深度互促　培育守初心担使命的新时代法学人才
　　——复旦大学法学院课程思政的实践 / 59

新工科背景下课程思政价值引领
　　——复旦大学信息科学与工程学院的探索 / 66

以课程思政示范课为抓手　统筹推进"三全育人"工作
　　——复旦大学计算机科学技术学院的实践 / 74

以课程创新为抓手　激发育人主体活力
　　——复旦大学材料科学系产学结合课程育人 / 80

教育树人　同心立德　培养新时代医学领袖新青年
　　——复旦大学基础医学院课程思政建设的探索 / 85

课程育人强基础　创新实践上能级
　　——以复旦大学文物与博物馆学系"社会实践"课程为例 / 91

弘扬中华传统体育文化　发挥体育育人功能
　　——复旦大学体育教学"以体育德"的实践 / 98

促进学生全方位发展

积极创新教育形式　努力构建长效机制
　　——复旦大学多措并举加强研究生科学道德和学风建设 / 107

持之以恒　注重实效　加强科学道德与学风建设
　　——复旦大学先进材料实验室的探索与实践 / 114

搭建科研育人平台　促进学生成长成才
　　——复旦大学史地所"禹贡"品牌科研育人的实践 / 120

坚持学生学术交流平台建设　打造研究生学术盛宴
　　——复旦大学航空航天系精心打造博士生论坛 / 125

以上海市科普教育基地建设为载体　打造师生社会服务平台
　　——复旦大学生命科学学院祖嘉生物博物馆的建设实践 / 131

构建六位一体的科研育人质量提升体系　培育具有家国情怀和学术理想的一流拔尖创新人才
　　——复旦大学高分子科学系"三全育人"的探索 / 135

推进"德隆学者"本科生创新人才培养计划　扎根中国大地培养新时期公共卫生人才 / 141

探索老年护理领域全员全过程全方位的创新育人模式 / 148

于中山有所学　于社会有所为
　　——复旦大学附属中山医院打造"研究生科普讲师团"育人品牌 / 154

经济资助　成才辅助　助力学生终身发展
　　——复旦大学实施"助力成长计划"／159

精准资助与创新创业双驱联动　提升资助育人成效
　　——以"改变家乡"创意大赛为例／164

学生为本　学术为基　支持学生全面腾飞
　　——复旦大学哲学学院"腾飞计划"学生培育体系建设／170

以晨曦工作室为创新平台　构建资助育人新模式
　　——复旦大学计算机科学技术学院的探索／177

融通多方资源　凝聚育人合力
　　——复旦大学学生心理健康教育五级工作体系建设／182

汇聚暖心关爱　传递支持力量
　　——复旦大学"糖心旦"学生朋辈心理辅导项目／188

创设辅导员心理工作室　打造育心育德同心圆
　　——以复旦大学"心动力"辅导员团体心理工作室为例／194

依托心理专业优势　发挥党员先锋作用　彰显朋辈教育成效
　　——复旦大学"心能源"积极心理学工作室工作纪实／200

搭建朋辈互助平台　促进学生自我成长
　　——复旦大学"心笛理心"工作室助力研究生人际关系建设／205

创新多维度育人途径

"报国成才我奋斗"教育实践引领学生党员不忘初心、牢记使命、全面成长成才／213

目 录

扎根基层做宣讲 服务社会勇担当
——复旦大学以博士生讲师团为抓手培养青年马克思主义者 / 220

坚定理想信念 加强组织建设 实现示范引领
——复旦大学以示范党支部创建为抓手加强研究生党建的实践 / 226

以师生支部共建切入 推动"三全育人"工作
——以复旦大学中文系语文所教师党支部与本科生党支部共建为例 / 233

打造校地党团共建平台 推动党建实践育人工程
——复旦大学历史学系的育人实践 / 239

党建辐射 党员示范 用好主体渠道 注入红色基因
——复旦大学现代物理研究所组织育人的实践 / 244

树牢国家意识 投身科技报国
——复旦大学微电子学院通过校企支部共建引导学生选择西部国家重点单位就业 / 249

传承革命红色基因 用红色文化铸魂育人
——以"让烈士回家"革命烈士精神学习宣传系列活动为例 / 255

传承红色基因 培养"宣言精神"忠实传人
——以复旦大学任重书院为例 / 260

立德修身 知行合一
——复旦大学以书院为依托构建传统文化育人体系 / 266

"三结合"提升实践育人水平
——以复旦大学"看需求、悟变化、讲担当"社会实践活动为例 / 274

创新载体　深化协同育人
——以复旦大学安全志愿者队伍建设为例 / 279

以劳育德　在后勤体验实践中涵育学生社会主义核心价值观 / 284

立德树人　节能育人 / 290

"朝阳行动"扶贫支教活动　师生共写"三全育人"新篇章
——复旦大学管理学院实践育人的探索 / 295

打造"四政+四共"行动体系　完善育人机制
——复旦大学经济学院"三全育人"的探索 / 301

推进"三位一体"就业引导体系建设　输送优秀人才到祖国最需要的地方去建功立业 / 306

脚下有泥　心中有光
——复旦大学着力打造基层就业朋辈互助新平台 / 311

"三全育人"格局下构建具有药学特色的职业生涯教育体系 / 318

探索新形式育人载体

举办"自信中国"系列讲座　扎实开展"四个自信"教育 / 327

在战"疫"中积极推进"互联网+党建"模式创新 / 332

把稳思想之舵　筑牢信仰之基
——复旦大学打造"复旦品牌"系列视频微党课 / 337

优化"新生骨干培训班"建设　建强新生骨干队伍　有效扩大党员发展蓄水池 / 343

目 录

"星星点灯，初心传承" 本科生入党引领培养计划
——复旦大学数学科学学院组织育人的实践 / 349

以主题文艺党课传承医者使命担当
——复旦大学上海医学院"三全育人"综合改革试点工作案例 / 353

同上"疫"党课 同筑"医"理想 同聚"云"力量
——复旦大学上海医学院将抗疫斗争作为医学生思政教育的生动教材 / 359

传播正能量 弘扬主旋律 争做好网民
——复旦大学以网络文化节为抓手推进网络育人 / 367

发挥志愿服务助人育人功效 引导青年投身实践勇担使命
——以"你的后方，我来守护"战"疫"前线医务工作者子女线上辅导活动为例 / 371

发挥网络育人作用 建好网上共青团阵地
——以"青春云接力，加油战新冠"系列直播活动为例 / 375

适应网络安全新态势 着力培养智能时代的学生信息素养 / 381

价值引领 学术辅导
——复旦大学哲学学院以《周一谈治学》栏目开展网络育人的探索 / 387

构建复旦新工科特色的"科研与创新创业"育人体系
——复旦大学科研机构综合党委和工程与应用技术研究院的探索 / 392

师生合力唱响"美丽中国"建设主旋律
——复旦大学"水滴"环保宣讲团建设的实践 / 397

开拓学生国际视野　服务中国外交大局
　　——复旦大学国际关系与公共事务学院在培养全球治理人才中践行"三全育人"的实践 / 401

讲好中国故事　传播好中国声音
　　——复旦大学国际文化交流学院"三全育人"的实践 / 409

讲好中国故事　构建人类命运共同体
　　——复旦大学开展新时期来华留学生国情教育的工作探索 / 415

智库：新时代高校"三全育人"工作新阵地
　　——以复旦大学发展研究院为例 / 421

"旦旦悦读"　以文育人
　　——复旦大学图书馆的"育人"第二课堂 / 427

在高等教育自学考试中利用信息化手段服务育人 / 435

构建全校育人共同体

以"两大工程"引领哲学社会科学发展　推动21世纪马克思主义、当代中国马克思主义入脑入心 / 441

全面落实研究生导师立德树人职责
　　——复旦大学加强研究生导师队伍建设的实践 / 447

"小空间，大功能"
　　——复旦大学语言学习中心全力打造"三全育人"平台助力实现学校国际化人才培养目标 / 453

强化育人职责　发挥综合优势　深入推进本科生全员导师制工作
　　——复旦大学管理学院的实践 / 459

目 录

党建为抓手　搭台促共振
——复旦大学化学系强化导师育人的实践 / 466

发挥书院导师育人作用　促进学生全面发展
——以克卿书院临床医学八年制导师育人模式为例 / 472

以"钟扬精神"为引领　全面提升教师思想政治工作 / 477

以"四个一"教育实践活动　促教师党员在"三全育人"中奋勇当先 / 484

突出政治引领　加强教师理论学习　夯实"三全育人"队伍基础 / 489

坚持育人者先育己　以社会实践提升教师育人使命感责任感 / 495

赋能增效　助力"三全育人"
——复旦大学强化干部教师培训的实践 / 502

以奉献精神胸怀祖国　以专业知识服务社会
——复旦大学社会发展与公共政策学院教师政治理论学习的实践 / 508

传承红色基因　重视大师引领
——复旦大学数学科学学院教师思政工作的实践 / 512

立德树人我当先　教书育人我创优
——复旦大学物理学系"强师立德"工程 / 518

完善新时代教师教书育人评价机制　推进"三全育人"综合改革 / 524

以师生需求为中心　践行服务育人理念
——复旦大学深入开展"服务师生我创优"实践教育活动 / 528

全周期管理与全链条服务　夯实科研育人根基
　　——复旦大学社会发展与公共政策学院的实践 / 533

润物无声　在"云微课"中提升教职工综合素养 / 538

"三全育人"理念下的校园基础建设 / 543

弘扬集聚正能量　优良校风代代传
　　——复旦大学在"三全育人"中发挥离退休教师作用
　　／ 549

创新校董工作机制　拓展育人工作内涵
　　——复旦大学发挥校董会在"三全育人"工作中的新作用／ 554

发挥"校友+"优势　深度服务"三全育人"／ 561

CHAPTER

01

学习总书记回信精神

学思践悟，奋发有为，走好新时代的长征路

——复旦大学认真学习宣传贯彻
习近平总书记重要回信精神

追望大道，求索不息，信仰恒在，历久弥新。102年前，复旦大学老校长陈望道翻译了《共产党宣言》首个中文全译本，为旧中国点亮了马克思主义信仰的新火种；百多年后，复旦大学《共产党宣言》展示馆党员志愿服务队全体队员写信向习近平总书记汇报了参加志愿讲解服务的经历体会，表达了青年师生做《共产党宣言》精神忠实传人的信心决心。2020年6月27日，在党的99周岁生日前夕，在《共产党宣言》中文全译本问世100周年之际，习近平总书记亲自给党员志愿服务队全体同志回信，高度评价了陈望道老校长首译《共产党宣言》的历史意义，充分肯定了党员志愿服务队积极宣讲陈望道老校长追寻真理的故事、传播马克思主义理论的做法，对广大党员特别是青年党员在学思践悟中坚定理想信念、在奋发有为中践行初心使命提出明确要求。

习近平总书记重要回信是对党员志愿服务队的重大鼓励，是对复

旦大学全体师生的巨大鼓舞，引发了全体师生的热烈讨论，成为校园最热门的话题。复旦大学党委始终把学习宣传贯彻习近平总书记重要回信精神作为首要政治任务，作为深化"三全育人"综合改革，传承红色基因、落实立德树人，坚守为党育人、为国育才的初心使命的根本遵循，紧紧抓住"坚定理想信念、践行初心使命、走好新时代的长征路"这条主线，迅速掀起学习宣传贯彻习近平总书记重要回信精神热潮，为落实立德树人根本任务、加快推进"双一流"建设、开启迈向中国特色世界一流大学前列的新征程，凝聚磅礴力量。

一、以习近平总书记重要回信精神为指引，做好有深度、有广度的学习和宣传

"心有所信，方能行远"，这既是习近平总书记对复旦大学青年学子的谆谆教诲，也是对复旦大学育人育才的殷切期望。我们高扬"做'宣言精神'忠实传人"这面旗帜，把陈望道老校长首译《共产党宣言》的故事一代代讲下去，把追求真理、为民族振兴事业不懈奋斗的精神不断发扬光大，传承红色基因、传播真理味道、传递信仰力量。

校党委第一时间作出《中共复旦大学委员会关于认真学习宣传贯彻习近平总书记给〈共产党宣言〉展示馆党员志愿服务队全体同志重要回信精神的决定》，下发《关于认真组织学习习近平总书记给〈共产党宣言〉展示馆党员志愿服务队全体同志重要回信精神的通知》，对全校学习宣传贯彻重要回信精神作出动员部署，要求学深悟透习近平总书记重要回信精神，把学习习近平总书记重要回信精神与学习习近平新时代中国特色社会主义思想结合起来，进一步树牢"四个意识"、坚定"四个自信"、做到"两个维护"；与扎实开展"四史"学

习教育结合起来,深入学习党史、新中国史、改革开放史、社会主义发展史,从真理和历史中汲取开拓前进的强大勇气和力量;与巩固"不忘初心、牢记使命"主题教育成果紧密结合起来,教育引导全校共产党员和师生员工学思践悟、奋发有为,走好新时代长征路,让初心薪火相传、把使命勇担在肩。

全校各级党政领导干部率先垂范,先学一步、学深一步,原汁原味、扎扎实实学,准确领会把握总书记回信的思想精髓和核心要义,切实做到学懂弄通做实。校领导班子成员带头去联系单位、所在支部等进行宣讲,以上率下学,做好表率。

在校党委的部署下,"学习总书记回信精神,争做'宣言精神'忠实传人"学习教育活动在全校开展,各级党委针对师生群体特点,开展党校培训、党课报告、组织生活、主题党团日、专题研讨、笔谈交流等形式丰富、生动活泼的学习活动,确保学习习近平总书记重要回信精神层层推进。党委党校重点抓好主体班次的学习,尤其是对中层以上干部、党支部书记、教学科研骨干开展重点培训。党委组织部、党委教师工作部着重抓好全体党员的学习、强化全体教师的理论武装。学生工作部门、各学生党团学组织通过多种形式,引导全体学生深入学习总书记对广大青年提出的希望和要求。各二级党委切实把学习宣传贯彻习近平总书记重要回信精神作为首要政治任务摆上议事日程,每个二级单位理论学习中心组围绕学习贯彻回信精神开展一次理论学习,每个党支部至少开展一次专题组织生活,并组织带动全体师生一起学习。

综合运用融媒体手段、发挥新媒体矩阵作用,在校园网主页开设学习贯彻回信精神专栏,通过微博、微信、校报等媒介持续发布各单位和师生员工最新学习动态、学习体会和行动举措,总结好做法、推广好经验。《人民日报》、新华社、中央广播电视总台等中央主流媒体，《解放日报》、《文汇报》、上海电视台、澎湃新闻等上海主流媒体全方位关注报道学校学习回信精神的新闻稿件70余篇。全校50余个院系单位微信公众号也积极转载主流媒体报道，形成同频共振的宣传声势，为持续深入学习回信精神营造热烈氛围，带动更多人品读宣言故事，点亮理想信念，践行"宣言精神"。

二、以习近平总书记重要回信精神为指引，做好有厚度、有气度的研究和传播

打造马克思主义理论学科和人才高地。我们坚持马克思主义指导地位，聚焦党的创新理论研究和传播，推动理论研究工程向育人工程转化，深化新思想"三进"工作，以新思想铸魂育人。着力发挥学校的综合学科优势与优势学科的深厚积淀，加强马克思主义理论研究和人才培养，加强中国特色社会主义理论体系研究、阐释和宣传。以全国重点马克思主义学院建设为抓手，推动马克思主义研究院创新发展，建设一流马克思主义理论学科群。制定马克思主义课程群建设实施方案，系统建设以习近平新时代中国特色社会主义思想为核心内容的思政课课程群，进一步加大新思想"三进"力度。

发挥学科和专家优势，组织"习近平新时代中国特色社会主义思想研究工程"和"当代中国马克思主义研究工程"（"两大工程"），加强党的创新理论学理化阐释、学术化表达、体系化构建，出版研究成果20本，销量已近9万册。加快推进"两大工程"从研究工程向育人工程转化，启动建设课程9门、教材14本。实体化建设望道研究院，深入开展陈望道研究，加强"宣言精神"研究宣传，建设党的初

心使命和党史党建育人研究的高端智库，出版《陈望道文存全编》《信仰之源，真理之光——纪念〈共产党宣言〉首个中文全译本出版100周年》《陈望道手稿集》等。建设高校中国共产党伟大建党精神研究中心复旦大学分中心，聚焦伟大建党精神和中国共产党人精神谱系的理论内涵、逻辑体系、时代意义、育人价值等，加强研究阐释和大众传播。

加强青年马克思主义者培养，建好建强马克思主义学院"望道"本科班，深入推进"青年马克思主义者培养工程""大学生马克思主义自主学习行动计划"，办好青年马克思主义学校、学生理论社团，引导不同专业、不同学段的学生学习马克思主义理论，培养出更多爱党为党、懂马信马、有根有魂的青年马克思主义者。

深入推进"铸魂育人三部曲"。习近平总书记殷切寄语广大党员特别是青年党员，要认真学习马克思主义理论，结合学习党史、新中国史、改革开放史、社会主义发展史，在学思践悟中坚定理想信念，在奋发有为中践行初心使命。陈望道老校长翻译首个中文全译本《共产党宣言》，种下了复旦大学办学治校的红色基因，开启了与党和国家命运紧密相连、休戚与共的光荣征程。我们坚持把"真理的味道"故事一代代讲下去，赓续红色血脉，追求真理大道。2020年《宣言》中译百年，学校启动"红色基因铸魂育人"工程，把复旦大学百年红色基因融入立德树人血脉，讲好"信仰之源、真理之甘真理味道"的故事，培养"宣言精神"的忠实传人；2021年建党百年，学校实施"党旗领航铸魂育人"工程，紧扣中国共产党成立100周年的时代主旋律、育人大课堂、奋斗大舞台，以党建领航思想政治教育、领航教师教书育人、领航教育教学改革，形成7个100系列建设成果，涵盖"四史"微课程、红色资源库、支部生活案例、主题党日方案、精品教材、课程思政教学案例、实践育人基地等；2022年建团百年之际，学校即将实施"强国追梦铸魂育人"行动，着重引导广大青年学生把爱党情、报国志进一步转化为强国行，自觉践行"请党放心、强国有我"的铿锵誓言，自觉走上青春梦想融入复兴梦想的人生之路。"三部曲"以红色基因、历史自信和强国征程鼓舞青年、指引青年、团结青年、激励青年，形成了相互衔接贯通的育人体系。

我们着力加强《共产党宣言》展示馆建设，深化"《宣言》中译信仰之源"主题阐释，进一步丰富展陈、优化配套设施、挖掘藏品故事、开发文创产品、打造精品线路，把《共产党宣言》展示馆打造成"宣言精神"和初心使命教育基地。持续加强《共产党宣言》展示馆党员志愿服务队建设，成立《共产党宣言》展示馆党员志愿服务队党支部，加强学校党委对志愿服务队的指导、关心和培养，党委书记焦扬多次参加党支部组织生活，带领支部党员学深悟透。选拔配强优秀师生参与服务队工作，传承好志愿服务接力棒，加强队员培养，强化理论学习、研究和实战培训，完善集体备课、研究工作坊和"传帮带"等机制，不断提升讲解服务水平和分众化讲解能力，增强讲解效果。

我们进一步挖掘用好学校和各学科的红色资源，缅怀在革命中牺牲的复旦英烈，学习在建设中奋斗的复旦先辈；落成陈望道雕塑，修缮苏步青旧居、谈家桢/陈建功旧居，打造"玖园爱国主义教育建筑群"，建成"宣言广场"，启动望道图书馆建设，精心打造一批校园红色文化新地标；推动拍摄电影《望道》，制作全新大师剧《陈望道》，重排舞剧《望·道》，推出原创歌曲《望道·致远》，用丰富的艺术的形式传播"宣言精神"。全校党支部和师生党员带头把爱国情、报国志化为强国行，建设一批校外红色教育实践基地，开展"百年复兴路、时代新长征"教师专项社会实践和"看需求，悟变化，讲担当"学生社会实践，累计立项2340余项，参与超过2万人次，贯通第一课堂与第二课堂，引导师生深入基层一线学党史知国情，在历史场景、改革情景、奋斗前景中筑牢信仰之基。

三、以习近平总书记重要回信精神为指引，做好有力度、有速度的贯彻和落实

以回信精神指导深入推进"三全育人"综合改革。"要坚持把立德树人作为中心环节，把思想政治工作贯穿教育教学全过程，实现全程育人、全方位育人，努力开创我国高等教育事业发展新局面"，总书记的叮嘱言犹在耳。我们始终把立德树人成效作为检验学校一切工作的根本标准，培养担当民族复兴大任的时代新人。学校高质量完成全国首批"三全育人"综合改革试点任务，在思政课、课程思政、教师队伍、书院建设、实践育人、网络育人、研究生教育、评价机制、就业心理、开放环境育人、管理服务育人等重点领域和关键环节攻坚突破，制定实施"4+4"专项行动计划，完善"三全六度十育人"格局，充分激发全员育人主体活力，把思想政治工作贯穿育人全过程，全方位覆盖育人空间场域，加快构建有复旦特色的思想政治工作体系，加快形成具有中国特色、跻身世界一流前列的人才培养体系。"十四五"期间，学校以落实"四贯穿"深化"三全育人"综合改革，从"抓重点、补短板"转向"抓贯穿、强体系"，把立德树人融入思想道德教育、文化知识教育、社会实践教育各环节，内化到大学建设和管理各领域，把思想政治工作体系真正贯穿学科体系、教学体系、教材体系、管理体系。

将回信精神转化为发展改革的强大动力。习近平总书记曾多次强调，要坚持学而信、学而思、学而行，把学习成果转化为不可撼动的理想信念，转化为正确的世界观、人生观、价值观，用理想之光照亮奋斗之路，用信仰之力开创美好未来。我们始终坚持马克思主义指导地位，牢牢扎根中国大地、建设世界一流大学，胸怀"国之大者"、走好建设"第一个复旦"之路，努力代表中国参与全球高等教育竞争合作，在世界学术之林发出中国声音。全校贯彻落实总书记回信精神和党的教育方针，培养堪当民族复兴大任时代新人的步伐愈发坚定，全面落实"2+X"本科培养体系、研究生教育"博英计划"，服务世界重要人才中心和创新高地建设。坚持"四个服务"发展方向，勇担社会责任和时代使命，主动对接教育强国、科技强国、文化强国、健康中国等国家重大战略和党中央交给上海的三项新的重大任务，积极服务上海"五个中心""四大功能"和新时代人民城市建设，把学校发展融入民族复兴的时代洪流。坚持面向经济社会发展主战场，主动服务融入新发展格局，凝神聚力壮大战略科技力量、加大基础研究和"卡脖子"攻关，推动中国特色哲学社会科学体系建设，深化医教研协同发展，推动学科融合创新、创新能级提升和创新人才培养，实现办学综合实力高质量、内涵式快速增长。

加强学校党的领导和党的建设。我们健全党的全面领导体制机制，做到"两个维护"、筑牢政治建设之魂，进一步深化"三线联动"工作机制，坚持党的全面领导"一线贯通"，推动中国特色社会主义大学制度优势更好地转化为治理效能。制定贯彻落实中国共产党普通高等学校基层组织工作条例的实施意见，全面加强党的政治建设，提升基层党建质量，通过大党建促进大思政，做实做强学校立德树人中心工作。实施"党建质量提升行动"，推进强基、聚力、引领、创新工程,在政治功能、队伍建设、转型创新和支部作用发挥上聚焦发力;实施"生命线"工程,坚持"一切工作到支部"的鲜明导向,增加基层党支部政治引领,强化基层党支部育人活力;开展"赓续红色百年·365行动",通过"每周一个院系接力、每天一个支部展示"系统呈现基层党建成果,献礼建党百年。一以贯之推进全面从严治党,落细落实党的全面领导政治要求、巡视整改政治任务和从严治党政治责任,为迈向世界一流前列提供坚强政治保证、思想保证、组织保证、纪律保证。

(执笔人:许征、尹冬梅)

传承红色基因　播撒真理火种

——复旦大学打造《共产党宣言》展示馆"星火"党员志愿服务队

一、基本情况

复旦大学《共产党宣言》展示馆"星火"党员志愿服务队成立于2018年5月，依托复旦大学老校长陈望道旧居暨《共产党宣言》展示馆这一红色景点实体建立，旨在培养具有高质量讲解能力的"宣言精神"传播者、能做扎实理论研究的"宣言精神"研究者、素质过硬志愿奉献的"宣言精神"实践者。服务队名字中的"星火"一词取意自"聚是一团火，散作满天星"与"星星之火，可以燎原"。寓意每一位服务队队员都能成为传递马克思主义真理力量的"火种"，心中有火、眼里有光，学思践悟，坚定理想信念，牢记初心使命。

党员志愿服务队在两年多的时间里，积极探索、勇于尝试，逐渐形成了服务队的目标定位和重点任务，尤其是在2020年学校党委启动"红色基因铸魂育人工程"之后，志愿服务队更是着力探索建设路径，注重内涵提升，在分阶培训、分类讲解、分众传播等方面深耕细作。

2020年6月27日，习近平总书记给党员志愿服务队回信，肯定服务队"积极宣讲老校长陈望道同志追寻真理的故事，传播马克思主义理论，是一件很有意义的事情"，勉励服务队"坚持做下去，做得更好"。

二、主要做法

（一）围绕立德树人根本任务，探索队伍建设综合定位

服务队面向全校有志于学习传播马克思主义理论、传承和弘扬"宣言精神"的师生党员进行招募，目前服务队成员由青年教师、博士生、硕士生等组成，专业覆盖文、社、理、工、医各个学科方向，队伍结构合理、阶梯明确，为形成传帮带机制搭建良好土壤。

志愿服务队在过去两年多的时间内，服务来自学校、社会各界参观者近5万人次、年均讲解700多场。在广泛的志愿讲解过程中，队员们逐步认识到志愿服务队的功能绝不仅仅是讲解服务，而是承载着历史教育、理论阐释、价值引导和人才培养的多重职能。服务队把队伍建设目标定位为要做好"宣言精神"的传播者、研究者和践行者，主要任务是围绕复旦大学红色基因、《共产党宣言》精神开展学习研究、讲解服务和普及推广。

（二）理论实践双促进，夯实基础练内功

服务队形成一轮阅读、两轮领学、三轮测试"1+2+3"的培训体系，即志愿服务队队员在上岗之前要进行一轮自学阅读，指导老师开具相应书单，同学们完成打卡自学，通过学习沙龙汇报读后感；两轮领学主要是至少邀请一位学者、一位专家，分别针对《共产党宣言》的经典文本、主要领导解读文章进行逐字领学；三轮测试是队员要通

立德树人 铸魂育人
——复旦大学"三全育人"综合改革案例选编

党员志愿服务队队员们集体学习

过笔试、口试、现场模拟测试三轮考核，笔试方面形成党史、校史百题题库、重点问题的百题测试，口试则有金牌讲解员线上进行观摩打分，最终实战讲解，由党校办、专业教师进行打分考评。邀请上海各大红色基地的金牌讲解员为队员们亲身示范、传授经验，渔阳里2号、上海档案馆都成为队员们实地学习的最好案例，上海"四史"宣讲的专家团成员也被邀请为队员们授课。

（三）宣讲讲解两不误，服务奉献做表率

最好的学就是讲，每一位队员要对红色基因、"宣言精神"有深入研究才能在时间不长的讲解过程中讲得顺、讲得深。许多金牌志愿服务队员都有主题党课、微党课的宣讲经历，依托学校多个平台充分锻炼。志愿服务队将金牌队员的成长经历固化成建设机制，从各类理

论类社团中吸纳优秀同学进入志愿服务队，也要求志愿服务队的队员围绕一个主题做好备课，宣讲一门党课。两年多来，有的队员加入了复旦大学校史主题宣讲团，有的参加了"宣言精神"主题宣讲团，仅此就备课22门，另外还有"四史"相关、马克思主义理论相关课程20门，这些课程为党团支部、师生、社区和各界群众提供"点菜"服务，开展主题宣讲430多场、听众逾1.7万人次。复旦大学成熟的理论类社团的训练平台，都转化成了志愿服务队的深厚的理论储备，也形成了理论类社团与志愿服务队的人员互通的机制。

三、体会启示

（一）学思践悟，坚定理想信念

传道者首先要明道信道。党员服务队因共同信念而集聚，为共同理想而奋斗。志愿讲解的过程，就是不断学思践悟"宣言精神"的过程。通过学思践悟，他们的理想信念更加坚定，对传播阐释党的理论、党的历史、党的根本指导思想，怀有更大热情、更深感情、更坚定的自信、更自觉的使命。坚持立德树人，培养社会主义建设者和接班人，就是要通过学思践悟，引导学生进一步坚定信仰信念，熟练掌握马克思主义基本立场、观点、方法，不断提高政治素养、理论学养和个人修养，对中国特色社会主义理论和道路更加坚定、更加自信。

（二）完善机制，加强人才培养

以学生为主体的志愿服务往往会因为队员毕业离校、学业紧张、科研任务繁重等原因而中断，完善队伍人才培养机制，是服务队长效运作的保证。复旦大学把"星火"党员志愿服务队作为青年马克思主义者培养的重要平台，坚持砥砺相长、教学相长，不断强化遴选、培训、考核、试讲、主讲的讲解员培养流程，不断加强资料、经验和分人群服务经验的积累，不断完善集体备课、研究工作坊和"传帮带"等机制，使得服务队有精神、有积淀、有传承。

（三）挖掘内涵，提升实践育人质量

要做好的传播者，仅仅做好机械的讲解是不够的。复旦大学把志愿服务讲解和学习研究宣传马克思主义理论结合起来，适时启动实施"红色基因铸魂育人工程"，挖掘用好复旦大学红色育人资源，构建青年马克思主义者培养体系，打造"宣言精神"和马克思主义研究阐释宣传的思想阵地、文化高地和育人基地。志愿服务队员不仅是宣言馆的讲解员，也是"宣言精神"的研究者、传播者、宣讲者，他们发挥个人专业特长和研究兴趣，打磨带有个人特色的讲解稿，开讲微课程，不断增强服务水平和传播能力，依托展示馆平台发挥更大作用，让火热青春因接续奋斗而熠熠闪光。

（执笔人：罗英华、陈洁）

CHAPTER

02

发挥课堂主渠道作用

打造学生真心喜爱的思政课

——以复旦大学"习近平新时代中国特色社会主义思想概论"课为例

近年来,复旦大学马克思主义学院坚决贯彻习近平总书记关于教育的重要论述,贯彻落实全国教育大会、高校思想政治工作会议、学校思想政治课教师座谈会精神,在学校党委的指导下坚持用习近平新时代中国特色社会主义思想铸魂育人,以推动习近平新时代中国特色社会主义思想进教材、进课堂、进学生头脑为主线,稳步推进"习近平新时代中国特色社会主义思想概论"课程建设,做深做细做实立德树人根本任务。

一、扎实推进课程建设

(一)强基固本,推进校内实体班教学

党的十九大以来,在学校党委的直接领导下,学院在全国高校中率先开设"习近平新时代中国特色社会主义思想"系列专题课程10讲。为回应学生的理论需求,提升思政课程科学性、针对性和实效性,经过一个学期的教学积累和经验总结,学院开始面向全校本科生系统开设"习近平新时代中国特色社会主义思想"课程,在校内取得良好

教学效果。2020 年秋季学期，学院面向全校本科生开设"习近平新时代中国特色社会主义思想概论"必修课。

（二）积极探索，开创网络慕课新模式

2018 年 10 月，在中国大学生慕课（大规模开放在线课程，英文简称 MOOC）平台上开设了国内首门"习近平新时代中国特色社会主义思想"网络慕课。截至 2020 年 7 月，网络慕课选课人数超过 6.3 万人，网络评分高达 4.9 分（满分 5 分）。在新冠肺炎疫情期间，按照教育部社科司和上海市教委部署，课程又先后在全国思想政治理论课教师网络集体备课平台和易班优课上线，服务于线上教学。该门课程的网络慕课模式在复旦大学思政课教学实践中被广泛应用，有力推动了学校思政课教学模式改革创新。

（三）勇立潮头，发挥示范借鉴作用

2019 年秋季学期，上海市组织 15 所示范性马克思主义学院开设该课程，学院教师在教案编写、课件制作、学术资源库建设等前期筹备工作中发挥了重要作用。之后，教育部教学指导委员会从全国遴选该门课程的建设方案，决定把我校方案作为两个方案之一在全国重点马克思主义学院中推广使用。2019 年 5 月 20 日，中央政治局委员、中宣部部长黄坤明同志来学院考察指导工作，对课程建设给予充分肯定。此外，《人民日报》《光明日报》《中国青年报》和新华网、人民网、光明网等媒体也对该门课程建设情况进行了广泛的宣传报道。

（四）常抓不懈，做好教学资源创优

学院充分发挥自身教育资源、人才资源和学术资源，把"习近平新

时代中国特色社会主义思想概论"课程教辅材料的编写纳入《复旦大学思政课教辅材料编写三年行动规划》的重点计划。同时，坚持统筹谋划、协调联动，组织安排各课程团队和精干力量，持续编写出版《如何讲好当代中国马克思主义：疑难问题与教学解析》（共五辑）系列教辅材料。

（五）厚植沃土，加大学理支撑投入

党的十九大以来，学校动员了人文社会科学的骨干教师、中坚力量，制定发展计划，投入专项经费，组建研究团队，稳步推进"习近平新时代中国特色社会主义思想研究工程"和"当代中国马克思主义研究工程"建设（"两大工程"），为高质量开好"习近平新时代中国特色社会主义思想概论"课提供有力学理支撑。

二、课程建设特点

（一）体现政治性

一是原汁原味读原著、学原文、悟原理，以党的十九大报告、《习近平谈治国理政》《习近平新时代中国特色社会主义思想学习纲要》等为辅助教材，坚持政治性与学理性相统一，确保授课内容的政治性、科学性、权威性。二是加强组织领导，多次召开专题会议，将课程建设纳入《复旦大学思想政治理论课"创优行动"实施方案》《复旦大学关于深化新时代思想政治理论课改革创新的实施意见》，成立研发授课、运营维护、技术支持的课程建设团队，加大师资、政策、技术投入。

（二）突出时代性

一是坚持问题导向，直面中国特色社会主义重大理论与现实问

题，重点讲清楚习近平新时代中国特色社会主义思想的时代意义、理论意义、实践意义、世界意义，讲清楚其核心要义、科学体系、丰富内涵、精神实质、实践要求。二是深化课程设计，形成"总论—梦想与使命—旗帜与道路—战略与支撑—理念与布局—保障与条件"为主体结构的知识体系，将习近平新时代中国特色社会主义思想的历史逻辑、理论逻辑、实践逻辑融会贯通，充分彰显马克思主义立场观点方法，让学生知其然又知其所以然。

（三）彰显创新性

一是议题设置创新，积极发起各类讨论话题，及时回应学生重大理论关切。二是话语体系创新，始终用学生的语言讲述中国道路、中国故事、中国精神，讲清楚新思想与学生成长发展的内在逻辑，让新思想走进学生的心坎里。三是教学方法创新，网络教学与课堂教学一体推进，线上讨论与线下交流有机衔接。四是技术载体创新，综合运用音频、视频、文字、图片等技术手段增强课程的可视度和吸引力，拓展学生思维视野。

三、工作经验与启示

（一）提高政治站位，加强顶层设计

复旦大学党委主要负责同志作为思政课程建设的第一责任人，以高度的政治责任感和使命感统筹推进、科学部署"习近平新时代中国特色社会主义思想概论"课建设的各项工作。学校专门成立由校领导牵头负责、马克思主义学院及相关部处负责同志参加的新思想课程建设小组，先后召开"新思想"课程与学校教材建设工作专题会、落实

《教育部深化新时代学校思想政治理论课改革创新先行试点工作方案》专题会等有关会议精神，制定出台工作方案，全方位加强对"习近平新时代中国特色社会主义思想概论"课建设的统一领导和顶层设计。

（二）优化师资队伍，完善教学体系

一方面，办好"习近平新时代中国特色社会主义思想概论"课关键在教师，关键在发挥教师的积极性、主动性、创造性。在师资上，重视建立稳定可靠的教学队伍，不断吸纳中青年骨干教师参与教学。实施中青年骨干培养计划，着力打造一支在"习近平新时代中国特色社会主义思想"教学研究宣讲方面能力出众的优秀人才队伍。另一方面，完善的教学体系是提升课程教学效果的前提。要以党的最新理论成果、习近平总书记重要著作等经典文本为基本遵循，确保授课内容的政治性、科学性、权威性。同时，组织出版"习近平新时代中国特色社会主义思想概论"课系列教辅材料，推动理论体系向教学体系的转化。目前《如何讲好当代中国马克思主义：疑难问题与教学解析》（第一辑）已经正式出版发行。

（三）强化"三集三提"，推进教学创新

"三集三提"的基本内涵是在"习近平新时代中国特色社会主义思想概论"课建设中不断完善集体备课制度，把集中研讨提问题、集中备课提质量、集中培训提素质作为基本机制。"三集三提"机制是提升教学能力、改进教学方法的重要制度安排，也是复旦大学马克思主义学院创设的基本经验。紧密围绕"三全育人"工作总体布局，运用好发展好这一机制，在议题设置、话语体系、教学方法、技术载体等方面不断推进教学内容和方式创新。

（四）依托"两大工程"，夯实学理支撑

稳步推进"习近平新时代中国特色社会主义思想研究工程"和"当代中国马克思主义研究工程"，持续不断推进理论成果产出和教学成果转化。同时，十分注重培植学生自主"育己"思维，鼓励引导学生积极开展习近平新时代中国特色社会主义思想传播研究，为学生开展和参与有关学术实践活动提供载体和平台，促进学生成长为家国情怀深厚、理想信念坚定、专业基础扎实的理论学习、研究和传播人才。

（执笔人：潘孝楠、李国泉）

网上教学不忘育人初心
课程思政与抗疫同向同行

——复旦大学 2020 年春季学期网上
教学课程思政纪实

2020 年 2 月下旬，春季学期开学在即，同时也正值全国新冠肺炎疫情防控工作的关键阶段。复旦大学学习贯彻习近平总书记关于疫情防控的系列重要讲话和批示指示精神，落实中央和教育部党组、上海市委市政府疫情防控工作各项要求。学校在保证全体师生员工生命安全和身体健康这一首要前提下，停课不停教、不停学、不停工，实现中央要求的统筹疫情防控与学校事业发展。

各单位在当前形势下按照学校要求，细化落实在线教学准备与实施的各个环节，保障在线学习与线下课堂教学的质量实质等效。同时做到课程育人不断线、不掉线、不下线，积极探索网上教学的课程思政方法，在教学设计、课件制作、线上讨论、案例收集等各个环节中有机融入思政元素。在当前形势下，各门课程着力结合课程内容，坚定战胜疫情信心，教育学生在疫情阻击"大战"、疫情防控"大考"中读懂中国之治，与思政课程同向同行，与凝心聚力抗击疫情同向同行。

一、迅速部署广泛动员，打好课程思政网上教学攻坚战

2020年2月24日至26日，复旦大学党委书记焦扬在新冠肺炎疫情防控现场督导检查工作中指出："在线教育要用好此次抗击疫情的鲜活教材，加强学院建设、学科建设、学生教育、课程思政，做好网上党建和思政工作的转型创新。"2月25日，复旦大学党委常委会强调，要坚决打好网络思政攻坚战。网上网下相结合，抓住时机、因势利导，把抗疫斗争作为爱国主义教育、生命教育、制度自信教育、健康科普教育、社会责任教育、纪律规则教育、爱与感恩教育、复旦精神教育的生动课堂和鲜活教材，通过各种网络育人载体和活动，教育引导师生增强"四个自信"。

3月2日，学校党委印发《新冠肺炎疫情防控期间教职工思想政治工作要点》。文件指出，要坚持推进疫情防控期间"三全育人"工作，继续深化"'三全育人'我当先"教育实践活动，根据新情况新问题，创新工作方式方法，用好网络育人载体，保障育人质量。要把课程思政要求融入网上课堂，根据新的教学平台、教学方法，完善教学安排，创新教学形式和方法。

二、网上教学不忘育人初心，课程思政示范课程做好"一课一案"

学校教师工作部牵头本科生院、研究生院、医学教务处、医学研究生院等相关单位发布《关于在当前形势下做好课程育人工作的倡议书》。倡议广大教师在当前形势下应秉承"团结、服务、牺牲"的复

旦精神和"正谊明道"的上医院训,做到网上教学"三个不忘":不忘育人初心、不忘关心学生、不忘"三集三提"。

课程思政示范课程充分发挥在网上教学课程育人工作中的"排头兵""先行者"作用。学校开展课程思政示范课程"一课一案"征集工作。本学期开课的 160 余门课程思政示范课程报送相关内容的教案与课件,同时学校加强对教案的研究宣传,定期通过微信平台推送"复旦大学网上教学立德树人成绩单"专栏。

三、用好抗击疫情活教材,树立中国治理自信心

(一)讲好战"疫"故事,解读中国之治

抗击新冠病毒已成为全人类面对的共同挑战,是一场全球治理的压力测试。在本学期的专业课程"当代国际关系"中,国际关系与公共事务学院研究员沈逸第一时间将全球疫情分析引入全球治理的专业课教学。从国际关系角度出发,引导学生深入理解在中国共产党领导下中国政府在抗疫斗争中表现出的强大治理能力,同时认识到在全球应对新冠肺炎疫情的实践中,中国倡导"人类命运共同体"的合理性、必要性以及迫切性。

为了探索抗疫期间的课程思政教育,满足社会各界对新冠肺炎疫情下经济发展的普遍关注,经济学院于 2020 年 2 月底推出由学院名师担纲主讲的"疫情与经济"系列主题课程。学院党委书记陈诗一教授、院长张军教授等一大批教学名师已录制发布了 11 讲课程,分析新冠肺炎疫情对国内外经济造成的影响,解读我国为有序推进企业复工复产、实现疫情防控和经济社会发展"双胜利"所制定的一系列财税金融政策。

（二）抗疫一线事迹进课堂，人文医学感动学生

大爱无疆行仁术，广大上医人是这场战"疫"中的国家队中坚力量。他们在抗击疫情的关键时刻义无反顾驰援武汉；在上海定点收治医院保一方平安；在和疫情赛跑的实验室里加紧科研攻关。上海医学院将抗疫期间的典型人物、感人事迹等案例融入在线教学中，培养学生爱国情怀、社会责任和人文情怀以及科学素养。

2020年2月24日开学第一天，"新冠肺炎防控第一课"面向全校师生和全国公众播出。课程由中国—世界卫生组织新冠肺炎联合专家考察组成员、上海市疫情防控公共卫生专家组成员、复旦大学上海医学院副院长吴凡，上海市新冠肺炎医疗救治专家组组长、复旦大学附属华山医院感染科主任张文宏联袂主讲。公开课从临床医学、流行病学、社会治理等多角度普及新冠肺炎知识，提高公众的科学防护能力。课程播出当日点击量超过200万，广大网友纷纷支持点赞。

在抗疫非常时期，上海医学院多位专家教授仍坚守在驰援防控第一线。他们将武汉抗疫前线的亲身经历和感人故事穿插进课堂知识讲授中，传授学科专业知识，更传递着医学教育中的人文情怀。复旦大学附属中山医院援鄂医疗队领队、中山医院副院长朱畴文在武汉抗疫的同时仍做好网上教学工作，在"内科学"专业课程中，朱老师为同学们送上寄语："医学是一个好专业，希望大家珍惜。敬畏生命、敬畏专业、敬畏职责、敬畏规则，与大家共勉！"

2020年1月下旬以来，基础医学院医学微生物学教学团队一边加紧科研攻关，一边紧锣密鼓地完成网上教学筹备。袁正宏、瞿涤、谢幼华等教师在进行新冠课题攻关的百忙之中完成"细菌学总论""病毒学总论"等微课视频录制。该课程以混合式教学的方式在3月23日

网上教学不忘育人初心　课程思政与抗疫同向同行
——复旦大学2020年春季学期网上教学课程思政纪实

正式开课，得到了同学们的一致好评。在上海医学院实验室里出炉的最前沿的新冠病毒相关科研成果同样第一时间出现在"医学微生物学"的在线课堂上，成为学生学习的最鲜活"教材"。

（三）讲解抗疫硬核力量，价值引领融入理工科专业课程

保障抗疫防护用品的充足供应是打赢疫情防控阻击战的重要前提。作为学校最早参与课程思政建设的教师之一，化学系王全瑞教授在本学期专业课程"有机化学"的课堂，结合"烯烃的化学性质"这一知识点，深入讲解了医用防护服、医用口罩等抗疫防护用品核心材料聚丙烯的化学结构和制备方法、工艺，以及医用口罩灭菌所普遍采用的环氧乙烷的制备和性质。

在新冠肺炎疫情最危急的时刻，"火神山""雷神山"两座集中收治新冠肺炎患者的专门医院在武汉拔地而起，"基建达人"展现的

环氧乙烷灭菌：一次性医用口罩普遍采用环氧乙烷灭菌，灭菌后口罩上会有环氧乙烷残留，会刺激呼吸道甚至会致癌。所以，生产好的口罩必须有1—2周的时间进行解析消毒。

解析消毒：我国口罩生产仅需0.5秒/只。这些口罩从离开生产车间到上市销售、使用，还需要一个7—14天解析消毒的标准流程。

- 自疫情发生以来，全国人民万众一条心，上下一盘棋，体现出中国人民团结奋进、迎难而上的民族精神
- 中国力量、中国精神、中国效率。
- 中国共产党强有力领导的政治优势，社会主义集中力量办大事的制度优势。

抗疫医用防护核心物资的生产——"有机化学"课程思政

"中国速度"为世界所惊叹。在计算机科学技术学院"虚拟现实引论"的专业课教学中,徐志平老师用虚拟现实技术向学生们展现了医院如何进行模块化组装的形式构建,以最生动的案例,让同学们上手建模工具,加深学生对知识点的理解和运用。同时,更让学生认识到,令人震撼的"大国工程"离我们并不遥远,值得我们自豪,值得为之奋斗。

(执笔人:徐珂、李琲琲、夏璐)

思政教育与专业知识相得益彰 育人成效与课程质量双向提升

——复旦大学理工科课程思政教育探索与实践

按照党中央提出的建设世界科技强国的奋斗目标，学校在开始课程思政体系建设之初即明确了理工科课程思政的指导思想，即要弘扬科学报国的光荣传统，追求真理、勇攀高峰的科学精神，勇于创新、严谨求实的学术风气，把个人理想自觉融入国家发展伟业。同时引导学生正确认识科技伦理、生命伦理等人类文明发展重大问题。复旦大学副校长、信息科学与工程学院教授徐雷指出："理工科专业要在教育教学的各项工作中，提高站位，围绕培养民族复兴大任所需要的拔尖创新人才，提升教育质量，攻坚克难。"

在理工科课程思政建设中，学校坚持以专业教学质量为本，以课程思政为魂，提升专业课程品质，逐步探索出一套育人成效与课程质量双向提升的理工科课程思政经验方法。通过在课堂中盐溶于水般地融入思政元素，实现价值引领，激发学生学习内在动力，促成从"要我学"到"我要学"的学习动机转变，促成从"学为小我"到"学为大我"的学术志向提升，使专业教育与思政教育相互促进、相得益彰。

一、方向上旗帜鲜明，方法上润物无声的理工科课程思政

理工科的课程思政属于"隐性教育"范畴，在方向上必须旗帜鲜明地坚持正确政治方向，在方法上则要盐溶于水、润物无声。一方面，理工科课程思政教育在与思政元素结合时，努力做到有机结合、自然融入，与该课程的知识内容起到相辅相成的作用；另一方面，思政教育能起到拨动心弦、引起共鸣的作用，有利于学生对知识内容的理解和教学质量的提升。专业知识与育人元素交织交融，实现教书与育人的相互促进，双向提升。

物理学系蒋最敏教授是课程思政示范课程"大学物理 A：力学"的主讲教师。结合多年来丰富的物理学专业课教学经验，蒋老师认为，物理学的核心观念，包括物质观念、运动观念、相互作用观念、能量观念是认识世界的核心内容。因此，物理学教学在培养学生正确的世界观和科学观，从而帮助学生树立正确的人生观和价值观方面具有不可或缺的作用。这是物理学课程开展课程思政教育的优势，但仅做到这些还不够，还有许多思政元素值得挖掘，促进育人成效与教学质量共同提升。

以"大学物理 A：力学"课程为例。蒋最敏教授在讲授变质量系统知识内容时，根据导出的公式讲解火箭运载能力，并通过介绍我国火箭技术的发展历程、火箭运载能力的不断提升、2018 年中国航天发射累计完成 39 次、发射次数首次超越美国位列全球第一等内容，让学生感受国家科学技术的发展，激发民族自豪感。在讲授一般的变质量系统的运动方程拓展到多个喷口的情形时，尤其是拓展后的运动方程，蒋教授介绍了我国在矢量推力发动机方面的发展，并让学生观看 2018 年 11 月 6 日装备矢量推力发动机的歼-10 战机在珠海上空的出色

表演，指出中国已经成为继美俄之后世界上第三个掌握矢量推力发动机技术的国家。在讲授角动量守恒定律时，蒋教授介绍了自然界中脉冲星形成过程及其形成过程中的角动量守恒；介绍了基于脉冲星的角动量守恒具有极其稳定周期的特性、我国在脉冲星导航技术上做出的开创性研究，展示我国科学家不再跟随美欧的脚步，而要成为"第一个吃螃蟹的人"的信心，让学生树立自信，激发学生敢于创新、勇攀高峰的科学精神。

二、以科学态度、奋斗精神和报国志向为理工科课程思政核心内容

理工科教育不只是抽象知识的"工具理性"，它必然以服务国家重大战略为价值导向，必然以回到"人"本身为根本旨归。近年来，通过以点带面、逐步推进，理工科课程思政已在学校相关专业呈现出育人合围之势，同时凝练出三个方面的课程思政核心内容。一是通过回看科技进步史上取之不竭的案例，传播辩证唯物主义思想，培养学生的科学态度；二是通过撷取我国光荣而艰辛的发展历程中数之不尽的人物与故事，结合取得的辉煌科技成果，鼓舞学生的奋斗精神；三是展望国家未来发展对科技创新人才的迫切需求，激发学生的爱国主义情怀，坚定学生的报国志向。

例如信息科学与工程学院将新工科教育和思想政治教育有机融合，为国家先进制造业解决"卡脖子"技术问题提供强有力的人才培养支撑。学院一大批院士、资深教授、高水平青年学者积极投身课程思政教育教学改革实践，积极将科研优势转化为专业思政优势和课程育人优势。国家杰出青年、国家"万人计划"青年拔尖人才徐丰教授

开设课程"机器学习",在教学中回顾了人工智能发展历史,阐明人工智能是第四次工业革命,告诉学生中国目前的技术地位,提醒学生突破人工智能关键核心技术是决定国家复兴命运的关键,鼓励学生立志钻研关键核心科技,将个人理想与复兴大任相融合,树立工科学生应有的科技强国远大志向。

核科学与技术系沈皓教授精心选择了复旦人在中国科技发展史上的贡献作为案例。20世纪60年代,核科学与技术系前身"物理二系"杨福家、华中一、卢成荣、赵国庆等老一辈科学家在极其艰苦的条件下开展核科技研究工作。团队自力更生奋发图强,经过多年努力,于1965年成功研制出我国第一台自行设计、由国产材料生产的静电加速器。那是那个时代的"大国重器",为国防相关研究提供了重要的物理参数和离子束应用。当在专业课程"核技术概论""加速器原理"讲到质子静电加速器原理时,沈皓教授总要回顾这段历史,使学生们能从身边熟悉的院士、教授身上真切感受到"团结、服务、牺牲"的复旦精神,感受到老核物理人艰苦奋斗的硬"核"力量,从而坚定核科技专业学生的学术志向,激发学习动力与报国热情。

三、以科技伦理和工程伦理教育为理工科课程思政重要环节

2019年7月,中央全面深化改革委员会第九次会议指出,科技伦理是科技活动必须遵守的价值准则。教育部在推进新工科研究与实践的相关文件中也指出,适应引领新经济的新工科要求新时代的行业从业人员有效地落实工程伦理意识、掌握工程伦理规范,并较好地维护和遵守行业基本道德规范和职业规范。在各类课程中开展学术道德教

育、科技伦理、工程伦理教育已经成为学校开展理工科课程思政的重要环节。

环境科学与工程系、生命科学学院在环境学、生态学专业课程中，讲好生态文明故事，树立新时代的环境伦理观。环境科学与工程系"环境管理"教研组以包存宽教授为带头人开展集体研讨、集体备课攻关。教研组立足"中国国情、时代特征"的研究立场，聚焦中国生态文明建设，瞄准中国环境治理与制度变迁的重大理论与实践问题，对照课程大纲所有知识点，系统梳理了"环境管理"专业的思想政治教育资源，将之融入课堂教学之中。生命科学学院赵斌教授围绕"双山理论"与2018年诺贝尔经济学奖、生态文明是可持续发展的必然选择、流域就是山水林田湖草生命共同体、让新技术遇见 SDGs（Sustainable Development Goals，即联合国可持续发展目标）四个方面的问题，建成了"生态学思政"专门课程集，其丰富的课程内容深受同学好评。

失效分析是为查明失效原因并采取预防措施而开展的一系列技术活动。材料失效分析工作者被赋予了特殊的社会责任，不仅需要专业知识和工程知识，还要了解标准、规范、规程，甚至包括管理学、心理学等人文知识。中国机械工程学会失效分析分会失效分析专家、上海市安全生产核心专家、材料科学系教授杨振国老师在每次"材料失效分析"专业课中从来不忘融入工程伦理教育。他系统地总结了失效分析工作者要具备的七个方面的专业精神和素养，第一条就是"品德高于技术"。杨老师通过讲授亲自参与过的材料失效分析实践案例，让同学们在学习高深专业知识的同时，又上了一堂堂生动的工程伦理规范教育课。

（执笔人：徐雷、蒋最敏、李珺珺）

在服务学习中培养学生社会责任感和担当意识

——复旦大学服务学习课程的探索

一、基本概况

服务学习（service-learning）是把传统授课和社会服务合二为一的教学方法。其以培养学生的道德良知为核心，以学校课业学习为基础，通过精心设计含有服务的活动，指导学生有组织地开展社会参与，并引导学生进行结构化反思，以满足服务对象的需求，同时也促进学生的课业学习与公民素质的发展。

在"三全育人"综合改革中，服务学习作为教学实践的重要载体，为培养大学生的社会责任感与担当意识提供了新的渠道和有意义的实践经历。复旦大学自2017年启动"复旦行知·服务学习课程"建设，从学生成长成才的需要出发，协调配置德、智、体、美、劳各方面思政要素和教育资源，统筹规划和建设实践育人体系。目前已建成横跨药学、计算机、软件工程、历史、音乐艺术、社会工作、社会学、心理学、医学等7个院系10余个专业的服务学习课程共15门。

二、课程目标

"行知·服务学习课程"有四个主要目标。学习目标，即掌握知识，培养运用能力；服务目标，即满足社区需要，解决社会问题；成长目标，即学生通过接触社会、解决真实问题，在团队工作过程中所习得的沟通能力、领导力、同理心、反思能力，以及自我认知水平的总体提高；社会目标，即学生在课程引导下内化正确的价值观，例如社会责任意识，并能将正确的价值观转变成正确的亲社会行为。

以这四个目标为本，服务学习旨在促进教学中的三个"关系转变"：一是教—学关系，二是知—行关系，三是校—社关系。服务学习课程在体验式学习理论的指导下，将"实践—观察—反思—应用"的体验式学习核心循环嵌入服务学习教学周期，引导学生从认识社区需要开始，针对真实需要设计服务项目，确立具体的学习目标和服务目标，并筹备服务项目。

三、课程类型及效果

按学生服务对象、参与路径和发挥功能的不同，分为"社区调研型""项目孵化型""直接服务型"三类。以下将通过案例介绍的方式呈现不同专业背景下服务学习课程及其成效。

（一）社区调研型

学生要在社会服务中进行机构探访和需求评估，在此基础上围绕机构实际需求，设计和执行相关调研项目。通过社区调研的方式积参与到社区服务中，亲身走进社区，了解当下的现实社会现状，学生提高了对社会问题的认知水平及对社会需要的了解程度，在社会服务态度、思维方式、民主参与及其他公民行为投入等方面有了更多直接且客观的认识，促进了公民素养的形成。

案例1：基于服务学习课程"社会创新与设计思维"的绿洲食物银行社区需求调研项目。

绿洲食物银行是隶属于上海绿洲公益发展中心旗下的公益服务核心品牌之一，通过向生产和流通渠道募集即将被浪费的食物，减少由食物浪费带来的环境问题，为社区低收入弱势家庭提供食物补充。学生需要将在课堂中学到的设计思维（design thinking）和项目设计（program design）等理论知识应用于共计18小时的服务实践中。项目团队在绿洲食物银行工作人员的大力支持下采取了问卷调查和入户访谈的方式，共深度访谈5户受益家庭、3户困难家庭，并且走访了贫困社区周边的菜市场和民工学校，进行问卷调查。根据访谈资料和调查数据，项目团队成员撰写了调研报告，对调研发现进行梳理，并且针对食物银行公益项目提出了改良意见，从改良食物包，到促进"公益升级"，尝试优化该项目的运作逻辑和发展思路，绿洲食物银行也因此获得了正向且客观的反馈。学生和社区机构双方基本实现了共同目标，达到了互惠共赢。

案例2：基于课程"古村落的保护与开发"的前洋古村落的开发与保护项目。

前洋古村位于福建省屏南县双溪镇，四面环山导致交通闭塞，原住民数量稀少且老龄化严重，面对交通和人口这两大难点，需要给出保护和开发的方案。课程作为旅游学和艺术学的交叉课程，以前洋村作为案例，系统阐述古村落的历史文化价值，采取现场教学、现场理论讲授、团队案例讨论以及实地考察践行等方式高度结合的方法。每一章节

在服务学习中培养学生社会责任感和担当意识
——复旦大学服务学习课程的探索

结束后安排一次考察、一个案例讨论，在学习了相关理论之后以分组的形式组织学生进行考察调研、案例分析和课堂讨论，帮助学生正确理解古村落保护与开发的价值意义、基本原理和一般方法，并为学生提供了学以致用的机会，引导学生将课堂理论知识应用于前洋村的保护与建设需要。通过服务学习这一实践方式，不仅深化了学生从书本中学习的理论知识，而且为学生提供全人发展的学习环境，亦能满足地方政府发展需求，实现共赢局面。

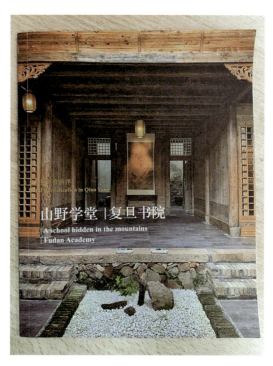

前洋古村项目——复旦前洋书院建设图册

（二）项目孵化型

学生通过服务学习的方式亲身参与社区问题的发现和解决或优化，且结合课程理论知识来设计活动和孵化项目，进而通过专业性的反思，加强对社区治理和社区多元主体的理解。不仅充实、扩展了学习内容，而且在不同程度上锻炼与提高了解决复杂问题、批判性思维等综合能力。

案例3：基于课程"科技服务创新与智慧养老"的老年社会服务项目。

课程采用课堂教学、基地探访、服务学习、小组展示等方式，借助对积极老龄化经典案例的分析，鼓励学生批判性地思考和学习全球老龄化和智慧养老问题。实践项目包括与复旦大学附属医院老年病房合作，为学生呈现科技在老年照料中的应用，以及与宝山路600弄居委社区的实践环节，通过激发同学们的创意并鼓励大家在实践过程中设计适老产品或服务，提高国际老龄化情境下科技为老服务的创新和应用能力。无论是对老年人进行需求评估，还是对相关产品或方案进行市场评估和对比，大家都须充分地发挥自己的专业特长和应用课堂中所学。最终大家的团队创意成果涉及老年辅助生活产品（assisted devices）、辅助科技（assisted technology）和社会服务方案设计（service design）。从而达到鼓励学生积极关注老龄化，思考前沿科技和社会工作专业价值在为老服务中的运用与创新，并且发掘学生的潜能，为营造智慧养老社区和服务社会作出贡献。

（三）直接服务型

学生通过"服务学习"的方式进入社区，为特定或特殊对象提供服务，将课堂所学的知识内化后传递到社区和更为广阔的功能型社区中。

案例4：基于课程"计算思维与信息素养"的关兴教育计算思维引导教育项目。

上海市浦东新区关兴教育培训中心是一所关心帮助学习困难学生，纠正不良行为偏差，为学生恢复正常生活，重返校园创造条件的教育单位。关兴充分利用这些网瘾青少年对计算机的兴趣，通过课程所学的知识，如计算思维和编程等转移这群特殊孩子的注意力，主要以授课和互动的形式进行，在传授计算机知识的同时，培养孩子们的人格，树立人生小目标，带给他们健康的社交。学生则在服务过程中提升包括团队合作、沟通交流等等的能力，认识到社会中特殊孩子的需求，包括需要有人为他们拓宽视野等，同时收获服务奉献、担当社会责任的幸福感。

案例 5：基于课程"艺术与心灵"的为患有乳腺癌的女性提供艺术心理服务项目。

课程的专业知识点围绕艺术治疗方法展开，讲授艺术治疗的基本概念、作用、意义以及其发展理论等理论性知识。项目设计考虑到一是符合知识学习和服务实践的需求；二是选取的服务人群确实有被服务被关怀的实际需求；三是学生在经过理论学习、课堂内模拟后具备服务他人的能力，并且具备较强的服务动机、共情与自省能力，能够确保服务项目高质量的完成。项目选取复旦大学附属肿瘤医院，举办针对肿瘤患者及其家属的宣教及沙龙活动，选课学生主要参与针对乳腺癌患者疼痛管理的主题活动。学生在与病人的互动中，实现自身的成长和知识的应用。

案例 6：基于课程"艺术与创造力（陶艺）"的社区服务项目。

学生在课程中了解陶艺的艺术理论，掌握基本的陶艺制作技法，并产出个人的陶艺作品，通过嵌入式服务、创新型服务两种主要模式参与到社区服务中。社区服务地点为上海市浦东新区青少年宫陶艺工坊和上海市阳光家园（控江路街道），服务群体包括青少年和心智障碍者，主要内容为指导其完成陶艺作品及协助义卖。学生在课程中，通过作品表达思想和情感，通过创作深刻体会了制陶人的工匠精神，近距离地与青少年群体及心智障碍者接触，并且成为了陶艺知识传播的媒介，除了锻炼了自身的沟通能力、应激能力、社交能力、团队协作能力以外，更是意识到了自己的社会责任及社会服务的意义。

总结以上案例，服务学习式参与能够发挥不可替代的作用，有利于构建课内与课外相结合、校内与校外相结合、集中与分散相结合的有复旦特色的实践育人体系。

（执笔人：丁悦娜）

以人文医学教育为载体
促课程思政建设落地生根
——复旦大学上海医学院人文医学课程思政体系建设

为贯彻落实习近平总书记在全国教育大会、全国高校思想政治工作会议和学校思想政治理论课教师座谈会上的讲话精神，围绕健康中国国家战略，根据学校"三全育人"综合改革和"课程思政"建设要求，复旦大学上海医学院将人文医学教育和思想政治教育有机融合，坚持显性教育和隐性教育相统一，创建了"课程建设、实践基地、理论教材"三位一体的人文医学课程思政体系，医教协同培养守初心、铸信念、强人文、有大爱的创新型卓越医学人才。

一、以党的领导为核心，推进人文医学课程思政体系建设

在复旦大学和上海医学院党委统一领导下，整体推进人文医学课程思政体系建设，贯穿医学生培养全过程。上海医学院成立了人文医学中心以及5个分中心，与附属医院共建人文医学实践基地，为人文医学课程之间搭建跨学科教学合作平台，组建跨学科的人文医学课程教学团队，整合教育教学资源，开展人文医学教学研究，推进人文医

学教学改革和实践。

通过梳理和制订相关文件，上海医学院持续推进人文医学课程内涵建设，包括规范教材选定，修订课程教学大纲，抓住考核评价、督导反馈等关键教学环节，实现人文医学课程教学过程的科学化、规范化。

二、以核心价值观为引领，加强人文医学课程思政内涵建设

根据学校"三十百加一（医）"课程思政示范工程建设的要求，上海医学院持续不断推进"1+2+9+50"人文医学课程体系建设，以广受欢迎的院士大课堂——"人文与医学"国家精品在线开放课和2门"人文医学导论"课作为引领，先期打造9本具有复旦特色、引领全国的人文医学核心课程系列教材，推进50余门人文医学课程思政示范课的内涵建设。通过抓教材、教纲、教案、教程和教师等一系列教学环节，真抓实干，落到实处。

（一）推进医学整体课程思政建设，加强人文医学课程内涵建设

完成所有示范课程教学大纲修订，教学目标再加入思政目标，从源头上保证人文医学课程与思政课程同心同向。开展以学生为中心的课程思政教学方法改革，采用研讨式教学、混合式教学等方式提高学生自主学习能力，增进学生的价值认同和情感认同，提高课程思政的育人能效。由于疫情的原因全面推进在线课程教学，因势利导转变课程思政教学方式，推进网上教学医学课程思政建设，将课程思政元素融入在线课程教学中，充分利用互联网信息化的优势，通过在线课程

平台共享优质教学资源，提高网上课程育人效能，培养学生爱国情怀、社会责任、人文关怀、科学精神和健康素养等。教学内容融入课程思政案例，充分挖掘蕴含在专业知识中的思政元素，穿插医学精神传承和优秀人物事迹等内容，将时代的、社会的正能量引入课堂。

（二）狠抓教案设计促进课程思政落地生根

通过教案设计不断总结、提炼和升华思政元素，再通过编写案例将思政元素有机融入专业知识讲授中，促进课程思政在医学课堂上落地生根。案例立足医学学科的自身特点，提炼出爱国情怀、社会责任、人文精神、文化自信、科学精神等思政要素，着重讲中国故事，突出大健康理念，将时代的、社会的正能量引入医学课堂，组织抗疫相关教学案例的编写和共享，"润物细无声"地激励学生成长成才。编写了首本《医学专业课程思政案例选编》，包含100个案例以及课程思政教案设计要点，全面展示课程思政在医学专业课程中的设计和实施。通过案例融入思政元素，便于开展研讨式教学，增强了学习效果。

（三）打造一套人文医学核心课程教材

利用复旦大学综合性大学学科优势，上海医学院、法学院、哲学学院、历史学系等组成跨学科编写团队，打造包含《医学导论》《医学史》《医学哲学》《医学社会学》等在内的一套完整的具有复旦特色、引领全国的人文医学核心课程系列教材，确保医学与人文内容的融合，以及人文医学课程与临床医疗实践的结合。

（四）加强人文医学课程思政教学团队建设

依托综合性大学的多学科优势，通过上海医学院课程思政工作

以人文医学教育为载体　促课程思政建设落地生根
——复旦大学上海医学院人文医学课程思政体系建设

人文医学月系列活动：课程思政教案大赛

坊，建立跨学科的课程思政教学团队，包括医学各专业、哲学、历史、法学等不同专业的教师。定期开展教师教学能力培训，提升教师课程思政育人水平和课堂育人能效。通过组织开展人文医学教育研究课题交流会、课程思政教案大赛、课程思政示范性讲课和示范性备课等系列活动，促进教师交流课程思政育人理念与方法，提升教师育人水平和育人能效。

三、以医学实践为平台，多途径培养医学生人文精神

（一）建设人文医学实践基地

为培养医学生人文精神，上海医学院与中山、华山等7家附属医院共建人文医学实践基地，促进人文医学教育与医疗实践密切融合，确保人文教育贯穿学生培养全过程。探索以人文医学课程为基础，以核心价值观和责任感为重点的医德教育，建立医学生从课堂系统教学

和分阶段社会实践相结合的全面教育体系。

（二）丰富第二课堂活动

为培养医学生人文情怀，上海医学院开展明道讲堂、正谊论坛、人文医学大讲堂等医学人文讲座，目前已有戴克戎、杨雄里、顾玉东、巴德年、樊代明、闻玉梅和周良辅等多位院士做报告。开展师生共同阅读人文经典著作，撰写读书心得活动，促进学生自我反思，自我成长。

复旦大学上海医学院人文医学课程思政体系建设取得了初步成果，课程思政建设的体制机制基本健全，课程思政的理念得到广泛认同，教师积极参与人文医学和医学课程思政的教育教学研究，研究又进一步促进了课程思政实践，课程思政建设进一步提质增效，广大教师开展课程思政建设的意识和能力全面提升。同时利用我校公共卫生与预防医学学科的优势服务社会，积极对大众开展防"疫"科普教育讲座，传播健康观念。

（执笔人：梁进）

以马克思主义新闻思想铸魂育人
培养新时代卓越新闻传播人才

——复旦大学新闻学院课程思政纪实

新闻传播学是触及意识形态核心的专业。任何新闻传播理论，都不同程度地带有意识形态属性，带有它所属的经济社会结构与生俱来的精神旨趣和文化特质。在新闻传播学专业教学的过程中，要名正言顺地将知识传授和价值引领相结合，要理直气壮地用社会主义核心价值观的"识"去辨别和引领新闻传播专业理论的"知"，新闻传播专业的课程思政不能限于"隐性教育"，必须和马克思主义新闻观的"显性教育"相结合，依托专业课程，通过课程思政的创造性转化，让每个学生都具备新闻传播从业者应有的思想政治素质。

有着90年发展历程的复旦大学新闻学院是国内历史悠久的新闻传播教育机构之一，具有雄厚的教学和研究基础，有着"复旦新闻馆，天下记者家"的美誉，在全国新闻学科和新闻教育中居于引领地位。复旦大学新闻学院坚持守正创新，坚持立德树人根本任务，高度重视新闻传播专业的课程思政建设，坚持用马克思主义新闻思想铸魂育人，用中国特色社会主义新闻理论教书育人，回答好"培养什么人、为谁培养人"这个首要问题。

一、建设好关键课程，示范带动全院课程思政建设

马克思主义新闻观是马克思留下的宝贵精神财富，是构建中国特色社会主义新闻理论的灵魂、核心和骨架。习近平总书记关于新闻舆论工作的重要论述是马克思主义新闻观的新发展，是新时代高等学校新闻传播教育改革发展的根本遵循和行动指南。学院建设好"马克思主义新闻思想"专业核心课程，不断推进习近平总书记关于新闻舆论工作的重要论述进教材、进课堂、进头脑。

复旦大学新闻学院素有马克思主义新闻观教学与研究的传统，老系主任陈望道翻译了第一个《共产党宣言》中文全译本。自20世纪50年代，"两典一笔"成为教学设置的重中之重，其中的一"典"，就是马克思主义新闻经典论著。"马克思主义新闻观"课程的带头人童兵教授是新中国培养的第一位新闻学博士，2001年，他领衔组织"马克思主义新闻观"课程团队，这门课一亮相就是新闻学院本科生必修课，3年后变成全校人文类基础课，很快成为复旦大学、上海乃至国家级精品课程。

"马克思主义新闻思想"课程讲授马克思、恩格斯和列宁的新闻论著，以及习近平总书记关于新闻舆论的重要论述。坚持马克思主义新闻观党性原则，坚持党的群众路线，坚持新闻真实性、客观性与追求真理的世界观，突出新时代中国特色社会主义新闻事业的优势，运用马克思主义辩证法分析西方新闻传播理论话语。课程团队认为，学好马克思主义新闻思想，要带领学生系统梳理，认真读原著、学原文、悟原理。"大学时期是学生价值观成长的'易感期'，树立马克思主义新闻观，系好人生'第一粒扣子'，能为以后的工作打下坚实基础。"

复旦大学新闻学院党委书记兼执行院长张涛甫教授说。

读经典原著，却从不拘泥于过去，而是不断调研、回应当代大学生的所思所想，主动关联热点新闻话题。党的十九大后，第三版课程教材出版，同时配套推出《马克思主义新闻观百问百答》；教学方案保持每年10%左右的内容更新比例，不断设计新的课程课件。近年来，课程依托国家级精品课升级版不断提高质量、提升能级，打造全国高校"马克思主义新闻观研究宣传教育基地"；发挥人才集聚优势，打造全国马新观理论研究基地；发挥多平台优势，打造全国马新观学术交流基地；借助资源优势，打造全国马新观人才培训基地。

复旦大学新闻学院将马克思主义新闻观作为推进课程思政建设的指导思想，将马克思主义的立场、观点和方法贯穿到各门课程的建设之中。新闻学院目前一共开设16门课程思政示范课程："马克思主义新闻思想""新闻学概论""中国新闻传播史""新闻传播法规与伦理""舆论学""新闻采访与写作""新闻评论""新闻编辑""传播学概论""媒介融合""整合营销传播""数据分析与信息可视化""深度报道""走进新闻传播项目""新时代的中国国情教育项目""记录中国"专业实践项目。各门课程将思想政治教育融入新闻学课程教学和改革的方方面面，通过课程思政建设实现各门专业核心课程的提质升级，构建起全课程育人、德育全覆盖的新格局，用马克思主义新闻思想和社会主义核心价值观引领新闻传播专业教育。

二、组织好实践活动，讲好中国故事，传播中国声音

以马克思主义新闻观为根本遵循，学院打造新闻传播人才德育新

马新观团队赴西柏坡参观见学

模式，第一课堂和第二课堂有机融合，强化实践育人，建设"进基层、懂国情、长本领"的新闻传播实践育人项目。"感知和记录中国，力行新时代青年担当"——2016年，新闻学院联合知名媒体澎湃新闻开设"记录中国"实践项目，打开新闻专业学子面向社会"公海"的通道。学院专业教师与澎湃记者全程指导，学生真采、真写、真发表，切实锻炼了作为新闻工作者所必需的"脚力、眼力、脑力、笔力"。

"记录中国"项目与国情和社会紧密相连。2016年的项目主题是"打赢扶贫攻坚战"，2017年重走80多年前西南联大西迁之路，2018年纪念改革开放40周年……2019年，正值新中国成立70周年，学生们以"回首来时路，开启新征程"为主题，走进琼州海峡跨海通道等重大工程调研采访。4年来，学生们的足迹遍及20个省份、39个县市，采访对象超过200人，在专业教师和媒体记者指导下发表报道50余篇，被人民网等众多媒体平台转载，总阅读量破千万。2019年10月，复旦大学新闻学院学生新闻作品集《记录中国》在中国出版集团东方出版中心得到结集出版。

三、建设好教材基地，打造复旦大学新闻教材品牌

复旦大学新闻学院在中国新闻学科教材出版和研究史上也是起步最早、基础最厚的，在教材出版的开拓创新方面始终走在全国新闻传播院校前列，影响深远。2018年6月，由复旦大学新闻学院米博华院长担任编写组核心成员的《习近平新闻思想讲义》（2018年版）出版。讲义对习近平新闻思想进行了深入阐释，形成了体系完整、科学系统的新闻思想，丰富和发展了马克思主义新闻理论，为新时代新闻舆论工作指明了前进方向。近年来为了贯彻落实中央关于推动媒体融合发展、管好用好互联网的指导意见精神，学院组织编写了新媒体传播系列教材，力争引领中国新闻传播教育的教学改革，成为培养合格新媒体专业人才的重要支撑。刘海贵教授主编的整套《网络与新媒体传播核心》教材共13册，将由复旦大学出版社分批出版。

2019年9月，学校新闻学院入选首批国家教材建设重点研究基地。基地体现习近平"立足中国、借鉴国外、挖掘历史、把握当代、关怀人类、面向未来"的重要论述，构建中国特色新闻学科教材研究基地，为中国特色新闻学科教材的研究和编写提供智力支持和决策咨询。通过3—5年的努力，基地将建设成为一流的新闻学科教材研究智库、一流的新闻学科教材研究与交流平台、培养和培训一流的新闻学科教材研究团队和编写团队，以及建成一流的新闻学教材和教材研究数据中心。根据建设马克思主义新闻观及新时代中国特色社会主义新闻学学科的发展定位，基地拟重点研究的选题包括马克思主义新闻思

想教学及教材研究、中国特色社会主义新闻学科建设及教材体系研究、新技术时代新闻学教材发展趋势暨教育理念研究、国内外新闻学教育及教材案例研究、国内外新闻学教材数据库研究等。

（执笔人：米博华、张涛甫、杨鹏、陈建云）

学科理论体系、教材体系和教学体系相结合 培养服务治国理政的卓越人才

——复旦大学国际关系与公共事务学院课程思政建设综述

学科建设，育人为本；一流学科，一流人才；为国育才，德育为先。作为"双一流"学科、上海高峰学科和意识形态要地，复旦大学国际关系与公共事务学院（以下简称"国务学院"）恪守立德树人的育人宗旨，围绕"四个服务"的育人目标，以社会主义核心价值观为引领、坚持理论与实践相结合，将学科建设与培养国家优秀人才的先进教学探索相统一，引领师生知行合一、扎根中国、放眼世界，通过课程思政和教材建设，为正确处理课堂教学与政策实践、中国特色与国际比较、人才培养与国家发展诸关系提供创新模式；在教学内容上，努力做好中国道路、国家战略、全球视野、服务社会四篇大文章。

课程思政专业建设开展伊始，学院申报政治学与行政学专业作为课程思政示范专业，近3年来积极按照学校要求推进示范专业建设，同时将"国际政治"专业也纳入课程思政示范专业试点。学院重视将中国政治学理论体系建设同本土政治学教材体系建设紧密结合，通过

将党的创新理论成果融入中国政治学理论体系建设，并将中国政治学理论成果积极、及时转化到政治学教材教学体系建设中，发挥专业课育人的课程思政效应，培养国务学院学生的政治自信和政治认同意识。

一、筚路蓝缕、守正创新，建好"当代中国政治制度"等专业主干课程

1984年，国务学院浦兴祖老师在全国开风气之先，为复旦大学本科生开设了政治学专业的主干课程"当代中国政治制度"。30多年来，课程建设与改革开放同向同行，成为学生学习中国政治的入门课、学者研究中国政治的基本功。课程团队曾获"国家精品课程""国家优秀教材奖"等奖项，实现了课程、教材、在线资源的一体化，在国内同类高校中居于领先地位。

"当代中国政治制度"课程以"一体两翼"为建设思路。"一体"，就是做好课堂教学，坚持教学方法创新，形成丰富多彩的教学形式，包括"我来上一课""走进人大""请进来"等互动教学。"两翼"，一翼是教材，课程教材不仅是政治学教材中最畅销的，而且也是第一本走向海外、译为外文的政治学教材；另一翼是实践，课程在国内是较早探索将实践内容算入学分的，任课教师带领学生去人大、政府部门考察、调研、实习，完成调研报告。

课程强调从实际案例出发，强化学生的理解与思考。课程结合"树立四个自信""破除历史虚无主义""人民主权观""爱国主义""法治精神""民主意识""民族团结"七大思政元素，将各元素与教学章节紧密结合，引导学生价值观发展。例如以"民族区域自治制度"的实践案例支撑"民族、民族区域自治制度概念、内涵及历史发

学科理论体系、教材体系和教学体系相结合　培养服务治国理政的卓越人才
——复旦大学国际关系与公共事务学院课程思政建设综述

展"的专业知识点，同时引出"民族平等、民族团结、民族和谐"的价值体系，帮助学生在学习专业知识的同时，深入理解党的民族政策，提升思想政治素质。

包括"当代中国政治制度"在内，学院目前建设了15门课程思政示范课程，形成了政治学类专业课程育人的合围之势。如学院院长苏长和教授的"国际关系导论"课程结合中国特色国际关系和大国外交理论最新成果，注重国际比较和中外互鉴、历史和逻辑，为学生提供一套全新的，从中国视角、中国理论认识和分析国际关系基本状况和趋势的知识架构。郑长忠教授的"中国共产党研究"课程讲授中国共产党组织体系、价值体系、制度体系的内在机理，论证中国共产党领导是中华文明历史逻辑、现代社会发展逻辑与共产主义运动逻辑共同演绎的结果。陈周旺教授的"政治学原理"课程讲授马克思主义政治学的研究方法、理论逻辑和知识体系，从人类社会文明发展的历史逻辑，分析和把握世界发展潮流、政治大局，引导学生树立科学的世界观、政治观，提高对世界政治现象的解读能力。这些课程通过透彻的理论讲解和丰富的案例支撑，帮助学生深刻理解中国政治制度优越性，增强学生"四个自信"。

二、立足中国现实，讲好中国故事，建设完整的政治学本土教材体系

学院坚持以教材建设为抓手，全方位深层次进行课程思政改革。建系伊始，学院就以建设中国自己的教材体系为己任。历经多年的专业发展和教学实践，最终形成国内唯一的完整的本土化教材体系，摆脱了国内政治学、行政管理学教学受制于海外教材知识框架的局限，

形成了自己的教学理念、体例、话语和理论。政治学本科专业恢复之初,学院为核心课程编写《政治学概要》《比较政府体制》《当代中国政治制度》等一系列教材,并不断在原有教材基础上进行修订、扩展,使之体系化、完整化,迄今出版教材近150种,其中1992年之后出版的近90种,基本实现教材本土化,在专业教育中有效引导了学生正确认识中国政治、了解中国治理、树立政治自信、具备国家意识、拓展全球视野。

校领导听取学院教材建设情况汇报

教材建设成果展示

自课程思政全面改革启动以来,学院进一步加大教材建设力度,启动教材建设专项,在原有"课程思政"专业教材建设小组与国务学院教材建设小组的基础上,成立课程思政与教材建设领导小组与专家组,同时承担示范专业建设领导责任。在职称评审中规定教材等同于专著,可以列为研究成果,加大教材建设力度。2017年以来,学院教师已出版自编教材6本。其中2017年出版教材4本:《西方国际政治经济学》《我们如何具体操作协商民主:复式协商民主决策程序手册》《政治学研究方法的权衡与发展》以及《基层人大工作简明读本》。2018年出版教材2本:《发展政治学》及《国际发展合作》。辅助教材读物数本,包括《移民政治》《国外腐败问题研究》"城市绣花针丛书"系列等。目前学院在建教材项目 30 余项，包括：冷战后国际关系、国际政治思想史、战后日本亚洲外交、城市治理学、社会组织公益创新创业教程、公共管理伦理、国际公共政策、国际关系研究方法、当代外交学、马克思主义国际政治经济学、公共政策案例分析教程、公共政策分析中的因果识别方法、当代中国对外关系等，教材建设项目将于 2021 年年底前完成出版。

三、学生自主实践，明察国情民情，发挥资政服务育人功能

政治学不是书斋式的学问，政治学专业的教学体系也不能局限在课堂中，理论学习和社会实践必须相结合。国务学院将课程思政建设从课堂延伸到课外，通过学生自主实践，直接服务国家与社会需求，构建起更加完整有效的课程思政体系。学院学科点拥有 10 多个国家级、教育部和上海高校重点智库，素有决策咨询的优良传统，为学生参与决策研究、服务国家提供了良好的条件。例如学生模拟人大政协提案写作实践，深受学生欢迎。学院鼓励学生自主创办思政教育活动，并通过长期、定期运作，发挥项目的品牌效应，形成可持续的、可复制推广的思政教育经验，发展出国务学院特有的思政特色项目。

于 2013 年创办的学生自主思政教育品牌"国箴务实"紧跟国内外政治形势，见微知著，将学术品格、国家意识与政治素养的培育融为一体。8 年来每年发布 10—15 个研究课题，代表性课题包括大学生社会主义核心价值观认知情况研究、学生党员发展质量保障和评估机制研究、党建知识传播的新渠道和新形式、海外网上组织生活模式研究等。

学院引导师生对接国家战略、参与全球治理，服务中国外交大局和中外人文交流，在实战中树立国务学院青年的大国责任。2007年开始，由联合国开发计划署（United Nations Development Programme，简称UNDP）与复旦大学联合发起，学院举办"青年全球治理创新设计大赛"（Youth Innovation Competition on Global Governance，简称YICGG），成为世界首个关注全球治理方案设计及创意的比赛。至今累计共有176个国家和地区、246所大学和机构的474支队伍、1 914名选手参加了赛事，提交治理方案逾581个。经过10余年发展，该赛事聚焦全球治理人才培养，融合国际人文交流和大学生创新创业，与全球100多所高校建立了工作网络，产生较大的国际影响力。学生通过大赛，对中国治理、中国智慧也有了更加深刻的领会和更加坚定的信心。

（执笔人：刘季平、苏长和、李辉）

课程与思政有机结合
育才与育人深度互促
培育守初心担使命的
新时代法学人才

——复旦大学法学院课程思政的实践

一、基本概况

"课程思政"是落实培育和践行社会主义核心价值观融入教书育人全过程的根本任务、根本要求的重要抓手,是构建德、智、体、美、劳全面培养的教育体系和卓越人才培养体系的重要基石,是回答"培养什么人、怎样培养人、为谁培养人"的重要答案。在学校"三全六度十育人"的大格局下,法学院贯彻"所有课程都承担起思政育人功能、所有教师都承担起思政育人责任"要求,围绕知识传授与价值引领紧密结合的目标,结合学院专业特色与实际需求,着力构建法学专业"全课程育人"格局。2018年起,由法学院党委牵头,党政协同,统筹多方资源,以"先期试点-专业推广-全面展开"的推进形式,分阶段、有重点地逐步实施课程思政改革,充分利用示范效应和圈层效应,有效动员各学科全面展开课程思政建设,实现了法学专业主干课程全覆盖的课程思政体系，稳步推进思想政治教育与法学专业教育的有机结合，有效发挥专业课程的思政育人功能。

二、主要做法

（一）优化顶层设计与制度建设，为课程思政建设筑牢基础

学院党委高度重视课程思政工作的顶层设计和制度建设，根据学校人文社科专业课程思政示范专业建设工作开展的实际需要，第一时间成立了课程思政示范专业建设工作领导小组，由党委书记、院长任组长，学院班子成员任组员，统筹谋划学院课程思政示范专业的整体建设工作，并先后多次在全院大会、党政联席会等重要会议上研究讨论课程思政建设思路和举措，制定并完善学院课程思政规划，指导各项工作顺利开展。各课程思政教学团队由学院教学态度认真、教学水平较高、思政教育经验丰富、热心课程思政改革的教师组成，人员构成具有多元性和广泛性，在具体实践工作中，学院既重视骨干教师的传帮带作用，又重视青年教师的创新方式方法；既重视学科组召集人、支部书记、班子成员等"关键少数人物"的带头作用，又重视全体教师的共同参与、协同育人。多层次的设计与建设，始终围绕着"三全育人"的教育理念，为整体性推进课程思政工作构筑坚实的基础。

（二）强调教师队伍建设与教材建设，为课程思政建设创新驱动

学院把握课程思政关键环节，持续精准发力。在加强教师分类教育培训，全面提升教师开展课程思政的意识与能力，抓好教材建设管理，守好意识形态阵地等方面有如下举措。

课程与思政有机结合　育才与育人深度互促　培育守初心担使命的新时代法学人才
——复旦大学法学院课程思政的实践

1. "党支部+学科组",依托基层组织确保育人效果

学院以学科组、党支部为基本单位,建立了课程思政示范专业教学团队的常态化培训机制,充分发挥党支部的战斗堡垒作用。各课程思政团队贯彻落实"三集三提"(集中研讨提问题、集中备课提质量、集中培训提素质)的工作要求,加强教学工作的协同育人能效,共同梳理教学大纲、教学案例,总结教学方法,以教师职责和道德内在要求为共识,以提升教学能力为抓手,以课程思政关键点的融入为催化剂,以自主实践创新为亮点,在教学的精细化和规范化的建设过程中,加强课程设计,打造优质课堂,把思政元素无声地融入课程,建设了一支具有自觉"育德意识"和较强"育德能力"的教师队伍。

2. "院内+院外",利用"师训"确保思想贮备到位

学院定期邀请兄弟院系中团队文化优、教学水平高、影响效果好的课程思政教学团队及教务处有经验的管理人员开展经验交流。与此同时,加强推广先期四门课程思政示范课程中适用于法学专业"本土"学生的经验与方法,坚持"育人先育己",开展全院范围教师"师训",从思想上重视、行动上落实课程思政工作的总体要求,确保思想贮备到位,为课程思政建设营造良好氛围。

3. "马工程教材+自编教材",借助教材建设彰显课程思政成效

在教材使用与管理方面,学院加强对选用教材特别是外文教材的严格把关。有"马工程"教材的课程实现"马工程"教材全覆盖,使用其他推荐教材的,必须严格遵照教材审批程序,由学科组党支部书记初审,报分管领导审核,最后交学院党委终审通过后方可使用,把好教材选用关、管理关,守好意识形态阵地。

在教材建设方面,有计划、有步骤地推进课程教材的编写建设工

作。根据课程教学实际，首先形成完整规范的课程教学讲义，高标准对标"马工程"教材编写的精神要求，努力推进核心课程教材的出版；对已有"马工程"教材的课程，要求编写的教材要与"马工程"教材相辅相成，成为辅助教材。

（三）推进专业建设与学科建设，为课程思政建设添砖加瓦

2019年初，学院在先期4门课程思政示范课程的试点基础上，由课程思政领导小组牵头，动员各学科专业推广课程思政建设，由点及面、由面至体实现17门法学专业主干课程全覆盖的课程思政体系，做到课程思政示范专业建设工作与日常教学工作的深度融合、全面衔接。

同时，学院将课程思政延伸到教学实践环节，加强第一课堂与第二课堂的互动。教师在课堂之外积极参与形式多样的育人项目，如模拟法庭与竞赛指导、民商法学专业读书会、学术科研项目、讲座与学术会议等，不断充实教学实践环节，让学生"走出校园，但不走出课堂"，使课程思政全方位、多维度、广覆盖融入教学。

（四）健全制度保障与评价体系，为课程思政建设保驾护航

学院把课程思政评估与制度保障作为全面推进专业思政教育的突破口和重要抓手，积极开展探索与实践，构建起了集督教学、督思政于一体的全方位、多层次的课程思政评价体系。

在制度建设方面，学院制定《复旦大学法学院课程思政示范专业建设工作指南》《复旦大学法学院课程思政建设指引》（教师版），为各课程思政和教材建设示范团队提供了相对明确的建设思路和指引。根据学校相关要求，给予课程思政示范课程建设经费资助；对于示范

课程建设中的教材编写和出版工作，也给予相应的建设经费。

在评价体系方面，课程思政工作领导小组及学科组定期对课程思政团队的工作进展情况进行评估和考核。考核方式包括要求提交课程思政工作与教材建设进展报告、贯彻落实"三集三提"工作要求的方式安排，进行随堂听课以及评估教材编写工作质量等。学院党委书记、院长和相关负责人参与指导示范课程团队的集体研讨和集体备课。对于评估和考核结果较差、未能按照进度开展建设工作的示范课程及教材建设团队，进行限期整改。

三、体会启示

在大力推进课程思政建设工作中，学院党政班子高度重视、积极尝试和不断总结，形成了一些制度做法，积累了一些有益经验，深化了对如何结合自身实际更好地发挥专业课程的思政育人功能的体会和认识。具体来说，主要有以下几个方面。

（一）党政协同是关键

课程思政建设的出发点和落脚点是在专业课程中进行价值引领，把培育和践行社会主义核心价值观融入课程教学全过程中，从而为党、国家和人民培养优秀人才。需要党委高度重视，党政协同推进，加强教师理论学习和武装，对广大师生进行价值引领。学院在组建课程思政示范专业建设工作领导小组时，注重党政齐抓；在师资培训和课程准备上，有机融合党支部和学科组的力量；在教材使用和管理方面，充分发挥党支部书记的第一步把关作用，然后由教学分管院长和党委最后把关，从而很好地实现了党政协同推进和共同把关。

教师利用小型学术沙龙进行集中备课，开展教学研讨

（二）团队建设是抓手

课程思政的重要主体是教师，上好专业课程并发挥好课程思政育人功能需要加强师资队伍的培训和建设。学院根据课程教学规律，在充分调动个体老师的积极性和责任心的基础上，以课程思政示范课程的师资团队建设为抓手，注重发挥团队力量，做好"三集三提"工作；以团队为中心，推进教材选用和编写工作，有力地提升了课程思政的育人效果。

（三）制度建设是根本

课程思政工作要有序推进、顺利展开和不断提升，最根本的还是要根据目标要求和工作实际，制定相应的制度方案，形成具体制度规范。学院在充分听取相关意见的基础上，先后制定了工作指南和建设指引，在对如何开展课程思政示范专业建设进行全面细致规定的同时，也对教师进行了清晰的指引，建立了科学合理的评价体系，实现了课程思政工作的良好运行。

（四）全面支持是保障

要做好课程思政工作，对于任课教师及其团队来说意味着更多的投入、更高的要求和更强的责任心。因此，需要对之进行全方位的支持和保障。学院除了注重对教师的关心引领之外，还从经费资助、培训服务和教务支持等多方面予以支持，有效地保障了课程思政工作的顺利展开和高效运行。

（执笔人：李世刚）

新工科背景下课程思政价值引领

——复旦大学信息科学与工程学院的探索

发挥引路人作用，培养具有工匠精神的新工科人才，是新时代工科教师的重要使命。复旦大学信息科学与工程学院（以下简称"信息学院"）党委全面贯彻落实党的十九大和全国教育大会精神，以习近平新时代中国特色社会主义思想为指导，在全员全过程全方位"三全育人"的学校大思政工作格局下积极探索具有复旦特色的新工科教育模式，将新工科教育和思想政治教育有机融合，深入推进课程思政教育教学改革，建设"1+2+15"新工科课程体系，加强课程思政内涵建设。

一、基本情况

信息学院将新工科教育和思想政治教育有机融合，为国家先进制造业解决"卡脖子"技术问题提供强有力的人才培养支撑。学院一大批院士、资深教授、高水平青年学者积极投身课程思政教育教学改革实践，积极将科研优势转化为专业思政优势和课程育人优势。

2019 年学院入选上海高校课程思政重点改革领航学院、拥有"电

学院"1+2+15"新工科课程体系

子信息"和"医学人工智能"两个特色改革领航团队,建设 15 门领航课程。成立院士课程思政坊,有 7 门课程申请为第三批课程思政示范课程,"机器学习"课程参与全校课程思政示范课公开课。与海军厦门舰党委、虹口区广中路街道党总支共同建设课程思政第二课堂。

二、主要做法

(一)学院党委以政治建设为统领,落实立德树人根本任务,着力推进"三全育人"

学院党委落实"三全育人"要求,加强师德师风建设,进一步推动思政课建设,发挥好课堂在育人工作中的主渠道作用。由学院党委书记牵头成立课程思政领导小组和专家小组以及课程思政示范课程教学团队,多次举行课程思政专业示范课工作推进会,旨在创新教学方法、优化课程建设。鼓励党员教师与学生面对面交流,开展专题学习与主题党日，紧紧围绕立德树人根本任务，引导广大教师党员积极发挥带头作用，带头投入育人工作。组织全院教授开展微思政课，以党建带群建，鼓励和带动党外教师参与课程思政，有效实现教学、学工思政育人合力。主动拓展第二课堂资源，与海军厦门舰党委、虹口区广中路街道党总支共同建设"科技强军"和"社会民情"系列思政课程，将家国情怀、专业伦理、社会责任等思政内容融入专业课程教学和实践中。打造四维学生工作体系，以微思政课、信息人节、学术文化节、博士生学术论坛、公益实践等品牌活动为平台，邀请全院教师共同开展科学精神和学术道德等主题教育，实现思想政治工作贯穿教育教学全过程。

（二）教职工党支部围绕中心、服务大局，扎实推进"三全育人"

学院教职工党支部坚持立德树人根本任务，把工作着力点放在加强学科建设、深化教学改革和提高人才培养质量上，扎实推进课程思政和"三全育人"。电子工程系教职工党支部举行系列专题组织生活会，探讨如何在新工科背景下推进课程思政，从爱国情怀、专业素养、科学精神和交叉创新四方面切入课程思政建设，实现知识传授与价值引领的有机统一，积极探索具有复旦特色的新工科教育模式。在主题教育期间，中央联络二组和第三指导组现场观摩支部"课程思政"专题组织生活，对于支部推动课程思政建设的工作给予充分肯定。通信科学与工程系教职工党支部与学生党支部、上海航天802研究所重点实验室党支部开展"共享促学·航天梦"支部共建活动，让师生实地领略了中国航天人志高存远、自强不息、拼搏创新的精神风貌，探索科研合作与试验交流，让师生更明确自己的使命和责任，勇于挑战、锐意进取。光科学与工程系教职工党支部利用多种形式结合学科发展和人才培养开展党性教育，聚焦育人工作，在本科生中开展"一对一导师制""零门槛科研"，通过建立实训基地，举办"夏令营""科学道德与学风建设"教育等活动，使光科系本科生和研究生的质量显著提高。光源与照明工程系教职工党支部通过回顾复旦大学百余年沧桑历史和电光源系 40 余年人才培养和学科发展的历程，鼓舞教师坚定理想信念，勇担历史重任，不忘教育报国的初心和使命，并结合 2020 年新一轮学科评估和"双万计划"本科生专业建设，查找差距，聚焦解决平台建设、教学团队建设、精品课程建设等不足之处。

（三）鼓励一线教师不断探索课程思政新方法、新思路

理工科课程思政的指导思想是弘扬科学报国的光荣传统，追求真理、勇攀高峰的科学精神，勇于创新、严谨求实的学术风气，把个人理想自觉融入国家发展伟业。工科院系的专业课程思政一定要紧密结合课程内容，既顶天又立地。"顶天"指向学生介绍国家重大科研的新发展、新突破，引导学生将专业学习和国家相关行业发展需求相结合。国家杰出青年（以下简称"杰青"）迟楠教授在前沿讲座中，引用通信系毕业生参加航母建设、C919 大飞机研发等例子，并播放大飞机试飞现场拍摄的视频，让同学们明白志当存高远，要相信自己，努力学习，为实现自己的理想打下坚实的基础。国家优秀青年（以下简称"优青"）、国家"万人计划"青年拔尖人才（以下简称"万人计划"）徐丰教授开设课程"机器学习"，在教学中回顾了人工智能发展历史，阐明人工智能是第四次工业革命，告诉学生中国目前的技术地位，提醒学生如何突破人工智能关键核心技术是决定国家复兴命运的关键，鼓励学生立志钻研关键核心科技，将个人理想与复兴大任相

融合，树立工科学生应有的科技强国远大志向。"模拟电子学基础"课程主讲教师尹建君结合时事热点和自身经历，以真实案例激起学生的兴趣和共鸣，激发学生的爱国热情、使命感和责任感，鼓励学生发愤图强，艰苦奋斗，努力开发和掌握核心技术。"计算机体系结构"课程的主讲教师冯辉在讲述计算机发展历程时，介绍了复旦大学在20世纪60年代成功研制"602"计算机的历史，激发学生对于学校的认同感和自豪感，将个人奋斗与国家发展紧密联系起来。郭翌老师在专业基础课"信号与通信系统"中着重展示了疫情防控期间，上海市的科技力量在智能机器人、智能测温系统和智能影像诊断等方面发挥的巨大作用，使学生更深刻地了解疫情防控战的科技含量，关注学科的交叉应用及其与国计民生的关联度。

（四）成立课程思政教学团队

学院探索教学团队做法，成立两个课程思政教学团队，分别是胡波教授牵头的"电子信息类"和汪源源教授牵头的"医学人工智能"团队，团队所授课程包括专业基础课、必修课、选修课、实验课和跨学科交叉选修课。将爱国情怀、专业素养、科学精神和交叉创新融入每门课中，设计每门课的课程思政内容，循序渐进，做好有效衔接。

"医学人工智能"团队以王威琪院士科技报国的故事贯穿整个教学团队课程。在"信号与通信系统"课程中先从信号角度介绍一维和二维超声信号以及如何进行分析，给学生展示当年在艰苦环境下手工计算的过程。在"医学超声原理"课程中，着重讲解王院士提出的多普勒超声检测原理。在"医学成像技术"课程中，介绍医学超声领域科技的进步，展示实验室最新研制的国产便携式超声设备和其中的科技攻关故事。在跨学科交叉选修课"近代医学概论"中，从医学角度谈超声检测和成像技术对临床医学的帮助，让学生了解交叉学科科技进步对医学发展的影响。

（五）通过调研准确掌握课程思政效果

学院采取问卷调查形式，发出了110份问卷。通过回收问卷分析，3%的学生了解课程思政并有专门研究，20%的学生比较了解；31%的学生通过学校讲座和新闻途径了解课程思政，47.7%的教师上课介绍了课程思政。

16.5%的学生认为课程思政非常重要，44%的学生认为专业课引入思政元素比较重要；27.5%的学生目前学习的专业课经常引入课程思政，50%的学生学习的专业课已经引入课程思政。

19.2%的学生认为课程思政与专业课衔接得非常好，57.7%的学生认为课程思政与专业课有衔接。

17.4%的学生认为课程思政对个人的人生观、价值观和世界观影响非常大；62.3%的学生认为有一定的影响；43.8%的学生认为专业教育和思想教育的关系是相辅相成、有机融合、同等重要；35.77%的学生认为思政教育为先，专业教育为本，思政教育辅助专业教育。

52.3%的学生认为课程思政具有真实性和典型性；83.5%的学生认为课程思政的内容贴近大众关注的社会热点问题或者大学生学习和生活的实际，73.4%的学生反映教学内容能够经常更新，与时俱进。

47.7%的学生要求教学内容不要理论化；46.7%的学生认为课程思政融入专业课的方式是讲授式的教学；33%的学生认为是专业式教学；31.1%的学生认为有效的方式是以身作则、潜移默化，47.7%的学生认为实践式教学更有效。

2019 年学院有 47 名毕业生奔赴祖国需要的科研院所和科技公司工作，为祖国输送德才兼备的栋梁之材。

三、体会启示

（一）课程思政要得到教师与学生的双重认可

推进课程思政建设，使各类课程与思政课同向同行、形成协同效应的重要举措，旨在使德育与智育相统一，推动实现全员全过程全方位育人。学院发挥党委主体责任，注重加强课程思政建设，落实好立德树人根本任务，通过一段时间的实践，打造了一系列具有学科特色的课程思政课程和团队，提升课程思政的亲和力和接受度，在专业知识的传授中融入思政元素，以活泼的课堂形式、生动有趣的案例和对于国情的准确解读，获得了学院师生的认可。

（二）重视理工科课程特性，对教师进行分类指导

课程思政要抓好教师这一关键主体。学院坚持全员动员，教育引导专业课教师围绕落实立德树人这一根本任务，把教书和育人结合起来，通过理论学习、党性教育等多种方式，提高专业课教师的政治理论水平和人文素养，不断提升把思想政治工作贯穿教学全过程的能力。优化课程设置，将思政内容贯穿于课程的教学目标、授课计划、培养方案等各个方面，充分发挥课堂教学的主渠道作用，以润物无声的形式将正确的价值观传导给学生，实现育人效果最大化。各系根据人才培养的目标和特点，合理融入思政教育内容，打造课程思政示范课，并培养出一批优秀的课程思政教师，发挥示范带头作用，以此来

激发更多的教师参与到课程思政教学实践中。

学院强调每一位教职员工都要担负起育人的职责，从思想上转变对课程思政的简单认识，形成全员"三全育人"的良好氛围。

（三）将科研、实践与课程思政相结合，扎根中国大地培养新工科人才

对专业课教师而言，如何将思政内容融入专业课程中，是一个亟待解决的重要问题。课程思政是学生思想政治工作的重要组成部分，应该通过身边的人和事，自然地融入专业课程教学中，让学生在不知不觉中了解学科发展的历史、科学家的批判和创新精神，了解国家、学校在这些领域的贡献和存在的问题，激发学生的研究兴趣和责任担当。要达到这个目标，教学团队的讨论、教学内容的设计非常重要，但是更重要的是授课教师的言传身教，用自己的一举一动、一言一行影响学生、带动学生，达到润物细无声的境界。

（执笔人：郭翌、张婷）

以课程思政示范课为抓手统筹推进"三全育人"工作

——复旦大学计算机科学技术学院的实践

一、基本概况

计算机科学技术学院始终坚持以立德树人为根本任务，把思政教育贯穿人才培养全过程，通过加强课程思政建设，实现价值引领、知识传授、能力培养的有机统一，充分体现"国家意识、人文情怀、科学精神、专业素养、国际视野"的育人特色。通过课堂教学，持续统筹推进"三全育人"工作，培养学生的家国情怀，树立正确的职业观念，增强为国家计算机产业发展作出卓越贡献的责任感和使命感，培养学生成为德、智、体、美、劳全面发展的社会主义建设者和接班人。

2019年，学院建设首批8门课程思政示范课，包含大类基础、学院专业课、创新创业课程。经过教学团队的建设，8门示范课验收结果全部为优良，其中黄萱菁老师的"计算机与互联网的未来"、戴开宇老师的"程序设计"成为学校"不忘初心、牢记使命"主题教育"'三全育人'我当先"的课程思政在线公开课。

二、主要做法

（一）强化院系主体责任，以体制机制推进课程思政

学院充分落实课程思政建设的主体责任，学院领导靠前指挥。为统筹推进课程思政和教学改革工作，学院成立以书记为首要负责人的教材建设工作小组，审定每学期开设的本科课程教材。学院院长、书记每学期参与本科生课程的随堂听课，并给出反馈和建议。学院分管本科生教学、研究生教学的副院长带头参与到课程思政示范课的建设中。学院院长以及主管教学的副院长参与教学指导委员会、拔尖人才培养小组、卓越工程能力培养计划工作小组的日常工作，把握学院人才培养的政策方向，定期通过全院大会、教学团队会议等形式召集教师对教学立德树人的根本任务、教学如何把育人的价值内涵内生为专业课程的内涵、如何在学科和专业的人才培养中布局育人的价值内涵等主题进行研讨。

（二）通过教学团队"三集三提"研讨，建立课程思政建设的常态化机制

为进一步巩固课程思政改革的成果，促进教学工作的传、帮、带作用，学院以教学团队作为基本组织架构，建立"三集三提"课程建设常态化机制。学院建设12个教学团队，通过集中研讨提问题、集中培训提素质、集中备课提质量，充分发挥教学团队的集体智慧，提升教师课程育人的意识和能力。同时，学院为教学团队提供充裕的经费支持，鼓励教师积极参加各类教学会议和交流、培训活动。

在教学方法上，教学团队通过课程思政示范课讲授的典型示范教

学案例，如"中美超级计算机之争""两弹一星元勋们的保密故事""互联网时代的伦理和法律，人工智能与人类命运""软件工程师的职业道德"等，在课程教学中用"中国时刻""中国成就"鼓舞学生，用"两个一百年"奋斗目标激励学生责任担当，用复旦大学名师事迹感动学生心灵，用切问近思实践增强学生本领。

2020年新冠肺炎疫情暴发以来，学院共有135门本科课程顺利开展了网上教学，学院通过团队建设促教学改革在混合式教学改革、翻转课堂建设等方面取得良好的效果。在新冠肺炎疫情最危急的时刻，"火神山""雷神山"两座集中收治新冠肺炎患者的专门医院在武汉拔地而起，"基建达人"展现的"中国速度"为世界所惊叹。徐志平老师在自己的"虚拟现实引论"课堂上用虚拟现实技术为同学们展现了这一强大的组织动员工程的过程和成果。他采用启发式的教学方法，引导学生讨论：通过虚拟现实技术展现"火神山"和"雷神山"两座医院，我们需要准备哪些资料？如何通过新闻照片寻找建模的参照物和估计模型尺寸？在软件的操作讲解中，徐老师用最生动的案例使同学们上手建模工具，加深对知识点的理解和运用。这一教学案例成为学校课程思政网上教学优秀教案，汇编入学校"课程育人"抗疫特辑。

（三）加强教师队伍建设，激发全员育人活力

学生全面发展是人才培养的出发点和落脚点。学院始终坚持立德树人的根本任务，推动建立全员全过程全方位育人格局。为更好地推进学院人才培养工作，充分发挥教师在学生培养过程中的作用，学院实施本科生全员导师制。为每位本科生选派导师，为学生提供从入学到毕业的全周期、长效化、个性化的培养指导。每位导师带教学生不超过20人，学院为本科生导师提供工作津贴以及一定的业

务经费。学院每年还通过积极组织"毕业生心目中的好老师"等评选活动，以达到挖掘典型加强师德建设、树立形象弘扬教育正气的目标。

（四）瞄准育人目标，聚焦学生价值引领

学院坚持为国育才，努力为国家信息技术领域解决"卡脖子"的技术问题提供强有力的人才培养支撑。强化师德师风建设，聚焦对学生在政治认同和国家意识、品德修养和人格养成、学术志向和专业伦理上的价值引领是学院对授课教师的基本要求，并取得了一定成效。学院保密学院的首届本硕连读的硕士毕业生李同学在择业时，面对互联网公司的高薪的入职邀请，她毅然决然地选择投身国家某部委的保密工作，在李同学看来，爱国不仅是一种情感，更是一种使命和担当，个人理想要同祖国前途、民族命运紧密联系在一起。"心有所信，方能行远"，选择一份工作，不仅仅是为了满足物质层面的需求，更要看重这份工作能否为民族复兴铺路架桥，能否为祖国建设添砖加瓦。正是遵循学校课程思政的教学原则，坚持"方向上旗帜鲜明、方法上润物无声"，在保证专业教学水准的前提下自然融入思政教育元素，使价值引领成为教学过程中不可或缺的组成部分，最终实现了"教书"和"育人"相互促进、相得益彰。

三、体会启示

（一）追求育人实效，为服务国家重大战略需求输送人才

理工科专业课程思政要取得实效，应避免空洞的说教，要积极思考专业课程教授的内容与服务国家重大战略需求、服务经济社会发

徐志平老师在"虚拟现实引论"课程中用虚拟现实技术展现"火神山"医院

展、加强中国的国际竞争力等方面的关系,鼓励学生通过学好专业实现科研报国。具体到计算机专业,通过给学生讲述国家目前在信息技术领域上的CPU(中央处理器)、核心系统软件等"卡脖子"的困境以及形成原因,激励学生在各门专业课学习中要钻深钻透,不可浅尝辄止,克服畏难情绪,摒弃"搭便车"等机会主义思想,勇挑国家计算机事业发展的重担。通过这样的结合,既激发了学生的学习热情,增强了教学效果,也起到了理想信念教育的目的,让课程思政的实现有情有义、有温度,增强课程实效。

学院本科教学任务重,覆盖面广,还承担了全校计算机公共基础课的授课任务,学院在首批课程思政示范课程建设的基础上,以点带面,进一步深入挖掘提炼所有专业课程所能蕴含的思想政治教育元素和承载的思想政治教育功能,让任课教师在授课中坚持知识传授和价值引领相统一,实现价值塑造与知识传授、能力培养一体化推进,力求将课程思政的要求深入贯穿于课程建设的全过程。

（二）充分激发教师育人动能，建立课程思政建设的长效化机制

如何使课程思政建设长效化、制度化，也是人才培养工作的重心之一。"课程思政建设是'三全育人'整体格局下的一项系统工程，不是只建几门课的样板房工程，要按照所有课程具有育人功能、所有教师负有育人职责的'两个所有'要求全面建设。"学院从机制建设入手，通过完善制度保障、健全队伍保障、落实经费保障等方面入手，建立长效机制狠抓落实。之后将进一步在机制上探索，在教师评聘和考核机制中，考虑将发挥课程育人功能作为重要指标之一，以引导广大教师，不忘立德树人初心，牢记人才培养使命。

（执笔人：王李霞）

以课程创新为抓手
激发育人主体活力

——复旦大学材料科学系产学结合课程育人

一、基本概况

材料科学是一个理科与工科结合紧密，基础与应用研究并重的学科，培养的学生很多进入半导体、新材料、新能源等高新科技产业，是国家科技创新的重要力量。长期以来，材料科学系深耕产业前沿相关研究，培养了一批优秀毕业生服务于国家重点攻关科技产业，但也存在在教学方案和科研工作中，基础理论教育内容相对不充分，实习实践教育、创新创业引导方面需要进一步提升等问题。如何有效调动系内外育人资源，充分发挥合力育人功效，提高创新材料人才的培养质量，为国家攻克关键领域技术问题贡献力量，是材料科学系近年来育人工作的重点问题。

2019年，材料科学系明确提出了"爱国情怀、科学基础、工程能力、创新意识"的人才培养目标。在此目标牵引下，系党委以课程思政建设为核心，以产学结合为主要方式，以"大国重器"品牌为特色，将"教"与"育"深度融合，建构育人工作的整体格局。

二、主要做法

材料科学系以"三全育人"综合改革为契机,以课程为载体,充分发挥专业教师、业界专家、校友、学工四支队伍的作用,充分调动系内外育人资源,聚焦材料产业前沿研究和人才培养目标,打造"2+1"创新课程,即"工业品检测技术""材料科学前沿与商业应用"两门前沿课程以及"大国重器"系列讲座,拉近学生与产业的距离,提升学生的创新能力与创新意识,着力培养创新引领的新时代材料人才。

(一)聚焦专业课程建设,发挥育人主阵地作用

根据学业层级,设计建设不同课程是材料科学系第一课堂的特点。材料系本科生、研究生毕业后将直接进入国家重大产业行业,成为科技研发的主体力量。为了让学生提前了解理论知识与企业研发、专业素养与应用研究的关系,材料科学系集合系内外育人资源,聚焦材料产业前沿问题,培养学生的创新意识。

面向研究生开设"工业品检测技术"课程,由材料科学系教学副系主任蒋益明教授与材料科学系1998级本科生、校外导师、上海海关的段冀渊博士共同主讲,相继邀请上海海关工业品与原材料检测技术中心、安集微电子科技(上海)股份有限公司、上海市标准化协会、飞利浦(中国)投资有限公司、雀巢(中国)有限公司、通标标准技术服务(上海)有限公司等不同领域企业的10余名业界专家联合授课,重点帮助学生搭建起由书本知识、科研成果到现实市场、国民经济之间的桥梁。通过揭示材料检测技术在贸易经济中所扮演的重要角色,使学生树立科学研究充分服务国家需求的观念。

面向本科生开设"材料科学前沿与商业应用"课程，由具有丰富科研创新、成果转化经验的唐璜副教授主讲，聚焦大学生专业创新意识、创新思维，激发大学生的创业热情，普及大学生的创新创业知识，提高大学生的创新能力和创业意识。课程邀请灵动微电子创始人兼董事长吴忠洁（材料系1992级校友）、中康美复创始人李柯（高分子系1992级校友）、万学教育研发总监潘永刚（材料系1993级校友）、台积电大中华区研发总监张帅（材料系1994级校友）、诺基亚中国5G核心网高级总监吴凌琛（材料系1995级校友）等一批优秀的创业和企业校友为本科生授课，采用案例分析、小组讨论、师生互动、社会调查等方法充分调动了学生的积极性。

面向高年级学生开设"大国重器"系列讲座，邀请系内相关研究方向的教授讲授制造业、核电行业、涂料行业的发展，邀请航天八院、上海核工院等重点单位专家开设讲座，让学生充分了解国家战略，感受自身使命担当。

（二）强化教学联动机制，提升实践育人成效

材料科学系高度重视在"三全育人"中激发师生主体活力，通过教学与学生工作的紧密配合，结合课程教学，发挥实践的第二课堂作用。

依托"工业品检测技术"课程，材料科学系与虹口海关、SGS（瑞士通用公证行）、安集微电子、灵动微电子等多家单位合作，建立教学实习基地，开展多次产业实践活动，进一步深化学生对课程讲授内容的消化吸收。

鼓励修读"材料科学前沿与商业应用"课程的学生在课堂之外积极参与各类创新创业竞赛，授课教师、系内青年教师以及辅导员组成强大导师团队进行精心组织指导。2018、2019两年间，材料科学系学生在校内外各类创新创业比赛中获得奖项20余项，其中一项本科生科

以课程创新为抓手　激发育人主体活力
——复旦大学材料科学系产学结合课程育人

吴仁兵老师指导本科生刘洋和徐鸿彬作品荣获第十六届全国"挑战杯"特等奖

创作品获"挑战杯"全国大学生科创竞赛特等奖。

结合"大国重器"系列讲座，组织学生赴中国工程物理研究院、航天八院、秦山核电站、合肥大科学装置等重点单位参观，近距离接触国之重器。聚焦"我的中国芯"，组织学生学习关于集成电路的历史和发展，同时广泛开展专业实践活动，让学生深入了解产业现状和需求。研究生辅导员王剑中带领学生开发的"芯路四十载"课程，介绍中国芯片产业的发展历程和重大意义，入选学校博士生讲师团课程，在校内外宣讲中受到广泛欢迎。通过"课堂+思政学习+专业实践"体系，学生对于专业和产业以及自身的定位有了更深入的认识，毕业生到集成电路相关产业就业的人数比以往有显著提升。

三、体会启示

"三全育人"的核心是要充分调动各种育人要素共同作用于学生的成长成才。课堂是教师育人的主战场，要在课程创新上下功夫，以课程为依托，充分调动各方资源，将专业学习、创新创业、思政教育进行充分融合，产生育人实效。在材料科学系课程育人实践中有三点体会。

（一）瞄准人才培养目标，强化思想导航

材料科学系人才培养目标充分结合了复旦人的精神追求与材料人的专业素养。材料学科的发展是国家科技攻关的重点领域，新时代的材料人才必须从思想上提高对专业研究的认识，在课堂内外的学习实践中培养创新能力和综合素养。

（二）调动系内外教育资源，深化课程改革

多年来材料科学系致力于培养服务国家、全面发展的又红又专新工科人，毕业生分布在专业科研和产业服务的前沿，这些校友资源提供了生动的教育素材和丰富的育人元素。在基础理论学习与科技前沿研究、产业发展实际相结合的教学模式中引入优秀校友的教育资源，形成了合力，更能够丰富教学形式，激发学生的创新理念，培养学生对实际问题的解决能力，提升学生的专业认同感与发展格局观。

（三）注重实习实践锻炼，优化育人功能

实践出真知，创新人才的培养更加需要在实践中得到锻炼。材料学科的特点决定了学生的培养模式必然是教学相长、学以致用，以"课堂+思政学习+专业实践"体系建设充分发挥第二课堂的作用，激发师生作为育人主体的活力，在全过程培养链中融入思政教育与创新引领，从而更好地服务于教学目标，优化第一课堂育人功能。

（执笔人：许妍）

教育树人 同心立德
培养新时代医学领袖新青年

——复旦大学基础医学院课程思政建设的探索

一、基本概况

复旦大学基础医学院始终坚持党的全面领导，将立德树人作为学院根本任务和中心环节，坚持课程育人，探索建立并不断健全课程思政建设体制机制。以"双一流"规划要求为指导，以医学生成长需求为导向，抓住主渠道，积极承担学校"1+2+9+50"（1门示范课、2门导论、9门核心课、50门医学人文课程）医学人文课程思政体系建设，推动课程思政全面融入医学课程体系；成立医学人文与医学教育研究中心，推动课程思政融入医学教育、医德医风融入"三全育人"，加强医学生培养的科学决策；推广"三集三提"，打造医学人文课程精品。

二、案例分析

基础医学院下设12个系，各系突出专业特点开展课程思政建设，其中以解剖与组织胚胎学系最具代表性。目前，解剖与组织胚胎学系承担"系统解剖学""局部解剖学""组织学和胚胎学"三门医学院本科生主干课程和20余门研究生课程教学。仅本科生课程教师的人均年课时数就达到200节，教学任务繁重。因此，如何改进教学方法，提高教学效果，端正师德师风，融合思政教育，达到教书育人的目的，是全体教师面临的现实问题，解剖与组织胚胎学系做了以下一些工作。

（一）创新教学方式，提升学生临床能力

解剖学是一门基础与临床相结合的桥梁课程，学好解剖，对医学生以后的临床工作尤其是外科工作极为重要。目前解剖学教学多是以理论讲授为主，辅以实验操作，它对于学生掌握相关知识有一定帮助，但是难以培养学生针对临床问题的分析能力和创新性解决能力。

在学校、学院支持下，解剖与组织胚胎学系开展解剖学理论和实验教学的创新改革。在系统解剖学教学中，梳理解剖学在临床疾病诊治上的主要知识点后，邀请临床资深专家开展系列讲座，使学生较早通过具体病例了解临床，加深对解剖知识的理解，提高学习积极性。在局部解剖学教学中，将部分常见病的手术入路引入教学，即由外科专家在示教标本上进行相关手术的层次解剖示范，同时进行视频转播，全体同学能够清晰观察手术步骤，然后同学们在自己的实验标本上进行模拟手术操作，临床专家、解剖老师巡回指导。学生通过对一些经典手术入路的学习和操作，了解解剖在手术中的价值。

解剖与组织胚胎学系邀请授课的临床专家都是经过认真选择，达到德艺双馨的标准，不仅要求他们讲授解剖知识在临床中的应用，更要求结合自身成长的经历，与学生分享面对病人要常怀感恩之心、仁爱之心。

教育树人　同心立德　培养新时代医学领袖新青年
——复旦大学基础医学院课程思政建设的探索

（二）革新教学内容，培养学生人文情怀

医学是人学，医生应具有人文关怀，一个好医生要让人感受到希望和温暖，这是另一种医术。仁心妙术，缺一不可。解剖与组织胚胎学系在传授专业知识的同时，还注重医学人文思政教育。

在局部解剖学的第一堂课上，解剖与组织胚胎学系教师带领同学举行"大爱无言，感恩良师"的纪念仪式，向尊称为"无言良师"的遗体捐赠者献花表达敬意；在课程期间的清明节前后，带领全体学生到"人体科学馆"捐献者代表的塑像前举行简朴、庄严的纪念仪式；

《健康报》刊登的复旦大学医学生感恩"大体老师"报道

课程结束后，要求每位学生用图画、诗歌、散文等形式写一封信，表达自己对"无言良师"的真诚感谢。在神经组织教学中，通过讲授神经细胞形态，介绍两位著名科学家高尔基（Golgi）、卡哈尔（Cajal）在100多年前发现并改进染色方法的过程，培养同学们的科学探索精神。在胚胎学教学中，通过对精子结构特点的讲授，引出"精子库""试管婴儿"的介绍，引发学生对伦理道德以及科学技术进步带来的相关效应进行深入思考。通过对胎膜、胎盘知识的学习，理解孕期母体承受自身和胎儿的双重代谢，培养学生的爱心和感恩之心。

（三）廓新教学阵地，传承复旦上医文化

依托解剖与组织胚胎学学科的技术力量建设而成的复旦大学人体科学馆，是复旦大学人体科普教育基地的组成部分。人体科学馆内的大量人体胚胎标本，是解剖学教学的优质资源。同时，馆中各种展品背后的故事也是开展学生思想政治教育的宝贵素材。人体科学馆中大量标本来自捐献，很多捐献者就是复旦大学的教职工。解剖与组织胚胎学系教师靳安庸全家13人都办理了遗体捐献手续，有5人已实现捐献，被上海市浦东新区授予"博爱家庭"称号，其为医学献身的精神感人至深。解剖与组织胚胎学系把课程思政的课堂拓展到人体科学馆，依托各类标本和展品，为学生讲述学科的发展历史、老一辈学者创业的艰辛和无私奉献的精神，讲述医学的学习不仅是知识的学习，更多的是要学会医学中的仁爱、友善和责任心。如老校长颜福庆教授1944年捐赠用于胚胎学教学的夭折双胞胎孙女标本；张鋆教授1932年冒着生命危险到被日本侵略军摧毁了的上海医学院吴淞医学基地抢救出来的组织学切片，以及他1934年从国外带回来的显微操作与注射仪；齐登科教授1936年手绘的系列解剖学图谱；张鋆教授和齐登科教授在

1941 年反驳西方学者带有种族主义歧视观点的论文，等等。通过拓展教学阵地，将人文思政教育贯穿于日常教学中，达到润物细无声的作用。

三、体会启示

（一）深入发掘课程的思政元素、医学的红色基因

课程思政并不是把思政内容生硬地加入原有课程中，而是要挖掘课程本身的思政元素，达到水乳交融的效果。基础医学院各系从上海医学院（以下简称"上医"）的红色基因出发，以复旦上医 16 位一级教授的学术成长、医学思想、爱国情操、社会贡献为主线，通过挖掘复旦上医独具的人文医学史料，将学科史、学院史、医院史和人物史融合在国家发展的宏大叙事之中，融入课堂之中，让同学们在了解课程的同时，了解学科历史，传承上医基因，培养爱国情怀，践行社会主义核心价值观。

（二）第一第二课堂联动，上好"思政大课"

上好"思政大课"，离不开两个课堂。第一课堂以理论课为主，注重用新时代中国特色社会主义思想铸魂育人。第二课堂以社会实践为主，注重在生动多彩的社会活动中加强学生德育工作。第二课堂是第一课堂的拓展和延伸，第一课堂是第二课堂的先导和方向，二者互相为用、互为支撑。基础医学院增加传统课程的丰富性与多样性，开创多种形式的第二课堂，在线上线下开展思政互动，在学生成长成才的点点滴滴中融入思政教育。

（三）以教育研究服务支撑课程思政改革

课程思政的实践需要理论的支撑。基础医学院建设医学人文与医

学教育研究中心，创新育人理论研究，推动课程思政改革。中心通过完善组织构架、做实研究内容、加强队伍建设，形成以医学人文教育为抓手，统筹兼顾、组织完善的教育研究格局，推进医学课程思政改革向纵深发展。中心规划在短期形成一批医学人文思政课程教学案例，帮助医学生准确理解"四史"教育内涵、"健康中国"战略、学校的红色基因等；中期将问题导向与前瞻思考相结合，为医学课程思政改革提供决策之前的科学论证和决策之后的追踪调查，对育人成效进行评估；同时发挥复旦大学综合学科优势，针对医学课程思政中全局性、长期性的问题展开基础性、原创性的研究。发挥课程与教学建设、研究与数据平台、传播与咨政机制、培训与学术交流以及教材与专著出版五大功能，力争成为集课程开发、理论研究、融媒体传播为一体的医学人文教育平台，培养"有温度"的医学家。

（四）以"三集三提"打造精品课程

课程思政的效果如何关键在课程质量，在教师队伍。医学课程的特点是，一门课程往往由多个教师共同开设，如何使每位教师都讲好课程思政，发挥合力育人作用，是工作的重点和难点。破题方式就是"三集三提"。如医学人文课程的教学团队分别来自基础医学院、哲学学院、历史学系、法学院等医学人文相关领域，教学团队定期集体备课、集体研讨，对课程的教学目标、教学进度、学生反馈有全面把握，对如何讲好课程思政进行集体学习，从整体上提升课程思政的质量。

（执笔人：李文生、陈天慧）

课程育人强基础
创新实践上能级
——以复旦大学文物与博物馆学系"社会实践"课程为例

一、基本概况

复旦大学文物与博物馆学系（以下简称"文博系"）自建系以来，秉持"学术为本，创新为体；倡导实践，注重应用"的办学宗旨，注重培养学生专业实践能力，长期推行基础理论教育与博物馆实务相结合的育人模式。文博系开设的"社会实践"课程是本科阶段必修课程，达到6学分。近年来，"社会实践"课程落实课程思政理念，结合复合型、应用型人才培养需要，进行了重大改革，形成了校内博物馆策展实训、校外博物馆和考古工地实习以及社会实践考察三个板块相结合的课程培养模式，在实践过程中夯实学生专业基础，提升创新能力，培养团队合作精神，强化社会服务意识。同时，通过"馆校合作"育人的常态化、制度化，实现了全员全过程全方位育人在校园内外的延伸。

二、主要做法

（一）优化课程布局，明确育人目标

"社会实践"课程分为校内实训、校外实习、社会实践考察三个模块。校内实训部分主要结合复旦大学博物馆年度展览计划，让学生参与策展过程，完成藏品研究、策展布展、教育活动实施、展览宣传、公共服务、文创产品开发等实践工作，于每年上半年进行，持续一个学期，通常于6月份完成。校外实习部分则是由院系推荐学生到签约共建的社会公共博物馆，或是考古工地开展3—6个月的实习，通常于每年3—8月进行。社会实践考察于每年5月底进行，选择上海周边不同地点的文博机构开展考察。

这三个教学模块的设置，一方面立足于文博行业对人才的实际需求，指导学生将专业知识运用到实际工作；另一方面，从个人实习到团队策展再到集体考察，这一点、线、面结合的课程布局，能够让学生在整个"社会实践"课程中，理解博物馆工作、博物馆运作、文物博物馆行业三个不同维度的现实情况，让学生在专业实习实践中理解专业、职业、行业及其与整个社会的关系，加深对于文博专业的认同，树立职业道德意识，强化专业服务社会的理念。

（二）规范课程实施，加强全程育人

经过几年的探索，"社会实践"课程已经形成了规范的实施过程，尤其注重课程中学生主观能动性的发挥和团队沟通协作，强调综合实践能力培育。课程以高质量的成果展示和产品输出为考核标准，让学生在学习中提升获得感，凸显全过程育人效果。

以校内实训为例，学生需要以团队合作的形式完成校内博物馆年度计划展览。所有参与实训课程的学生根据个人特长和意向分为内容组、形式组、教育组、宣传组等。每一组承担相应的工作任务，定期开展讨论会，从制定计划，到分头落实，再到具体实施，学生团队完成所有的展览前、中、后期工作。在项目的整个过程中，学生锻炼了博物馆实务工作能力，包括文物研究、信息采集、藏品管理、文物修复和保护、展览策划文本撰写、展览形式设计、教育活动策划和实施、文创产品设计制作等，实现了理论知识到实际应用的转化。同时，也在团队协作过程中，熟悉了博物馆项目制运作模式，在与校内外、国内外师生、团队、机构沟通联系过程中增强了社会交往能力、应急处理能力、语言交流能力、文化传播能力，提高了综合素质。

（三）促进馆校合作，贯彻全员育人

"社会实践"课程已经形成了馆校合作的常态化模式，文博系与上海博物馆、中国烟草博物馆、浙江省考古所等江浙沪11家博物馆和文博机构签约共建，校内外专业资源互相补充和共享，同时建设了一支强有力的校外专家队伍，共同参与人才培养过程。

在校内实训部分，由文博系教学副系主任总负责，校博物馆负责老师指导和把关，各专业方向青年教师带教，各班导师进行组织协调，研究生助教协同教学管理。同时，结合展览项目，院系通常会邀请借展机构馆长、馆员、专家等作为客座教授，以举办讲座、研讨会、工作坊、教育活动等形式为学生提供区别于常规专业课程的额外专业教学，拓展学生知识面和视野。

在校外博物馆和文博机构实习部分，学生利用签约实习基地的便利条件，融入现实文博考古领域开展实践活动、锻炼专业技能。校外

博物馆专业团队针对学生特点和专业基础设计符合学生需求和教学目标的实习方案,指导学生完成社会公共博物馆实习或考古发掘工作。

在实践考察调研部分,组织学生到上海及周边地区博物馆、文化遗产保护单位考察调研,让学生在与校内外专家、学者、师生的交流互动中进一步了解文博专业领域的前沿问题与发展动态、掌握实际工作技能。此外,借助院系专业教师的学术资源,每年有一部分经过选拔的优秀学生有机会前往日本开展短期访问,参观考察日本大阪、京都、奈良等地的博物馆和文化遗产地,增进对海外文博行业现状的认识。

(四)创新主题实践,落实全方位育人

文博系"社会实践"课程始终秉持创新型人才培养理念,把校内博物馆年度计划展览作为课程教学的主题实践内容,鼓励学生结合专业知识和个人特长,发挥创新创造能力,为展览计划的每一个环节设计新颖的呈现方式。2016年迄今,历届学生已策划了"溯源:浙江原

"5·18国际博物馆日"博物馆之夜活动

始瓷考古成果特展"（2016）、"现代性的五副面孔：波兰招贴艺术展"（2017）、"德里瓦拉：镜头下的德里与德里人"（2018）、"一面见君怀：明清江南扇面展"（2019）等专题展览，在校内外取得了较好反响。在策展工作中，学生团队共同策划完成主题内容设计、展品选择和诠释、展示内容设计、展示形式构思，并对接校外广告设计单位，制作展板展品，最终完成布展；结合展览推出讲座、电影展映、"5·18国际博物馆日"博物馆之夜、面向中小学生的教育活动等；设计制作帆布包、相框、卡贴、填色卡等文创产品；伴随着展览进程实时推送一系列的专题报道、展品介绍专栏、策展回顾视频等。

三、经验体会

"社会实践"课程贯彻"三全育人"理念，落实课程思政要求，结合本科学生的学习规律和身心发展特点，改变了课堂教学的传统模式，注重人才创新能力、实践能力培育，开拓"第二课堂"育人平台，并将其融入专业教学培养方案中，开拓出理论与实践相结合、专业与职业相贯通、校内校外资源互补共享的育人模式。

（一）以课程育人为基础，将"三全育人"理念融入教学培养体系

"社会实践"虽然本身是一门实践课，但是囊括了文博专业培养训练的各种要素，以培育人才的专业能力为出发点，以理论教学和实践训练相结合为实现路径，以人才适应性发展和综合素质提高为目标导向。课程的整个实施过程，院系注重统筹协调、资源整合和过程管理，充分体现全员全过程全方位育人理念，不仅通过实务训练夯实了

学生的专业基础和工作技能，也通过项目制培育了学生团队合作能力、沟通交往能力，更为重要的是，让学生在参与博物馆开放服务的过程中，强化职业道德观教育。

（二）构建馆校合作育人机制，培养适应社会发展变革的创新人才

"社会实践"课程构建起三个层面的馆校合作育人机制，致力于培养适应社会变化发展、契合行业需求的创新型人才。一是以复旦大学博物馆与文博等相关专业教师队伍为核心的校内馆校合作育人机制，利用校博物馆这一育人载体，让学生率先在校内实训中充分发挥专业水平和创新意识，服务在校师生和定向群体。二是通过与校外文博机构的签约共建机制，让学生能够逐步进入职业领域，接受专业人士指导，在服务更广泛社会群体过程中理解自己所学专业的社会价值。三是通过在社会考察调研活动中接触整个行业，开拓视野，思考现实问题、了解行业趋势和社会需求，更好地定位自己的生涯发展路径，形成服务公众、科研报国、知识变革社会的意识。

（三）完善实践课程的制度化建设，全面提升育人效能

"社会实践"课程历经四年的改革"升级"，不断完善制度化建设，全面提升育人效能。一是学校社会合作育人的模式激活了潜在的育人资源，包括博物馆、文博考古机构等载体资源，行业专家、学者等专业教学资源，以及文物、藏品、展品等物质文化资源等。学生能够充分利用这些学习资源，进行自我导向性学习、创造性学习、体验式学习，大大提升了学习效果。二是学生对于文博领域工作的深度参与和深化理解，"社会实践"课程给学生提供了接触博物馆工作全过

程的机会，改变了单一课程教学知识碎片化、实务训练程式化的问题，让学生以创新思维引领实践，鼓励青年大学生将兴趣、想法投入到展览策划、实习锻炼中，做到在实践中反思。三是学生能够走出课堂、挣脱课本束缚，在更广大的社会环境中理解自己的专业，思考自身社会责任。学生通过广泛的社会考察将视角延伸到现实领域，在切身参与社会服务、公众教育、遗产保护的过程中，逐步建立起正确的职业观、人生观、价值观，树立以专业知识服务国家建设、推动社会文明进步的理想信念。

（执笔人：朱懿）

弘扬中华传统体育文化 发挥体育育人功能

——复旦大学体育教学"以体育德"的实践

一、体育育人理念概述

现代教育越来越重视人的生存与发展，努力塑造学生优秀的人格品质。在这一教育理念的引导下，学校体育在"育人"方面的内涵与功能正在不断地被挖掘和运用。学校体育的目的在于育人，体育运动不仅能改善学生身体状况，更能磨炼学生意志品质，增强社会适应能力。所以说体育是培育学生优秀人格不可或缺的一环。但学校体育在实施过程中，存在"说起来重要，做起来次要，忙起来不要"的现实问题，重技术教学，轻体育文化的传播。这些现况在本质上反映了人们对于体育育人功能和体育文化缺乏广泛、深刻的认识。

鉴于此，复旦大学坚持"以体育人"的体育教学理念，深刻挖掘中国传统体育文化中的武德内容，结合体育教学方法与手段的创新，将中国传统武术精神、文化、理念填充到体育课堂教学中。同时积极响应习近平总书记提出的"三全育人"理念，将课程思政理念贯穿体育教育全过程，以达到培养学生良好思想品质，塑造学生优秀人格的学校体育育人目标。

二、体育课程育人途径

（一）挖掘体育育人元素，增强课程育人功能

高校专业课程目标是促进学生掌握及应用专业知识和技能，而公共体育课程的目标是促进学生身心健康、和谐发展。体育文化中蕴含积极向上的体育精神、严谨务实的道德规范、科学自由的体育理念。深入挖掘体育文化中的育人元素，用以指导体育课程教学和人才培养，有利于教师在体育教学中加强课程思政建设，发挥高校体育教学的育人功能。近年来复旦大学体育教学部深入研究中华传统武术文化内涵，总结提炼出以"忠义""尚武""礼仪""智勇""信义""仁德""勤奋"为主要内容的中华传统体育道德观，并将传统武术育人元素与体育教学相融合，在培养学生参与体育运动兴趣的同时，传承弘扬中华传统体育文化，培养学生的文化自信，进而塑造学生优良的人格品质，实现"以体育人""以体育德"的目标。

（二）增强体育文化渗透，提高体育文化认知

高校体育的育人目标包括：通过体育运动培养学生参与体育运动的习惯，提高学生身体健康水平，塑造学生良好的精神品质，增进学生社会适应能力等。提高学生对传统武术精神、武术道德、武术理念等方面内涵的深入理解与认知有助于实现体育育人目标。为促进学生对传统武术文化内涵的认识，体育教学部不断拓展传统体育文化视野，创新教学理念，灵活运用和创新教学方法与手段，不仅以运动项

目的技术作为教学重点，更将传统武术的历史起源、演进形式、文化内涵、发展理念等以"体育故事，案例分析，情景重现，模拟比赛"的形式潜移默化传递给学生，使学生逐渐认识和理解传统武术的文化底蕴，唤起学生参与和探究相关运动项目的兴趣，传承和发展中国传统武术文化，达到"以体育人"的效果。

（三）建设线上体育课程，拓展体育教学时空

互联网平台凭借其平等的信息传递与沟通、高效的资源协调与配置等特点在教育领域发挥了巨大的作用。通过互联网平台，学生和老师可以更快速、更便捷地获得海量专业知识，大大提升学习效率。体育教学部以网上大规模课程建设为契机，灵活运用网络互连特性，推动多个线上课程的建设，先后推出了"段位长拳""龙狮运动"等线上课程。这些课程不仅将相应的传统武术技术内容以视频和图片的形式传递给学生，还将民族传统体育文化及新兴体育精神、理念等以故事、案例、竞赛、展演和讨论的方式传递给学生，使学生获得直观感受，从而改善线下体育教学主要以技术教学为主而理论讲解不足的情况。同时，由于线上课程不受时间与空间限制，学生可以随时随地查看教师推送的作业、视频、文献等内容，也拓展了体育教学时空。

（四）组织课外竞赛活动，提供体育实践平台

体育运动本身就是身体实践活动，体育精神与文化只有经过亲身体验才能得到深刻体会与认知，要为学生提供更多课外体育竞赛与展演的机会，使他们在课上所获得的体育理论知识得到广泛且有效的应用。2019年，学校举办了第二届"武林大会"活动，本次活动共设投

弘扬中华传统体育文化 发挥体育育人功能
——复旦大学体育教学"以体育德"的实践

第二届武林大会

壶、射艺、龙狮、太极推手等项目，吸引了775名学生参加。比赛通过初赛、复赛的竞技角逐以及决赛的竞艺比拼，最后以效仿武举制形式的"武状元、武榜眼、武探花"决出赛事成绩，各项目评选"武状元"10人，"武榜眼"90人，"武探花"111人。通过举办传统武术竞赛活动，使学生深刻体会传统武术文化，了解武术文化的内涵，提升学生的文化自信，弘扬民族精神。

三、体会与启示

（一）转变教师教育教学理念

体育教育理念应随着社会的发展不断更新。以身体活动为手段提高学生身心健康，培养学生坚韧的意志品质，促进学生良好道德观念的形成，以适应社会主义现代化建设的需要，是新时代高校体育教育的最根本目标。为实现这一目标，要求高校体育教师改变以往仅以体育技术传授为主的教育思维，坚持"以体育人"的教育理念。

（二）不断发掘传统体育领域育人元素

体育运动本身文化内涵丰富，蕴藏正能量。在"以体育人"教育理念的指导下，应不断挖掘各个运动项目中蕴含的精神文化、物质文化、制度文化，细化各运动项目中的育人元素，提高体育育人元素的深入性、具体性以及与专项技术教学的融合性，从而提高体育育人的效果。

（三）借助新技术不断创新以体育德的模式

创新教学模式与方法是助力专项教学与提高育人效果的有效途径。新的教学模式或方法常带动教育教学效果的大幅提升，例如借助互联网等新兴技术手段，建立大规模线上课程，可以使"体育育人元素"更加具体且直观，并与体育课程内容更加协调适应。在未来体育课程建设中要鼓励新教学模式与教学方法的使用，以疏通育人途径，增强体育课程育人效果。

（四）将体育文化延伸至第二课堂

体育课堂仅仅是学生学习体育锻炼技术及接受体育文化教育的重要途径之一。要真正做到学生在学校的全过程中都接受体育文化的熏陶，就要积极拓展学生第二课堂，通过课外体育活动、课外赛事、体育社团活动等，使体育文化深入学生第二课堂。"复旦大学秋季运动会""书院杯篮球赛""书院杯啦啦操比赛""健美先生""武林大会"

"乐跑"等体育竞赛和学生体育社团各类活动都是以体育德的有效平台，通过这些活动不仅让学生展示了自身体育能力，更让学生实际参与体育竞赛的全过程。通过课内体育文化教学与课外体育实践活动的良性互动，达到"以体育人、以体育德"的目标。

（执笔人：花妙林、邢聪）

CHAPTER

03

促进学生全方位发展

积极创新教育形式
努力构建长效机制

——复旦大学多措并举加强研究生科学道德和学风建设

一、基本概况

加强学风建设是提升高等学校人才培养质量和科学研究水平的重要保证，也是深入推进"三全育人"综合改革的重要内容之一。复旦大学历来重视学术道德培养和校风学风建设，将科学道德养成和学风建设作为学科建设和人才培养的生命线，常抓不懈，通过不断完善制度建设，努力创新教育途径和方法，积极探索案例库建设和案例教学，加强相关教材和课程体系建设，逐步构建起科学道德和学风建设长效机制。根据统计，全校各层次、各院系所开展的主题教育、专家报告、专题学习等各类宣讲教育活动，年均达270多场，涉及师生数万人，基本实现研究生师生群体全覆盖。

二、主要做法

（一）强化制度建设，以制度力量规范科研行为

将制度建设视为加强科学道德和学风建设的基本保证，积极运用制度力量来规范研究生科研行为，先后制定出台《复旦大学关于进一步提高研究生培养质量的若干意见》，提出建立三大体系：一是健全研究生的培养体系，二是完善管理和服务体系，三是建设质量保证和监督体系。每年都针对研究生新生举行"研究生入学教育考试"，并组织新生签订《复旦大学研究生遵守管理规定与学术规范承诺书》（中、英文版）。根据规定，研究生新生必须通过上述考试，并签订承诺书，才准予学籍注册。此外，在最新修订施行的《复旦大学研究生学籍管理实施细则（试行）》《复旦大学研究生课程和教学管理规定》《复旦大学学术学位研究生培养工作规定（试行）》《复旦大学专业学位研究生培养工作规定（试行）》等文件中，进一步增加和明确学风方面的内容和要求；重新修订《复旦大学学术规范》《复旦大学学术规范实施条例》等文件，并要求广大研究生认真学习。通过相关制度的制定和实施，加大学术不端行为调查和惩处力度，提高研究生违规成本。

（二）创新教育方式，积极开展案例库建设和案例教学

借助学校被教育部、中国科学技术协会遴选为实施科学道德和学风建设宣讲教育案例教学试点院校的契机，积极在全校范围尝试开展案例库建设和案例教学，制定了《复旦大学科学道德和学风建设宣讲教育案例教学试点工作方案》，并在此基础上，组织校内外专家团队，先后编写、整理了147个科研道德和学风类案例。明确要求各院系在制（修）

订研究生培养方案时,将学术规范和职业伦理教育分别纳入学术学位和专业学位研究生的必修环节,并强调在教育过程中突出案例教学。此外,还组织校内外专家以集中授课(Fudan Intensive Summer Teaching,简称FIST)形式开设"研究生学术研究指导与规范"案例教学示范课程,作为全校研究生公共选修课;并组织案例教学研讨会,对相关课程任课教师进行培训。通过以上举措,有效创新了科学道德和学风教育的形式,进一步深化了全校培养单位和研究生对科学道德和学风重要意义的认识。

(三)加强教材建设,以教材建设推动学风建设

在圆满完成案例教学试点任务基础上,复旦大学又在全国高校中率先启动实施了"研究生科学道德和学风教育配套专著及系列教材"编写计划,旨在结合研究生教育规律和学科特点,充分发挥案例和案例库的作用,帮助研究生在学术生涯起步之初就熟悉掌握学术科研的基本准则,清醒认识违反学术道德所需承担的后果,从而引导大家在树立崇高的学术目标、培养严谨的学习态度、端正良好的学习规范等方面做出正确的价值判断,逐渐养成严谨求实、潜心钻研的治学态度和风范。为确保出版计划圆满完成,由上海市科协及有关高校专家组成的专家组,制订了明确的编写工作计划和完善的写作提纲,并定期召开专题研讨会推进专著的编写和出版进度。截至目前,共完成《研究生学术行为规范读本》《研究生学术道德案例教育读本》《研究生学术道德案例教育百例》《研究生学术道德与规范百问》4本专著的编写,并由复旦大学出版社正式出版。据不完全统计,国内百余所兄弟高校将这4本专著选用为研究生科学道德和学风建设的教材,累计销售数量已超过万册。另外,《研究生导师学术行为规范读本》、"研究生学术规范与职业伦理"类课程教材13本,也正在加紧编写之中,未来将按计划陆续出版。

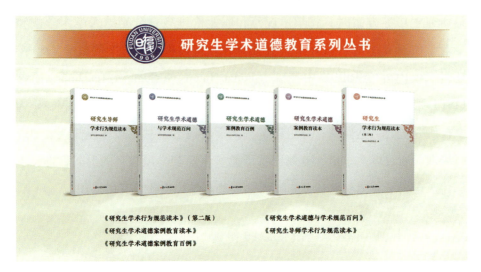

研究生学术道德教育系列丛书

（四）构建长效机制，将科学道德和学风教育纳入研究生课堂教学体系

要求院系按照学科大类，分别建设一门研究生科研行为规范与方法指导类课程。明确要求有条件的研究生培养单位，以本学科学术道德、学术伦理、学术规范、科研方法为主要内容，至少建设一门研究生课程。将"学术规范与职业伦理类"课程列入学校研究生课程建设特色项目，在经费和绩效考核方面予以支持，鼓励院系组织建设此类课程。目前，全校范围共开设"学术规范与职业伦理类"课程13门，听课研究生已达数千人，投入经费共计约20余万元。

（五）搭建交流学习平台，首创全国研究生科学道德和学风建设论坛

为深入贯彻落实《关于进一步弘扬科学家精神加强作风和学风建

设的意见》和《关于进一步加强科研诚信建设的若干意见》，坚持立德树人，进一步提高人才培养质量，推进研究生导师和研究生学生群体的科学道德和学风建设，为广大研究生师生搭建学习切磋、学术交流的平台，复旦大学在全国高校中首创发起并举办全国研究生科学道德和学风建设论坛。在全国科学道德和学风建设宣讲教育活动领导小组、教育部、上海市科协、上海市教委的大力支持下，以"弘扬科学精神，争做新时代优秀研究生"为主题的首届全国研究生科学道德和学风建设论坛于2019年9月21日至23日在复旦大学成功举行。教育部党组成员、副部长翁铁慧，中国科协党组成员、书记处书记束为，教育部学位管理与研究生教育司司长洪大用等领导亲临活动现场，并作重要讲话。论坛共收到来自108所高校的667篇投稿，投稿作者遍及全国各个省市，体现出广泛的影响力和代表性。

通过上述工作的开展，在全校师生中营造出坚守学术道德、恪守学术规范的浓郁氛围，将科学精神、科学道德、科学伦理、科学规范的要求贯彻内化到广大师生的思想与意识深处，在相关工作方面展现了复旦特色、提供了复旦经验。

三、体会启示

复旦大学加强研究生科学道德和学风建设的各项举措，立足复旦特色，主题丰富、形式多样、紧跟社会热点，受众辐射面广。在总结成效的同时，有以下几点思考体会。

（一）要进一步完善相关规章制度，狠抓规章制度的贯彻、落实

要加强制度和规范建设，使得对待学术不端的惩处有法可依、有

据可查、流程科学、程序合法。经过前几年的努力，学校已构建起了较为完备的组织制度体系，为学风建设长效机制的形成打下了良好的基础。要想这些规章制度真正落地生根，真正起到为学风建设保驾护航的作用，就必须狠抓贯彻、落实，确保各个院系、各个部门严格照章办事，严格根据各自院系、各自学科的实际情况，把这些规章制度逐条逐点落到实处。同时，加强对各院系和部门落实相关规章制度的考评和考核，从而激发它们参与试点工作的主动性和积极性。

（二）要继续加大创新力度，加强对学术不端行为的惩处，以更加有效的方式和手段来推进科学道德和学风建设工作

要更加重视对学术不端行为的惩处，建立起一套完整、协同的学术不端防范和惩处机制，对待违反学术规范和学术不端的行为，采取"露头就打"的态势。要继续加大创新力度，以更加有效的方式和手段来推进科学道德和学风建设工作。针对研究生群体，宣讲教育要有一定的深度和学术性，要能够令人信服，可以将专题报告、开设课程、导师教育、宣传材料、惩处案例公示、一对一咨询等多种方式结合。要加强宣传和氛围建设，在宣传方面强化引导，更加注重对引发学术不端原因的剖析及其带来的严重后果的警示教育，让广大研究生师生充分意识到，潜心科学研究、严谨治学才是光荣的、崇高的，才是有利于国家、民族和自身长远发展的，营造出人人热爱科学、人人崇尚科学研究的良好校园文化氛围。

（三）要更好地将科学道德与学风建设宣讲教育纳入课堂体系和讲座报告中

课程教学是构建科学道德与学风建设长效机制最为有效的方式，

要采取更加积极有为的态度，更加坚强有力的措施，更好地将科学道德与学风建设宣讲教育纳入研究生第一、第二课程。要继续支持各院系积极开设研究生科研行为规范和方法指导类课程，利用研究生 FIST 项目平台，开设科研论文写作指导和学术规范类课程。要继续开展科学道德与学术规范专题讲座，邀请德高望重的专家学者（院士、资深教授）结合自身教学科研体会，为全校师生进行师德师风、教师职业规范、学术道德与规范等方面的教育，邀请相关专家学者来校解读中国科协和教育部的相关文件精神。

（执笔人：潘星）

持之以恒　注重实效
加强科学道德与学风建设
——复旦大学先进材料实验室的探索与实践

一、基本情况

优良学风对学生健康成长起着潜移默化的熏陶和浸润作用，是育人环境的重要组成部分。复旦大学先进材料实验室深入扎实推进科学道德和学风建设教育工作，坚持以理想信念教育为核心，以社会主义核心价值观为引领，以服务于学生成长成才为根本点，以强化研究生科研素质拓展为抓手，加强理想信念教育、科学精神教育、诚信规范教育和身心健康教育，坚持每学期举办学风建设相关邀请报告、专题讲座研讨以及经验交流分享活动，结合新生入学教育、支部组织生活、班会、博士生论坛、学术沙龙、心理沙龙等，引导广大师生笃志乐学、遵守学术规范、坚守学术诚信、完善学术人格，维护学术尊严、自觉抵制摒弃学术不端行为，成为优良学术道德的践行者和良好学术风气的维护者，提高人才培养质量，切实把学生培养成德、智、体、美全面发展的社会主义建设者和可靠接班人。

二、主要做法

（一）深入师生群体，扎实摸清情况，做好调研

不调查就没有发言权，不深入到师生中去，就无法掌握实际情况，不能针对性地结合先进材料实验室实际推进科学道德和学风建设工作。先进材料实验室领导班子长期以来高度重视科学道德和学风建设宣传教育工作。通过与支部结对建立联系点，定期谈话，参与各支部、班级的组织生活和班会等形式，依托研工组和团学联，实验室党政领导与师生们建立了紧密的联系，对于师生们的学术研究现状、思想状态等都有着扎实的掌握。2019年，结合"不忘初心、牢记使命"主题教育，先进材料实验室党总支针对教师和学生群体分别开展了青年教师现状和导学关系专项调研和座谈，为进一步落实立德树人根本任务，有效推进"三全育人"综合改革试点工作找准了方向。疫情防控期间，针对大部分毕业班学生不能返校的实际情况，通过组织云端讲座、学术互助组等形式，切实掌握每一位毕业生的科研和思想现状，有效保障了毕业生们能规范而及时地完成学位论文撰写工作，盲审及查重通过率为100%。

（二）以新生入学教育为契机，及时针对新生开展科学道德和学风建设

良好而严谨的科学道德和学风规范的形成与培养是一项长期的系统工程，绝非朝夕之事。先进材料实验室作为科研的先锋，更加强调严谨正直的科学研究风气。所谓"合抱之木，生于毫末；九层之台，起于累土；千里之行，始于足下"，实验室从新生抓起，使新生在一入学就觉悟到科学道德是科研的生命线。在每一年的新生见面会上，实验室都会

邀请教授代表和师兄师姐们向新生同学们传授科研经验，结合实际案例，对同学们如何处理学术研究中可能遇到的一些情况进行具体指导，并探讨科学道德和学术规范；组织全体新生参加科学道德和学术规范讲座，提醒同学们自觉抵制社会浮躁风气的影响，踏踏实实做学问，养成良好的学术行为，使学术规范成为每个人的思维模式，帮助大家更加科学、全面、深入地认识科学道德建设和学风培养的重要性。

（三）开设学术规范"短课程"，点面结合推进科学道德和学风建设的长效机制建设

先进材料实验室将科学道德和学风建设贯穿研究生培养教育全过程，实现长效化、全覆盖。实验室主任、中国科学院院士赵东元以"短课程"的形式，坚持每年用3个半天的时间，分专题为全体研究生讲授科技论文写作与学术规范辅导报告，即使是在新冠肺炎疫情防控期间，赵院士也仍然通过ZOOM会议平台，为全体研究生进行线上辅导，在传授科技论文写作方法、提升学生科学研究能力的同时，对研究生们进行科学道德和学术规范的指导教育。

（四）将科学道德和学风建设融入组织生活

依托三会一课、党群1+1等制度，充分发挥党支部的战斗堡垒作用，发挥党员的先进模范作用，以党带团，是先进材料实验室科学道德和学风建设的重要途径。主题教育期间，赵东元院士为实验室全体教师上了一堂题为"笃诚信探科学传播——科研及论文写作中的学术道德问题"的生动党课，强调教师一定要弘扬科学精神，坚守诚信的科研学术道德规范，切不可触碰科研的"红线"；在传授知识理论和治学方法的同时，注重将良好的治学精神和道德品行融入学生的人格

持之以恒　注重实效　加强科学道德与学风建设
——复旦大学先进材料实验室的探索与实践

学术咖啡吧邀请师兄分享 3DMAX 科研绘图经验

养成中，时刻牢记"为党育人、为国育才"的初心和使命。各研究生支部经常召开科研精神和学术规范的专题组织生活会，通过文件学习、专题报告、学长经验分享等多种形式，提高了同学们恪守学术道德、遵守学术规范、弘扬科学精神的自觉性。疫情期间，针对大多数毕业班研究生无法返校进行学位论文撰写的困难，毕业班党支部积极动员党员，通过党群 1+1 活动，根据不同的科研方向组成多个论文互助小组，加强交流分享，互相帮助修改学位论文初稿，督促写作进度。

（五）重实效，创新形式，丰富多样的方式和渠道

单纯的教育宣讲并非学风建设的唯一手段，"润物细无声"式的引导和潜移默化同样也能取得良好的教育成效。近几年，先进材料实验室研工组指导研究生会（团学联）创立了学术咖啡吧，作为研究生之间学术交流的平台之一，定期邀请知名教授、优秀学生等分享科研经验和心得体会。在轻松而生动活泼的学术交流活动中，学生不知不觉间接受并树立起学术道德和学术规范意识，同时也能触类旁通，激发科研灵感，受到了广大研

究生的欢迎。同时，先进材料实验室也非常注重师生心理健康问题，定期组织心理健康辅导报告、心理班会、心理健康周等活动，掌握师生们的心理状态，及时发现问题隐患，避免因心理问题影响学风建设。

三、体会启示

习近平总书记指出："一所高校的校风和学风，犹如阳光和空气决定万物生长一样，直接影响着学生学习成长。"校风学风是高校精神面貌的集中体现，代表一所高校的精神品格和人才培养教育状态。先进材料实验室坚持"三全育人"理念，切实加强科学道德和学风建设，按照"全覆盖、制度化、重实效"的要求，着力构建规范化、常态化、长效化机制，有如下体会。

（一）科学道德和学风建设是一项长期工程，长效化、制度化很重要

研究生阶段是很多人学术生涯的起点，而在他们毕业之后，无论是在科研上深造或者是进入社会就业，良好的规范意识和道德意识都将有助于他们在正确的道路上顺利前进，这既符合高校立德树人的根本任务要求，也是"三全育人"工作长效机制的要求。好的科研习惯的养成并非一朝一夕之功，良好而严谨的学风培养应当贯穿3年或者5年研究生培养的全过程，甚至要着眼于10年以上或更长的时间来考量培养成效，而重要保障手段就是培养教育的制度化、常态化。

（二）要与时俱进创新教育方式方法，注重教育实效

先进材料实验室属于科技创新交叉平台，研究生分布在物理、化

学、材料、高分子等多个学科和院系，近两年校区功能布局调整，不少研究生的办公和实验空间都先后搬离先材楼，天然的黏合度不足。加之大部分理科研究生科研任务较重，毕业压力较大，如果只是简单组织集中教育宣讲，很容易引起学生的抗拒和抵触，客观上影响到学风建设和"三全育人"的推进落实。因此创新科学道德和学风建设的方式方法，将之融入日常的学术交流、组织生活和班会等活动中，同时努力发掘同学们感兴趣的科研话题，找准切入方向，如论文写作、数据分析处理、文献阅读、头脑风暴等，在交流中进行宣传教育，在科研中树立规范意识，将会取得更好的效果。

（三）要切实发挥全员全过程全方位育人优势，推动合力育人

教育是一个系统工程。每一位教职工都在通过自己的工作，或者站在台前，或者居于幕后，为学生的学习、科研、生活等提供着各种支持和帮助，实实在在履行着育人职责。导师是研究生培养的第一责任人，导师本人的治学精神和道德品行对研究生树立正确的科研道德和学术规范具有言传身教的直接作用，其他管理服务岗的老师也在人才培养中承担重要的责任，实验数据的获取与分析是否规范严谨，实验室安全措施和安全教育是否到位，都将影响到研究生对待科研的态度。学生和教职员工的心理问题是否能够及时发现并进行疏导，也是"三全育人"有效实施的重要保障，只有各方加强沟通，形成育人合力，才能够真正实现立德树人的根本目标。

（执笔人：林丽、吴庆松）

搭建科研育人平台
促进学生成长成才

——复旦大学史地所"禹贡"品牌科研育人的实践

一、基本概况

复旦大学中国历史地理研究所（以下简称"史地所"）是一个学术气氛浓郁的研究生培养单位，学术研究的初心是服务社会，学术研究的过程不可缺少合作交流。甘于寂寞、潜心钻研，固然有利于学术成长，但沉溺书斋、执着饾饤，又容易令学子遗忘初心、自闭抑郁。如何处理好这一对关系，营造健康学术氛围，成为史地所研究生培养工作中的一个问题。

在研究生培养工作中，我们发现，专注于学术的研究生大多数并非"学痴"类型，部分研究生还具有优秀的组织才能。不过，以往的研究生集体活动多偏重于休闲型的团建，学业紧张的研究生参与热情有限，而他们认为不浪费时间的学术活动，缺少相应的经费支持和组织抓手。同时，活动意味着组织工作，研究生乐于交流收获，对于组织工作的繁杂，却多少存在畏惧心理。

可见，研究生存在着学术交流的明确需求，也具有活动的组织能

搭建科研育人平台　促进学生成长成才
——复旦大学史地所"禹贡"品牌科研育人的实践

力，但是活动的院系支持还需加强，活动的组织成本还需降低。由此，如何进行机制创新，降低重复性组织工作的成本，充分利用院系现有的教学培养资源，发挥研究生的学术热情和组织能力，列入了史地所研究生培养工作的日程。

通过梳理史地所近年的研究生学术活动，我们发现，机制创新的突破口在于转变培养工作一切由教师主导的思维，建设充分发挥研究生能动性的学术平台，组建常设工作团队，组织常规和不定期学术活动，营造健康学术氛围，立足专业服务社会。研究生需锤炼学习的不仅是专业研究，还需在实践中培养锻炼学术组织能力，以适应未来团队合作、跨学科交流的学科发展趋势。作为平台的青年"禹贡学社"由此呼之欲出。

二、主要做法

近五年来，在研究生培养经费的支持下，史地所逐渐形成了禹贡青年沙龙、禹贡青年沙龙年度会议、研究生自组织工作坊三大类由研究生自行发起和组织的学术活动序列。每次活动的主题设定由研究生发起，并参酌指导教师的意见而议定，学人邀请和事务安排等则由若干研究生共同操办。

经过多年的活动实践，一个兼具学术热情和组织才干的同仁团体自然形成。这个团体最初是松散的，依靠成员间的默契，并无刻意的组织。然而，铁打的营盘，流水的兵，如何将这一团体的精神和功能传承下去，成为史地所和团队需要考虑的问题。

为此，2018年年末，闫伟光、龚应俊等10名多次参与活动操持、具备经验的研究生发起组织青年禹贡学社。青年禹贡学社除正副社长

立德树人 铸魂育人
——复旦大学"三全育人"综合改革案例选编

青年禹贡学社活动海报集锦

统筹全局外,下设财务部(负责财务管理、预结算和报账工作)、文宣部(负责海报设计、摄影和新闻宣传工作)、活动部(负责活动筹备、用品采购和现场服务工作)。通过固定的分工,各环节均专有职司,各环节的工作经验得以保存传承,各环节间的衔接默契得以形成,大大省却了每次活动时各项庶务寻人承担的分工协调成本,令研究生的宝贵时间更有效率地利用至研究交流本身。

青年禹贡学社成立以来,已组织了7次禹贡青年沙龙,每次活动有1—2名研究生各进行1小时左右的报告,3名研究生或青年教师进行深度点评,随后进入讨论辩驳和后期修改建议阶段。通过这一形式,研究生的工作论文得以不断打磨优化,多篇论文在沙龙评议后修改并投稿成功,这一效果为研究生报告工作论文起到了示范带动作用。研究生原本只是将论文报告作为培养环节或导师要求下的被动之举,有此打磨成功先例,研究生开始在论文修改遇到瓶颈时,主动提出报告工作论文,以求改进意见。沙龙的评议人,均由报告人邀请。作为论文作者,报告人清楚知晓周边与自己具有相近研究议题,能提出有效意见的评议人，故邀请范围不拘泥学科畛域，依所论问题而定，不仅邀请所内研究生或青年教师，还时常向周边院系，乃至外校邀请学术同道。禹贡青年沙龙的工作论文打磨机制由此逐渐传开，甚至吸引外校研究生前来报告交流。最近一期沙龙即由同济大学古建筑研究博士生报告，与历史地理学子共同琢磨史料，切磋分析火花。

近两年，青年禹贡学社还发起了两次研究生自组织专题工作坊，一次主题为"技术·社会·景观——水环境变迁与人地互动"，一次主题为"唐宋军事地理研究的视野与方法"。与沙龙不同，工作坊是围绕特定主题，邀请国内主要科研单位的研究生及青年教师交流论文。因报告人共同关注同一方向，故交流更有针对性，令参与者收获匪浅。

历史地理注重文献与田野的结合，历史与现实的互动，将研究书写于祖国大地。青年禹贡学社组织了常熟、江阴历史地理考察，观察了常熟文庙明代《地理图》石刻原件，考察了江阴段长江岸线的变迁，并通过参观江阴要塞遗址和华西村，实地接受中国革命史和改革开放史的洗礼。

青年禹贡学社骨干成员还在参观上海历史博物馆的过程中，了解到该馆在上海成陆过程、岸线变迁方面一直缺少专业的讲解员，学社部分成员发挥历史地理学的专业优势，作为志愿者向观众提供专业的讲解，立足专业，服务社会。

三、体会启示

研究生并非只是埋头书斋的"书痴"，他们知晓服务社会与合作交流的重要性，但繁重的论文压力又令大多数研究生不愿意多花时间参与休闲活动、组织学术活动。若有切合学业，有利于专业成长的活动，研究生真心欢迎；若有活动组织的引导，研究生亦愿意参加。

因此，史地所充分发挥具有组织才干、怀抱学术热情的研究生的积极性，组建青年禹贡学社，令各种学术活动的组织更加专业化、常态化。相对固定的工作团队，积累丰富的工作经验，有效降低了学术活动组织的人力成本，使得研究生不再将公共服务视为临时抓差。有了青年禹贡学社这一组织抓手，公共服务团队也有了稳定的代际传承，便于研究生自组织学术活动的长期有序开展。

青年禹贡学社的实践表明，除了打磨论文、学术争鸣的初衷外，学社活动还具有不少溢出效应。研究生在活动具体操办过程中，培养了学术活动组织能力，这是研究生今后学术生涯必需的一项职业技能。研究生通过活动，与各地同行建立学术联系，共同切磋，共同进步，为了解本领域前沿进展，实现多学科合作提供了基本的人脉基础，部分研究生通过学社活动所认识的同行找到了心仪的研究岗位，并在工作后保持着与学社活动中所结识同行的学术友谊，这些对于研究生的未来发展均具有深远的影响。

总体而言，青年禹贡学社作为研究生学术活动平台，消除了研究生活动组织的痛点，顺应了研究生学术交流的意愿，契合了研究生专业成长、职业规划的需求，为研究生立足专业、联系社会，实现学术与经世的有益互动提供了一个活跃的舞台和稳定的渠道。

（执笔人：邹怡）

坚持学生学术交流平台建设 打造研究生学术盛宴

——复旦大学航空航天系精心打造博士生论坛

一、基本概况

2004年,为激发研究生的科研创新热情,促进各学科之间的交流,营造思想碰撞、学术争鸣的学术氛围,复旦大学开始鼓励院系举办博士生论坛活动。10余年间,复旦大学航空航天系将博士生论坛作为系学生学术交流和人才培养的重要平台,举全系之力,整合多方资源,精心策划,积极引导,已逐渐将"博士生论坛"打造成为系研究生一年一度的学术盛宴,也成为沪上力学与航空宇航学科研究生的学术品牌活动。

近五年来,航空航天系博士生论坛参会总人数已超过800人次,共计举办学生报告近300场,评出优秀论文76篇。全系研究生参与率达100%,同时吸引了来自本系高年级本科生,上海市各大高校及国内其他高校相关学科、科研院所等单位的师生200余人次参加。超过八成参与博士生论坛报告的本系研究生在交流成果的基础上,进一步深入开展研究工作,如2018级硕士生杨易凡在2019年博士生论坛上的报告 *Wrink and Smoothing of a Soft Shell*,经过进一步完善,他以共同

立德树人 铸魂育人
——复旦大学"三全育人"综合改革案例选编

2019 年博士生学术论坛合影

第一作者的身份将其发表在固体力学顶尖期刊《固体力学与物理杂志》(*Journal of Mechanics and Physics*, *JMPS*)上。博士生论坛已经成为学生交流学术科研思路,检验学术科研成果的重要平台和媒介。

二、主要做法

航空航天系着重打造以博士生论坛为主要代表的学生学术交流平台。通过论坛特邀报告和平行分论坛的形式,将学科前沿讲座与学生报告交流相融合,有效拓宽了学生学术视野,锻炼了学生科研交流能力,在学生中营造出浓厚的学术交流氛围,形成了优良的学术传统。

(一)全员重视、全系参与

全系上下高度重视博士生论坛,将其视为系学生培养特别是研究生培养过程中的重要举措，论坛举办方案经党政联席会议讨论通过。大会特邀报告由系主任、负责科研工作的副系主任亲自酝酿，结合科研工作实际和学科发展目标，发动各学科带头人，进行有选择性的重点推荐，要求主讲人具有较强的代表性，报告内容紧扣学科前沿，研究思路具有指导性、启发性，从而确保论坛特邀报告的质量。近五年15位大会特邀主讲人中，有杰青5人，长江学者2人，享受国务院特殊津贴1人，在相关院所担任主任设计师、型号副总师5人，在业内均具有相当的知名度和影响力。

除此之外，系全体教师积极参与博士生论坛的前期组稿、后期评审及点评工作，不仅发动本课题组的学生参与论坛或进行报告，还积极投身分论坛活动。每个分论坛都有1—2名系内教师担任主持人及点评教师，还会邀请1—2名外校教师参与分论坛评审和点评。充分发动教师集体的力量，为研究生科研工作把脉。每年有80%以上的专任教师通过各种途径参与博士生论坛活动。

经过多年来的实践，航空航天系博士生论坛已经形成了全员重视、全系参与的良好氛围，为充分发挥论坛在提升研究生科研能力方面的作用奠定了良好的基础。

（二）学用结合、拓宽视野

研究生阶段，特别是博士期间的科研工作相对来说较为狭窄，主要侧重单一方面研究。但对于航空宇航与力学学科的学生而言，技术基础的了解和应用领域的前瞻两个方面都非常重要。怎样能使不同方向的研究生通过博士生论坛得到切实的收获与提高，必须从内容设计上动脑筋。

在特邀报告环节，受邀进行大会报告的既有优秀教师，也有长期在中国航天科技集团公司、中国航发商用发动机有限责任公司、沈阳飞机设计研究所、成都飞机设计研究所等应用领域的高级专家，报告内容兼顾理论与应用，为学生们提供了了解航空航天及力学科学背景下不同研究内容的绝佳机会。例如研究基础力学的同学可以了解自己的研究在航空航天设计上的应用，航空航天技术工程研究的同学会对自己的技术基础有更加深入的理解。

在分论坛学生报告部分，参加学术报告的学生除本校以外，还覆盖了中国科学技术大学、上海交通大学、同济大学、华东师范大学、华东理工大学、东华大学、上海理工大学、上海大学等院校相关专业的学生。按照工程力学、固体力学、流体力学、飞行器设计、生物力学五个方向，分组进行报告交流。有分有合的内容及分组安排不仅能够使具有相同研究兴趣的学生可以深入交流研讨，还可以促进不同研究方向学生之间的相互启发，帮助学生更好地规划自己的学术生涯。

从每次博士生论坛结束后学生的反馈来看，100%的受访学生表示通过博士生论坛能更好地"交流学术，结识同行，拓宽眼界""了解了不同领域的研究""对自己的研究工作起到了引导性的作用"，等等。较好地实现了博士生论坛营造学术氛围、激发创新热情、推动学科探究、促进学术交流的目的。

（三）学生自办、全面锻炼

在博士生论坛的举办过程中，我们逐渐发现，博士生论坛不仅是一个学生学术交流的平台，更可以成为学生全面成长的学习机会。航空航天系积极发掘博士生论坛的实践育人功能，将科研学习的第一课堂与学生活动的第二课堂充分结合，在举办博士生论坛的过程中始终坚持学生自主筹办。从会议方案、联络沟通、文集编辑到会务工作、总结报销等环节均由研究生自主完成，将博士生论坛的科研育人与筹备论坛的实践育人相融合，为研究生提供了全方位成长的平台。2019年，与同济大学航力学院研究生会联合举办博士生论坛，进一步扩大了博士生论坛的知名度和影响力，参会人数和论文质量均有大幅度提升。很多研究生同时参与论坛报告与论坛筹备，科研能力和实践能力同时得到了不同程度的提升。

三、体会启示

（一）坚持对标学生发展需求，才能获得良好的育人效果

"三全育人"综合改革既是对当下育人项目、载体、资源的整合，更是对长远育人格局、体系、标准的重新建构。在综合改革的过程中，必须重视学生的发展需求，才能获得良好的育人效果。在每年论坛结束后的常规反馈中，有超过一半的学生表示希望可以进一步增加交流时间和人员数量，拓展论坛的征稿范围等。有较多的研究生表示希望能够提高博士生论坛的频率，在日常也能进行小规模的跨课题组交流等。我们深刻地体会到，正是研究生迫切旺盛的学术沟通交流需要，推动了博士生论坛项目的不断发展，规模逐步扩大，形式日益完善。针对学生们的新需求，在学校相关部门的支持下，我们进一步创新博士生论坛的举办形式，2020年增加了"云上博论"的线上交流活动，以"文献调研和论文投稿"为主题，通过沪上三所知名高校联动的日常小型沙龙，为有需要的研究生解疑释惑，也为一年一度大规模的博士生论坛做了有益的拓展和补充。

（二）坚持整合多方资源，才能不断提升育人质量

航空宇航与力学学科的人才培养，不能仅仅埋头于计算机前或者

满足于多做几个实验。具备扎实的理论知识基础和工程应用能力才是我们的培养目标,才能够胜任国家航空航天战略发展的人才需求。利用博士生论坛这样的学术交流平台,举全系之力,充分发掘顶尖高校、重要院所的育人资源,整合学界、业界的能量,帮助学生拓宽学术视野,为系人才培养助推助力,势必能够不断提升育人质量,真正实现"为党育人,为国育才"的教育培养目标。

(执笔人:葛锡颖)

以上海市科普教育基地建设为载体打造师生社会服务平台

——复旦大学生命科学学院祖嘉生物博物馆的建设实践

一、基本概况

复旦大学祖嘉生物博物馆因纪念国内著名遗传学家、微生物遗传学奠基人盛祖嘉先生而得名，其前身可追溯至20世纪30年代初复旦大学100号的"震旦博物院"。如今，博物馆收藏展品超过万件，其中不乏珍贵的大熊猫、白鳍豚、灵长类、鹤、鹳、猛禽、鸡类、扬子鳄、白鲟、中华鲟、斑鳖、鳄蜥等珍稀标本。祖嘉生物博物馆不仅是复旦大学生命科学学院师生进行生命科学教学实践与科学研究的重要场馆，也是复旦大学生物学科普教育基地的重要组成部分。2018年年底，在校友的大力支持下，复旦大学祖嘉生物博物馆正式建成开放，成为生命科学学院开拓师生社会服务平台的契机。2019年，在学院教学实验中心与学生工作团队的共同谋划下，学院成立了复旦大学生物学科普教育基地管理小组，并规划了以祖嘉生物博物馆开放为核心，以推动宣传生命科学研究进展、学术前沿、科学观点与研究方法为根本目的的"走进生命科学"主题科普系列活动。这一系列活动的组织开展不仅提升了学院建设上海市生物学科普教育基地的水平，更发挥了学院专业优势，提升了学生社会认知水平，锻炼了师生社会服务能力。

二、主要做法

在祖嘉生物博物馆师生社会服务平台建设过程中，学院坚持教学科研与服务社会的科普传播相结合，与培养学生生命科学研究兴趣和创新意识相结合，与树立学生服务意识和社会责任感相结合，真正做到教学相长、学以致用。

（一）激励专业教师将教学科研与科普教育相结合，积极拓展第二课堂

学院的 10 余位教师参与到博物馆开放接待、讲解工作中，从日常学生讲解志愿者基础培训，到"开放日"系列讲座，以及野外采样和标本制作，老师们借助平台资源，将生命科学的研究进展、学术前沿、科学观点与研究方法融入现场教学与科普教育。2019 年，科普基地推出了"走进生命科学"主题科普系列活动，面向公众推出了"民以食为天""基因与健康""美食背后的大秘密""走进荒野""药物与健康"和"大脑探秘"6 场专题讲座，以及 2 次面向中学生的生命科学动手实践课程，参与的 50 余组中学生在老师和大学生志愿者的指导下，动手尝试了动物学、植物学、微生物学和生理学等方面的科学小实验，反响热烈。

（二）鼓励学生学以致用，在实践中巩固学习

学院秉持"三全育人"理念，积极探索打造多维育人空间。祖嘉生

物博物馆已开放的鸟类馆和哺乳动物馆，共有 1 896 种 5 000 余件，其中包含大熊猫、东北虎、金丝猴、白鳍豚、丹顶鹤、朱鹮、黄腹角雉等 40 余种国家一级保护动物。博物馆每年面向生物科学、生物技术、生态学三个学科招募 40—50 名学生志愿者，对志愿者进行系列培训，从讲解内容、实验培训到科普理念、服务礼仪给予志愿服务同学系统的指导，旨在为学生搭建课堂、实验室以外的实践学习平台，将"实践育人"落到实处。

（三）积极践行"以劳育德"的育人理念，打造学生实践服务基地

自 2018 年 9 月博物馆开馆以来，学院科普教育基地成立学生志愿服务团队，承担博物馆接待和讲解工作，共计 90 余位学生志愿者，累计接待预约团体参观 109 次 200 余批，团体及散客参观人数共计超过 5 000 人。学生志愿者团队服务总时长超过 860 小时，人均服务时长近 10 小时。学生志愿者中学生党员及入党积极分子占总人数一半以上。目前该博物馆已被列为复旦大学本科生党建服务基地。

三、体会启示

生命科学学院以建设上海市科普教育基地为载体，吸引众多师生积极投身社会志愿服务，用他们的专业能力为提升社会科学认知水平服务，得到了社会的广泛好评，复旦大学生物学科普教育基地同时也获评了 2019 年"上海市科技节先进集体"。在此过程中，有几点体会。

（一）以人为本，将人才培养的落脚点集中在师生的发展上

"三全育人"综合改革工作总体目标的核心还是紧密围绕"立德

树人"根本任务，学院顶层设计的核心是人才培养，充分了解师生在教学、科研、学习过程中的发展需求是布局全方位育人工作的基础，整合各方资源，搭建平台，在服务社会的过程中锻炼教师育人能力，提升人才培养综合质量是我们构建"三全育人"体系的重要方面。

（二）引导师生"学进来讲出去"，在社会传播中增强学科自信

以祖嘉生物博物馆为例，无论是教授开设讲座、学生志愿者讲解还是科学小实验体验，都是希望将藏在书本、课堂、实验室的理论知识转化为普通社会大众能够接受的科学常识，传播生命科学的基本观点与研究进展，通过有趣的小实验让更多非专业人士体会到生命科学研究的乐趣。通过面向社会民众的创新实践，在逐渐提升社会科学认知水平的过程中体现学科价值，提升学科自信。

（三）用好校友资源，不断拓展学生实践教育的新平台

生命科学学院有着悠久的学科发展史，雄厚的学科积淀培养出诸多优秀的校友，这为学院育人提供了丰富的社会资源。祖嘉博物馆的建成，只是校友回馈母校，共同参与人才培育的一个案例。依托校友资源，结合学院人才培养规划，不断拓展学生实践教育新平台，将成为未来学院提升人才培养综合水平的重要方向。

（执笔人：余文博）

构建六位一体的科研育人质量提升体系 培育具有家国情怀和学术理想的一流拔尖创新人才

——复旦大学高分子科学系"三全育人"的探索

一、基本概况

复旦大学高分子科学系具有理工融合、多学科交叉的学科特点，面对国家战略发展的新需求、国际竞争的新形势，高分子科学系始终坚持以立德树人为根本，牢固树立服务国家意识，突出问题导向，凝练学科特色，将课题组和科研团队作为科研育人的主要载体，不断强化导师在育人中的作用，着力构建"科研报国、学术诚信、科学素养、学术交流、创新创业、实验安全"六位一体的科研育人质量提升体系，以培育具有家国情怀和学术理想的一流拔尖创新人才为目标，把重大科研攻关、创新性研究探索、创新性实践拓展、科研团队建设等作为培养学生求真务实、勇于创新、追求卓越、报国成才的重要手段，切实提升科研育人实效，不断推动高质量科学研究的发展。

二、主要做法

（一）发挥系党委"中场线"作用，深度挖掘科研团队育人优势

在理工科院系，课题组和科研团队是科研育人的主要载体。高分子科学系党委通过专题调研，充分认识到从源头入手发挥科研育人载体作用的重要性，深度挖掘科研团队育人功能，从科研攻关平台建设、课题组团队建设、实验室规范管理等多方面入手，多措并举培育优秀科研团队的创新发展，形成全员全过程全方位的科研育人格局。

在工作推进过程中，努力探索将学科优势、科研优势转化为育人优势，重视加强导师队伍建设，建立重师德师风、重真才实学、重质量贡献的评价导向；完善传帮带机制，建立党委委员、资深教授联系青年教师制度，加强对新引进人才和青年教师的指导，提高处理导学关系能力，建立良性导学关系；依托聚合物分子工程国家重点实验室平台，加强新兴重要研究方向的支持力度，加强重大科研项目申请和平台建设，引导科研团队主动服务国家重大战略。

近年来，涌现出了一批优秀学术团队和学术名家，其中彭慧胜教授荣获 2019 年上海市"四有"好老师（教书育人楷模），杨玉良院士、江明院士、彭慧胜教授、汪长春教授、邵正中教授先后获得复旦大学"研究生心目中的好导师"称号，彭慧胜教授课题组、丁建东教授课题组分别荣获复旦大学"十佳'三好'研究生导学团队"称号。通过大力宣传和弘扬优秀学术团队、学术名家的先进事迹，发挥其示范引领作用，营造了良好的科研育人氛围。

（二）构建科研育人质量提升体系，增强学生内核创新驱动力

结合学科特点与专业所长，高分子科学系着力构建"科研报国、学术诚信、科学素养、学术交流、创新创业、实验安全"六位一体的科研育人质量提升体系，坚持分类引导、精准施策，坚定学生学术报国之志，多维度强化导师育人作用，培育优秀科研创新团队，将思想价值引领贯穿科学研究的全过程和各环节，增强学生内核创新驱动力，落实"三全育人"长效机制。

以科研报国为引领。通过学习老一辈科学家爱国奋斗故事、学科发展历史，与学术名家畅谈学术理想，引导学生深入领会科学精神的内涵，聚焦关键核心技术与国家战略需求，树立科研报国的志向，勇敢肩负起时代使命。

以学术诚信为基石。开展"导师面对面""学术诚信讲座"等持之以恒的学术规范教育，引导学生追求学术本真，恪遵学术诚信，提升为人为学境界，加强学术诚信体系构建，破除"唯论文"的不良导向，杜绝各种学术不端和科研失信行为。

以科学素养为宗旨。通过重大科研攻关项目的系统科研训练、国家重点实验室共享仪器平台开放式培训管理等途径，培养学生科学的思维方式、创新性探索研究能力、国际学术前沿动态的把握能力、集体攻关与联合攻坚的团队精神和协作意识，努力在跨学科跨领域的交叉融合中解决新问题、发明新技术。

以学术交流为桥梁。实施研究生出国开会资助、本科生"一对一导师制"等举措，鼓励学生开拓专业视野，积极参与国际学术交流，在国内外交流中不断丰富认知体系、铸就科学精神、拓展国际视野，

进而激发创新活力、促进全面发展。

以创新创业为两翼。开展年度创新创业论坛、聚合讲坛、创新工作坊等系列活动,邀请行业产业带头人来校作报告;组织"聚科技·创未来"系列企业参访实践,深化校企交流合作;鼓励教师积极参与"互联网+""创青春""挑战杯"等创新创业项目指导,不断推进科研成果的转化与应用。

以实验安全为底线。实行"分类引导、分层培训、分级管控"全方位实验室安全管理长效机制,增强学生的安全意识,确保零风险、零事故、零伤害;将研究生党支部建在课题组上,发挥党支部的战斗堡垒作用和党员的先锋模范作用,带领课题组弘扬科学精神,防范实验室安全风险,不断推进实验室文化建设。

(三)拓展科研育人实践平台,努力培养推动改革创新的先锋力量

坚持请进来与走出去,加强校企合作交流,搭建产业行业链接平台,与上海华谊、杜邦、科慕化学、巨石集团等多家龙头企业建立实践基地,不断提升科研与实践育人能级。

紧盯"卡脖子"技术难题,推动师生融合创新,深度挖掘科技成果转化前景。近两年,陆续打造出"千里电池""复东生物""智柔纤维""丝创骨骼"等一系列精品学生创新创业团队,在"互联网+"、"创青春"、"挑战杯"、北美 Trepcamp 夏令营等国内外重要创新创业大赛中屡创佳绩,累计获得全球创新创业大赛银奖 1 项,全国金奖 1 项、银奖 3 项、铜奖 2 项,省市级奖项十余项,多名教师荣获国家级创新创业指导教师称号。

通过全方位、全过程的创新创业教育与实践锻炼,切实增强了学

构建六位一体的科研育人质量提升体系　培育具有家国情怀和学术理想的一流拔尖创新人才
——复旦大学高分子科学系"三全育人"的探索

博士生曹勇斌向教育部高教司吴岩司长汇报创新创业项目

生的创新精神、创业意识和创新创业能力，主动服务国家需求的意识进一步提高，拔尖创新人才培养质量得到有效提升。

三、体会启示

高分子科学系在"三全育人"推进过程中，结合自身特点构建了六位一体的科研育人质量提升体系，并取得了较好的阶段性进展。总结工作，主要有以下启示。

首先，发挥好系党委"中场线"作用，主动谋划、积极作为，全方位挖掘科研育人的要素，完善体制机制，从制度上加以保障，从环节和程序中全面优化，进一步将科研育人质量提升体系落到实处。

其次，紧紧围绕立德树人根本任务，发挥教师育人主体作用，潜心培育优秀科研创新团队，主动服务国家战略，攻坚关键核心技术，注重发挥优秀学术团队、学术名家的示范引领作用，营造良好的科研育人氛围。

最后，以学生发展为中心，激发学生的创新潜能，树立远大的学术理想和科研报国之志，发挥产学研合作协同育人作用，推进科技成果转化，引导学生在创新创业、服务社会中提高科研报国的意识和能力。

（执笔人：王芳）

推进"德隆学者"本科生创新人才培养计划 扎根中国大地培养新时期公共卫生人才

一、基本概况

长期以来,公共卫生与预防医学本科生教育面临着专业认同薄弱、学生创新能力不足、综合实践能力不强、毕业去向比较单一、就业竞争力相对较弱的情况。为加强科教协同与创新人才培养,全面提升本科生学术创新能力和综合实践能力,增强优秀本科生对专业的认同感与使命感,强化本科生升学和就业竞争力,复旦大学公共卫生学院从2014年启动"德隆学者"本科生创新人才培养计划,对新时期公共卫生人才的培养进行探索与实践。

6年来,"德隆学者"计划共开展11期,完成科研立项167项,产出各类论文50余篇。先后培养优秀本科生200余人,其中大部分学生在本科毕业后继续攻读研究生学位,持续为学院学科建设添砖加瓦,先后获得团中央大学生"小平科技创新团队",上海市"互联网+"大学生创新创业大赛铜奖,"知行杯"上海市大学生社会实践大

"德隆学者"一期申请者刘聪正在做实验

赛特等奖、一等奖等荣誉。"德隆学者"计划一期的申请者刘聪为其中的优秀代表,在学院攻读研究生期间发表SCI(科学引文索引)论文44篇,累计影响因子超过150分,2019年以第一作者身份在顶级医学期刊《新英格兰医学杂志》发表论文并被评为2019年度最佳论文和ESI(基本科学指标数据库)热点论文。

二、主要做法

(一)明确培养方向,加强制度建设

"德隆学者"创新人才培养计划以我国著名公共卫生专家、复旦大学公共卫生学院创始人苏德隆命名,旨在培养适应新时期公共卫生工作需要的创新型人才。学院建立并完善《复旦大学公共卫生学院"德隆学

推进"德隆学者"本科生创新人才培养计划　扎根中国大地培养新时期公共卫生人才

者计划"管理办法》，明确"科教融合，协同育人"的培养理念，以"人"的培养为最终目标，以"科研创新能力"和"综合实践能力"的培养为关键，采用"阶梯式"项目管理机制，加强对项目申报、立项、中期、结项的管理与审核，鼓励学有余力的本科生，特别是优秀低年级本科生接受基础科研训练，并在导师的指导下独立完成学术项目。

（二）完善培养机制，加强全方位育人

学院定期召开"德隆学者"导师座谈会，了解人才培养状况和学生科研项目进展，听取完善培养计划的意见和建议；举办"德隆学者"导师沙龙，定期邀请已完成导师工作的教师交流传授经验，帮助新导师提升项目指导效率。面向"德隆学者"计划学员，举办科研能力训练营，开设"R 语言：从入门到精通""SAS 初级入门""省下 100 小时的 office 技巧""手把手教你写 SCI 文章""VBA 语言在 Excel 中的应用"等系列讲座；举办"德隆学者"学员午餐会，交流项目进展，建立朋辈互助关系；组织"德隆学者"学员参加研究生学术论坛、博士生论坛，与国内外高校的优秀研究生进行交流互动，积极开展学术实践活动。

（三）注重培养过程，落实全过程育人

"德隆学者"计划遵循教育规律、思想政治工作规律、学生成长规律，采用三阶段连续培养模式。第一阶段主要面向大二学生，为期半年。学生选定导师后进入教研室，在导师的指导下完成学术基础能力的储备，如文献检索能力、统计软件和方法的掌握、通过实验室安全考试等。同时，第一阶段学员需要参加导师组会和寒暑期的现场调查工作，增强对科研工作的感性认识。第一阶段培养完成后，学员初步确定科研意向，并在导师的指导下完成独立学术项目申报，立项答

辩通过后进入第二阶段培养。第二阶段培养为期一年，学员需在导师指导下完成项目数据的收集、分析和研究报告的撰写，并通过中期考核和结项答辩。结项答辩考核为优秀，且研究成果具备 SCI 或重要期刊发表潜力的学员，将进入第三阶段培养，并在为期一年的培养期内不断完善修改论文并正式发表。

（四）强化激励机制，激发师生积极性

将教师指导"德隆学者"计划学员开展科研项目的工作量纳入绩效考核方案。其中，所指导学生在 SCI 或重要期刊上发表论文，或在"挑战杯""创青春""互联网+"等重要创新创业赛事中取得校级以上荣誉的，予以指导教师额外奖金奖励，并优先推荐为复旦大学本专科生"我心目中的好老师""复旦大学仲英青年学者""复旦大学青年五四奖章"等荣誉称号候选人。加大"德隆学者"计划学员的支持力度，提供三阶段合计最高 15 000 元的科研支持经费；优化本科生奖学金评选细则，增加学术活动的量化积分，提升参与学术创新项目和创新人才培养项目的积极性；争取校友和企业捐赠，设立公共卫生学院院长奖学金，对本科生在 SCI 期刊或国内重要期刊上发表论文予以奖金和院长推荐信的激励和支持。

（五）扎根中国大地，提升科研报国热情

积极推进学生实践基地建设，鼓励教师利用寒暑假带领学生前往西部、基层、老少边穷地区和"一带一路"沿线国家开展现场调查工作，让学生在科研实践中了解基础国情，增强国家意识，提升科研报国热情。围绕"健康上海、健康中国、全球卫生"三个圈层，目前学院在上海市长期保有 23 个教学实践基地和 4 个专业学位研究生实践基

推进"德隆学者"本科生创新人才培养计划　扎根中国大地培养新时期公共卫生人才

地,在江苏、浙江、广西、云南、河南等地长期保有10个实践基地或流行病调查现场,在坦桑尼亚、马拉维共和国、柬埔寨等"一带一路"国家建立了研究中心和学生实践基地,每年选派30支学生社会实践队前往实践基地开展社会实践和现场调查工作。其中,公共卫生学院暑期海外实践团队2018年在蒋泓副教授带领下前往马拉维共和国,2019年在黄葭燕教授带领下前往坦桑尼亚开展科研与实践活动,在全球卫生发展合作中融入本科生创新人才的培养,效果良好。

三、体会启示

习近平总书记在2020年6月2日专家学者座谈会上指出,要建设一批高水平公共卫生学院,着力培养能解决病原学鉴定、疫情形势研判和传播规律研究、现场流行病学调查、实验室检测等实际问题的人才。在后疫情时代,如何总结和反思公共卫生人才培养的不足,进一步健全新时期中国特色公共卫生人才的培养机制,结合公共卫生学院本科生"德隆学者"创新人才培养计划的实践与探索,有三点体会。

(一)一切工作的最终落脚点是人的培养

立德树人是高校的根本任务,人才培养是学院一切工作的首要目标。人才培养的过程需要统筹协调多方面的资源配备、人员管理和制度建设,也会对导师、学生和管理者进行考核并评选优秀项目,比如是否申请校级学术科研项目或是否产出高水平论文等。但所有工作的根本目标是人才的培养,而不是为了产出论文等具体指标。本科生创新人才的培养是一个长期的过程,即便完成全部培养过程的优秀学员,也仅是一名有潜力的"准研究生"或"准直博生"。对育人效果的考量应当着眼于 3 年、5 年，甚至 10 年以后的培育结果。以"德隆学者"一期的申报者刘聪为例，"德隆学者"的培养经历为其成为直博生跟随导师从事学术科研工作打下良好的学术基础，大大缩短了融入导师团队以及从事基础科研训练的时间，使其能够专注于一个领域并成为该领域的优秀青年学者。

（二）推进分阶段分类别的培养机制，注重全员全过程全方位参与

我们的经验表明，学术动机的差异比学习成绩的差异更能够影响学生的投入程度和科研表现。高学术动机的学员会抓紧一切时间和机会与导师交流，高效率完成导师布置的工作，主动探求解决问题的方法。而低学术动机的学员仅在开题和结项等时间节点与导师交流，其中也不乏仅为体验科研工作的同学。因此我们推进分阶段分类别的培养机制，既满足学生体验科研生活的需求，也给导师和学生双向选择留出接触和了解的充足时间，尽可能降低导师培养学生的时间、精力和机会成本。同时，在学生培养的不同阶段，注重导师、辅导员、教务员之间的信息沟通，针对不同科研方向所需要的核心能力的差异，设计不同的培养机制。如针对普遍需求的文献检索、统计能力开设相应的讲座或鼓励其提前修读相关课程；而管理方向需要的社会调查能力、环境卫生方向注重的实验能力、职业卫生方向注重的大型仪器管理和使用能力等，则通过学长学姐带教的方式手把手教学。

（三）将科研与实践相结合，扎根中国大地培养公共卫生人才

公共卫生学院历来重视流行病学、环境危害因素的现场调查，有

推进"德隆学者"本科生创新人才培养计划　扎根中国大地培养新时期公共卫生人才

"现场是第一位的"学术文化传统。随着统计技术和方法的完善和大数据时代的来临，不少科研工作者青睐用数据挖掘的方式进行科学研究，但我们却愈加重视现场调查工作。学院主要负责同志多次强调要"扎根中国大地办好公共卫生教育"，强调学生要跟随导师到一线去，到基层去，到现场去。我们将科研与实践相结合的要求贯彻到人才培养过程中去，让同学们在广袤的中国大地上接受教育。2018年以来，我们也将视线投向"一带一路"国家，让学生在国际比较中坚定理想信念，增强科研报国的决心，传承老一辈公卫人矢志不渝的坚守和为人群服务的初心。

（执笔人：刘岱淞）

探索老年护理领域全员全过程全方位的创新育人模式

一、基本概况

人口老龄化已经成为全球性问题。目前我国60岁及以上人口数近2.5亿，失能、半失能老年人超过4 000万，其护理需求明显高于全体人群平均水平，这不仅呈现出对老年医疗服务庞大而刚性的需求，更对我国老年护理事业的发展提出了严峻的挑战。如何解决人口老龄化带来的老年护理人才紧缺问题，加速老年护理专科人才的培养，已经成为目前我国护理教育面临的巨大挑战。现阶段，部分高校已开设独立的老年护理学课程，但存在着内容交叉重复、学时少、重理论、轻实践等问题，学生普遍觉得难学，教师也觉得难教，学生从事老年工作的意向仍然偏低，老年护理从业人员依旧不足，因此，探讨高水平、有特色的创新性老年护理人才培养模式迫在眉睫。

复旦大学护理学院从实施健康中国战略、积极应对人口老龄化的高度，将老年护理纳入本科生创新人才培养计划，探索多元化、全员全过程全方位的创新育人模式，培养适应医疗卫生事业和老年服务产业发展需要，热爱老年护理事业，具备必需的老年护理基本理论、基本知识和基本技能，具有较强的老年护理专业能力、人际沟通能力和可持续发展能力，胜任老年护理工作岗位的高素质护理人才。

二、主要做法

（一）创新老年护理的育人理念和模式，突出专业特色

护理学院通过全员全过程全方位参与，构建"产教融合、学做对接"的院企共育人才培养机制，创新老年护理人才培养模式，通过优化课程体系，加强师资队伍建设，扩大和完善实训基地，采取"行动导向"的实践教学策略，构建以高端照护为导向的高素质、高技能、高创新能力的老年护理人才培养模式，形成了以公共课为基础，以专业课和实践课为核心，以专业选修课为辅助，层次分明，重点突出，知识、能力、素质协调发展的老年护理课程体系。学院不断创新老年护理的教学与实践模式，以"专业认知教育-专业理论学习-专业社会实践"模式，让学生对老年护理方向的知识技能"感知递进"，既符合学生的接受能力，也充分考虑了人口老龄化所带来的护理需求的变化，突出了老年护理的专业特色。

（二）创建"三全育人"老年护理实践基地，加强实践育人效果

带有教育目的的课外社会实践活动对于培养护生临床实践能力和人文素质的作用不可忽视，学院在"院校合作""院院合作""院企合作"的基础上，整合院内外资源，共育人才培养，使学校老年护理人

才培养和区域养老产业协同发展,构建了融社会服务和教学示范为一体的老年专科实践教学体系,其中社会服务贯穿了老年护理的理论学习和实践活动,教学示范以培养学生的老年护理技术及健康管理能力为主。2019年通过学院和社区养老康复机构龙华街道怡乐家园养护院合作,成立了"三全育人"老年护理实践基地,主要开展养老护理服务实践,发挥实践育人的辐射效应。院企共建型人才培养模式能够让学生尽早接触临床,无缝对接养老机构的需求,让学生能尽快掌握老年人心理和老年护理专科操作,了解老年健康管理相关的理论和知识,了解社区养老模式并反思社会养老模式的现状及问题,从而引发对如何发展老年护理的深度思考。"三全育人"老年护理实践基地建成后,学院、医院和社区立即开展了协同育人的创新教学模式的探索。在附属华山医院老年科护理团队的大力支持下,学院教师带领本科生一起赴基地为老人们开设了一堂精彩生动的手操教学示范课程。这次社会实践活动为今后老年护理团队群策群力,带领本科生

老年科护理团队向本科生和养护院老人们示教预防老年痴呆的手操

开展智慧养老护理服务，培养未来更专业的老年护理人才打下了良好的基础。

（三）开展多元化的老年护理交流，提升老年护理专业素养

学院与国内外知名高等护理院校在老年护理领域开展深度合作和交流。如考虑到香港老年护理服务体系较为完善，学生在大学就读期间也愿意主动投入社区养老服务机构开展志愿者服务，学院每年定期开展沪港学生的交流参观体验活动，希望通过交流提升本科生对老年护理的专业兴趣和专业素养。2019年来自香港中文大学的12位学生不仅给养护院的老人们带来了自创的预防老年痴呆、改善认知功能的运动操表演，还与护理学院本科生和养护院的护理人员一起分享他们在香港照护老人的宝贵经验，开展老年护理专业课题的研讨交流，极大地激发了学生对老年护理事业的热爱，提升了学生的社会服务意识，还拓宽了学生开展老年护理的思路，引发了对于多元化、智慧型养老护理服务的思考。

（四）探索产学研结合的人才培养模式，开拓老年护理专业发展空间

学院充分调研和借鉴其他高等护理院校办学经验，在跨学科交叉融合的基础上，不断探索学校、科研机构、医院、社区卫生服务中心、养老院"五位一体"产学研结合的老年护理专业人才培养模式。通过这种培养模式，不但让学生能够准确掌握社会养老机构的需求，有更多就业选择，使他们的发展空间和就业不再局限于医院，还能够培养出具有服务意识、科研潜能的老年护理专科人才，有利于开拓老年护理专业的发展空间，帮助老年护理人才的专业成长，提供其未来可持续发展的机遇和无限可能。

三、体会启示

护理服务人力资源匮乏和总体能力水平不高是目前推进老年护理服务质量的重要障碍之一，医院、社区及养老机构内为老人服务的护理人员大部分是普通护理专业毕业，没有接受过系统的老年护理专业教育。如何提升老年护理人才培养的质量，培养一批能够通过精心照护来增加老年人的自理能力、提高老年人的生活质量、满足老年人的长期照护需求和心理健康需求的老年护理人才，是目前亟待解决的问题。

对比国外老年护理人才培养模式的研究现状可以发现，我国老年护理教育研究还处于起步阶段，尚未形成合理的老年护理人才培养体系。目前我国老年护理人才培养模式存在的问题主要体现在三方面：一是老年护理人才培养的层次局限。国外老年护理人才培养的对象大多涵盖了从高职、本科、硕士到博士的所有学历层次的学生，而我国仅限于培养高职和本科的老年护理专业方向的学生，缺乏针对更高学历和层次的老年专科护士或者老年护理专家的培养模式研究。二是老年护理人才培养模式的实证研究较少。目前我国大多数老年护理人才培养模式的研究停留在针对人才培养理念、专业设置模式、实践环节模式和课程设置方式这几个方面的理论探讨，实证研究非常少，无法对老年护理人才培养体系的持续改进提供有力的理论支撑。三是缺乏对老年护理人才培养模式质量评价的研究。老年护理人才培养模式的改革要落到实处，还是要看实际的改革效果。老年护理人才培养模式实践之后效果如何，需要针对老年护理人才培养模式的质量进行评价。正确地评价人才培养模式的质量，有利于进一步加强老年护理人才培养模式的实证研究，形成更加科学合理的老年护理人才培养体系。

从长远来看，我国老年护理人才的培养，需要政府、高校和养老行业共同努力，只有构建科学合理的老年护理人才培养体系，注重全员全过程全方位地培育老年护理人才，才能不断促进我国老龄事业的大力发展。我们要进一步加大老年护理领域的科学研究和人才培养，建立老年护理方向的本科—硕士—博士的完整护理人才培养体系，不断加大老年护理领域高级护理专家的培育和人才梯队的建设，积极应对全球老龄化所带来的医疗资源匮乏和护理难题，引领老年护理事业往纵深方向发展。

（执笔人：赵缨）

于中山有所学　于社会有所为

——复旦大学附属中山医院打造"研究生科普讲师团"育人品牌

一、背景和源起

"健康中国2030"规划纲要指出：要坚持预防为主，推行健康文明的生活方式，营造绿色安全的健康环境。从广泛的健康影响因素入手，以普及健康生活、优化健康服务等为重点，全方位、全周期保障人民健康，大幅提高健康水平，显著改善健康公平。长期以来，复旦大学附属中山医院发挥专业优势，立足"三线联动"党建育人，以区域化党建为平台，立足于学校基础和优势、学院专业与特色，把立德树人理念贯穿于学生的社会实践。坚持理论教育与实践养成相结合，整合校内外实践资源，强化实践项目管理，丰富实践内容，创新实践形式，拓展实践平台，完善支持机制，教育引导学生在参与中增强实践能力；践行"团结、服务、牺牲"的复旦精神，秉持"言传身教，实践育人"的理念，形成育人工作突出的实践工作项目，在实践中推进学业进步、激发学生潜力、服务社会大众、传承复旦精神。

2018年，中山医院结合国家战略、社会需要和个人成长的需求，组建成立了"复旦大学附属中山医院研究生科普讲师团"（以下简称"科讲团"）。研究生讲师们将所学的医学知识以科普讲座的形式，通过面对面宣讲的方式，通俗易懂地向基层民众进行宣教，践行"于中山有所学，于社会有所为"的服务理念，致力于将健康带入基层，为"健康中国2030"战略的实施贡献自己的一份力量。

二、主要做法

（一）合作共建，探索基层党建新形式

科讲团成立之初，在中山医院学生工作党总支的组织下，通过医院志愿者和社会工作部牵头，与徐汇区枫林街道党建办、社会发展办合作，借力区域化党建平台，共建"复旦大学基层党员志愿服务实践基地"。科讲团成员通过科普授课、下社区科普宣教等多种形式，为基层群众带去最新的健康知识，积极探索基层党建的新形式，逐渐形成一套长期可行的基层党建新模式。

2019年以来，科讲团先后联合研究生党支部、中山医院绿叶志愿者进入徐汇区天龙社区天钥新村、徐汇区第三老年福利院、徐汇苑等社区场所，进行科普宣讲、义诊咨询及赠送科普书籍等活动。在实践中不断丰富志愿服务内容，拓展志愿服务内涵，探索讲师与受众间的互动形式，以期提高科普知识的接受程度。2019下半年科讲团还在徐汇区汇师小学开展了为期一学期的"医学科普课堂"，为3—5年级的同学带去了11节生动活泼、精彩丰富的医学科普课程，深受学校师生的好评。

复旦大学附属中山医院研究生科普讲师团

（二）发挥学生所长，修炼专业技能

科讲团现有中山医院博士研究生讲师18名，涵盖骨科、神经外科、消化科、普外科、呼吸内科、皮肤科、内分泌科等12个学科。目前已开展社区基层讲座20余场，平均每次接受科普宣教的社区居民达600多人，每位讲师均已参与到相应的实践项目中。2019年下半年拓展受众人群目标及年龄分布，科讲团走进汇师小学课堂。为孩子们讲课给予讲师们更大的专业挑战，不仅要将复杂的医学知识简单化，更要注重形式的生动活泼，讲师们在备课时都付出了大量的心血。这些实践经历让长期埋头在实验室里的医学生们学会了转化逻辑思维，锻炼了沟通技能，在实践中体验医者仁心，为未来医学道路增添本领。

（三）聘请专业指导老师，强化队伍建设

科讲团成立之后，为强化团队专业素养，特聘请中山医院杨秉辉教授及董健教授为科讲团的指导老师。中山医院第十任院长杨秉辉教授从事医学科普工作 20 余年，有着丰富的临床和实践经验；董健教授现任中山医院骨科主任、新媒体医学科普品牌总编辑及国内首个医学科普研究所所长。这两位科普届的资深专家为科讲团的专业发展提供了很多建设性的指导意见。同时，中山医院是上海市志愿服务基地，志愿者和社会工作部负责协调全院 10 余支志愿者队伍，管理 4 000 多位志愿者，为科讲团提供了丰富的项目资源和管理经验。中山医院学生工作总支书记刘嫣老师曾荣获"上海市大学生暑期社会实践大赛先进个人优秀指导教师"称号，有着丰富的实践团队运作经验，为科讲团的队伍建设保驾护航。

（四）完善实践项目的运行机制

科讲团组建后迅速确立了团队核心成员，负责设计团队架构、完善规章制度、设计团徽团旗、运营维护公众号。2018 年成立至今，科讲团多次更新充实讲师队伍，设立跟讲制度，把控讲师科普授课的质量；树立人才队伍建设理念，由团队明星讲师对新成员进行带教和业务培训。目前中山科讲团可独立完成实践项目的策划、设计、联络、组织、实施及总结工作，已形成一套完善的运行机制。

三、体会及启示

（一）用好徐汇及上医的资源平台

中山医院积极参与复旦—徐汇基层党员志愿服务实践基地建设，

通过这个平台,科讲团与学生党员志愿者多次参加徐汇区和枫林街道的志愿服务活动,积累了丰富的实践经验。科讲团要用好学校和医院搭建的平台,让更多的医学生走进徐汇,走进枫林。同时,为科讲团提供建设空间,涵盖众多的医学专业,在实践中推进不同学科之间的交叉融合。科讲团将积极利用校内外相关资源,联合其他年级及院系,探索更加丰富的实践活动形式。

(二)发掘培养先进个人,发挥引领作用

科讲团非常注重在团队中发掘、培养明星讲师,这种以优带新、先进引领的模式,对组建和培育优秀的实践团队起到了很重要的作用。科讲团骨干伍思霖同学荣获"2019年度上海市优秀志愿者"和"复旦大学十佳青年志愿者"称号,科讲团骨干陈帆成同学荣获"复旦大学十佳青年志愿者""复旦大学研究生社会实践优秀个人""中山医院优秀志愿者"等称号。他们在科普宣讲和社会实践工作方面成绩突出,通过榜样的力量,在新讲师的培训及团队建设上发挥了很好的引领作用。

(三)扩大讲师团队服务范围,创建特色品牌实践队伍

科讲团在面向大众开展医学科普的同时,培养医学生开展基层医学科普的热情和能力,是学生学以致用、为社会科普事业贡献当代复旦人、当代医学生的力量的有效途径。要进一步不断扩大服务的范围和内涵,立足徐汇,力争辐射更广泛的区域和人群,把"一切为了病人"的中山精神和"奉献、友爱、互助、进步"的志愿精神发扬光大。

(执笔人:刘嫣)

经济资助　成才辅助
助力学生终身发展

——复旦大学实施"助力成长计划"

一、基本概况

2006年,复旦大学提出了"经济资助,成才辅助"的"双助"理念,持续增加资源投入,努力构建全员全过程全方位参与的发展型资助工作体系,切实帮助每位学生在追求梦想的道路上不断前行。

围绕"经济资助、成才辅助,助力学生终身发展"的工作目标,培养学生资助工作团队和学生朋辈组织,即本科生助学成才家园两支队伍,复旦大学实施"助力成长计划",主动深入研究家庭经济困难学生的成长特点和发展需求,为学生搭建学业促进、心理支持、社会实践、视野拓展和创新创业五大平台。

二、主要做法

(一)搭建学习促进平台,着眼学业促进,奠定学生成长基础

针对家庭经济困难学生普遍存在的英语、计算机、高等数学等课

业困难，学校成立学生学习与发展中心，多措并举帮助学生尽快适应大学学习，提升学业水平。开办"助力腾飞训练营"，邀请相关学科任课老师，通过讲座和个性化辅导解决学生学习中遇到的困难。鼓励和支持各院系根据专业特色，以高年级学业优秀学生为骨干，以家庭经济困难学生为主要对象，面向全校学生开展一对一辅导、一对多专题讲授、集体考前复习等学业辅导项目，如外国语言文学学院的英语学习互助小组和数学科学学院的"数院大神"辅导项目。

学业促进-海外交流语言集训暨"助力腾飞英语训练营"

（二）搭建心理支持平台，注重心理支持，促进学生健全人格

针对家庭经济困难学生在学习适应水平、社会交往能力等方面的欠缺，学校充分发挥高等教育研究所、心理学系的学科优势，在面上

经济资助　成才辅助　助力学生终身发展
——复旦大学实施"助力成长计划"

普查的基础上，开展重点学生群体的跟踪调研并进行深入分析，形成相应测评报告，为后续资源配给、介入提供基础。学校心理健康教育中心全天候向学生开放，提供专业的心理辅导与咨询，对学生心理状况进行准确判断并根据情况进行及时有效的帮助。

（三）搭建社会实践平台，聚焦社会实践，丰富学生第二课堂

依托学生朋辈组织和院系、班级平台广泛开展主题教育活动，建立社会实践基地，培育学生感恩奉献意识，提升学生使命感和责任感。学校启动社会实践专项培养计划，鼓励并资助家庭经济困难学生利用假期返乡开展社会实践，培养学生"服务家乡、改变家乡"的意识。通过实施社会实践培养专项，每年组织300余名家庭经济困难学生在老师的带领下赴全国各地开展支教助医、校园宣讲、学习参访、创新调研、实习锻炼等各种形式的实践活动，多个项目荣获上海市大学生暑期社会实践活动优秀项目。

（四）搭建视野拓展平台，立足国际视野，拓宽学生实践舞台

在国际化大背景下，自2010年起，学校专门设立了家庭困难学生出国出境交流项目，在学校多部门和院系的通力协作下，每年有100余名优秀学生获得全额资助，前往美国、加拿大、澳大利亚、日本、墨西哥、中国香港等国家和地区的知名高校进行访问学习。同时，行前进行教育课程设计、行中配备教师和助教指导、行后开展总结分享提升了项目效果，不仅能开拓学生视野，更能传播中国青年形象，讲好中国故事。

（五）搭建创新创业平台，助力创新创业，扩展学生成才平台

学校积极响应国家"大众创业、万众创新"的号召，主动对接国家创新驱动发展战略，积极支持和鼓励在校学生创新创业活动，通过经营实战平台、创新指导课程、创新案例竞赛、资源对接机制等形式激发创新思维、培养创新能力、开展创新实践，形成"实践体验-学习领悟-成功体验-反哺实践"的创新创业人才培养模式。举办"改变家乡创意大赛"，鼓励学生在深入实践的基础上，积极为家乡发展献计献策。

三、体会启示

"经济资助，成才辅助，助力学生终身发展"，这既是资助过程也是资助目标，不仅将学生"招进来"，并且必须"培养好"，这是资助工作的使命与责任，也是推进"教育公平"，贯彻"教育扶贫"，实现高校立德树人根本任务的重要路径。在不断实施与完善"助力成长计划"的过程中，有以下几点思考体会。

（一）加强机构建设，建立健全资助育人工作体系

资助育人工作是强化高校思想政治工作的有效途径。在关心和帮扶学生时，重视教育学生，引导学生，完善资助育人工作管理机构，建立健全资助育人工作体系，保证从学校到院系都有专职或兼职辅导员负责此项工作，定期开展专项业务培训，提高资助育人队伍的专业素养。

经济资助　成才辅助　助力学生终身发展
——复旦大学实施"助力成长计划"

(二) 精准定位学生需求，有针对性帮助学生成长成才

完善家庭经济困难学生数据库，运用互联网手段和大数据思维，实现对家庭经济困难学生的精准认定和准确预警，提高资助资源和学生发展需求的匹配度，完善追踪机制，坚持开展家庭经济困难学生的动态调研，准确把握学生的思想状况和心理特点。做好"助力成长计划"各项目的跟踪与信息反馈，及时总结实施成效，提升学生资助的精准性，更好地服务于家庭经济困难学生的成长成才。

(三) 丰富教育形式，强化教育内涵，提升教育活动的育人成效

充分发挥"助力成长计划"五大平台的教育、引导功能，并积极探索资助育人新模式，响应学生的发展需求，丰富资助工作的着力点，重视经济困难学生的能力培养和个人发展，主动依托网络平台，充分发挥奖学金的导向作用，积极挖掘受助学生优秀事迹，扩大宣传力度，强化榜样效应，加强诚信感恩教育，重视实践育人，为家庭经济困难学生的发展打下扎实基础、提供广阔锻炼实践空间，提升资助育人实效。

(执笔人：张雅靖)

精准资助与创新创业双驱联动提升资助育人成效

——以"改变家乡"创意大赛为例

为深入贯彻落实党中央"精准扶贫"的战略部署,积极响应国家"大众创业、万众创新"的号召,着力培养当代青年学生的责任意识和创新能力,自2016年起,复旦大学每年举办"改变家乡"创意大赛,对接国家创新驱动发展战略,引导学生"服务家乡、改变家乡",探索精准资助与创新创业教育相结合的资助育人新路径。

改变家乡创意大赛-学生返乡举办古村落徒步打卡文化活动,制作古村落地图

精准资助与创新创业双驱联动　提升资助育人成效
——以"改变家乡"创意大赛为例

一、基本概况

2012年以来，复旦大学先后推出"农村贫困地区定向招生专项计划"和"腾飞计划"，家庭经济困难学生的整体比例有所增长。如何让学生从"老少边穷"地区走出来，获得优质的高等教育资源，培养学生成为希望的种子反哺家乡，促进教育公平，助力脱贫攻坚？为了回答这样的问题，"改变家乡"创意大赛应运而生。

"改变家乡"创意大赛以"看需求、悟变化、讲担当"为主题，目前已开展四届，共有43个项目获得立项，近200名学生参加。大赛鼓励学生将实施坐标集中在中西部、农村或"老少边穷"地区，聚焦地方软实力提升、四新经济发展、"互联网+"技术服务等内容，并通过理论指导-赛事选拔-孵化支持来形成实践教育闭环。

二、主要做法

复旦大学"改变家乡"创意大赛不断优化项目设计，积极整合与拓展资源，重点加强项目培育与指导，提升实践效果和育人实效。

（一）重视实践导向，引导精准选题

"改变家乡"创意大赛鼓励学生在深入开展社会实践的基础上，根据家乡特点，推动地方经济社会发展。在项目酝酿阶段，组织项目宣讲及选题培训会，充分阐释创意大赛的目标导向，指导各项目围绕脱贫攻坚、产业发展、教育振兴、民生保障、文化建设、科技创新等领域，提出一个符合家乡实际情况、具有可行性的创意方案，并利用

半年或一年的时间付诸实践。

（二）配备专业导师，加强项目培育

在激发学生创新思维的基础上，进一步提升学生的创新实践能力。"改变家乡"创意大赛在项目酝酿和征集阶段，充分引导创意大赛的目标和方向，在项目设计完善阶段，深入挖掘教师、校友、企业资源，积极设计搭建教育平台。每个项目配备1—3名对口领域的导师贯穿项目征集-项目筹备-项目实施全过程，开展指导与咨询，定期组织项目交流研讨，加强过程控制与指导。2019年举办首届复旦大学"助力成长计划"创新实践训练营，通过4周的系列课程培训，在创新意识培养、实践能力提升、项目成果转化等方面为学生提供理论学习和实地考察的机会，为学生成功开展实践活动打下良好基础，同时推动创意实践项目的成功孵化。

（三）搭建赛事平台，引导成果孵化

在项目实施的基础上，每年3月份组织项目答辩会，各项目结合立项愿景，汇报项目实施情况与成果、困难与需要改进之处，同时邀请校内外专业老师评估项目实施的意义及成效，在给予专业点评的同时，对项目后期孵化提供对接建议。

以第三届"改变家乡"创意大赛为例，大赛于2018年9月启动，经学生申请、院系推荐、学工部组织评审，共有11个项目获得立项，57名本科生参与。2019年寒假，各团队带着创意和热情回到家乡，在社会实践过程中深入开展调研，结合专业优势，发挥自身特长，为家乡的发展贡献才智和力量。

结合项目实施情况和答辩情况，共评选出一个精品项目及"最佳实践奖""最佳公益奖"和"最佳情怀奖"三个单项奖,一个长期项目获得继续支持。

创 意 主 题	团队名称	评审结果
高考生生涯规划的信息平台构建——让信息不只一次性利用	龙江五人精英团	/
关于打造文化与旅游的产业融合,进一步发挥旅游资源区域化聚合效应的创意方案	再启程-复旦疆护队	/
民相近,心相通——"一带一路"视域下中国云南与老挝农业旅游的区域联动发展	联动发展队	/
对家乡农村药材产业的生产端和初步加工端做调研并进行产业链创新	甘肃籍大学生返乡药材产业调研团队	最佳情怀奖
对家乡农村地区进行并网式家庭太阳能发电科学知识普及实施计划	信息学院河南籍大学生返乡科普服务团队	/
让外来游客更好地了解云南,让本地人利用现代技术更好地服务于外地游客	信息学院云南籍大学生志愿服务团队	/
故里拾希——大学生寒暑期返乡实习计划	拾希小队	/
"走近青瓦红砖,守护古村记忆"	FDU 护村大队	精品项目 最佳实践奖
健康保健宣讲	健康保健宣讲队	最佳公益奖
历史为壤,文化花开——擦亮荆州文化旅游名片	荆楚文化队	/
智能生活"老龄化"	老年智能生活小助手	/

第三届"改变家乡"创意大赛一览

三、体会启示

项目开展四年来,共有 43 个项目获得立项,近 200 名学生参加,奔赴 18 个省市,项目包括利用"互联网+"推动产业发展、发掘家乡文化底蕴、鼓励家乡文化创业、搭建教育服务平台、乡村文化活动开展、家乡文化旅游开发等多方面内容，不但助力了当地社会经济发展，在项目实施中也提升了育人成效。

在总结成效的同时，有以下几点思考体会。

（一）充分引导学生扎根中国大地了解国情民情，反哺家乡，培养社会责任意识

"改变家乡"创意大赛鼓励来自中西部和偏远地区学生，尤其是"腾飞计划""农村贫困地区定向招生专项计划"、本科家庭经济困难学生参加，引导学生走进西部、走进社区、走进农村，在助力家乡发展的同时增长智慧才干。在项目开展的过程中，同学们深入家乡基层，服务家乡群众，社会责任意识有了很大提升。"守护古村记忆"项目的刘书琴完成项目后感慨道："起初很多人不相信五个'大学生娃娃'真的能'改变家乡'。在半个月的筹备过程中，我们实地走访了许多古村落，第一次如此近距离细致地观察自己的家乡。虽然每一步都有磕磕绊绊，但当我们完成古村落全景地图，吸引百余位'驴友'来参加我们的古村徒步活动时，我不仅对家乡的古村落文化保护有了更真切的认识，也感受到了青年的热忱与投入能为家乡建设与发展带来的生机与活力，我真切地感受到自己对家乡的热爱。"

（二）积极搭建培育孵化平台，坚持理论学习和实践锻炼相统一，提升学生创新能力

"改变家乡"创意大赛通过设置创新实践训练营课程和导师制度，在赛事开展的过程中对学生开展全过程指导，通过开展创新实践理论知识、创新创业技能实训、搭建赛事平台，带领学生走出校园，通过社会调查、参访访问、实习见习、科技创新等方式聚焦改变家乡

的实施路径，在生动的社会实践中检验真理，切实增强学生的创新精神、创业意识、创造能力。不少学生还有了创新创业的"初尝试"，例如"光伏科普"项目的同学们聚焦家乡的太阳能光伏发电产业发展，对农村住户进行并网式太阳能光伏发电科普并宣传发动村民充分利用现有条件安装发电设备，发展"双零"庭院经济，希望能够促进家乡的绿色能源发展，为家乡发展注入活力。

（三）以时代发展为基础，建立健全跟踪培育机制，探索资助育人新路径

高校资助育人工作要结合时代变化，把握不同历史时期契合国家发展战略与青年肩负的责任和使命的关系。"改变家乡"创意大赛在整合资源基础上，将资助育人与实践育人相结合，激发学生创意，丰富实践形式，引导返乡服务，尤其是对项目实施过程加强管理，注重培训和指导，辅助项目落地实施，创新了资助育人有效路径。例如，在赛事选拔和专业指导下，不少学生将项目持续推进深入。有学生从传统文化产品开发入手，逐步聚焦于为中国少数民族三大史诗之一的《玛纳斯》进行人物形象IP（Intellectual Property，即知识产权）制作；有学生在前期调研基础上，献策馆藏丰富、珍品荟萃的荆州博物馆；有学生设计民俗文化打卡活动，将传统文化融入大众传播过程。

"改变家乡"创意大赛将持续开展下去，我们将积极探索在精准资助与创新创业教育双驱联动之下促进教育扶贫的"造血"功能，鼓励更多学生深入基层，深刻感受家乡的发展变化和国家发展大势，引导学生理解当代青年所肩负之重任。

（执笔人：张雅靖）

学生为本 学术为基
支持学生全面腾飞

——复旦大学哲学学院"腾飞计划"学生培育体系建设

一、基本概况

为落实国家关于促进教育公平的部署和要求,复旦大学自 2014 年开始启动了"腾飞计划"农村专项,进一步提高招收农村学生比例,选拔符合复旦大学人才培养理念、勤奋好学、独立自强、综合素质优秀的农村户籍学生,让更多勤奋好学的农村学子看到更多的希望。近年来,哲学学院"腾飞计划"学生招收比例呈增长态势,尤其是在 2016、2017 级本科生班级中,"腾飞计划"学生约占本专业招生人数的 80%。

自学生入学以来,哲学学院针对"腾飞计划"学生普遍具有的家庭经济较为困难、学业基础相对薄弱(尤其是英语和计算机)、专业认同度不高、视野不够开阔、自信心不足等特点,制定了《哲学学院经困生帮扶及培养三年行动计划》,开展两次专项调研,举行"腾飞"座谈会,打造哲学学院"腾飞"班本科生培育计划体系,以新生适

学生为本　学术为基　支持学生全面腾飞
——复旦大学哲学学院"腾飞计划"学生培育体系建设

应、学业提升、视野拓展、经济资助等为切入点，弥补短板，促使学生尽快融入大学生活，助力学生全方位成长。

二、主要做法

（一）开展多元活动，帮助新生适应，实现角色转变

立足班级实际情况与学生个性化需求，学院组织开展了两次"腾飞计划"生的专项调研，就心理适应性、学业困惑、个人发展规划等方面展开调研；举办"腾飞"座谈会，旨在以院系领导和"腾飞"学生面对面的形式，朴素直观地将"腾飞"生一年来的转变以及仍旧存在的问题进行说明和剖析，并且以个人发言的形式了解"腾飞"生个体发展中存在的困惑以及希望从学院层面获得的帮助。

根据调研及座谈情况，以需求为导向开展主题班会，每两周召开

2017级本科生班团支部开展新中国成立70周年主题团日活动——观看开国大典视频

一次，围绕校纪校规、学风班风建设、安全教育、习近平总书记对青年的期望、党课（入党程序介绍）、资助政策、学习方法、时间管理、社会实践、海外交流、分流和转专业政策解读、生涯规划、情绪管理（如何面对挫折）、人际交往（寝室关系、恋爱关系、团队协作）等专题，帮助学生进一步了解并规划大学生活。组织召开心理主题团课，邀请心理健康教育中心的老师讲课，帮助同学们进行正向的心理疏导。在学院分团委的组织下，班级联合高年级团支部开展一对一结对子活动，以团对接团，互帮互助，使大家更快融入大学生活。为增进同学友谊，学院鼓励并组织集体春秋游及节日晚会、班级生日会，并不定期发放福利（中秋月饼、冬至包饺子等），营造温暖的班级文化氛围；组织开展夜跑活动，鼓励同学们"走出寝室，走向操场"，增强身体素质。

（二）坚持哲学为本，不断弥补短板，夯实学业基础

针对"腾飞计划"学生英语基础薄弱、哲学了解尚浅等问题，学院制定了针对性提升方案。英语学习方面，鼓励学生充分利用学习发展中心的学习资源，尤其是"助力腾飞训练营""英语角"等英语学习机会，采取多种英语补习方法提高自身英语能力。鼓励学生采取英语学习监督打卡活动，建立了英语打卡群，并制定完整的监督奖励制度，学生在英语听力、阅读、写作、口语等方面均有明显提高。

哲学专业学习方面，学院鼓励、支持班级建立读书小组，就《理想国》《西方哲学史》等文本开展原典研读活动，并邀请学院青年教师就学习方法、切入角度、解读方式等进行多方面指导。鼓励学生合理利用学习资源，参与任重书院组织的读书小组，学习范围涉及文史哲等多个方面，阅读书籍包括《纯粹理性批判》《精神现象学》《三国

志》《红楼梦》等，受到吴猛、王聚、仇鹿鸣等多位老师的指导。通过参加读书小组，同学们培养起阅读原著的良好习惯，阅读能力得到提升，阅读技巧及文献分析方法精进。学术研究方面，鼓励同学扎根学术，积极申报学术项目。

（三）强化视野拓展，加强社会认知，提升综合素养

为提升学生的审美情趣和艺术修养，学院组织带领学生观看展览、演出等艺术活动，举办"文化地图"等上海定向活动，鼓励学生走近上海、了解上海，感受上海的文化底蕴；组织社会实践，由辅导员带队，带领学生参加社会实践，锻炼学生的实践能力，加强对社会的认知和了解；鼓励学生积极参加海外交流，进一步拓展视野。

（四）注重价值引领，强化育人功能，彰显学子担当

鼓励学生将个人的生涯规划与国家的需要结合，积极投身于志愿服务、社会实践调研、挂职锻炼等实践活动，在实践中锤炼自我、体悟中国温度。在奖助学金的评选和发放过程中，加强感恩教育，引导学生树立知恩图报的意识。开展"改变家乡"社会实践活动，为每位学生提供一定的社会实践经费，支持他们为"改变家乡"做一件小事，培养他们服务家乡、改变家乡的意识和能力。开展选调生宣讲，邀请选调生系友返校分享经验，鼓励学生参加挂职锻炼，让学生在做一件件的小事中更坚定自己服务国家的奉献心态。

（五）推行建档立卡，持续动态跟踪，提供精准帮扶

为每位"腾飞计划"学生建档立卡，通过开展摸底式调研，了解学生各方面情况及存在的需求，有针对性地开展培育工作，详细记录

该生的家庭情况及在校表现，包括学习绩点、参加学生组织、奖助情况、心理状态、谈心记录（简略）等，学生情况的动态维护，至少一学期更新一次，根据学生情况开展个性化的指导与培养。

（六）实施经济资助，筹建专项基金，助力学生成长

结合学校"经济资助，成才辅助"的资助理念，立足学院的实际情况，筹建专项基金，给予学生支持。根据学校的资助力度，经困生可获得人均 6 000 元/年的资助，大一学年专设新生助学金，人均获助额度超过 8 000 元。外加助学贷款、奖学金及其他补助，解决了大部分同学在经济上的后顾之忧。班内没有达到"入库资格"，或没有主动申请"入库"，但实际处于"亚贫困状态"的学生，以及当前资助无法满足其经济需求的经困生，学院提供额外的经济帮扶，筹建了专项的"成长基金"，包含学校的应急基金、学院自筹的奖助学金等，为有经济困难的学生提供经济帮扶。该基金一方面用于应急，比如遭遇突发事件、家庭突发变故等；另一方面致力于成长，为经困生开展社会实践、海外交流、学术研究等提供一定的经费支持。

三、体会启示

"腾飞"是"腾飞计划"学生最初的标签，也是他们不变的追求。为助力"腾飞计划"学生全方面成长，哲学学院坚持以学习为基，努力搭建学术平台，鼓励学生扎根学术，脚踏实地，积极投身于志愿服务、社会调研、基层挂职等实践活动，在实践中锤炼自我，追求全方位成长蜕变，培育"哲学+"人才；鼓励"腾飞计划"学生积极践行"腾飞在复旦，服务向社会"的发展理念，坚持弘扬哲学人心系社会、

学生为本　学术为基　支持学生全面腾飞
——复旦大学哲学学院"腾飞计划"学生培育体系建设

自我奉献的传统，服务社会，回馈国家。

在总结培育"腾飞计划"学生的实践与探索的同时，有以下几点思考体会。

（一）党建为核，坚持理论与实践并行

哲学学院在"腾飞计划"学生的培育过程中，始终将党建放在班级建设的核心位置，以党建带动团建、班建。例如，哲学学院2017级本科生班递交入党申请书人数33人，党建向心力超50%，其中7名同学已经发展成预备党员。重视思想理论学习，组织学生党章、党史、十九大报告、两会报告等学习内容，深入学习习近平新时代中国特色社会主义思想，开展"不忘初心、牢记使命"主题教育活动，并收集个人感悟加以汇编成册，夯实同学们思想理论基础。重视实践活动，理论学习之余，学院不定期组织开展社会实践活动，组织学生先后到浙江嘉兴南湖、中共一大会址、四行仓库革命旧址等地进行参观学习。

（二）正视不足，整合学习资源弥补短板

"腾飞计划"学生的学业基础相对薄弱，尤其是在英语和计算机方面，同时专业认同度不高，因而在学习方面存在诸多短板。在近几年的调研中可发现，学院通过整合校内校外优质学习资源，推行面向"腾飞计划"学生的新生适应、学业提升、视野拓展等培育模块成效显著，有助于"腾飞计划"学生适应大学学习与生活，弥补短板，实现全面成长。

（三）注重实践，鼓励学生在实践中锤炼自我，服务社会

学院以长效的实践育人体系和多样化的实践项目建设，帮助学生

在了解社会、感知国情的过程中，找到自身能力与社会需求的切合点，逐渐引导学生积极承担社会责任，感受自身价值的闪光。学生在实践过程中所收获的探索的热情、负责的态度、协作的精神也不断展现在日常学习生活之中。

（执笔人：陈思航）

以晨曦工作室为创新平台构建资助育人新模式

——复旦大学计算机科学技术学院的探索

一、基本概况

计算机科学技术学院的人才培养对实践性要求较高，特别是对于本科生而言，从学校直接进入企业，面对实际操作场景，存在适应性磨合、专业性不足、经验性缺乏的问题。同时，学院家庭经济困难学生占比在全校相对较高，这部分学生需要精准资助和能力养成相结合的教育新形态。为了以新形态融合创新创业和精准资助，帮助学生在校内以实践创新的劳动成果实现"自助"，创建了"晨曦"网络工作室。

晨曦网络工作室成立于2014年，是教育部首批大学生网络文化工作室，工作室骨干由计算机科学技术学院（含软件学院）的研究生及本科生组成，与来自其他专业对互联网技术感兴趣的成员们一起致力网络产品生产和智慧化校园建设。工作室自成立以来完成项目和产品十余项，包括"复旦印象"（校园 AR 增强现实名片应用）、复旦新闻客户端、复旦地图、"复旦人"（复旦校友联络应用程序）、"旦事"

晨曦网络工作室合影

（复旦校内信息平台）、"复旦故事"H5、复旦"一二·九"歌会H5、复旦大学大数据学院主页等。迄今工作室成员已获得了"创青春"大学生创业大赛上海市金奖、全国银奖，以及"互联网+"大学生创新创业大赛上海市银奖等多项荣誉。通过产生创意、完成设计开发、提升能力、服务师生、获得资助等系列过程，"晨曦"网络工作室帮助学生实现了从书本到实践的过程，更鼓励和促进了学生积极投身创业创新，更好地为校园建设和师生服务。

二、主要做法

（一）为书本与实践架设"桥梁"，将"学"和"干"有机结合

晨曦网络工作室帮助学生实现了"学"和"干"的有机结合，在干中将所学加以应用，在干中进行学习，在干中进行创新，在书本与

实践间架设了"桥梁"。一是为学生对书本中学习的知识进行检验提供了实践平台,加深了学生对于书本知识的理解和掌握,实现了学以致用。二是学生在为学校师生提供产品和服务的同时,也是不断遇到问题和解决问题的过程。为此,工作室形成了技术分享的机制,工作室的同学定期分享自己学到的或实用的或新颖的技术知识,通过这种方式促使学生自主学习书本外的新知识、新技能,实现了"干中学"。三是学生在工作中不断积累实战经验,并从中提炼新知识和新技能,甚至进行技术和应用创新,实现了"干中创新"。学生的专业技能、实践本领的提升对于日后的科研、职业规划都有很大的助益。2017年工作室成员带领团队参加"创青春"大学生创业大赛时,以智能美妆产品作为参赛作品。该产品能够基于深度学习,识别人脸特征,个性化推荐化妆品,将深度学习、人脸识别等前沿技术进行了应用上的创新,兼具商业价值和科研价值,取得了全国银奖的好成绩。

(二)实现助人者自助,充分体现了资助育人的本质

近年来,晨曦工作室不断探索资助育人的新模式。工作室在招收成员时,鼓励招收家庭经济困难的学生。工作室明确了经费来源和人员奖励制度,学校给予工作室一定经费支持,作为工作室日常基本运作的保障;工作室通过承接项目获取项目经费,作为工作室日常运作的补充和工作人员奖励来源。每年工作室会对基于项目参与情况和项目贡献度对表现优秀的工作室学生进行奖励。通过这种模式在帮助解决经济困难学生学习费用的同时,增加了育人的功能,不仅培养了经济困难学生的实践能力、创新能力,同时,还培育了他们自立自强的精神,增加了自信心和社会责任感,从而促进学生全面发展,将立德树人根本任务融入学生资助工作全过程。

（三）服务学校师生需求，致力于美好校园生活

工作室成立6年以来，始终致力于美好校园生活，在内容和技术两方面下功夫，精准获取和理解学校师生需求，抓住智慧校园建设的"痛点"和"痒点"，通过不断加强队伍自身业务水平和技术水平，从而持续推出受到师生欢迎的产品和服务，并不时为学校师生送上一些带有复旦大学工科生浪漫的软件产品，以互联网技术为复旦人服务。比如2016年联合校团委推出"复旦故事"H5，向复旦大学校庆献礼，当时页面总访问量超50万，峰值访问量每秒钟超三千。

三、体会启示

（一）充分把握学科特点，实现精准资助和育人过程的深度融合

晨曦网络工作室的建设和发展，综合体现了科研育人、实践育人、网络育人和资助育人的交汇融合，找到了学科培养和思政工作的契合点，避免了思政和学科"两张皮"的现象。在项目实施的过程中，通过高年级学生对低年级学生传帮带的方式，提升了学生从书本到实践的能力。学生从兴趣和观察出发，主动参与智慧校园建设和网络产品开发，提升了学生自主参与实践的能动性和成就感。通过项目实现和创新创业成果的早期孵化，学生用自己的专业实践获得稳定资助，形成助人自助的可持续形态。

（二）依靠平台建设和体制机制建设，发挥学生主体作用，提升成果能产性和育人实效

在晨曦工作室的建设过程中，学校主要帮助学生团队提供政策支

持和专业指导，建立可常态化运行的体制机制，协调校内资源为学生创新创业提供平台支持，使得工作室发展获得一种健康的机体形态。在晨曦工作室实际运行中，充分信任和发挥学生团队主观能动性，以学生的视角来认识智慧化校园建设需求，挖掘创新创业早期产品形态，同时提高对学生团队尝试失败的容错率，使得工作室能有一个健康的能产环境。学生通过有指导的自主管理，更具有责任意识和创新思维，增强了育人实效。

（三）深化拓展资助育人理念，以提供劳动机会替代提供现实资助

晨曦网络工作室拓展和深化了资助育人的范围，学生通过参与项目获得的不是直接经济资助，而是从事某项准专业工作的机会。学生踏上社会后，大部分将通过从事专业工作获得职业发展和劳动报酬。晨曦网络工作室提供了一种现实的场景感受，学生通过专业劳动获得稳定资助，同时遵从"多劳多得、按劳分配"原则，在这一过程中对于激发学生提升专业能力，提高专业化水平也有激励动能的作用，切实提高了育人成效。

（执笔人：靳煜、沈安怡）

融通多方资源　凝聚育人合力
——复旦大学学生心理健康教育五级工作体系建设

一、基本概况

近年来，大学生心理健康及发展呈现出更加多元化的趋势。一方面，他们对可持续优秀的渴望愈加明显，对学校有关教育资源和工作举措提出了更高、更系统的要求；另一方面，学生心理应激甚至心理疾病的发生率仍有所增加，对学校心理健康和精神卫生服务提出了很高的要求。为深入贯彻落实《复旦大学"三全育人"综合改革试点工作方案》关于加强心理育人的有关工作部署，学校坚持立德树人根本任务，以教育部《高等学校学生心理健康教育指导纲要》等文件精神为指导，持续加强体制机制建设，建设"五位一体"队伍体系、"五级分类"干预机制和"五个结合"工作体系，形成具有一定特色的全员参与、全程覆盖、全域推进的心理健康教育工作局面，努力为培育"心灵美、精神佳、能力强、意志坚"的"掌握未来的复旦人"发挥积极作用。

二、主要做法

（一）建立"五位一体"全员健心育人队伍

学校致力于推进心理健康教育全员育人，整合校内外相关学科专家、专业人员、学工教师、教师导师、学生骨干等，建构"五位一体"的工作队伍体系。一是发挥行业专家智力支撑。聘请学科行业资深专家成立专家委员会，发挥智库及资源支持作用。二是强化专业人员核心保障。建立专职人员、兼职咨询师、医师专业队伍50多人，开展个体咨询、小组辅导、团体培训、课程教育、专题讲座。三是突出学工队伍中坚地位。每年面向全体学生工作队伍开展20余学时的心理健康专题培训，160多位学工教师参加咨询师专业培训，设立院系心理职能辅导员，建立"中心-院系联系人"制度，发挥院系学工队伍谈心辅导主体作用；四是激发教职员工助力成长。每年举办专题培训20余场覆盖教职员工近千人，提升健心育人意识。五是发挥学生朋辈互助支持。面向心理委员、寝室长、研究生骨干、党团干部等近千人开展健心互助培训每年50学时，构建同辈互助支持系统。建立心理委员制度、组建朋辈成长联盟、成立学长宣讲团，发挥自我教育、同伴教育的积极作用；开展"学长巡讲"活动，建立"糖心旦"网络平台实施同辈互助，2020年，提供服务800余小时，帮助了500多人，有效发挥了同辈暖心作用。

（二）构建"五级分类"机制覆盖全体学生

依托普查测评、走访排查等，学校建立学生心理健康五级分类办法，针对性地开展互助、教育、辅导、咨询、干预等工作，实现全体学生在校期间全程覆盖。一是针对心理危机学生实施紧急干预。提高全体师生危机干预的意识，共同参与危机学生的识别、发现、报告和帮扶，对心理危机学生及时协同家庭、医院，合力应对。二是针对心理问题学生实施综合扶助。通过个性化的心理咨询、学业辅导、生活指导、经济资助等综合帮扶，缓解和改善问题。三是针对心理困扰学生实施助力成长计划。通过走访谈心、心理辅导、阳光团训、成长小组等途径，提高学生适应水平。四是针对心理困惑学生实施心灵阳光计划。依托心理成长团体、情绪情感教育、文体艺术健心和学业帮扶促进项目，解决困惑、开发潜能，实现发展与成长。心理健康教育中心开展"心理健康文化月"主题教育品牌活动20载，实施"心情阳光计划""心海导航计划"，丰富"文体润心"活动体系；举办"互动心理剧"、"旦说无妨"随心谈、"静心冥想"训练营、"战拖工作

"525我爱我心理"主题活动

坊"、"手机使用互助团"、"学习动力加油站"、"海外交流行前营"等助力成长专题活动；五是针对普通健康学生开展自助助人教育。通过助学小组、志愿服务、同辈互助和领导力培养等项目，培育学生责任意识、互助意识和服务意识。

（三）推进工作"五个结合"全域全程开展

学校从课内课外、个体团体、网上网下、校园、家庭、医院等多维度、多领域、立体化地推进心理健康教育工作。一是课内课外结合。建立"1+X"心理健康课程体系，建成了一门必修课"大学生心理健康与发展"以及多门选修课；开展春秋季心理文化月、"艺术健心"、"体育健心"和"阅读健心"等系列活动。二是个体团体互补。针对个体，通

医校合作签约仪式

过谈心、辅导、咨询和干预等帮助学生打开心结，促进健康成长；针对群体，每年开展百余场不同主题的小组或团体，普及健康知识，提高应对能力。三是线上线下同步。线下开展心理健康主题教育活动，网络平台推进实施知识普及、宣传推广、同辈互助等，建设中心微信号、朋辈微信号、"糖心旦"朋辈支持网络平台，微信平台关注总人数近两万人，平台累积发布知识性、趣味性、支持性、引导性健心育人图文500余篇，累积阅读数量超40万人次，图文转发2.5万人次。四是家庭学校衔接。在校内，营造多层面友爱互助氛围，提升集体对个体学生的容纳与支持，同时加强与学生家庭的互动与联络。五是学校医院合作。目前已经与上海市精神卫生中心、杨浦区精神卫生中心、华山医院、中山医院等七家机构签署了合作协议，建立了"学校-医院"联动协作机制，补齐医疗服务短板，建强一线队伍能力弱项，畅通心理疾患学生求医问诊途径。

三、体会启示

五级工作体系建设不仅有力加强了心理健康教育工作的系统性和全局性，为学生提供了更加快捷专业的服务以及深入有效的教育；同时也使得工作队伍的心理育人实战工作能力和水平得到了提高，危机意识得到了强化，工作机制更加清晰、人员职责更加明确、工作流程更加规范，相关工作经验成功申报了教育部思政司高校思想政治工作精品项目。在总结成效的同时，有以下几点思考体会。

（一）强化党委领导，凝聚育人合力

建立"五位一体"队伍体系，实现这一跨校内外不同机构、融校内多个部处的工作整合机制，需要学校党委的高度重视和切实领导。学校

为强化对心理健康教育工作的组织领导，实现全面统筹规划和全局推进，建立了"复旦大学心理健康教育工作联席会议制度"，由学校党委分管领导主抓，学工、研工、院系、教务、总务、医管、保卫等相关机构负责人为参会成员，负责心理健康教育的全面统筹推进和协调实施，并定期听取心理健康教育工作汇报，研究解决工作中的重大问题。

（二）加强制度建设，突出顶层设计

颁布《复旦大学关于进一步加强学生心理健康教育的若干意见》，进一步将心理育人工作纳入学校育人工作，进行统筹规划和全面布局，着力推动"五位一体"心理健康育人格局建设的落地落实。心理健康教育中心还制定印发了《心理危机干预实施办法》《心理危机干预工作指南》，强化院系一线队伍对学生心理危机的识别、评估、上报、处置，并明确各环节相关部门的职责与要求，全面动员力量，共筑危机防护网。

（三）搭建信息平台，促进五级联动

依据最新学生管理条例和《中华人民共和国精神卫生法》的有关精神和规范，从强化工作规范和流程管理的角度，与兄弟高校合作定制开发了"学生心理健康管理信息系统"，致力于提高学生心理健康测评的科学性和有效性，建立健全全体学生五级分类动态管理机制，切实推动重点学生信息在心理健康教育中心和院系等部门之间实现实时互动交流，提高工作的针对性和时效性，并切实做好重要工作信息保存和管理，做到重点学生工作信息随时可见、可查、可用。

（执笔人：朱臻雯）

汇聚暖心关爱　传递支持力量
——复旦大学"糖心旦"学生朋辈心理辅导项目

近年来,大学生心理健康发展需求十分突出,对学校心理健康教育及有关服务提出了越来越高的要求,大力探索学生喜闻乐见、行之有效的心理健康教育方式与手段,是高校学生心理健康教育工作题中之意。复旦大学贯彻教育部《高等学校学生心理健康教育指导纲要》等相关文件精神,积极探索推进朋辈心理互助工作新模式,着力打造"糖心旦"朋辈心理辅导平台,指导学生将自身学习和志愿服务实践相结合,切实发挥学生同辈志愿者的积极影响,以点带面,以少数帮带多数,为复旦学生提供了便捷、贴心、温暖的心理支持服务。

一、基本概况

复旦大学心理健康教育中心一直以来致力于满足广大学生各类心理发展需求,在提供优质的专业心理咨询服务的同时,也开展了丰富多样的心理健康教育活动。为破解服务供给不足的难题,中心自2016年起开始了大学生心理健康教育工作方式的新探索,从在个别院系开展网络匿名树洞的尝试成功后,转型升级为在校级层面开展朋辈心理辅导即时互动网络的模式,并于 2017 年 5 月 4 日正式启动了"糖心旦"朋辈心理辅导网络平台服务计划,系统培养复旦大学各专业高年级本、研同学作为朋辈心理辅导志愿者(简称"小糖人"),通过糖心旦微信平台为广大复旦大学同学提供一对一匿名在线朋辈心理辅导,并在这一新模式上进行不断的创新和拓展。

平台运营 4 年来,糖心旦微信平台粉丝量近 5 000 人,总计服务 2 200 余人,平台服务时间 3 600 余小时,回复各类问答文字留言 20 000 余次,编写和推送"每日一颗糖"心情故事 550 余篇,先后培养涵盖文、理、工、医各个专业朋辈辅导志愿者 300 余人,其中 3 名志愿者骨干先后获评"全国百佳心理委员"荣誉称号,糖心旦服务项目也先后获评 2019 年"泛海杯"复旦大学创新创业大赛暨第五届中国"互联网+"大学生创新创业大赛校内选拔赛二等奖,复旦大学第四届"光华"校园生活创新大赛二等奖、优秀方案奖和最具潜力奖等殊荣,参与项目运营的"学生朋辈成长联盟"也连续两届获得"复旦大学十佳青年志愿服务先进集体"称号。

值得一提的是,在 2020 至 2021 年抗击疫情的过程中,糖心旦特地在寒暑假期间开设了疫情期间朋辈心理援助专项服务,先后组织共计 60 余名志愿者,积极响应党中央和学校的号召,并与学校各院系师生们一道,聚力同心,共抗疫情,努力为守护身处全国各地及世界各国的复旦大学同学的心理健康贡献自己的力量,赢得了师生好评。

二、主要做法

为切实保障糖心旦朋辈心理辅导项目安全、稳健、有效地运作,

糖心旦平台志愿者在工作

为同学们提供可靠的朋辈支持和关怀,我们着力加强以下三个方面建设。

(一)重视培训指导,夯实业务基础

心理助人工作高度依赖于助人者的专业素养和伦理意识,朋辈心理辅导也是如此。考虑到学生志愿者在心理助人工作方面是零基础,中心在每一位志愿者上岗前,精心设计了招募面试、系统培训、个人体验、实操见习、小组练习、终期考核等环节,所有环节合格后方能上岗。上岗后设置定期案例分析、专家督导、危机即时联络等机制保证糖心旦平台的日常平稳运营。通过严格规范、持续不断的专业培训流程,努力提升糖心旦平台的服务质量。开展网络平台的助人工作,

既存在由网络通畅、移动设备普及、媒介丰富等便利带来的即时性、便捷性、匿名性等优点，也存在由空间距离、文字沟通、网络安全等限制带来的有效性、保密性、安全性等隐患。为避免突破助人工作底线酿成伤害，我们采取了一些措施来保证来访同学和志愿者的安全工作环境，如来访信息收集、签订保密协议、设置转介机制、危机上报程序、来访效果反馈等，尽最大努力守护来访同学和志愿者的福祉。

（二）突出资源视角，发挥同辈优势

我们明确糖心旦服务定位，通过评估会谈等机制，确保了问题比较集中于与学习生活紧密相连的"现实水平"比较高的"轻性"问题，确保了服务对象集中于具有良好的"社会功能"而暂时受困受挫的学生。考虑到朋辈志愿者在短时间内难以达到专业心理助人者的阅历和水平，在培训过程中，我们摒弃了传统医疗体系中的"问题"视角，采取了近年来高校心理健康服务工作中更加适用的心理资源视角，指导志愿者用"去专家化"的助人角色，利用自身和来访同学有类似生活经历的优势，贴近来访同学生活，挖掘优势资源，分享多元经验，帮助来访同学重新看待问题，成为解决自己问题的专家，从而实现助人自助。事实证明，这一助人理念在糖心旦平台上的实践收到了良好的效果，很多来访同学反馈自己在面对问题时有了新的思路，感受到了理解和支持，找到了问题的解决方向，提升了改变的信心和动力。

（三）围绕学生需求，丰富形式手段

为了更好地满足同学成长成才的个性化心理需求，糖心旦平台的建立，打破了心理咨询的时间、空间和人员限制，充分利用网络新媒

体空间，从学生的习惯和偏好切入，在持续完善原有功能的基础上不断创新拓展。在与时俱进，贴合学生不断变化的需求的同时，挖掘学生资源，邀请学生共同参与平台建设和创新，创新工作方式和手段。例如，我们根据学生渴望互动的需求出发，从"树洞"单向沟通模式转为网络即时双向沟通模式；从点对点帮助同学应对心理困扰、解决个性化问题，到以点带面开设"每日一颗糖"心情故事栏目引发共鸣、扩大影响力等，每一次变化都从同学的需求中发展而来，充分发挥学生自身的创造力，再走到为同学服务的过程中去，使得糖心旦真正成为让同学们感到贴心、暖心的心灵港湾。

三、体会启示

糖心旦平台经过4年的积累，现已初具规模，同批上岗志愿者达40余人，单日最大来访量近10人，越来越多的同学在平台获益后，主动申请成为志愿者，希望为更多同学提供帮助。糖心旦团队相关经验在校内多平台及兄弟高校间多次宣传推广，受到广泛好评。在总结成效的同时，有以下思考体会。

（一）坚守立德树人初心，营造校园互助友爱氛围

随着时代的发展和社会的进步，新一代大学生的培养逐渐从权威型向自主型转变。从这一角度出发，心理育人工作不能仅仅停留在向学生单方面输出知识和提供服务的层面，还应主动为学生搭建实践平台，在提升学生心理健康水平、帮助学生掌握心理调适技能的同时，培养学生友爱互助的良好品质，引导学生在利他行动中实现个人价值，进一步达到心理育人的良性循环和正面示范作用，将立德树人目

标贯通在心理育人全过程。糖心旦项目通过这种方式将心灵成长、志愿实践、价值创造三者紧密结合起来，将心理育人春风化雨般滋润学生的心田。

（二）担当心理育人使命，凝聚学生共同成长力量

为了更好地发挥心理育人功能，在糖心旦同辈心理辅导项目的基础上，我们正在进一步探索更多形式、更好体验的朋辈互助实践项目，更加全方位地将心理育人工作做到同学最需要的方面去，做到同学们学习生活中去，做到学生心坎里去，以期培养更多善于心理调适、乐于友爱互助、勇于创造价值的新时代优秀人才。为此，我们将进一步巩固糖心旦的品牌优势，持续放大品牌的吸引力、凝聚力、辐射力，加强调查研究和总结反思，加强宣传展示和典型选树，加强资源整合和创新创造，以更加务实的使命目标，更加生动的内容载体，更加鲜活的形式手段，吸引更多的复旦学子参与，更好地服务更多的复旦学子，为复旦学子的成长成才作出更大贡献。

（执笔人：周子涵）

创设辅导员心理工作室
打造育心育德同心圆

——以复旦大学"心动力"辅导员团体心理工作室为例

心理育人是高校"三全育人"整体格局下的十大育人体系之一，是高校立德树人的重要载体。在全国高校思想政治工作会上，习近平总书记强调要培育理性平和的健康心态，加强人文关怀和心理疏导。为进一步提升心理育人质量，复旦大学近年来注重坚持心理健康教育面向全体学生，充分发挥全方位心理育人力量的作用，加强心理健康知识的普及传播，推进心理健康教育的初级预防体系建设，挖掘学生心理潜能，培养学生积极心理品质，促进学生心理健康素质与思想道德素质、科学文化素质协调发展。

一、基本概况

面对学生心理健康需求持续升级和师资力量不足的现状，运用多方力量面向全体学生开展初级心理辅导，培养学生心理自助能力，提升学生心理健康素养，是提升心理育人工作成效的重要思路。思政辅

创设辅导员心理工作室　打造育心育德同心圆
——以复旦大学"心动力"辅导员团体心理工作室为例

导员对学生开展初级心理健康教育具有得天独厚的优势，一直是高校心理育人的重要力量。近年来，学校成立一系列辅导员心理工作室，充分挖掘思政辅导员队伍中的心理育人元素，促进育心和育德深度融合、协同发力，努力打造育心育德同心圆。目前已经成立的辅导员心理工作室，有面向学生开展心理健康知识宣讲的"心能源"工作室，有旨在提升辅导员心理育人能力的"心之翼"工作室，有以团体辅导形式向学生开展助人的"心动力"工作室，有旨在提升研究生人际关系质量的"心笛理心"工作室等。在学校相关部门的支持下，一些具备心理育人知识、能力与热情的辅导员依托心理工作室，结合日常工作开展心理育人实践与研究，大大拓展了学校初级心理健康教育的宽度，使得心理育人的力量浸润到更多的学生心中。经过培育建设，这些辅导员心理工作室已经成为学校心理健康教育初级预防的重要阵地。

以心动力团体心理工作室为例，该工作室是近年来学校成立的辅导员心理工作室之一，旨在运用团体心理技术和方法向大学生开展心

工作室为研究生进行人际关系辅导

理辅导，促进大学生在朋辈团体中培养互助信任、习得心理知识、汲取成长力量，帮助大学生应对轻微的、共性的、发展性的心理困惑，提升大学生的心理健康素养。几年来，心动力团体工作室一直贴近学生、关爱学生、服务学生，开展面向全体学生、贯穿大学生涯全过程、覆盖全方位学生群体的初级心理辅导和心理教育。一是服务对象面向全校学生，工作室面向全校二级院系各年级学生开放预约并提供助人服务，针对不同专业、不同团体类别、不同年级的学生特点，制定有针对性的辅导方案。二是辅导主题丰富多样，包括新生适应、时间管理、压力应对、情绪管理、人际关系、生涯规划等内容，涵盖从入学到毕业的大学生涯全过程。三是面向校内全方位的学生团体开展辅导工作，例如班级、党团支部、社团、学生骨干团体等。心动力工作室平均每年开展团体辅导约 50 场次，服务在校学生约 1 200 人次，服务地点覆盖全校 4 个校区。

二、主要做法

（一）组建融合型队伍，汇集心理育人力量

心动力辅导员心理工作室由经验丰富的学工队伍老师担任负责人，由辅导员担任主要成员，辅以其他师生群体。工作室充分挖掘不同师生群体的心理育人元素，构建融合型工作队伍，汇集心理育人力量，人员主要有辅导员、心理老师等常驻骨干力量，兼职心理咨询师和相关学科高年级研究生等重要补充力量。辅导员和心理老师具有丰富的谈心谈话、心理疏导、心理咨询的实践经验，是工作室骨干力量，讨论制定预约菜单，制定辅导方案，确保团体心理辅导的开展质量；对工作室新成员开展培训督导，指导工作开展。工作室中的研究生成

员主要是来自心理学、社会工作、医学院等院系专业的高年级研究生，他们或在专业发展和未来工作中需要具备一定的心理助人技巧，或有志于从事心理助人行业，为工作室面向全校学生开展服务注入了活力。

（二）进行质量管理，保证心理育人质量

思想政治教育和心理健康教育都是具有专业性的工作，都注重尊重学生心理规律、满足学生成长需求。心动力心理工作室的工作内容虽然定位于初级心理辅导，但团体心理辅导工作对实施者有一定的专业要求。首先，通过严格的过程管理，保证团体辅导师的工作专业度，以确保工作真正达到助人效果。作为工作室重要力量的高年级研究生，因在校时间限制经常引起工作室人员变动，为此，工作室制定上岗资格办法，经过规定小时数的学习讨论、现场实习之后，新成员才可以上岗开展具体工作。根据成员的工作经验和工作时长，为成员定级，实行分级管理，高级和初级团体辅导师分别负责不同难易程度的团体主题。其次，通过多种方式促进成员助人能力的持续提升。通过成员之间定期的集体学习讨论、团体督导、个案研究、读书交流等形式，促进成员及时总结经验，不断提升工作能力。另外，通过问卷反馈，了解学生对活动开展的满意度和建议。工作室规定每场团体心理辅导结束之后，团体辅导师需请在场半数以上的学生填写反馈问卷。通过反馈问卷，了解活动设计是否合理、团体辅导师的工作方法是否得当，以此促进工作室的整体服务质量。

（三）融入其他育人过程，打造育心育德同心圆

在"三全育人"教育理念下，高校立德树人是一项系统工程，所

有育人环节要吹集结号、奏交响乐。与心理咨询、心理治疗不同，初级心理健康教育要注重全面性、主动性、发展性。心动力工作室努力将工作开展与学校其他育人环节的主动嵌入和有机结合，打造育心育德同心圆。在接受来自全校学生的主动预约之外，工作室主动结合学工部、研工部的育人工作，将团体辅导嵌入"新生骨干培训班""薪火集训""红帆训练营"。例如，在面向支部书记的红帆训练营团体辅导环节中，通过分析团体的学生类型、熟悉程度、营队育人目标以及合理设计的活动环节，使陌生成员迅速形成工作联盟，为其在训练营的深度学习奠定心理基础。结合学校资助工作，为经济困难新生打造专门的连续性团体心理辅导"阳光复旦"。针对学校育人工作的时间规律，开展富有针对性的工作。每年9月和10月，着重推出"新生适应"的预约菜单，针对大一新生和研一新生的年龄特点，设计不同的辅导内容，供主题班会预约选用。每年4月和5月，着重推出"扬帆远航"等毕业主题教育预约菜单。在每个学期的中后段，着重推出"压力管理"主题预约菜单，帮助学生应对日渐繁重的学业和考试压力。

三、经验启示

（一）育心与育德要同向同行

在学校心理健康教育五级分类工作体系中，思政辅导员队伍是重要力量，通过成立辅导员心理工作室这一机制，充分发挥他们的心理育人元素，同时也促进了辅导员的心理学方法积累和专业成长。工作思路的对话、工作视界的交融、工作内容的结合，真正提升了育心育德的同向同行，提升合力育人效果。

（二）健全工作制度是心理工作室持续发展的支撑保障

辅导员心理工作室通过辅导员结合自身工作，在学生身边开展心理教育，可培养学生积极心理品质、预防心理问题发生，是学校初级心理健康教育的重要阵地。要持续健全辅导员心理工作室的工作制度，制定管理办法，加大投入支持，激励和吸引更多有热情有能力的辅导员，保证工作室的活跃程度。

（三）尊重学生、贴近学生，提升育人实效

培育学生自尊自信、理性平和、积极向上的健康心态，不是一朝一夕之功，需要持续的暖心灌溉。学校心理育人只有充分尊重学生、贴近学生需求，才能拉近和学生的距离，受到学生的喜爱，进而走进学生心中。

（执笔人：张弛）

依托心理专业优势
发挥党员先锋作用
彰显朋辈教育成效

——复旦大学"心能源"积极心理学工作室工作纪实

一、基本概况

随着社会竞争日趋激烈,心理健康教育在思想政治教育工作中也变得日益重要。近年来,高校加大了对心理健康问题的关注,在预防性的心理疏导与宣传教育上有不少工作要做。从心理学专业视角来看,同伴教育有其独特的优势,能够成为思想政治教育的良好补充。

基于上述形势,复旦大学社会发展与公共政策学院在学校学研工部门的指导下,于2013年9月创立"心能源"积极心理学工作室,结合学院心理学专业优势,心理学系专业教师亲自指导,高年级心理学专业学生具体实施,采用同伴教育的方式,主动向各专业普通学生传播科学的积极心理学知识,引导大家接受健康的生活理念,培养适应性的思维风格,为全校学生心理健康贡献力量。项目运作至今,先后举办主题宣讲、心理团训、个案咨询、艺术绘画、折页发放、线下路演等130余场，覆盖学校师生约13 200人次，在校内产生了一定的影响力，受到全校师生广泛好评。

二、主要做法

（一）工作思路

1. 以同伴教育为途径促进个人发展

同伴教育是一个人社会化的重要途径，也是一种教育行为。一般认为，同伴教育是指具有相似背景、相似经历和相似年龄的伙伴，共同分享信息、知识和观念，相互传递思想、情感，以唤起感情上的共鸣。工作室依托心理学专业课程及本科生培养，招募学校高年级心理学本科生担任工作室志愿者，经过相关专业的课程学习、课后知识拓展、主题培训和团队演练后承担主题宣讲、团训、沙盘咨询等同辈辅导的任务，更好地将心理学的知识向在校本科生进行传播普及。

2. 以专业指导为依托提供优质服务

在专业指导方面，工作室主要依托复旦大学社会发展与公共政策学院心理学系，结合临床心理学、健康心理学、发展心理学、社会心理学、实验心理学等学科知识开展工作。目前工作室已经与学院心理学系多位专业教师建立了紧密的合作关系，专业教师为项目开展提供必要的理论支持、技术训练、科研指导和质量评估。专业教师也将专业课程、科研课题与工作室的主题内容结合，对参与宣讲的高年级心理学系志愿者进行系统、规范的培训，保证服务的专业性。

(二)工作内容

1. 线上线下联动,多渠道开展教育活动

工作室的活动采取线上与线下结合的方式。在线下,工作室主要开展主题宣讲,根据项目主题,请心理学教师进行专业指导,并由3—5名高年级心理学专业本科生组成核心团队,面向学校其他各专业的大学生进行心理知识宣讲。主题宣讲的规模一般控制在50—100人,以班级为单位进行预约,工作室宣讲志愿者进班会为同学们进行宣讲;心理团训则聚焦于心理压力来源的某一具体情境,由心理学教师指导,设计系统的教学方式和道具,由2名高年级心理学或社会工作专业本科生组成核心团队,主持小型的团队训练。团训规模控制在10—20人。

"关注心理健康——抗抑郁班级宣讲"海报

在线上,工作室借助微信公众平台在活动宣传、预约报名、心理知识普及、活动精彩内容分享等环节上更有效地与青年学生互动,用最便利的方式让学生获得信息,并在朋友圈分享、传播心理学的知识。2018年下半年开始,工作室首次探索网上直播,让更多的同学和班级有机会了解到心理学相关的知识。

2. 紧贴学生需求,有针对性地开展新冠肺炎疫情下的心理疏导

在新冠肺炎疫情期间,工作室结合相关访谈与调研发现,在家学

依托心理专业优势　发挥党员先锋作用　彰显朋辈教育成效
——复旦大学"心能源"积极心理学工作室工作纪实

习的同学们面临着较多的学习困扰与成长困惑，心理健康状况受到较多负面因素干扰，需要更多相应的心理支持。

在明确此需求的基础上，宣讲工作从分享积极生活体验与心理知识引导两方面着手，努力服务于疫情期间在家学习的同学。

在具体实施上，活动实施主要借助"复旦心能源工作室"微信公众号，以分主题的互动资料收集与推送展示的形式呈现。主要呈现两方面的内容：一是积极生活体验分享。设有开心事专题推送，在每期推送中呈现同学在生活学习中遇到的心悦之事。在开心事的收集上，主要是在前期工作中面向对应人群发放问卷，尽可能做到广泛的收集，体现日常学习生活，并从中发现生活中的积极能量。二是心理知识推送。结合同学们在家遇到的主要问题，推送心理调适或疏导的相关知识，并将同学们的需求细化到"爱与交流""专注与适应"和"健康之路"三个主题，在前期结合专业知识进行充分的资料收集，从相关心理知识及积极有效应对策略方面对每个主题进行生动的介绍。

三、体会启示

总结我们的工作成效，"心能源"积极心理学工作室是一个创造共享价值的平台。

（一）以服务受众学生心理健康为核心，传播了心理学知识

工作室通过形式多样的活动，有针对性地开展心理健康教育，普及心理健康知识，点面结合地覆盖了全校学生，很好地实现了心理健康三级防御中的第一级防御——病因预防的功能，增强学生心理调适能力和社会适应能力。学生通过了解专业心理知识，更好地把握自己

的心理状态，有利于预防和缓解心理问题，提高心理健康水平，促进个体全面发展。

（二）以促进学生志愿者专业学习为目标，提升了心理学专业知识和能力

工作室开展的一系列活动对提供服务的志愿者群体大有裨益，促进了心理学志愿者个人的专业学习和成长。志愿者在专业老师的指导下进行资料搜寻和主题宣讲准备。不断的实践与讨论使他们加深了对专业的理解，树立了专业成就感和使命感。同时通过对宣讲内容的内化，也提升自我的心理健康管理。此外，工作室为促进本科生学术研究搭建平台提供支持，使之成为连接科研、教学、服务、个人成长等多个高校教育职能的优质资源。

（三）与党员志愿服务活动有机结合，深化了服务奉献精神内涵

工作室还与学院党支部的党员志愿服务活动相结合。如心理学系的党员和入党积极分子担任活动子版块的负责人，并发动心理学系的其他学生积极参与宣讲和咨询，起到党员的先锋模范带头作用；支部党员建立工作室微信管理团队，每周定期推送心理学知识，党员的责任感和服务意识被充分调动。学生通过参与工作室活动，有助于提升专业使命感，培养学生奉献他人、服务群众的精神。

（执笔人：黄晔、方源杰）

搭建朋辈互助平台
促进学生自我成长

——复旦大学"心笛理心"工作室助力
研究生人际关系建设

一、基本概况

研究生教育是高等教育人才培养的最高层次，是国家培养高层次拔尖创新人才的主要途径，也是国家提高创新能力和国际竞争力的重要支撑基础。研究生思想政治教育是研究生教育的重要组成部分，在研究生的全面培养中具有不可替代的作用。习近平总书记在全国高校思想政治工作会议上指出，思想政治工作从根本上说是做人的工作；必须围绕学生、关照学生、服务学生；要加强对学生的人文关怀和心理疏导；让学生成为德才兼备、全面发展的人才。

随着我国研究生招生规模的扩大，研究生培养过程中的一些问题逐渐凸显。其中，以研究生的人际关系为主的交往问题越来越引发关注。研究生的师生关系、同辈关系（主要是课题组内的关系、寝室关系）、亲密关系等对研究生的健康心态、精神面貌产生着无形的影响，从而对研究生的科研、学习、生活产生着潜移默化的影响。如果处理不当，轻则影响研究生的心态情绪，重则导致心理健康问题的发生，对研究生本人、高校和社会都带来影响。因此，如何提升研究生的团体协作、压力管理能力，改善其人际关系是心理育人的重要课题。

从这一现状出发，2014 年复旦大学物理学系建立了"心笛理心"工作室，致力于构建和促进研究生融洽的人际关系。5 年来，工作室平均每年开展 5 次心理主题活动，服务研究生心理成长约 500 人次。

二、主要做法

每个人都不是一座独立的孤岛，人际关系更是作用于团体中，所以，致力于研究生融洽人际关系建立的心笛理心工作室主攻团体辅导活动。团体辅导具有团体迸发出的生命力、带领团体一同探索自我发展、体验良好的人际关系、共同提升与进步的优势，为研究生的个人成长提供新的思路和方法。工作室借助"5·25"心理活动月、感恩节、母亲节、世界精神卫生日等具有特别含义的日子，搭建研究生人际交往的平台，并精心设计活动，帮助研究生纾解压力，学会团队协作，助力心理成长。

（一）制作手工，在游园会中纾解压力

1. "心与心晴，向阳绽放"夏季心理游园会

游园会主要包含 4 项手工活动——DIY（Do It Yourself，即自己动手制作）皮具、香薰蜡烛、刺绣、风香包以及多肉种植。游园会现场有 4 个活动摊位，每个摊位配有相对应活动所需的手工材料和 1 名活动主持人。当参与活动的学生完成自己的手工制作之后，活动工作人员会为学生和他们做好的手工提供合影留念机会。在轻松欢乐的手工

搭建朋辈互助平台　促进学生自我成长
——复旦大学"心笛理心"工作室助力研究生人际关系建设

"从心出发·无围而行"秋季心理游园会

制作过程中，学生们相互交流、相互帮助，共同制作出属于自己或大家的美好之物，在促进学生良好互动的同时，也增加了学生的生活乐趣。

2. "从心出发·无围而行"秋季心理游园会

针对物理系学生日常生活相对简单、科研课业任务大、社交活动固化等特点，游园会组织了多个手工制作项目：心向阳光——布艺太阳花束制作、压力管理——限时乐高挑战、艺术见心——创意绕线钉子画、舒缓焦虑——超级黏土轻体验、花纸物语——纸藤编织DIY，让参与者获得沉浸式的体验和专注所带来的平静愉悦，并在帮助与被帮助的过程中感知人际互动中的温暖，提升人际交往能力。

3. "沉浸式VR赛车驾驶"虚拟现实实验室体验活动

工作室与复旦大学新媒体心理研究团队合作了一期"沉浸式VR赛车驾驶"虚拟现实实验室体验活动，增加了学生对虚拟现实先进技术的了解，拓展了学生释放压力的途径与平台，丰富了学生的生活娱乐，并增强了不同院系间同学的良好互动。

（二）团结互助，在团体辅导中获得力量

1. "Yes, And!" 即兴协作团体辅导活动

团辅师以团体即兴表演为媒介，在"没有美丑，没有对错，不加评判，不用羞愧"的团体规则中，带领团体成员一起学习"Yes, And!"（是的，而且）的团体协助原则。通过"动作自我介绍""声音球+词球""Yes, and""神秘礼物""一个字的故事""我是一棵树""拍手叫停"这 7 个活动的有机组合，团体每位成员都可以在欢乐有趣的体验中，通过肢体和语言的即兴创作，学习与团队每一个成员产生积极连结、沟通协作的有效模式，用肢体和语言去感受自我接纳以及他人接纳，学习更好地进行团体协作。

2. "视觉引导·致远前行"新生适应团体辅导

团辅师以视觉引导为媒介，在"没有美丑，没有对错，不加评判，不用羞愧"的团体规则中，带领团体成员一起表达自我、探索自我，梳理大学生涯中的困惑和问题，并挖掘自我力量以及外界资源。通过"大风吹"、"视觉引导"、"画出你的过去"（生命 K 线图＆情绪过山车）、"画出你的规划"（生命平衡轮）、"行动计划"、"分享与总结"这 6 个活动的有机组合，团体每位成员在彼此清晰直观的视觉化沟通中，都可以通过图像和文字的自我表达，与团队每一个成员产生积极连结、分享沟通的有效模式，用可视化的思维呈现去感受自我认知和自我探索，帮助自我更好地适应大学生活和人际交往。

（三）文化建设，构建和谐科研文化

为促进导师与研究生关系和谐，工作室积极参与研究生十佳"三好"导学团队评选、实验室文化节等活动，把和谐文化建设融入导学

关系建设和实验室团队建设，在温馨有爱的良好氛围中，为同学们纾解繁重的课业科研的压力，为他们的学业与人际交往能力助力，为彼此间的科研合作牵线搭桥。

三、体会启示

团体辅导的理论与实践的发展运用并整合了社会学、社会心理学、临床心理学、教育学等多学科的研究成果。在工作过程中，团体辅导比较注重专业性、开放性、体验性、互动性、目标性，其工作对象更加倾向于一般人群，在功能上更加倾向于预防性、教育性与发展性，并且更加倾向于在人的认知、态度、行为层面进行工作。从经济成本上看，团体辅导具有高效性；从教育关系上看，团体辅导具有明显的双主体性；从教育效果上看，团体辅导具有较强的可接受度。

在高校思想政治教育实践过程中，团体辅导发挥着重要作用。第一，团体辅导的工作方式体现双主体性原则，促进高校思想政治教育的实效性。第二，团体辅导的体验性能促进思想政治教育的内化。第三，团体辅导的社会属性十分契合中华民族的文化土壤。

开展团体辅导，以实践探索将团体辅导技术融入高校思想政治教育的语境当中，实现团体辅导的实践经验与高校思想政治教育价值内涵的融通，有助于创新思想政治教育理念，更新思想政治教育模式，让高校学生有更多的参与感、体验感、获得感，也有助于高校思想政治教育实践者更加贴近青年学生的现实生活，更加能体现出以人为本的教育理念。

（执笔人：周序倩、唐诗蕊、高太梅）

CHAPTER

04

创新多维度育人途径

"报国成才我奋斗"教育实践引领学生党员不忘初心、牢记使命、全面成长成才

一、基本概况

在"不忘初心、牢记使命"主题教育中,复旦大学创新实践载体,面向党员学生开展"报国成才我奋斗"教育实践,结合庆祝新中国成立70周年,引领广大学生党员铭记复旦学子为祖国成才、为强国奋斗的使命,更加自觉地为实现新时代党的历史使命,成为德、智、体、美、劳全面发展的社会主义建设者和接班人而努力奋斗。

全体学生党员从五个方面开展学习实践:一是原原本本自学。组织学生党员个人自学《习近平关于"不忘初心、牢记使命"论述摘编》《习近平新时代中国特色社会主义思想学习纲要》等,所有学生党总支书记、担任学生支部书记的专职辅导员以及学生支部书记均面向学生上党课,共计351次,覆盖6 618名学生党员。二是集中研讨学。结合党的初心、使命及近百年奋斗历程,结合复旦大学创校以来"为国育才"的奋斗历程,结合校史中的红色资源,结合新中国70年奋斗历程,结合习近平总书记关于青年的系列重要讲话要求,开展党

支部集中学习研讨,共开展主题学习 1 127 次。三是对照党章党规找差距。各学生党支部组织学生党员对照党章党规,查找自身在党员意识、担当作为、服务群众、遵守纪律、作用发挥等方面的差距和不足。四是开展"报国成才我奋斗"实践活动。深化学习成果、激发报国成才理想。五是开展民主评议。通过网上评议和"不忘初心、牢记使命"专题组织生活会,开展对照检查和民主评议。

二、主要做法

"报国成才我奋斗"教育实践共有 7 项领航行动和 10 项实践任务。7 项领航行动由学校学生工作部门实施,为各院系学生党组织开展主题教育提供引领、供给和服务,实现主题教育学习有参考、活动有方案、行动有抓手、成果有展现;10 项实践任务由各院系学生党总支和学生党支部组织开展,包括自主学习、集中研讨、志愿服务、建言献策等,促进学生学深悟透、弄懂做实、知行合一。

(一)扎实推进理论学习,做到有指导、有思考、有交流

1. 开展各类学习辅导,指导原原本本学的方法

学生工作部门编发相关《组织生活参考》3 期,对学生党支部就主题教育期间如何有质量地开展主题党日、理论学习、学习党的十九届四中全会精神专题组织生活会和开展民主评议党员等进行指导。青年马克思主义研究会带动学生支部开展"不忘初心、牢记使命"和"党的十九届四中全会精神"两次专题学习,与 9 个学生党支部共计 300 余名党员一起读原著、学原文、悟原理,用思想武装头脑,引导学生党员成为信念坚定、品德优秀、知识丰富、本领过硬的新时代青

"报国成才我奋斗"教育实践引领学生党员不忘初心、牢记使命、全面成长成才

年。在2019年秋季发展对象培训班、预备党员培训班、新生骨干培训班中,针对主题教育要求,优化课程设置,增强课程针对性。

2. 加强支部骨干培训,提升集中研讨学的质量

组织新任学生支部书记105人集体学习《中国共产党章程》《中国共产党支部工作条例(试行)》等党内法规条例,强化学生党员骨干的政治素养和业务水平。组织300名学生支部书记观摩上海市高校理论课程比赛决赛,开展4场支部书记工作坊,覆盖支部书记649人次。

3. 举办系列讲座和主题宣讲,提供结合实践学习的内容

学生工作部门依托光华论坛、"自信中国"大讲堂,举办"报国成才我奋斗"系列讲座21场,邀请童第周之子童时中、颜福庆之孙颜志渊、中国人民大学金灿荣教授等名家学者,与广大学生党员面对面,讲述为国奋斗的历程,引导广大学生党员牢固树立"为祖国成才、为强国奋斗"的人生志向。博士生讲师团组建"党的十九届四中全会精神"主题宣讲团,推出第一批6门课程,深入党支部、团支部开展宣

生命科学学院2018级第四党支部组织生活

讲，引导学生党员增强"四个意识"，坚定"四个自信"，坚决做到"两个维护"。

4. 各支部抓好学习心得和分享研讨，扎实开展理论学习

根据实践教育的相关要求，各支部指导学生党员通读一本理论学习材料、完成一份学习心得，各支部结合学习心得开展学习研讨会，分享学习心得、强化学习效果。全校推选学生党员优秀学习心得396篇，6 100余名学生党员通过撰写心得深入学习思考理论原著。全校开展主题教育学习1 127次，其中根据学习心得开展的学习研讨338次。

（二）全面开展实践服务，做到有载体、有引领、有反馈

学生党支部通过志愿服务、为"双一流"建设建言献策等途径，将理论内化于心，外化于行，自觉践行党的群众观点、群众路线。

1. 志愿服务有担当

学生党支部坚持以人民为中心的导向，以服务校内同学需求、美化校园环境、服务校外基层群众、协助开展基层工作为目标，开展了323次志愿服务活动。

2. 联系群众显本色

各学生党员普遍通过"党员联系群众1+1"制度，关心群众、服务群众，和同学主动谈话谈心，积极提供相关帮助，有针对性地做好党的宣传工作、日常思想工作和班级建设意见征询。在谈心谈话中了解到群众对党的理论认同度高，对自身发展非常关切。

3. 实践分享重引领

学生工作部门以"看需求·悟变化·讲担当"为主题，召开社会

实践分享会，引导广大学生不忘初心、牢记使命，扎根大地"看需求"，赶赴前沿"悟变化"，反哺家乡"讲担当"，勇担时代使命和责任。

4. 建言献策谋发展

各院系党支部开展"双一流·我建言"活动，通过发挥集体智慧群策群力，针对学校学科建设、学术科研、基础建设、校园文化、校风学风和职业发展等方面共提出307条学校"双一流"建设的建议。

（三）深入理解初心使命，做到有信念、有目标、有计划

1. 主题党日激发学生党员将青春融入祖国的决心

各院系学生党总支指导学生党支部结合同学们的学习、实践、择业和发展，围绕"报国成才我奋斗"开展主题党日活动，激发同学们结合自身，深入理解中国共产党人的初心和使命。全校共开展内容丰富、形式多样的主题党日926次。学生工作部门汇编了308个优秀主题党日活动方案。

2. 微党课活动展示学生党员的奋进担当

举办2019年上海市高校学生理论宣讲微课程比赛并建成25门习近平新时代中国特色社会主义思想网络微课程，以青年视角讲好中国故事，传播中国声音。举办"峥嵘光辉七十载·青春奋进新时代"复旦大学第三届本（专）科生讲微党课活动，共有来自21个院系的40个团队报名参加。

3. 一封信和一个目标促进学生党员知行合一

此次教育实践要求全体学生党员树立一个中短期、务实可行的奋斗小目标。同时鼓励学生党员结合习近平总书记在纪念五四运动100周年大会上的重要讲话，结合人生理想，写一封信给2049年的自己。

共收到奋斗小目标 5 664 个，收到信件 4 992 封。

总体上，"报国成才我奋斗"教育实践做到了将主题教育和庆祝新中国成立 70 周年相结合，将主题教育和学生党建内涵提升相结合，将主题教育和"三全育人"综合改革，和全校各部门主题教育相结合。教育实践通过领航计划发挥指导功能，指导学习方法、提升学习质量；通过主题党日、志愿服务、一封信、一个目标发挥载体功能；通过学习心得、实践分享、联系群众、网上评议发挥检验功能。

三、体会启示

教育实践以理论学习为基础，以实践服务为拓展，以氛围营造为辅助，促进学校组织和学生自觉相统一，力求教育实践在学生群体中有心动、有行动、有响动。

（一）扎实做好理论学习，夯实教育实践根基

理论学习是加深对新时代中国特色社会主义思想和党中央大政方针理解的重要方法，是提高运用党的创新理论指导实践的根基。但党支部在开展理论学习的过程中，会遇到如何学、怎么学的问题。将各类学习辅导贯穿教育实践的始终，全面提高自主学习和集中研讨质量，并结合主题讲座、心得分享，将党的理论知识内化于心，外化于行，不仅提升了党支部的组织生活质量，更使党员理想信念更加坚定。

本次教育实践的理论学习，从自主学习、集中研讨、系列讲座、分享研讨四个层面不断深化理论学习效果，不仅进一步坚定了学生党员的理想信念，更促进了更多的同学积极向党组织靠拢。从学生递交入党申请书人数来看，2019 年全年递交入党申请书的学生人数比 2018

年增长 30%，其中近 80% 是在"报国成才我奋斗"教育实践期间递交的。

（二）积极推进实践服务，提升教育实践成效

习近平总书记指出，新时代的青年人有理想，有本领，有担当。新时代的青年人应始终坚持理论学习、创新思维与社会实践相统一，厚植家国情怀，将个人发展与时代发展相结合。在本次教育实践中，通过引导学生在校内外结合专业特色开展志愿服务，帮助学生了解基层、服务基层，促进学生党员主动服务社会，在学生心中牢固树立了勇担时代责任的使命感。从《树立小目标》和《给2049年的自己的一封信》的词频分析来看，报国成才、参与西部支教与社会实践、读书、做好科研等是学生党员最关心、最想实现的奋斗目标。学生党支部自觉践行党的群众路线，以服务校内同学需求、美化校园环境，服务校外基层群众、协助开展基层工作为目标开展的志愿服务共323次，参与党员6 137人，较2018年同期增长283.6%。

（三）营造主题教育氛围，扩大教育实践影响

21场"报国成才我奋斗"的系列讲座、本研支部积极参与的微党课、理论宣讲比赛、"看需求·悟变化·讲担当"实践分享会等在校内广大师生中营造了积极氛围，引领了广大学生深入学习理论，感受新时代脉搏，思考责任担当。从选调生报名人数看，2019年9月至11月报名选调生2 086人次，相较2018年全年增长47.9%。在教育实践活动开展后，应届毕业生更希望去祖国需要的地方建功立业。

（执笔人：尹冬梅、孙冰心、柴宏宇）

扎根基层做宣讲
服务社会勇担当

——复旦大学以博士生讲师团为抓手培养青年马克思主义者

一、基本概况

复旦大学博士生讲师团（以下简称"博讲团"）成立于 2002 年，是复旦大学研究生工作部指导下的理论社团，也是全国高校中最早成立的大学生理论宣讲团体之一。博讲团成立 18 年来，秉承"学以致用双向增进，宣传理论服务社会"的宗旨，组织研究生深入社区、学校、企业、军营、农村等宣讲党的理论，开展讲座累计超过 2 500 余场，听众累计超过 10 万人次。

目前博讲团拥有来自文、社、理、医、工各学科门类的讲师 117 名，可提供内容涵盖党的理论、时政热点、社会民生、传统文化、人文百科、科学普及、医药养生、环境保护、励志成才等 13 个系列超过 100 门的课程资源。其中，党的理论系列为博讲团重点宣讲内容，自 2007 年起，博讲团连续 12 年开展了党的理论主题宣讲。近两年先后组建了"党的十九大精神""改革开放再出发""十九届四中全会"

"国史校史"和"宣言精神"五个主题宣讲团,至今开展主题讲座509场,覆盖听众近3万人次。

二、主要做法

(一)强化政治意识,坚定马克思主义信仰

博讲团的鲜亮的政治属性是博讲团的立身之本。2002年党的十六大召开后,党委研究生工作部发现基层一线理论需求,成立了以博士生为主体的理论宣讲团,此后积极探索,逐步完善体制机制。党的十八大召开之后博讲团迎来快速发展时期,博讲团组建党的十八大会议精神主题宣讲团,短短半年宣讲场次超过60场,平均每月10场。此后十八届三中、四中、五中、六中全会宣讲团和"中国道路"主题宣讲团,在课程质量和数量上进一步提升,得到社会各界广泛好评。伴随党的十九大召开,博讲团进入增能提速期,2017年单年讲座数量上涨超过4倍,在内容供给上形成涵盖党的理论、时政热点、社会民生、传统文化、人文百科、科学普及、医药养生、环境保护、励志成才等13个系列超过180个主题的课程资源,极大满足各类群体、单位对理论学习的需求。其中"党的十九大精神""改革开放再出发"和"国史校史"三个主题宣讲团,至今开展讲座469场,覆盖听众超过2.6万人次。博讲团始终与党的理论创新同频共振,忠诚党的事业,响应党的号召,强化政治意识,面向校内外党员和群众广泛宣传党的理论,及时把党的声音和马克思主义中国化最新成果撒播到基层。

(二)深化服务理念,拓宽理论宣讲平台

为更好地满足听众多元化的听课需求,博讲团充分发挥复旦大学

的学科优势，建立起一个"百科全书"式的大型讲座资源库，涵盖文理医工等各个学科。

由于不同群体对理论的需求有所不同，博讲团始终坚持"面向基层，细分受众，回应关切，有的放矢"的初心，通过调研、走访，认真梳理群众关心的热点、难点问题，找准群众的理论需求点，并根据不同类型服务对象的特点量身定制讲座，保证群体多样性。面对面的深入交流，是博讲团增强宣讲实效的法宝，每位讲师的宣讲报告均会预留互动时间，通过现场答问、会后交流、座谈讨论等形式，同听众进行交流，保证听众真正有所收获。

扎根复旦、服务上海、辐射全国、延伸海外，不断拓宽宣讲覆盖面是博讲团一直以来的不懈追求。立足校内，针对党支部开展理论学习难、邀请专家难的情况，博讲团为党支部打造按需选课、"菜单式"点学的宣讲模式，使校内支部理论学习占组织生活的次数比例从原先不足1/3提高到1/2以上，打造了校内学生理论学习的高地。在此基础上，博讲团主动走出校园，参与上海市区域化党建，建立起从学校向区、市拓展的工作格局，宣讲范围覆盖上海所有区县。同时，博讲团积极发挥在全国的辐射效应，应邀赴永平、银川、咸阳、雅安、福鼎、义乌等地，利用假期组织讲师为当地区县党委中心组和基层单位作报告。此外讲师团积极开拓海外交流平台，通过复旦大学在欧洲举办的"中国日"活动，选派讲师赴西班牙、丹麦和比利时的高校进行演讲，赴哈萨克斯坦开展"一带一路"交流，通过国际活动传递中国声音，讲好中国故事。

2019年5月，中宣部部长黄坤明同志在上海调研期间，充分肯定了博讲团的工作经验与成效。按照黄部长批示精神，博讲团于2019年6月26日在中宣部机关"讲政治、强本领"大学习主题讲坛上，面向机关及直属单位600余名干部进行宣讲，汇报工作心得。2019年12

月,博讲团获评第十二届中国青年志愿者优秀组织奖。

2019年年底新冠肺炎疫情暴发以来,博讲团响应号召,积极组织讲师进行战"疫"宣讲,先后在B站(bilibili,即哔哩哔哩视频弹幕网站)上线网络课程53门,涵盖政治理论、疫情宣讲、庆祝建校115周年、"宣言精神"四个板块,累计播放超过40 600人次,和清华、北大、武大等高校进行联合宣讲,单场最高观看人次超过3 500。

(三)增强育人意识,扩大青年马克思主义者蓄水池

博讲团是青年马克思主义者培养的重要平台。经过多年不断探索与完善,博讲团已形成了科学、严格、完备的培养链条,讲师们既是党的理论的传播者,又是党的理论的践行者,每一位讲师都走出科研的象牙塔,深入基层一线、走入田间地头,既是讲课,更是实践。作为理论宣传的窗口,博讲团立足校内做好学校党支部理论学习的"中央厨房",为党支部打造按需选课、"菜单式"点学的宣讲模式,校内支部理论学习提高到1/2以上,打造了校内学生理论学习的高地,为培养青年马克思主义者而不懈努力。十九大以来,博讲团累计培养讲师149名,全面覆盖文、理、医多个学科。从博讲团中走出的讲师,有的成为清华、复旦、同济等高校的学术新秀,有的成为党政管理队伍中的佼佼者。

2016年,在上海市教育卫生工作委员会党委指导下,博讲团牵头成立上海市高校学生理论社团联盟,召开首届高校学生理论社团建设研讨会,联合中国研究院举办首届中国话语青年论坛,把经验做法向全市高校推广,共同推进落实大学生马克思主义自主学习行动计划,推动提升高校学生学习、研究、宣传马克思主义的浓厚氛围,合力打造高校学生理论社团建设。一是打造具有影响力的学生理论宣讲平台。联合上海市高校理论学习和理论宣讲社团力量,围绕强化学习服务、调

查研究、基层宣讲、载体平台、机制创新、队伍建设等重点,深化联盟内涵建设,形成"百团会战""千人宣讲""万场覆盖"的大宣讲格局。二是探索党的理论分众传播规律。博讲团开展高校学生理论社团建设研讨会、高校学生理论骨干训练营、大学生理论素养大调研等品牌活动,以"理论宣讲上水平、理论研究出精品、整体工作求突破"为导向,抓学习、抓培训、抓研究,通过不断丰富和完善内涵建设,提高服务中心工作的实际能力。三是加强平台建设,拓展辐射范围。博讲团拓展校外平台,建设市民理论学校,加强与全市各区、各高校及科研机构的协同合作创新,推出面向全市市民的理论学习系列讲座;拓展海外平台,建设"海外理论交流平台",依托学校孔子学院和海外中国中心,探索新形势下通过理论学术交流开展青年外交的新模式。

三、体会启示

(一)充分发挥大学生理论宣传优势

在全国高校思政工作会议上,习近平总书记指出,要引导广大师生做社会主义核心价值观的坚定信仰者、积极传播者、模范践行者。博讲团以完善的体制机制和培养链条,吸纳并培养了一批又一批优秀的青年马克思主义者,充分发挥大学生开展理论宣传的优势,组织宣传习近平总书记系列重要讲话精神和治国理政新理念、新思想、新战略,建立起一套可复制、见长效的大学生理论宣讲机制,为把党的方针政策和马克思主义中国化最新理论成果及时传播到基层一线作出当代大学生应有的贡献,受到了社会各界的广泛好评。同时,博讲团荣获了一系列重要荣誉,近年获得了"全国基层理论宣讲先进集体""全国'四个100'最佳志愿服务组织""上海市2016年度基层理论宣

扎根基层做宣讲　服务社会勇担当
——复旦大学以博士生讲师团为抓手培养青年马克思主义者

博士生讲师团赴中宣部宣讲

讲先进集体"等称号。博讲团的工作在《人民日报》《中国教育报》等媒体报道，在教育部网站作经验介绍，同时在央视新闻联播也以优秀思政教育案例进行展示。

（二）注重志愿服务与社会实践的育人功能

习近平总书记指出，青年人要在学思践悟中坚定理想信念，在奋发有为中践行初心使命。博讲团作为志愿服务型组织，注重在实践过程中的育人功能。博讲团成立18年来，累计培养讲师800余名，青年才俊辈出，博讲团的经历，影响和支撑了他们的职业选择，为他们的职业生涯打下坚实的基础。

（执笔人：孙冰心、柴宏宇）

坚定理想信念　加强组织建设　实现示范引领

——复旦大学以示范党支部创建为抓手加强研究生党建的实践

一、基本概况

复旦大学共有研究生党员 6 425 名，占全校研究生的 39.7%（组织关系在复旦大学的研究生党员/全日制非定向研究生），研究生党建在全校党建工作中具有覆盖面广、影响力大、目标任务重的特点。随着研究生党员人数增加和研究生党建目标要求清晰化，各级党组织的战斗堡垒作用不够显著、内生动力不足的情况依旧存在，支部活力有待激发；党组织核心作用和龙头作用没有充分展现，对群团的领导作用没有充分体现；研究生党员以政治性为核心的全面发展和先进性培养缺乏抓手等问题逐渐浮现，研究生党员的教育、管理、服务亟待出现新的着力点。面对挑战，学校制定《学生党建"强基固本"三年行动计划》，提出切实加强和改进新形势下学生党员发展、教育、服务和管理工作，力求在现有学生党建工作的基础上使其更加有效化、体系化、科学化，构建与世界一流大学相适应的学生党建工作体系。

"示范党支部"创建工作正是学校结合研究生党员特点，创新推进基层党组织先进性建设的重要举措。

从 2007 年起至今，学校党委研究生工作部每学年在全校研究生党支部中选取一批工作基础较好的支部，进行为期一年的精心培育，强化过程培养和目标导向培养，再从中评出若干示范党支部，通过典型示范作用，影响和带动全校研究生党支部乃至全校研究生党员共同提高。通过 12 年示范党支部的创建工作，全校研究生基层党组织中形成了创先争优的浓厚氛围，有力推动了研究生党建工作走向深入。

二、主要做法

每一年春季开学启动新一批示范党支部创建，12 月底举行终审答辩，期间开展中期考评，目前共创建了 12 批示范支部，每年约有 15 个支部获得示范党支部称号。按照示范党支部创建工作的总体要求和部署，研工部及各学院学生党总支围绕学校中心工作、院系特色项目等积极筹划、通力协作、大胆创新，探索出了实施示范党支部创建的四种做法，为提高基层党建科学化、规范化水平提供了有力支撑，形成了新的发力点。

（一）建章立制，明确创建标准和实施步骤

示范党支部是在研究生党支部中选树的优秀典型，是全校研究生党支部的标杆和旗帜，在研究生党建工作中发挥着典型引路和示范带动的作用。为了加强对创建工作的指导，研工部首先修订完善了《研究生党支部建设条例》，明确党支部建设的目标、任务和考核要求。

其次，制作印发了《研究生党支部管理手册》，对支部管理的各项制度，如工作计划和总结制度、主题教育制度、"三会一课"制度、党员发展制度、党员民主评议制度、党员联系群众制度等的落实提出具体要求。最后，在发动全校研究生党支部广泛讨论、深入调研的基础上，制定了《研究生"示范党支部"创建评选标准》，从思想建设、组织建设和制度建设三个方面明确了创建标准。思想建设方面，不但要经常性地开展理想信念教育和思想道德教育，培养支部党员的远大理想和坚定信仰，而且教育形式要富于创造性，突出实效性；组织建设方面，要求根据支部所属院系、专业的特点，按照有利于对党员进行教育、管理、监督和服务的原则建立健全支部设置，扩大组织覆盖，支部班子健全、结构合理；制度建设方面，要求在建立健全基本制度的基础上，开拓进取、进一步加强和完善研究生党支部的制度建设。三个方面都要做到基础工作扎实规范，创新工作切合实际，支部建设取得明显成效。

（二）抓好"关键少数"，做好骨干培养

党支部书记是党支部的带头人。作为基层党建工作的直接组织者，党支部书记素质的高低直接关系到支部战斗力的强弱和支部建设的成败。为提高党支部书记的理论素养和工作能力，首先，研工部创办了"红帆训练营——党支部书记培训班"，每年对新上岗的支部书记进行为期一个月的集中培训，通过理论学习、实务培训、素质拓展、小组讨论、实战演练等多个模块系统化培养、全局性考察，邀请袁秉达、周敬青、桑玉成、忻平、薛小荣等校内外党建专家、校组织部专职组织员和管理学院人力资源管理专业的学者为学员授课。红帆训练营迄今已举办17期，1530名学员获得结业证书。其次，研工部还在

2019年创新举办"党支部书记工作坊",通过小组制、进阶式的培养举措,打造兼具创新意识和群众影响力的党支部书记群体,迄今已经开展了4期工作坊,有力提升了党支部骨干的理论修养和建设理念,为示范党支部创建活动奠定了坚强的组织保证。

(三)注重过程管理,严格监督考核

创建初期,每个支部结合专业实际情况制定创建计划,并与研工部老师深入沟通,认真讨论支部创建的重点与方向。创建过程中,各支部需定期向研工部汇报工作情况,并由研工部组织不定期的走访抽查,准确把握创建工作的方向。同时利用组织生活案例大赛和中期考核等方式为创建单位搭建交流平台,统一组织各支部开展互访互评活动。研工部根据走访抽查和互访互评情况进行中期考核,对不合格的

示范党支部终审答辩会——马克思主义学院2018级硕士生党支部

支部进行淘汰，对优秀的支部则追加创建经费以鼓励支持。组织生活案例大赛通过现场观摩会、经验交流座谈和小组汇报互评，一方面展现了各支部的创建风采，另一方面又能见贤思齐，向更优秀的支部取经，在学习中共同提高。创建期满时，统一组织公开答辩，只有在思想建设、制度建设、组织发展等方面工作扎实且有所创新的创建支部才能通过考察，真正使得政治引领性强、创新发展潜力好、群众路线贯彻深的研究生党支部成为典型和示范。

（四）汇总工作案例，推广先进经验

2007年至今，研究生示范党支部创建评选工作已经开展12年，先后涌现出130余个示范党支部，这些支部专业特色鲜明、支部建设完善、在群众中凝聚力向心力强，战斗堡垒作用发挥明显。《研究生学生工作信息》以专栏形式逐期刊登示范党支部风采介绍，供全校研究生党支部学习借鉴；每年举办示范党支部创建总结表彰大会，邀请创建成功的党支部代表介绍工作经验，编印《"示范党支部"创建评选活动巡礼》，及时对创建工作进行总结整理。在连续开展创评工作的基础上，组织编写《"示范党支部"创建工作案例选编》，从支部设置、组织发展、教育管理、支部保障和支部服务等方面对创建过程中形成的好方法、好机制进行推广，为辅导员和支部书记开展工作提供帮助，受到广泛欢迎。同时，伴随新兴媒介的发展和研究生党员活动场域的深刻变化，在微信公众平台、B站等新媒体平台宣传推广示范党支部的先进做法和经验，通过线上线下同步推广，使得研究生党建工作被更多人熟知，更使得全校研究生党支部在建设过程中有清晰目标、有严格要求、有明确方向。

三、体会启示

（一）研究生党建工作要始终坚持围绕中心、服务大局

要提高站位，主动融入学校中心工作，主动把党建工作融入人才培养的大格局，使党建工作成为学生培养的一种有效方式，要紧紧围绕立德树人根本任务，把服务中心、建设队伍贯穿始终，促进党建工作和思政工作深度融合，切实解决党建浮于表面的问题。要深入融合，不断渗透校园文化建设、校风学风建设和学生组织建设，春风化雨，促进学生的全面发展和成长，使学生党员成为班级进步的带动力量，使学生党建工作在未来可期的时间段内有一个新的提升和质的飞跃。

（二）研究生党建工作要始终坚持重点突破、典型示范

高校研究生党员发展变化快、思想动态频繁，要着眼破解全校党建工作中面临的热点、难点问题，把创新贯穿于示范党支部创建工作的全过程，积极探索新时期党支部工作的新方法，开辟新途径，建立新机制，体现基层党支部工作的时代性、规律性和创造性，突出示范党支部的典型特色和实际效果。而这一切创新实践的落脚点都是对于人的培养，要抓好支部骨干自身队伍建设，只重视其扎实的党建实务和理论知识还远远不够，更要加强理想信念教育，以高度的政治意识加强组织能力、动员能力和沟通合作能力的培养，把学校思想政治工作的成果辐射到各个支部，有力带动研究生基层党支部的各项建设。

（三）研究生党建工作要始终坚持过程管理、功能创新

作为一项长期的基础性建设工作，创先争优、选树典型是基层党

组织的经常性实践活动，而如何使其不落于形式和"走过场"，就需要完善过程管理机制与创新支部功能。示范党支部创建作为推动研究生基层党组织先进性建设的重要抓手，其核心任务就是全面激活和增强基层党组织的活力，一方面在于机制体制的完善，使得党支部能够静下心来搞建设，将研究生党员获得感放在首位，将党员服务意识提升放在心上；另一方面在于功能的开拓，以提升组织力为核心目标，有效动员支部功能开发与创新，提高党组织生活与个人成长发展的契合度，真正使得示范党支部创建工作成为引领当今高校研究生思想意识的强大武器、历练青年党员成长成才的重要舞台，坚定理想信念、为党奋斗终生。

（执笔人：柴宏宇、范佳秋）

以师生支部共建切入
推动"三全育人"工作

——以复旦大学中文系语文所教师党支部
与本科生党支部共建为例

一、问题提出与破题思路

育人工作，既要有理念，也要有渠道。调研表明，近年来，除辅导员、导师外，大部分教师与学生的交流仍然集中在课堂主渠道，课外师生交流明显偏少。一方面是学生迫切渴望得到来自更多老师更全方位的引领与指导，另一方面是教师们虽然工作很忙，但大部分教师立德树人的初心和使命一直牢记在心，有意愿为学生的成长成才助力护航。但由于师生都很忙碌，又缺乏常设的师生交流渠道与平台，即便是有心引导学生的教师，也多半只能与学生有些零零碎碎的交流，效果不够理想。面对这一情况，复旦大学中文系党委自2016年下半年起，以师生支部结对共建机制来推动师生课外交流的日常化和专题化，在优化师生交流中，强化教师育人初心，落实育人使命，推动立德树人工作。

三年多实践下来，师生支部共建这一机制得到师生的广泛认可，不少结对支部的共建活动也远超每年两次的指定频次。本案例以语文所教师党支部与本科生党支部的共建为例，总结实践方法与取得成效。语文所教师支部总计9人，教师的学科涵盖了语言与文学两大类别。本科生党支部总计党员27人，另有入党积极分子55人。

二、具体实践路径

（一）依据本科生特点，确立贴合本科生成长诉求的育人目标

一代学生有一代学生的特点。语文所教师支部在师生支部结对共建伊始，便探讨分析"00后"本科生的特点，确立育人工作的整体目标。"00后"本科生是大学生中最年轻、最活跃的群体，他们既热情好学、乐于思考、富于个性、自尊敏锐，但又容易对学业、职业乃至世界和人生产生迷茫。如何用学生能接受的方式与学生沟通互动，切实了解他们的所思所想所爱所惑，全过程全方位为他们的本科四年学习生活护航，更为他们的人生奠定坚实基础，擦亮温暖底色，这便是语文所教师支部希望通过师生支部共建达成的育人目标。

（二）注重调查研究，做有的放矢的育人工作

毛泽东主席说："没有调查，没有发言权。"每次师生支部共建活动开展之前，教师支部书记会与学生支部书记先面向全体党员本科生乃至更大范围的本科生进行匿名问卷调查，基于调研结果确立共建活动话题，确保师生面对面交流时有焦点有深度有成效。以2019年11月开展的师生支部共建活动为例，聚焦在学生应该如何看待理想与信念、教书育人工作中师生如何相向而行、如何看待学术研究中的中西

以师生支部共建切入　推动"三全育人"工作
——以复旦大学中文系语文所教师党支部与本科生党支部共建为例

师生支部共建活动

研究范式、如何更好地发挥党员的先锋模范作用、学生最忧最急最怨的问题、我为中文系建言六个话题。有前期调研为基础，师生面对面坐在一起交流互动就非常有效有益，切实实现教师党员对学生党员的有力引导，也为学生提供建言献策的平台。本科生支部的学生党员普遍认为，虽然每次座谈研讨的时间有限，但从包括前期筹备、后期反馈在内的一系列设计中，学生党员和积极分子们都获益匪浅。

（三）开拓多维度育人空间，全方位为学生成长成才保驾护航

除了面对面集中交流互动活动，语文所教师支部对本科生的指导也融入日常工作中。比如，将本科课堂教学向课后延伸，就教学中的热点问题邀请同学到老师办公室自由讨论；为本科生开设学术讲座、

导师下午茶讲座；参与本科生的演讲大赛、辩论赛等各项活动。2020年新冠肺炎疫情期间，考虑到学生在家学习的需要，语文所教师支部书记申小龙教授于3月份开通"文化语言学新视野"微信公众号，每日更新内容，迄今已推送70多篇文章。一些本科生会通过邮件或微信与老师讨论一些学术问题，相关的内容和教师的回答会及时出现在公众号上。

三、成效与启示

师生支部共建并不是简单的党建活动，而是"三全育人"的具体承载和展现，要紧扣育人主题，以促进学生全面发展为目标，进行全面结对共建。

（一）加强思想政治引领，为学生扣好人生第一粒扣子

端正入党动机，夯实理想信念是师生支部共建的首要任务。针对"入党对我们未来生活最大的影响是什么""请老师党员分享入党的经历和多年来的心得"这样的话题，77岁的老党员、原语文所所长、文科资深教授黄霖结合自己入党30多年的经历，和同学们推心置腹，将个人成长置身于时代与国家的巨变之中，用自己的人生故事为学生传道解惑，深入浅出、生动深刻地回应了同学们关注的话题。教师支部书记和其他教师党员从各自角度出发，回应同学的关切。这样深度的思想交流，让同学们大呼解渴。

师生党员不仅在复旦大学校园内探讨党员的初心与使命，更将党员的担当体现在为人群服务的志愿实践中。2016年以来，中文系学生党员发挥自己的专业优势，一棒接一棒开展"中华优秀传统文化进社

区、进中小学"的志愿活动。而这志愿实践的背后，多名语文所党员教师提供了大力支持。相关专业的党员教师经常手把手带着学生党员认真磨课，确保讲座与课程的品质。

（二）夯实学生科研基础，带领学生迈进学术殿堂

低年级学生该如何选择专业、学习中如何把握广博与精深的辩证关系、怎样才能在大学四年有更多学习上的成长与收获，这类话题是很多同学都非常关注的。党员教师充分总结自己的求学经验，有针对性地回复同学，提醒他们知识的广博应该在牢固的专业基础上展开，千万不要在大学伊始就进入蜻蜓点水式的学习状态，并就如何形成体系化的知识结构为学生提供切实建议，鼓励同学们做到有根底的广博，而不是知识碎片化的肤浅的广博。在学习经验方面，教师党员一方面向学生介绍各类数据库和应用软件的使用，另一方面也介绍教师自己的学习和科研方法，学生颇为受益。

（三）注重科研实践，甘当绿叶提供学术支撑

语文所支部教师一直鼓励同学们积极参加学校的莙政计划、望道计划、曦源项目等科研实践计划，认为这是课程学习之外非常有意义的学习和锻炼，也是形成自己的学术兴趣的好途径。只要同学们有需求，党员教师都非常乐意担任指导老师，做好背后的学术支撑，并逐渐在项目中形成类似导学那样的师徒关系。上海人民出版社的《雏凤文存》已经连续3年发表了多篇语文所支部教师指导的优秀本科生毕业论文。支部教师指导学生申请的社会实践项目《引进儿童绘本翻译语言问题调查研究》立足专业视角，把社会实践与自己所学结合起来，学以致用，很好地服务了社会。

（四）引导学生做好职业规划，帮助学生看清前行的方向

高校培养的学生最终会走向社会，如何做好职业规划始终是学生特别关心的话题。学生很想知道当年老师是怎样作出自己的人生选择的，老师有没有过焦虑，老师是如何克服的。一位学生党员在与教师党员交流后表达了同学们的心声："当老师能够把他的研究成果展示分享给我们的时候，我们感到新奇并且幸福；同样，当老师告诉我们一些人生感悟时，我们也会像爱惜珍宝一样将其留存心间。"语文所党员教师不仅亲自与学生畅谈自己的职业选择与道路，还先后邀请多名在不同行业工作的中文系系友回校给学生现身说法，谈专业学习和职业选择的关系，深受学生欢迎。

3年多来，语文所教师党支部与本科生党支部在育人工作上不断探索方法，拓展路径，教师党员切实在思想、学业、职业、生活等方面给予了学生全过程全方位的引领与护航，形成了有育人温度、有交流深度的"三全育人"师生共同体。

（执笔人：薛海霞）

打造校地党团共建平台
推动党建实践育人工程

—— 复旦大学历史学系的育人实践

一、项目概况

历史学系围绕立德树人根本任务，充分发挥专业特色，积极搭建党建实践育人平台，形成"五馆四街三区两企一局"的校地党团共建格局，做到组织建设互促、党员干部互动、优势资源共享、人才联动共育。整合挖掘各类党建资源，推动师生联学共行，将教学实践、党团服务、主题教育、实习实践和人才输送全程贯通，引导师生服务社会，专业报国，带动全系教师坚持实践立行、为党育人、为国育才，把"三全育人"落到全过程、各环节。

"五馆"包括虹口区档案馆、上海造币博物馆、蔡元培故居陈列馆、上海石库门·屋里厢博物馆、上海外滩美术馆，"四街"包括南码头街道、天平路街道、湖南路街道、临汾路街道，涵盖浦东新区、徐汇区、静安区"三区"，"两企"包括上海造币公司、上海飞行一部，"一局"为上海市方志办。

实习实践基地建设

二、主要做法

（一）创新学，联组学：共上行走中的党课，共话党史国史悟初心

为了帮助师生对党史、国史的学习具有更加深刻的感受，将书本和理论知识更好地与现实相结合、与实践相融合，历史学系分党委创新学习形式，充分利用上海作为诸多红色文化发源地的优势，以及在党史、国史教育中所占据的重要地位和丰富资源，借助与徐汇区天平街道建立的党建共建平台，组织党员师生共同深入诸多红色纪念场地，在具有悠久历史的红色文化现场认真聆听解说，用心感悟历史，在"家门口的党史"中强化"不忘初心"的理想信念，在"行走中的

党课"中铸造"牢记使命"的责任担当。

2019年10月22日，历史学系以"传承红色基因，在学习党史、新中国史中增强服务国家的责任感和使命感"为主题，举行"不忘初心、牢记使命"专题的研讨学习活动，参观走访活动结束之后，分党委趁热打铁，在天平街道社区党建服务中心308会议室，现场举行了历史学系师生党支部联组集中研讨学习。在联组学习中，领导班子成员和本科生、研究生学生党支部负责同学，围绕习近平总书记重要讲话文章中有关党史、新中国史的重要论述，结合"不忘初心、牢记使命"主题教育的精神实质和深刻内涵，展开了积极讨论。

（二）专业行，服务行：培养家国情怀，深入服务地方发展

1. 整理与研究街道历史资源，推动党建工作成果理论化

依托历史学系上海史研究的优良传统与积淀，通过项目委托、支部共建等多样形式，历史学系为街道内名人、建筑、档案等文化资源和文化历史的整理、挖掘提供学术顾问、学术指导、志愿者服务，协助街道开展档案整理、文化布展、课题研究、旅游规划等活动，推动党建工作成果理论化、街道文化建设品牌化、校园育人生动化。

2. 挖掘与宣传基层红色基因，担当城市文化宣传责任

依托历史学系"红播客"党建工作室，将街道红色基因的挖掘与学生思政工作相结合，历史学系组织支部通过史料收集、走访等方式整理街道优秀党员、典型党建等资料，街道提供资源、空间保障，通过文集、文化展、媒体宣传、口述史整理、名家座谈等方式，呈现"有人情、有学养"的基层红色基因宣传教育。

3. 投身专业实习实践，积极服务地方战略

历史学系充分发挥专业特长，以专业项目实践、实习实践和就业

选择等方式，将科研育人、实践育人和服务地方紧密结合，与上海市街道志编写示范单位临汾路街道共建合作，组织师生参与临汾路史料整理及街道志编写；在上海市方志办、上海造币公司创设教学实习实践岗位，促进学生实习就业。截至目前，已输入近10名实习生，其中1名正式入职上海造币公司，成功完成了校地对接和人才输送。

4. 开展青年志愿服务，打造品牌社会实践项目

历史学系与天平路、湖南路街道合作，在编制历史文化地图、打造校地互动志愿服务队、完善学生就业指导与挂职锻炼平台建设、提升旅游服务与文创服务、推动爱心帮扶互动等方面创设了一批品牌实践项目。

与蔡元培故居合作，为该馆讲解导览工作培训和输送了一批优秀志愿者，更好地传承和弘扬历史记忆和城市文化。2019年共有31人参与志愿服务，累计服务时长达272小时。为上海石库门·屋里厢博物馆招募优秀志愿者，带领游客领略闹市中"建筑活化石"的独特之美、了解海派文化，2019年共有31人参与石库门讲解服务，总服务时长达455小时。同上海外滩美术馆长期合作，2019年共有26人参与志愿者服务，服务时长达462小时。与"海派文化发祥地，先进文化发源地，文化名人聚集地"的虹口区合作，结合在历史讲解、志书编写、古籍整理等方面的专长，进一步挖掘和发扬虹口区的历史底蕴与文化特质。共43人参与虹口档案馆志愿服务，累计服务时长达315小时。

三、体会启示

（一）聚焦师生政治和价值引领，以"实践立行"为重要抓手

把教师实践与学生实践结合起来，推动师生共学、共思、共话到

共行，在社会实践中育人育师。鼓励师生联合组队、支持教师指导学生专业实践项目，引导师生立足专业实践，关注国家需要，服务地方、企业发展，挖掘历史资源，讲好历史故事，担当历史责任，实现专业报国。

（二）拓展校外资源，丰富育人载体

积极拓展校外资源，搭建校外育人平台，强化课上课下、校内校外联动，坚持理论教育与实践养成相结合，将课程思政融入社会实践育人。历史学系"五馆四街三区两企一局"的校地共建党团平台，促进了校地（企）的充分融合和资源共享，实现了文科产学研的有效合作，落实从校园到社会、从学生到建设者的全方位、全过程育人，推进了高校与地方的发展共谋、建设互促、人才共育。

（三）青年志愿，党员先行

历史学系牢牢抓紧师生党员队伍的建设与培养，强调党员身份意识，要求师生党员争当先进、争做表率，做到志愿服务党员先行。在校地党团共建的过程中，大部分以党组织共建、青年志愿者的形式开展，致力上海红色基因文化的挖掘与宣传，带动周围师生共同学习感悟党史国史，共同参与文化建设与传承。

（执笔人：田文娟）

党建辐射　党员示范
用好主体渠道　注入红色基因

——复旦大学现代物理研究所组织育人的实践

一、基本概况

复旦大学现代物理研究所/核科学技术系（以下简称"系所"）建系 60 多年来，始终以培养国家需要的核科学与技术事业人才为己任，形成了鲜明的国防专业特色和强烈的师生国家意识。根据学校党委统一部署，结合系所实践特点，系所党委牢牢把握立德树人这一根本任务，积极谋划新时代"三全育人"的育人体系，切实发挥教师党员先锋模范作用，带头践行为党育人、为国育才要求，让党员在课堂育人主渠道走在前边，发挥系所文化与实践教育红色传统，形成党委高度重视、党员教师带头、全系人人参与的"三全育人"浓厚氛围。

二、主要做法

系所党委结合实际，充分发挥党建工作对系所中心工作的辐射带动作用，精心调动党员干部、党员教师立足岗位模范践行"三全育人"要求，让党员走在前面、干在岗位、形成氛围，带动广大教师育人为本的思想自觉，形成育人为本的文化与实践氛围。

（一）发挥党建辐射作用，夯实全员育人思想基础

1. 用好党建学习机制，激发主体活力

系所党委切实发挥中心组学习、党员组织生活与理论学习、教职工思想政治理论学习制度作用，精心组织高质量的学习活动、辅导报告，从党建辐射扩大到骨干老师，甚至全体教师，以党建学习带动促进教职工理论热情，努力增强系所全体师生扎根中国大地育人的思想自觉，强化广大教师投身民族复兴的意识追求与拥护党的教育政策的思想基础，切实增强"四个自信"，为落实"三全育人"夯实思想基础与政治自觉，激发全员育人的主体活力。

2. 坚持师资全面培养，提升育人能力

高水平的师资是"三全育人"的基本保障，系所近年来从海内外引进了 20 余名高水平师资，系所党委严把人才引进思想政治关，并坚持引进后"两手硬"的培养标准。一方面及时安排他们参与育人环节，担任班导师、助教、任课教师，开展实践指导、报告讲座等，在参与中增强对育人工作的理解；另一方面及时做好思想再教育再引导，抓住海归学习班、青年教师骨干培训班、青年干部培训班等机会，增强新教师为党育人、为国育才的使命意识与责任意识。目前新引进师资已有 4 人参加海归骨干教师培训班、2 人参加青年教师骨干班、1 人参加青年干部培训班，开设了 8 门新课程，充实了育人内容。

3. 党员带头示范，立足育人一线

系所为本科各年级每 2 个寝室的 8 位同学配备了一位学业导师，

组成了强大的学业导师团队。导师团队均安排党员为基本骨干，定期组织开展导师交流活动，关心讨论如何辅导帮助学生全面成长、健康发展，发挥党员教师立足育人一线做好思想引领、专业引导、学科引路、规划引航作用，党员教师带头用好学业导师在育人中的价值作用。

（二）党员干部走在前、做示范，做强课程与课堂育人主渠道

人才培养的主要载体是课程，学校教育的主要时间在课堂。如何发挥系所党员干部的示范带动作用，在高水平的教学中发挥课程思政功效，在科学合理的课程体系建设中提升"三全育人"效率，在关心引领学生学业实现中践行"三全育人"理念，是基层院系党员作用发挥最基础的体现。

系所党委积极响应学校教育教学改革，一边大力引进师资，一边积极谋划，系所成为学校首批试点"2+X"本科培养课程体系改革的院系之一。在 2 年的时间内，领导干部、党员骨干教师带头参与，协助教学指导委员会完成了核工程与核技术专业"2+X"本科课程体系的优化，切实为增强国家意识、提高竞争能力的学生培养提供了更好的舞台，为他们实现自我教育、自主发展提供了多样化的选择机会。

系所党委认真践行课程思政育人要求，积极推进课程思政建设，重视对课程思政建设的指导支持，在思想上帮助教师全面认识课程思政的内涵，提高教师授课实践的主动性。系所精心遴选 5 门课程作为首批课程思政建设的课程，系主任带头开设课程思政课程，党员教授率先跟进开设课程思政课程，并成立了 4 支教学团队。党员教师、支

部骨干带头开展课程思政教学方法研究，提升课程思政建设质量。

（三）党员教师立足岗位发挥作用，用好科研、实践育人平台

实验教学是系所本科人才培养的关键环节。面对当前国际发展与竞争，需要持续高水平加强和改进实验教学。系所党委发挥党员教师作用，发动全体党员教师为实验教学建言献策、身体力行拓展实验内容。党员教师依托自身课题组的仪器设备、科研条件设施建设等，带头开设、积极支持实验课程建设。党员教师还带头将实验教学环节延伸至课外，积极指导本科生学术研究活动和实习实践，拓展全方位、开放式的实验教学模式。过去 3 年，系所每位研究生至少参与了 1 项国家级科研项目，毕业研究生人均发表 3 篇 SCI 论文；本科生学术科研项目年均立项超过 10 项，本科生以第一或共同作者身份发表 SCI 论文 6 篇，通过科研活动，增加了学生的学科感情，培养了其专业兴趣，并提升了其科研创新能力。

（四）发挥专业特色，用好红色基地，用好实践育人

系所所属的核科学与技术这一学科在新中国的发展中有着天然的红色基因，学科的历史、系所的历史、产业的历史、"两弹一星"精神等都是对学生进行爱国主义教育的最好资源。系所先后与一系列国家重点国防军工单位建立了合作培养关系，建立了实习实践基地。从大一到大四，每学年都安排了相应的专业实践内容。通过专业实践，达到学以致用、消化课堂教育理论知识的同时，又润物无声地实现了国防教育、爱国主义教育，加强专业兴趣，引导职业生涯规划等人才培养目标。

三、体会启示

首先，要始终守住学校为党育人、为国育才的教育初心，努力践行立德树人的根本使命，才能真正落实"三全育人"的各项部署。这就需要广大党员干部带头学习习近平总书记关于教育的重要论述与精神，不忘初心、牢记使命，从而更好地辐射带动广大教师，提高思想认识，增强理论认同，夯实思想自觉。

其次，立足岗位，发挥党员带头作用的传统优势，在"三全育人"中党员干部走在前边、党员教师干在岗位，让党员作用发挥更有说服力，更具影响力，更显带动力。切忌党建工作与中心工作"两张皮"，防止教育实践活动"雨过地皮湿"，扎扎实实将教育实践活动转化为"三全育人"的实践行为与浓厚的文化氛围，切实提升一流学科建设的质量与效率。

最后，要结合专业特色，努力在专业实践中传承行业红色基因，才能为学生更好成长注入持久动力、国际视野、家国情怀、奉献精神。

（执笔人：刘召伟）

树牢国家意识　投身科技报国

——复旦大学微电子学院通过校企支部共建引导学生选择西部国家重点单位就业

集成电路是国之重器，是国家战略性、基础性和先导性产业，事关国家安全和国民经济命脉，正成为国际科技产业竞争的焦点，也是当前和未来中美高科技竞争的关键领域之一。集成电路产业链长、流程复杂，涉及的知识面极为广泛，对人才的要求很高，人才始终是这个行业的稀缺资源，相关人才稀缺是当前制约我国集成电路发展的最大障碍。高校是国家人才培养的重要基地，也是科技创新的重要策源地，理应在推动我国集成电路技术和产业发展过程中发挥重要作用。

复旦大学微电子学院是首批国家示范性微电子学院，肩负着为党和国家培养集成电路领域高素质创新人才的历史使命，承载着早日实现核心技术自主可控的国家意志。近年来，学院紧密围绕学校"双一流"建设目标，推动"三全育人"综合改革，聚焦国家战略和产业需求推进人才培养改革，以"高精尖缺"和"产教融合"为导向，着力在攻关一线和产业前沿培养历练兼具责任意识、奉献精神、家国情怀的高精尖稀缺创新拔尖人才，并着力引导学生投身新时代中国特色社会主义伟大事业，到祖国最需要的地方建功立业。

立德树人 铸魂育人
——复旦大学"三全育人"综合改革案例选编

复旦大学微电子学院(张江)教工党支部和重庆声光电公司
IC 设计部党支部结对共建签约仪式

一、基本概况

2019 年 11 月,学院张江校区教工党支部与中国电子科技集团重庆声光电有限公司集成电路设计部党支部正式建立共建关系。中国电子科技集团(以下简称"中国电科")主要从事国家重要军民用大型电子信息系统建设,重大电子装备、软件、基础元器件和功能材料的研制生产,是中央直接管理的涉及国家安全和国民经济命脉的国有重要骨干企业,是国内唯一覆盖电子信息技术全领域的大型科技集团。重庆声光电有限公司作为中国电科"大国重器"核心基石和军工电子"国家队",以实现声、光、电、磁微系统领域核心元器件技术和产品

树牢国家意识　投身科技报国
——复旦大学微电子学院通过校企支部共建引导学生选择西部国家重点单位就业

自主可控为使命,公司拥有1个国家重点实验室、4个省部级科技创新平台、4个省部级联合创新中心,技术实力处于国内领先、国际先进水平,产品广泛应用于航天、航空、探月等国家重大工程领域。

双方围绕中心服务大局,将人才培养和科技攻关作为共建工作的出发点和着力点,在"三全育人"综合改革框架下,引导教师和学生分别开展"'三全育人'我当先""报国成才我奋斗"实践活动,让师生在对接国家战略的科技攻关一线坚定报国信念,历练过硬专业本领。在各自所属党委的大力支持和悉心指导下,双方整合所在单位的优势资源,发挥科研育人和实践育人功能,实现了对"三全育人"工作内涵的丰富和外延的拓展,取得了初步成效。截至目前,学院相关学科方向教师已申报对方国家重点实验室开放课题10项、重庆声光电有限公司横向课题4项。同时,双方积极探索并初步建立了"三全育人"合力育人机制和毕业生就业绿色通道,通过组织学生赴重庆声光电有限公司实地参访以及参与联合科技攻关等方式,2020年学院定向推荐毕业生20人,其中10人拿到录用通知,因部分学生考研成功,最终有4人签署三方协议正式入职,实现了零的突破。

二、主要做法

在扎实开展支部共建,推动"三全育人"综合改革,引导学生参与西部国家重点单位科技攻关任务并实现就业过程中,重点突出以下三个原则。

(一)党建引领,合作共建

党的领导是中国特色社会主义大学的鲜明特征,也是最大优势。

学院党委着力将党的领导融入和内嵌到办学治院各环节，渗透到基层一线"神经末梢"，聚焦人才培养和科技攻关中心工作，努力以一流党建思政工作引领一流学院建设。在学校"三线联动"立体化党建工作格局下，党支部是学校党组织开展工作的基本单元，也是党在学校全部工作的基础和生命线。党支部应该努力成为宣传党的主张、贯彻党的决定、服务中心工作、团结动员师生、推动改革发展的坚强战斗堡垒。此次与国家重点单位开展党支部合作共建，就是为了进一步强化党支部的政治功能，并着力提升组织力，赋予党支部更多有效的工作抓手，使之成为学院推动改革发展的重要力量。

（二）聚焦中心，直面痛点

当前，制约我国集成电路技术和产业发展的主要问题在于缺乏高层次领军人才和关键核心技术。然而，集成电路人才的培养难度大，培养环境要求高，且需要经历产教融合锻炼，高校现有学科设置和课程体系无法完全适应集成电路高层次人才培养的内在要求。此外，根据最新一期《中国集成电路产业人才白皮书》的统计数据，全国高校仅有19%相关专业的毕业生最终进入集成电路行业，且大多集中在长三角等发达地区，我国集成电路人才缺口巨大，区域分布也不合理。此次合作共建，正是双方聚焦人才培养这个核心问题，直面集成电路人才供给侧结构性改革痛点的一次有益尝试，通过深化产教融合，促进教育链、人才链与产业链、创新链的有机衔接。

（三）创新机制，务求实效

党支部合作共建要取得实效，除了双方思想认识上的重视和共识，还需要建立一套以目标为导向的工作机制。为此，双方站在治理能力现代化建设的高度，积极探索完善治理体系。一是建立灵活的沟通会商机制，双方通过召开专题组织生活会等方式，定期沟通推进合作共建工作。二是建立科技攻关项目组织遴选机制，双方抽调专家共同组成项目评审委员会，坚持国家战略导向，引导师生聚焦"卡脖子"问题，以"集团军"模式组织实施攻关项目。三是建立毕业生就业绿色通道机制，双方采用定向推荐、线上面试等方式简化招聘流程，对于参与过合作攻关项目并表现突出的学生给予免试录用资格。

三、体会启示

在总结合作共建初步成效的同时，我们有以下几点思考体会。

（一）合作共建强化了党建工作围绕中心服务大局的政治功能

当今世界正处于百年未有之大变局，党和国家事业发展对教育的需要、对科学知识和优秀人才的需要比以往任何时候都更为迫切。加强党对高校的全面领导，必须把党的政治建设摆在首位，牢固树立党的一切工作到支部的鲜明导向。当前，推动"三全育人"综合改革和关键核心技术攻关是学院的两大核心任务，也是全院师生党员践行"两个维护"的最大实际行动。可以说，此次合作共建抓住了推动学院改革发展的"牛鼻子"，为教职工党支部更好发挥政治功能提供了有效载体。

（二）合作共建破解了学生选择西部国家重点单位就业的工作难题

近年来，学院党委始终将国家意识贯穿学生思想政治和生涯指导工作全过程，全力实现毕业生充分、高质量就业。然而，如何引导毕业生选择西部国家重点单位就业一直是个工作难题。通过开展合作共建，增进了教师和学生对西部国家重点单位的了解和认同，通过参与合作研究项目，进一步激发了学生的报国之志，这让我们找到了一条精准输送毕业生赴国家重点单位建功立业的有效途径，有利于为国家集成电路技术研发和产业布局提供更加有效的支撑。

（三）合作共建丰富了"三全育人"综合改革试点工作的内涵外延

"三全育人"综合改革是加强和改进新形势下高校思想政治工作、全面落实立德树人根本任务的战略举措。贯彻"三全育人"要求，要激发全员育人的主体活力，全方位覆盖育人空间场域，统筹各方育人资源和育人力量，实现协同协作、同向同行、互联互通。此次合作共建，充分融合了高校和国家重点企事业单位的育人资源和力量，有效拓展了合力育人的场域空间，切实激发并提升了教师的育人能级，贯穿了人才培养及输送全过程，是依托教职工党支部落实"三全育人"综合改革试点工作的一次生动实践。

新时代是催人奋进的时代，也是大有作为的时代。只要我们坚持以习近平新时代中国特色社会主义思想为指导，在关键核心技术攻关新型举国体制的制度优势保障下，深入落实立德树人根本任务，为党育人、为国育才，自力更生、艰苦奋斗，就一定能够源源不断地为国家解决集成电路领域"卡脖子"问题输送急需人才，为实现中华民族伟大复兴作出无愧于时代、无愧于人民、无愧于历史的贡献。

（执笔人：艾竹）

传承革命红色基因
用红色文化铸魂育人
——以"让烈士回家"革命烈士精神
学习宣传系列活动为例

一、基本概况

复旦大学在全国高校中红岩革命烈士最多。学校传承发扬红岩精神,用红岩烈士的革命精神和先进事迹教育感染学生,发挥红色文化铸魂育人作用。2019年清明节前夕,复旦大学和中共重庆市委宣传部、上海市委宣传部联合举办"让烈士回家"革命烈士精神学习宣传系列活动,通过"讲+展+演"多种形式结合,让师生再次全面接受革命精神洗礼,进一步弘扬爱国奋斗精神,建功立业新时代。

二、主要做法

(一)举办专题报告会,讲好红色故事

邀请重庆红岩联线文化发展管理中心党委书记朱军做"弘扬红岩精神、传承红色基因"专题报告,从红岩精神产生的时代背景、主要

培育者、丰富精神内涵、重要地位和重大作用五个方面进行了阐释，为师生详细介绍红岩精神的核心内涵和时代价值。朱军表示，红岩是挖不尽的精神宝库，红岩有讲不完的英雄故事，红岩更赋予我们实现梦想的强大动力。

邀请重庆红岩革命历史博物馆金牌讲解员讲解先烈精神，金牌讲解员刘帅、卢叶、古越组成的红岩故事宣讲团，以配乐故事会的形式，讲述胡其芬、王朴、陈以文三位复旦红岩英烈的感人事迹。以"光荣的儿子、伟大的母亲"为题，讲解员刘帅讲述了烈士王朴和母亲金永华的故事。"我们的革命者是在狱中等死吗？他们是否想过越狱？"讲解员卢叶用烈士胡其芬的故事作了回答。一位文弱的知识分子，如何成为"共产党里的神行太保"？讲解员古越讲述了烈士陈以文的事迹。三位讲解员表示："今天，我们将烈士们的故事带回复旦，就是想以这样一种特殊的形式送烈士回家、送烈士的精神回家。"低缓哀伤的音乐、饱含深情的讲述、刻骨铭心的故事、英勇不屈的红岩精神令在场师生深受感动，故事会结束时掌声雷动，经久不息。

邀请烈士家属讲述先辈事迹，王朴烈士儿子王继志先生代表父亲回到母校，讲述父亲王朴至死不渝的革命精神、红色信仰和复旦情怀。"今天，我代表去世70年的父亲回到了母校！我父亲只活了28岁，考取复旦大学是他人生中的一个重要转折点！"烈属代表王继志在发言中表示，父亲王朴在母校复旦大学接受了进步思想的洗礼和淬炼，为了信仰和主义，在生与死的面前选择死，掷地有声地讲道："这是什么精神？是党的红色精神，是复旦精神！"

（二）策划专题展览，营造红色氛围

在学校各校区，全覆盖开展宣传活动。以橱窗展和特展相结合的

传承革命红色基因　用红色文化铸魂育人
——以"让烈士回家"革命烈士精神学习宣传系列活动为例

档案馆线上复旦英烈展

方式，打造沉浸式专题展览，在四校区文化之窗布设"复旦大学红岩英烈展"，在主校区光华楼志和堂布设"复旦大学和上海籍红岩英烈展"。结合融媒体技术，打造线上展览。制作题为"共和国不会忘记——复旦大学红岩英烈事迹展"的网上烈士墙，拍摄《传承是最好的纪念》纪念短片，全方位、多渠道向师生展示烈士精神；在学校微信公众号和院系微信公众号联动发布《我们不会忘记！复旦10位红岩烈士回家了！》等推文，形成了一呼百应的宣传矩阵。结合主题党日、团日等活动，全校开展"看主题展览，学革命精神"学习活动。组织学生志愿讲解员，为校内外党支部、中小学、群众团体，以及个人自发参观提供讲解。据不完全统计，志愿者们共为300余支团队5 000余人进行了观展讲解。

（三）组织话剧演出，传播红色文化

重庆话剧院送演出进校园，在相辉堂举办《红岩魂》话剧演出，

为全校师生连演 3 天,在学校产生广泛影响。话剧根据厉华《红岩魂形象报告展演》改编,以女大学生小周为了完成"狱中八条"的毕业论文,在歌乐山烈士墓采访"11.27"大屠杀的幸存者"张爷爷"为引子,围绕"《挺进报》事件"展开,用 5 个"温暖"的故事串联全剧,艺术再现刘国鋕、王朴、陈然、"小萝卜头"、江竹筠等年轻的英雄群像,通过同龄人的视角,让当代青年走进英雄群体的内心世界,感受他们的奋斗历程和革命信仰。通过话剧这一艺术形式,师生们走进红岩英烈的内心世界,感受他们的奋斗历程和革命信仰,进而坚定理想信念,厚植爱国情怀,沿着先烈用鲜血和生命铺就的民族复兴之路接力奋斗。

三、活动成效

"让烈士回家"活动在师生中引起热烈反响。在"让烈士回家"活动启动仪式上,2014 级本科生吴松阳作为学生代表发言,他表示,正是从小就耳濡目染的红岩精神鼓励着他选择了临床医学专业,来承担自己的社会责任,实现自己的家国情怀。经济学院研究生郭彦宏同学讲道:"听着讲解员读出王朴烈士给家人写的信和今天王继志老先生的发言,我深受感动。为了信仰将生死置之度外,这种精神对于我们青年学子来说很值得学习。"

在话剧《红岩魂》演出结束后,观众报以持续热烈的掌声。社会发展与公共政策学院 2017 级学生李彤说,"刘国鋕烈士在狱中拒绝脱党的坚守让我非常感动"。年过七旬的复旦大学原物资处办公室主任贺爱珍表示,《红岩》小说她非常熟悉,但通过话剧走近烈士的内心世界尚属首次,"演员演技精湛,为我们呈现了一场富有教育意义的舞台剧作"。"复旦大学和上海籍红岩英烈展"吸引了众多校内师生、校外市民等群体参观，师生观展后表示："应该传递红岩精神的正能量，发扬红岩精神，让更多的群众了解红岩烈士的事迹，将这样的正能量世代传承。"

这项活动在社会上也引起热烈反响，吸引数十家媒体关注。中央、上海及重庆主要媒体刊发（播）活动报道共 46 条。其中，新华社、中央电视台、中央人民广播电台、《光明日报》均对活动进行大篇幅报道，除活动报道外，《解放日报》等媒体还对复旦红岩烈士事迹史料进行深度挖掘，在清明之际，在全社会形成了铭记英烈事迹、传承英烈精神的氛围。

（执笔人：李子凡）

传承红色基因
培养"宣言精神"忠实传人

——以复旦大学任重书院为例

一、基本概况

复旦大学 115 年的建校史上曾留下无数先贤动人的故事,特别是马相伯、李登辉、颜福庆、陈望道、谢希德五位老校长为复旦大学以及中国高等教育的发展、民族复兴作出了重要的贡献。为此,复旦大学于 2005 年成立的五个书院分别以这五位老校长的名或字来命名。

经过 15 年的积累,各书院围绕复旦大学校史教育、红色基因传承、复旦精神弘扬,逐步形成了经典读书计划、四月追风、实践考察、文创大赛、大师剧等一系列深受学生喜爱的品牌活动。其中,任重书院(以陈望道的字命名)重点挖掘老校长陈望道的故事和精神,发挥人文学科优势,引入专业教师带领同学学习宣言文本和了解望老生平;通过自编自导自演《陈望道》大师剧,使更多复旦学子融入其中,亲身体验感知"望道"精神;借助社会实践和志愿服务,实地考察望老家乡,服务望老故居;丰富校园文创设计产品,充分融合老校长文化元素,提升整体设计水平。通过以上努力,推动复旦学子人人参与，了解"望道"精神与《共产党宣言》的故事，了解复旦大学校情校史，体悟复旦大学的传统和精神，做好《共产党宣言》精神的忠实传人，努力溯信仰之源，传承红色基因。

二、主要举措

（一）宣言文本人人学

书院为师生互动交流搭建了良好的平台，促进了第一课堂、第二课堂良性联动。2018—2020 学年度，书院共举行各类师生交流活动 2 860 场次。2020 年春季学期，受疫情影响，由书院导师承担阅读指导的"经典研习""读书小组"活动改为线上进行，书院师生微读书和"云上书香"系列活动火热开展。历年来，经典读书小组围绕《共产党宣言》的文本学习组织了多次交流。中文系霍四通教授带领学生走入《故事、传奇和史实——老校长陈望道首译〈共产党宣言〉的前前后后》，哲学学院鲁绍臣教授带领学生共同阅读《共产党宣言》原著，真实感知马克思和恩格斯的思想和诉求。复旦大学档案馆、中文系和任重书院主办"追望大道、坚守信仰——纪念陈望道先生座谈学习会"，邀请中国修辞学协会会长、望道先生弟子陈光磊教授，中文系霍四通教授，共同探讨老校长的人格魅力与历久弥新的精神品格。

（二）望老话剧人人看

自 2017 年以来，书院相继推出《马相伯在 1913》《陈望道》《巍巍学府》《谢希德》四部大师剧，于每年迎新季面向新生演出，2017 年以来累计观剧人数共 8 000 余人次。老校长系列大师剧将校史教育、复旦精神和大师精神等思政教育元素融入其中，书院师生在自编、自

立德树人 铸魂育人
——复旦大学"三全育人"综合改革案例选编

书院学子自编自演老校长大师剧《陈望道》

导、自演的过程中，受益良多。

作为新生入学教育的一部分，原创老校长大师剧不仅有助于新生第一时间了解复旦大学历史和光荣传统，直观感悟复旦精神，切实提高爱国荣校教育的有效性，而且还有助于增强书院文化认同感和归属感，学习师道先贤，恢廓校风学风。原创话剧这一思政教育形式深受学生欢迎，创造性地将德育与美育结合起来，并最大范围地动员了师生参与。鉴于大师剧学生演员流动性较大的特点，书院成立了话剧训练营，为演员开设校史讲座、形体指导和表演实践等培训课程。任重书院还依托"导师去哪儿"活动，组织师生和剧组成员前往望老家乡义乌市，走进望老故居，追思望老遗风。同时还抓住一切锻炼机会，让剧组成员开展表演实践。先后参与了东方卫视《闪亮的名字》节目录制、思南书局《共产党宣言》诵读会、上海市教卫党委"伟大工程"示范党课之"真理之甘·信仰之源——《共产党宣言》及其首译者陈望道映射的初心与使命"等活动，在校内外获得了一定的影响力。2020年是老校长陈望道翻译出版《共产党宣言》首个中文全译本100周年，大师剧《陈望道》被列入学校"红色基因铸魂育人工程"，借此契机，任重书院整体提升该剧的专业性和艺术性，并赴望老家乡义乌演出，扩大望道精神的社会影响力。

（三）宣言故事人人讲

任重书院每年都会举办"四月追风"老校长追思系列活动，组织师生前往福寿园为老校长扫墓，通过微信公众平台系列推送望老的事迹。2020年正值《共产党宣言》中文首译本问世100周年，书院采取了形式更加丰富的特色做法，提升线上线下的育人效果。将《共产党宣言》故事传播、《共产党宣言》主题教育、《望道》话剧招募等工作融入追思活动，邀请书院师生撰写和朗读陈望道老校长翻译《共产党宣言》的有关文章、报道、故事等，选取任重书院《望道》话剧中关于翻译《共产党宣言》的片段制作微视频，发动同学创作望道故事的手绘与漫画作品、发布《共产党宣言》手绘微视频和《望道》漫画，邀请任重书院师生诵读学生自创诗歌《望道先生赞》，礼赞先生光辉的一生。通过讲述、表演、绘画、诗诵四种形式，全方位演绎望老与《共产党宣言》的故事，做到"绘声绘色"。

（四）"宣言精神"人人传

有了对宣言文本的学习、望老话剧的观摩和宣言故事的讲述，任重书院进一步营造氛围，广泛开展了相关的文创产品设计及制作，精美且富有创意的周边产品深受同学们的喜爱，也进一步巩固了前几个阶段的教育成果。

2019年任重书院新增成立了书院文创中心，以传承和弘扬复旦大学老校长陈望道精神、打造书院特色文化为宗旨，开展原创大师剧《陈望道》、书院文创大赛等品牌活动，并策划组织望道旧居志愿讲解、祭扫陈望道墓、参观相关文化地标、编辑出版特刊、创作书院特色文创产品等活动。

任重书院师生设计的望老相关文创产品——墨水红糖

书院举办文创设计大赛,鼓励学生将陈望道老校长的故事和精神与学习、生活、历史事件等主题相结合,从实际出发,对复旦精神和老校长精神有更好的诠释。学生以《共产党宣言》翻译故事、旧居、复旦大学校门、望道先生字及笔名等元素,设计了陈望道故事系列明信片;把老校长图片与任重学子生活相结合,设计了金句系列卡套;以吃墨译书轶事、代表性译著、生活旧迹及复旦大学望道元素等为内容,设计了文化伞等。

三、体会启示

书院就老校长文化育人体系形成了一套完整且具有特色的做法——以大师剧为特色,以清明节"四月追风"活动为时机,以文创周边设计为延伸,以实践体验为拓展,最大限度地让书院师生沉浸到陈望道老校长的精神世界中，增强思政教育的互动性，效果显著。书院大师剧的特别之处在于这是复旦大学老生给新生献上的一份精神食粮，是一部学生演给学生看的大戏。大学精神的代代相传，在大师剧的组织和演出中表现得淋漓尽致。不少同学还当场表示希望明年自己也能加入大师剧中，不管是作为演员还是一位志愿者。

总体而言，书院以老校长文化为重点开展的思政教育工作是协同的，不是孤立的；是创新的，不是守旧的；是互动的，不是单向的。在富含人文气息的教育活动中，书院营造了浓郁的文化艺术氛围，形成了良好的校风学风，真正有效地促进了"人人学习知晓宣言故事，人人观摩《望道》话剧，人人追思望道校长，人人传播'宣言精神'"，为其他学校及书院开展相关的思政教育活动提供了具体且富有可操作性的借鉴。

（执笔人：周缨、郑毓文）

立德修身　知行合一
——复旦大学以书院为依托构建传统文化育人体系

一、基本情况

复旦大学历来重视中华优秀传统文化的培育。近年来，以"三全育人"为指导思想，依托人文学科和书院平台的优势，构建了以立德树人、知行合一为内核的传统文化育人体系，搭建了包括通识课程、服务学习课程、研修游学、大型活动、讲座沙龙、研习营、工作坊等在内的多种形态载体的育人平台。总体而言，书院的传统文化教育在育人体系、内容建设和品牌活动三个方面做了积极而有效的探索，成效初显。

二、举措与做法

（一）顶层设计，整体规划，构建多维传统文化育人体系

在学校党政领导的关心指导下，加强顶层设计，注重整体规划，相关部处、院系、科研单位统筹推进，形成了师生员工广泛参与，党、政、工、团齐抓共管的文化育人工作格局。书院以弘扬中华优秀传统

文化为己任，坚持"以文化人，以文育人"的浸润式教育，依循"学、思、践、悟"的学习路径，让学生在亲身感受传统文化的过程中修身养德，培育中华文化修养与核心价值观。

一方面，书院依托导师和学生组织形成深度互动纽带，加强师资的专业性。通过"请进来"的方式，让学生在校内有机会接触高水平专家、学者，在校内外导师指导下了解、体验、感悟优秀传统文化的魅力，树立主动保护、传承、创新文化的自觉，提升文化自信。

另一方面，书院依托线上线下空间着力营造传统文化氛围，突出教育的生活化。书院精心研究和设计住宿空间的建筑结构和功能，为中华优秀传统文化教育提供硬件空间保障。书院楼门挂有匾牌和楹联。每个书院设立"学而时习斋"，内设藏书阁、阅览室、研修室、导师谈心室、健心房、书画研习室、茶道馆等各类功能性用房，并且依照传统的中式风格来进行布置，营造中华传统文化的氛围，使得生活在其中的学生受到潜移默化的文化熏陶。书院建有各类公共空间180多间，面积达3 500平方米，为活动开展提供了空间保障。"书院在复旦""园园在复旦"以及五个书院的公众号形成合唱式宣传，为传统文化网络育人搭建了平台。

（二）点面结合，知行合一，构建丰富的传统文化内容版块

书院传统文化育人内容涵盖理论、书画、篆刻、民乐、戏曲、太极、汉服、民俗、茶道、陶艺等，特别着力在文化理论、京昆艺术、书画篆刻等传统优势领域。

1. 文化理论与基因的厚植

书院传统文化培育注重文化理论的学习与文化基因的厚植。书院依托学校人文学科优势，积极推动中华优秀传统文化纳入教育教学，开设中华

优秀传统文化通识选修课程和讲座报告,在哲学社会科学及相关学科中增加中华优秀传统文化的内容,推荐阅读中华优秀传统文化经典。开设了"文史经典与文化传承"等82门选修课。将通识教育课堂打造为激活传统文化的有效渠道,使深厚的中国传统文化为通识教育"输送养料"。

2. 京昆艺术的传承与弘扬

京昆艺术是中华民族文化的精髓,学校近年来大力推动高雅艺术进校园,通过课程教育、社团培育、专题演出、合作交流、服务社会等在校园中进一步弘扬京昆艺术文化,不断深化推动京昆艺术普及教育。书院加强与社团合作,每年的书院传统文化月活动都邀请京昆艺术名家进书院,为学生带来饕餮盛宴;并积极推动与香港中文大学和声书院的京昆艺术展演活动,促进文化交流。

3. 书画篆一体的培育与创新

复旦大学历来具有研习书画篆的良好传统,文人书画名家辈出。

复旦大学焦扬书记与师生在书院空间共同钤印校训章

1978年成立书画协会，由专业教师指导；2012年成立大众印社，倡导篆刻艺术紧跟时代步伐，从"小众欣赏"走向"大众艺术"。近年来，学校依托人文学科优势，积极发挥校内外书院导师的引领作用，加强培育指导；通过传统文化空间"筑巢引凤"，重点扶持书画篆刻类社团发展，在学生公共空间定期开展书画篆研习营，加强跨平台师生交流；通过举办师生书画篆教育成果展和作品展，为师生书画篆作品提供研习、展示和交流的综合性平台，进一步推动了学校书画篆刻文化培育和传承基地的建设。

（三）多元载体、凝心聚力，打造传统文化育人品牌

将修身养德与文化育人相结合，将研习传承与文化自信相结合，通过系列传统文化育人品牌，把学生培养成为具有"中国心""中国魂"的社会主义接班人。

1. 传统文化教育纳入本科通识教育体系

自2017年年底开始，复旦大学通识教育中心建设了"通识游学"课程，整合校内外资源，改变传统教学模式，更加注重课程的开放性、跨学科性、研讨性。目前已经开设"中华传统文化与古代书院""探寻中华文明之源""溯源中国史学精神""何处是江南"四条游学路线，共计有440名学生及20名教师共同参与。

2. 依托经典读书计划打通传统文化育人第一第二课堂

2006年起，学校启动了"经典读书计划"，每年向全校师生征集和推荐一批中华优秀传统文化典籍，并邀请相关领域专家学者举办读书会、报告会，以"一书一师一小组"的形式由导师带领学生开展读书小组活动，研读原典。平均每年组建《韩非子》《三国志》《庄子》《荀子》等经典读书小组55个，吸引近700名学生参与。

3. 依托书院开展贯穿全年的传统文化月（季）系列活动

在任重书院传统文化月基础上，自 2017 年起开展全校性的传统文化主题活动，上半年 4—5 月为传统文化月，下半年 10—12 月为传统文化体验季，涵盖文化精粹、民乐鉴赏、书画导览、工艺体验、太极游艺和民俗文化六大板块，涉及讲座沙龙、艺术鉴赏、体验教学等形式，与第一课堂同频共振，让学生能够近距离了解、体验、感悟优秀传统文化。2020 年 5 月受疫情影响，书院将传统文化月改为线上教育活动，相继开展梨园戏曲云课堂、书画篆刻云展览、太极游艺云体验和美学生活云竞赛等活动。

传统文化月举办京剧体验课

4. 依托书院开展知行合一传统文化体验与教育实践

依托通识教育课程和游学，将"读书"与"行路"有机结合。依托书院服务型课程，鼓励学生在导师指导下，走向农村、走向社区、走向学校,以己所能,传播传统文化,服务社会与地方政府。在福建宁德市屏南县打造前洋书院教育实践基地,创新融"教学实践"与"社会服务"于一体的新型文化体验课。依托书院"导师去哪儿""明趣游艺"等师生交流品牌活动,鼓励导师带领学生走出校园,走进博物馆,依托器物开展场景教学和体验教学。

书院师生在茶经与陶艺文化体验课上制作陶器

目前,书院传统文化教育成效初现:(1)教育课程有深度。自2006年实施"经典读书计划"以来,老师带领学生阅读书目400余种,累计组建了近850个小组、近9 000人次参与到活动中。(2)教育活动有广度。教育内容已涵盖文化精粹、民乐鉴赏、书画导览、工艺体验、太极游艺和民俗文化等传统文化各个领域,每年开设50余场讲座、展演和体验课,覆盖1万余名在校大学生参与,在校内具有广泛的影响力;大型讲座论坛还同时向广大校友和社会辐射,收看人数相当可观。(3)教育形态有温度。名家大师的风采、专家学者的风范、书院导师的人格魅力,潜移默化浸润学生的心灵,为社会主义核心价值观的落细、落小、落实提供了践行的可能。

三、经验与启示

书院是落实立德树人根本任务的重要阵地，是推进"双一流"建设、深化本科教育改革、提升人才培养质量的重要育人空间和环节，作为学校德、智、体、美、劳全面培养体系的重要平台，也是深化"三全育人"综合改革的重要抓手。下一步，应全面提升书院育人能级和效度。

在体制机制层面，依托书院制教育提升高校现代化治理水平，构建具有中国特色的书院教育体系。党的十九届四中全会提出了治理能力现代化这一重大命题，同时现代大学的书院制教育也应积极传承中国书院文化的精髓，弘扬优秀中华传统文化，以社会主义核心价值观为引领，着力探索具有中国特色、学校特点的现代大学书院教育。一方面充分发挥党建在书院中的引领工作，加强书院教育的政治引领；另一方面以制度建设和制度创新为核心，加强书院体制机制的完善，充分发挥各部门的协同作用，加强总体设计、资源整合、统筹协调，打通第一课堂与第二课堂的教育，依托书院，加强跨学科交流、跨院系合作、跨平台融合，实现知识育人、文化育人、实践育人和环境育人，构建起各部门协同的全员全过程全方位育人新格局。

在内容供给层面，依托书院制教育构建全面培养的育人体系，促进学生综合素养全面提升。书院是全面培养体系的重要一环。在促进学生全面发展方面，书院具有综合性的优势。因此，应进一步以学生发展为中心，依托书院构建起较为系统的全面培养育人体系。"全面"有三层含义：一是体现在教育内容体系的全面多元，即为学生的全面发展、成长成才提供全方位的指引；二是体现在教育对象体系的分层分类，即结合学生不同阶段的成长规律实施分层分类教育，充分激发学生潜能，实施精细化、个性化的书院教育；三是体现在教育过程体系的闭环管理，即构建集教育、反馈、评价机制等为一体的书院教育。

在落地落实层面，依托书院制教育将资源压实聚焦到学生一线，构建师生共建共享的学术文化生活共同体。教育部下发的《深化本科教育教学改革　全面提高人才培养质量的意见》，提出要"积极推动高校建立书院制学生管理模式，开展'一站式'学生社区综合管理模式建设试点工作"。这为书院未来的发展提出了更高的要求，同时也指明了前进的方向。学校将依托书院平台，把教育资源压紧压实到学生一线中去，从软硬件等多个维度着手，以智慧书院建设为契机，为本科生提供一流的书院成长体验，让书院真正成为师生共建共享的学术、文化、生活共同体。

（执笔人：周缨、王懿）

"三结合"提升实践育人水平

——以复旦大学"看需求、悟变化、讲担当"社会实践活动为例

社会实践是连接学校与社会之间的重要桥梁，是青年学生受教育、长才干的重要方式。党的十八以来，总书记多次强调实践在青年成长成才中的特殊意义。学校也始终高度重视，并通过调研、座谈等多种形式掌握学生社会实践基本情况与提升难点，努力让青年学生在实践中增益其所不能。尤其是2019年以来，学校不断统筹校内外资源，努力对接国家战略和地方需求，进一步将实践育人同专业课实践教学、社会实践活动、创新创业教育、志愿服务等载体有机融合，已经初步形成具有复旦特色的实践育人体系。其中，"看需求、悟变化、讲担当"学生社会实践活动正是品牌项目之一。在连续五年的实践开展中，我们努力将实践与学习宣讲相结合、与国情教育相结合、与服务社会相结合，不断提升实践育人水平，取得了良好的效果。

一、基本情况

2017年，党的十九大胜利闭幕后，学校党委决定以"看需求、悟

变化、讲担当"为主线，每年聚焦特色主题，开展社会实践教育活动。2017年至今，学校分别以"献礼十九大、青春颂新篇""心怀中国梦想、践行使命担当""我和我的祖国""学习百年党史、传承红色基因"等为主题，让复旦青年学子的足迹遍布960万平方公里的中华大地，成为关注社会民生、中国力量、国情世情的重要力量。据不完全统计，近5年，有超过10万人次通走访调研、志愿服务、实习实践等形式深度参与其中，为国家重点行业、基层社会、政府机关、企事业单位等贡献智慧成果上万条，成为推动全校实践育人工作的重要平台，也成为培养学生社会责任感和担当意识的重要抓手。

二、主要举措

（一）与学习宣讲相结合，强化理论武装

把社会实践活动作为一次生动的思想政治教育，组织博士生讲师团开展"不忘初心、与国同进"主题宣讲，奔赴全国多地基层社区，向基层干部和群众宣传党的理论，引导青年学子通过学习交流和理论宣讲，在提升自身理论水平的同时，努力成长为习近平新时代中国特色社会主义思想的坚定信仰者、有力传播者、忠实践行者，累计举办巡讲20余场，听众超过2 600人次。组织研究生骨干暑期读书班，赴河北石家庄开展研习活动，通过实地考察、情景教学、读书分享会等形式，引导学员学懂弄通经典著作，提升思想理论水平，强化理想信念教育。围绕"怀着崇敬之心来、带着沉甸甸的思考走"的学习实践目标，结合实践活动所见所闻，分别举行"不忘初心、继承精神""中共中央在西柏坡指挥的重大战役""新时代下如何做一名优秀的共产党员"专题汇报，引导学员在深入交流中用情体悟、用心思考。

（二）与国情教育相结合，亲历祖国繁荣

紧紧围绕新中国成立 70 周年，将国情教育实践与专业学科特色相结合，开展"我和我的祖国"系列实践活动，组织师生深入长三角经济带、粤港澳大湾区、四川凉山州等地进行国情考察和田野调研，引导学生感知祖国发展变化，坚定"四个自信"。发挥专业优势，拓宽资源平台，开展特色化国情教育实践，如新闻学院组织"回首来时路，开启新征程——庆祝新中国成立 70 周年大国工程走访实践活动"项目，聚焦烟（台）大（连）海底隧道、琼州海峡跨海通道、贵州特大桥等大国工程，采访报道相关主题，记录新中国经济社会建设的伟大成就；经济学院开展"国际视野下的中俄贸易"实地调研，从木材贸易和零售业角度对比研究中俄贸易的历史发展，审视新时代中俄贸易的地位和作用，加深对中国改革发展的研究和把握。

（三）与服务社会相结合，勇担时代责任

将社会实践向重点地区和基层一线倾斜，鼓励学生担当责任，将课堂知识转化为服务国家和区域经济社会发展的实际行动。巩固支教支医成果，探索建立对重点地区开展针对性、长效化、可持续的帮扶模式，如博士生医疗服务团前往陕西、湖南和甘肃进行医疗卫生状况调研、下乡义诊、手术示教、临床病例示教等工作；数学科学学院持续开展专题支教调研项目，深入甘肃牧区了解实际生产生活情况，调研区域发展需求，探寻高效可行的教育发展模式。创新实践内容和形式，引导学生以所学知识为国家发展和社会进步贡献青春力量，如生命关怀协会组织队伍前往湖南、四川和宁夏等地，对当地学生进行基础教育与生命教育，激发学习兴趣、挖掘青少年潜能，培养健康身心；

"三结合"提升实践育人水平
——以复旦大学"看需求、悟变化、讲担当"社会实践活动为例

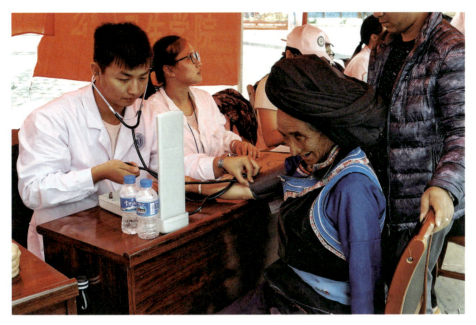

健康中国西部行,公卫学子下基层

文物与博物馆学系聚焦瓷都景德镇文化创意产业,通过走访调研当地文化产业各个部门,探索政府主导、政策支持、市场支撑下的文化创意产业平台建设,为讲好文物故事、推动文化产业创新发展提出思路见解,助推当地产业发展。

三、思考启示

社会实践是学生在基层农村和各行业一线"受教育、长才干、作贡献"的有效途径,要通过创新体制、整合资源、拓展渠道、营造氛围等方式不断提升社会实践的育人能级。在未来的工作开展中,我们有以下几点思考。

第一,进一步发挥组织优势,不断扩大参与基础。要进一步调动

各基层党团组织的力量，发挥组织优势和思想引领的教育作用，充分激发团支部活力，发挥团支部在实践选题、立项发动等方面的组织优势和政治功能，鼓励青年学子在社会实践中付出心血与劳动，坚定理想信念，增强爱国情，树立报国志。

第二，进一步发挥联动优势，不断加强资源对接。对于校内而言，继续完善校院两级管理机制，确保对实践项目进行全方位管理与指导，同时做好组织、资金、实践指导等方面保障工作。两级共同加大投入，加强人力经费保障，鼓励师生合作，支持学生参加有深度的专业性社会实践。对于校外而言，更加注重与重点行业、基层单位等的合作，鼓励学生对重点行业（相关科研院所、企业机构）和基层一线进行深入调研，通过多种形式在社会实践中感知新时代，感知民生百态，增强历史使命感和社会责任感，做到知行合一。同时，鼓励学生到祖国经济发展的前沿阵地去参观、调研、学习，到脱贫攻坚一线和农村地区开展调研考察。

第三，进一步发挥平台优势，不断融入青年发展。把握共青团联结青年、服务青年的平台功能，深度把握青年长期发展需求，不断从实践形式与内容等多方面加强创新，逐渐增强社会实践对青年学生的吸引力和推动力。同时，把握学校综合学科平台优势与传统育人平台优势，继续围绕国家和社会发展，依托教学实践、国情考察、劳动实践、志愿公益、创新创业和海外实践六大实践育人平台，联结各类学生组织形成一体化实践支撑网络，在更大范围内营造"看需求、悟变化、讲担当"社会实践氛围。

（执笔人：张志强、潘晨）

创新载体　深化协同育人
——以复旦大学安全志愿者队伍建设为例

高校安全志愿服务是推动平安校园建设、保障校园安全稳定的有效力量。新时期，复旦大学坚持立德树人根本任务，探索高校安全志愿者队伍建设的新思路，在"三全育人"总体思路下加强安全志愿者队伍建设，打造品牌活动，强化队员德性教育，创新育人场域环境，深化协同育人。

一、问题思考

复旦大学安全志愿者队伍成立于2009年，是在保卫处指导下依托本科生班级成立的一支学生自主参与校园安全建设的志愿者队伍，成员以院系班级安全员为主，每年补充一次，总人数稳定在300人左右。安全志愿者的主要职责为宣传校园安全知识，完成校园安全调研等。安全志愿者队伍以保护学生财产和人身安全为目标，致力于增强学生安全意识，增强保卫处与班级联系，保证校园安全信息渠道畅通，维护师生校园安全知情权。

长期以来，由于没有形成一定的机制和保障，安全志愿者队伍在开展实践的过程中，以组织常规或日常类活动居多，存在活力不够、知晓率不高、宣传效果未达到最大化等问题。安全志愿者们不知道自己到底要做什么，能够做什么，存在感、归属感、获得感不强，也没有固定的场所可以一起工作和沟通，志愿者队伍进一步发展遇到难题，亟待创建长效的、多样化的、具有文化内涵的安全志愿者队伍建设机制，提高志愿者的参与度和热情，激发学生自我管理、自我创新的热情，并吸引更多的学生加入平安志愿行动队伍，投身校园安全志愿服务。

二、主要举措

（一）加强德性教育，丰富文化内涵

要深入、持久、扎实地推进安全志愿者队伍建设，必须重视文化内涵，制定安全志愿者们共同遵守的规章和准则，规范组织行为，统一思想理念和价值判断。

遵循这一理念，学校着力加强队员德性教育，逐步树立"服务师生、奉献社会"的文化内涵，继承和发扬"平等、互助、奉献、进步"的志愿者精神，在组织内部成员之中牢固树立奉献社会、团结互助的思想观念，以志愿精神为导向，想同学之所想，急同学之所急，摒弃功利主义和其他错误思想，真正发挥安全志愿行动搭建师生桥梁、服务校园安全生活的作用。通过招新、微信推送、团队建设等活动，呈现高度概括的组织精神，将成员有效地团结在一起，吸引大学生带着维护校园安全的责任感和使命感，加入安全志愿者队伍，投身校园安全志愿服务，积极主动参与学校安全管理实务。

（二）加强制度建设，增强组织水平

2018 年，上海市教育委员会决定组建上海市大学生平安志愿者行动总队。复旦大学作为理事会成员单位，起草制定了《上海市大学生平安志愿者总队章程》（以下简称《章程》），对平安志愿者队伍的任务、职责、架构、组织和管理做出详细的规定；构建了组织架构，形成总队第一届领导班子；完成队旗队标的设计。

在平安志愿者行动队的建设以及《章程》的起草过程中，安全志愿者队伍的组织架构、任务、职责和管理等都更加清晰，为软环境的培育打下了制度基础。目前复旦大学安全志愿者队伍设立队长 1 人，副队长 1 人，下设秘书处、宣传部、调研部和培训部，各部分别设立部长 1 人，副部长 1 人。按照部门编写年度工作计划，并推动实施。2019 年，围绕"安全志愿者队伍的文化建设""安全志愿者队伍的品牌建设"开展主题调研并完成课题报告，围绕安全教育培训，开展"民警进校园""急救知识讲座及实操演练"等活动，通过"复旦保保"微信公众号发布各类安全推送 26 条。

（三）创新育人场域环境，深化协同育人

2017 年，学校开始建设"安全志愿者之家"专业化场地，目前在三个校区完成了 4 个"安全志愿者之家"建造并陆续投入使用，保卫处、院系、园区及管委会多方联手，以"家"为中心，开展安全教育，深化协同育人。

安全志愿者之家由安全志愿者全权负责布置和维护，区域划分为日常活动区域、志愿者安全知识讲解区域以及隐患查找区域。依据不同的校区和不同的专业特点，联合院系和校区管委会对隐患查

找区域进行有针对性的布置。例如在以工程学科为主的张江校区，除了宿舍隐患查找以外，还与院系合作成立了实验室隐患查找区域，并和管委会探讨作为宿舍准入和实验室准入的现场考核的可实施性。保卫处与园区合作，安全志愿者之家不限制用途，不设门槛，日常向学生开放，不仅是志愿者的活动据点，也可作为学生休闲及自修场所，向师生宣传安全信息、提供安全服务和安全意识向导，契合平安志愿者"专群结合、以专带群、充分自治、预防为主"的原则。

安全志愿者之家创新了育人场域环境，在为安全志愿者队伍建设解决了专业化场地的需求的同时，也增强了安全志愿者的归属感，让平安的精神和理念在更有效的空间不断延伸，荣获上海市"2019年度高校治安安全示范点"称号。

（四）加强品牌建设，着力实践育人

安全志愿者服务队结合大学生自身的优势和特点，尝试将品牌创建理念引入高校安全志愿者活动实践，增强志愿行动的形象并且稳固志愿行动的持久性。队伍通过"明确组织定位、工作任务和方向—塑造队伍的文化内涵—应用各种有效途径传播内涵价值—筛选符合大学生发展的富有时代特色的活动—活动与内涵相融合—将活动坚持下来—最终树立品牌效应"的七步法，形成长效的、正循环的品牌性的服务体系，不仅提高了志愿服务的质量，也在社会中产生广泛积极的影响，进而促进志愿服务的良性发展。2019年，服务队在上海市"415国家安全教育日"微课程选拔活动中荣获一等奖；在上海市大学生总体国家安全观主题微影视作品征集展示活动中获优秀作品奖；在上海市"安全金话筒"优秀主持人选拔活动中获二等奖。

三、分析与启示

作为德育的一部分,安全教育应将其目标、内容与学生的个性需求和安全学习情境相结合。安全志愿者队伍建设作为一项有益尝试,通过打破校内及高校间组织区隔、创新活动载体、创新场域环境等尝试,提高了学生自身安全防护的能力,提高了维护国家安全的认识,激发了投身社会安全志愿服务的热情。

后期,学校将结合安全稳定的工作主题,立足学生,定期开展工作调研,聚焦安全教育短板弱项,提高安全教育的针对性和有效性,有效建设平安校园,保障校园安全稳定。

(执笔人:王嘉琳)

以劳育德　在后勤体验实践中涵育学生社会主义核心价值观

一、基本概况

习近平总书记在党的十九大报告中强调，"必须坚持马克思主义，牢固树立共产主义远大理想和中国特色社会主义共同理想，培育和践行社会主义核心价值观"。高校肩负着立德树人的根本任务，价值观培育本身就是高校育人的重要命题，作为高校实现人才培养、科学研究和社会服务的必要支撑，高校后勤如何丰富和发挥涵育社会主义核心价值观的功能，是高校"三全育人"的一个重要维度。

大学生在校期间，大部分时间是在宿舍、教室、食堂、体育场馆等公共场所里度过的，几乎所有的行为活动都与后勤工作休戚相关，因而高校后勤在涵育社会主义核心价值观方面具备先天的条件优势。同时，随着物质生活水平的逐步提高，学生越发关注事关切身利益的后勤问题，后勤工作包含着学生最直接最真实的利益诉求和价值愿望，因此，高校后勤在涵育社会主义核心价值观的过程中能够做到贴近性、对象化、接地气。近年来，复旦大学广泛开展各类特色主题实践活动，搭建学生便于参与的体验平台，让学生通过后勤体验，接受锻炼，磨炼意志，强化责任担当，切切实实地感受体认到最光荣、最崇高、最伟大、最美丽的劳动价值，进而尊重劳动、热爱劳动、崇尚劳动，在实践中培育涵养社会主义核心价值观。

二、主要做法

（一）以"后勤体验岗"为载体，丰富"实践育人"和"以劳育德"体系

2012年以来，每年的4月和10月，总务处与学生会联合举办为期两至三周的以"用双手体验辛劳，用心灵服务校园"为主题的学生后勤体验岗活动，组织在校学生参与力所能及的生产和服务劳动，鼓励学生"在体验中感受后勤""在岗位上服务后勤""在参与中优化后勤"。教学楼物业服务体验岗、学生园区事务体验岗、体育场馆管理体验岗、食堂餐饮服务体验岗、绿化保洁体验岗、校园"啄木鸟"巡视岗、垃圾收集分类岗、校车秩序引导岗以及优化升级的食堂学生党员服务窗口等多样岗位构成了第二课堂、社会实践、校园文化多位一体的培育平台，学生身着统一的背心、佩戴统一的袖章，在后勤体验的过程中亮身份、亮形象。学校不断完善实践保障机制，从最初的采用物质和精神双向激励措施，让每位参与后勤体验的学生收获一份纪念品以及由专人记录工作情况反馈的《后勤体验纪念册》，到形成志愿服务长效机制，体验时间达到3小时及以上的学生都能获得总务处与学生会联合颁发的志愿者证书，再到把岗位体验作为思政课程的实践环节，推动后勤体验进课程。在近7年的时光里，累积参与岗位体验学生近3 000人次。

（二）将后勤体验融入课程改革主渠道，强化课上课下联动

总务处与国际关系与公共事务学院合作，将"后勤工作"作为本科生"电子治理"课程的课题研究对象，请选课学生以小组为单位选择任一后勤服务项目，譬如一体化服务平台建设、节能监管等，运用"互联网+"思维和电子治理知识，从用户角度设计完善相关运行方案。涉及相关后勤项目的总务处管理人员作为校内导师，向学生们细说历史、详解背景、公开数据、明晰现状，提供直接指导。如果说后勤体验岗着重让学生理解后勤"是什么"，那么后勤体验进课堂则转向后勤问题背后的"为什么"以及"应如何"。课程采取课前问题搜集、课中现场提问、课后互动交流、课终展示汇报，以问题解析式的方式激活学生，增强后勤工作的接受信度，实现教学与后勤的有效通融，让学生在课堂内外的思考、互动中进行价值体验。

（三）将后勤体验融入学生生活日常，有机结合绿色校园建设，促进协同育人

总务处与党委学生工作部联合开展"卿云森林"建设活动，针对学生个人低碳行为探索建立绿色低碳积分机制，让绿色低碳的观念变成一种可以量化的指标，设置"卿云有知""卿云有行"和"卿云有悟"三个活动模块，让参与的学生从环保理论学习、低碳实践行动和校园节能改进三个层面参与到低碳园区和绿色校园建设中。同学们通过认养种子培育植物、坚持低碳出行每日万步打卡、参与垃圾分类回收和双面纸打印、合理使用空调等电器、投稿校园文明低碳宣传品设计大赛、参与节能讲座、主动传播节能知识、参与节能问卷调研、设

卿云森林

计校内节能方案等方式,累积"碳星",最终排名靠前的学生可以在校园内获得专属的"心愿树"。这不仅让学生自觉践行环保理念,更培养了积极健康的生活方式,达到"思想教育、行为指导、生活服务、文化建设"的目标。

(四)将后勤体验向校友拓展,把涵育社会主义核心价值观延伸到学生毕业后

从学生进校门到离开校园,不仅需要潜移默化、润物无声地把核心价值观渗入在校大学生的心田,更需要学生在毕业离校之后身体力行大力将其推广到全社会。学校将学生后勤体验岗拓展延伸为校园后勤体验平台,总务处与校友会联合举办"情系母校,爱心奉献"系列活动,邀请校友一起参与校园后勤劳动,用双手美化校园,用劳动巩固学校核心价值观教育成果,在校友中得到热烈回应与积极反响。

三、体会启示

（一）劳动育人，激发形成修身律己、崇德向善的道德风尚

从亲身体验到产生认同，从入心入行到产生共鸣，以后勤体验为载体的劳动育人，有效激发了参与学生蕴藏心底的道德意愿、道德情感、道德力量。体验结束后，学生们通过传单、海报、宣传片、签名墙等形式，呼吁身边同学关注辛勤劳作的一线后勤员工，走近这些最熟悉的"陌生人"，敦促周围同学培养良好习惯，从小事、小善做起，多一个微笑，多一声感谢，多一些举手之劳，例如倡议周围同学下课时将垃圾从桌板里带走，让负责清洁工作的后勤员工少弯几次腰，降低劳动强度，并在一定程度上促进清洁效率的提升；号召同学们落实光盘行动，促进就餐文明，自觉按类分放碗筷，为收碗处的后勤工作人员节省75%的时间成本，同时向工作人员主动说一句"谢谢"等等，在校内形成了修身律己、崇德向善的道德风尚。

（二）后勤体验，促进与爱心公益结合，主动弘扬传播正能量

参与过后勤体验岗的学生积极挖掘后勤与爱心公益的契合点，主动传播价值能量，让向上向善向美的良性互动更多涌现。不少学生提出一线后勤员工也是需要关爱的群体，校内学生社团可以从实际出发，因地制宜，为这个群体精心设计开展形式多样的志愿服务活动，丰富后勤员工的日常生活，回报后勤员工的默默奉献，将文化、法律、健康和快乐主动送上门，实现核心价值观教育生活化。"'后勤—学生'篮球对抗赛""食堂影院""工友图书室""义务辅导后勤员工子

女"等活动相继开展,传递友善和谐价值观的暖流。

校园后勤体验平台是学生践行社会主义核心价值观的有效途径,让学生主动参与到后勤服务管理建设中去,以劳育德,在学生中弘扬劳动精神,教育引导学生从当下做起、从自身做起、从点滴做起、从平凡做起,崇尚劳动、尊重劳动,促进学生德、智、体、美、劳全面发展。

(执笔人:周慧凯、王朦琦)

立德树人　节能育人

一、基本概况

习近平总书记指出："一种价值观要真正发挥作用，必须融入社会生活，让人们在实践中感知它、领悟它。要注意把我们所提倡的与人们日常生活紧密联系起来，在落细、落小、落实上下功夫。"社会主义核心价值观并非封闭抽象的概念，而是蕴涵于生活细节里，体现在日常行为中，只有让学生在生活与实践中去体验、去感受，最终才能将核心价值观的要求变成日常的行为准则，进而形成自觉奉行的信念理念。

高校是社会文明的摇篮，是国民教育最重要的组成部分。在高校构建节能文化体系，树立节能意识，强化崇尚节俭的理念，逐步形成文明、节约的行为模式，具有重要且深远的意义。近年来，复旦大学广泛开展各类节能环保特色主题实践活动，让学生从中深刻理解节能低碳绿色环保的基本内涵，教育倡导学生从当下做起、从自身做起、从点滴做起、从平凡做起，拓展学生践行节能环保行为的有效途径，在学生中弘扬节能环保精神，教育学生在日常学习生活中培育和践行社会主义核心价值观，踏踏实实修好品德，成为有大爱大德大情怀的人。

二、主要做法

（一）绿色融入课堂教学

在本科通识教育核心课程六大模块中专设"生态环境与生命关怀"模块，开设可持续发展导论等公共课程，聘请校内外专家、学者和专业人员举办节能法律法规、科学知识等方面的科普讲座和主题沙龙。

（二）绿色融入日常生活

2012年，学生生活园区建立"低碳公益站"，开展"绿植换换换""单面纸"回收打印等活动；2013年园区开始推进"零排放"寝室创建活动，学生们在"碳汇存折"上记录每周"碳排放"，第一期36个寝室用电量下降25%，第二期81个寝室用电量平均减少1/3，第三期218个寝室每日节电1.03度，节电37%；学校专设"低碳公益基金"，学生只要回收5 000个饮料瓶就可以资助山区孩子上学一年。2017—2019年连续三年开展"卿云森林"建设活动，针对学生个人低碳行为探索建立绿色低碳积分机制，让绿色低碳的观念变成一种可以量化的指标，通过"卿云有知""卿云有行"和"卿云有悟"三个模块，让参与学生从环保理论学习、低碳实践行动和校园节能改进三个层面参与到低碳园区和绿色校园建设中，最终排名靠前的学生还在复旦大学校园内获得专属的"心愿树"。"碳积分"从一种情怀变为普及，从一个活动变为一种生活方式。

（三）绿色融入科研实践

通过莙政学者项目、望道学者项目、曦源项目、创新性实验计划项目等，为环保类学生社团提供技术指导、资金支持、活动场地，鼓励学生开展节能环保科研实践。学校能源协会、能源研究中心历时五年，利用节能监管平台采集的数据，联合发布了《复旦大学温室气体清单研究》，提出复旦大学"碳中和"行动目标与路线图。依托环境科学与工程系等相关科研机构，积极扶持并开展有关节能环保等重大理论和现实问题研究，其中"地方环境保护与生态建设"系列规划课题为上海宝山区，宁波市宁海县、余姚市、鄞州区和开发区等地在"十二五"期间的节能减排与生态文明建设提供了学术支撑。复旦大学博士生讲师团深入居民社区、部队营区、经贸商区开展义务宣讲，举办"人类与太阳能""保护我们共同的家园"等主题讲座。

（四）绿色融入主题活动

积极响应国家号召，每年组织全国节能宣传周、低碳日、中国水周等主题活动，2018年3月22日至28日期间，利用会场回收的没喝完的水瓶和萝卜、芹菜、青菜等食堂的剩菜头，在邯郸校区旦苑食堂和北区食堂打造生机盎然的绿植角落，既响应"Nature for Water"的宣传主题，又让师生感受到"剩菜头也有春天"——蔬菜头通过简单的水培也能变成漂亮的盆栽，师生纷纷与新奇的绿植角合影，不少老师反馈在家中也种植起了蔬菜盆栽；2018年4月22日第49个世界地球日，利用4月17日至19日全国第五届大学生艺术展演复旦大学声乐专场演出期间收集到的1 200个废弃塑料瓶盖，在旦苑食堂、江湾食堂打造了梵高的两幅名作《星月夜》和《罗纳河上的星夜》，既响应"珍惜自然资源，呵护美丽国土——讲好我们的地球故事"宣传活动周主题，又寓意着对师生"脚踏实地，仰望星空"的鼓舞；2018年

瓶盖星空

6月11日至17日,将废纸箱、使用过的单面纸绘制成Q版(一种漫画的变形夸张形式)英雄,向师生展现"废纸箱+使用过的单面纸也可以变身节能英雄,保卫蓝天,美丽校园"的理念,不仅契合了2018年全国节能宣传周活动主题"节能降耗 保卫蓝天"和全国低碳日活动主题"提升气候变化意识,强化低碳行动力度",更倡导师生节约用纸循环利用。

三、经验启示

(一)通过内外联动整合资源形成全校合力

教育是一个庞大而又特殊的系统,既要积极推进绿色发展、建设节约型校园,更要培养具有良好环保意识和节约行为习惯的一代新人。在节能教育中，学校积极整合校内外资源，不断丰富绿色教育内涵，引导学校师生和社会树立、践行节约集约循环利用的资源观，推动形成节约适度、绿色低碳、文明健康的生活方式和用能模式，形成全校共同参与的良好风尚。

（二）通过树立理念文化辐射营造节能氛围

学校大力培育和推广优秀的节能文化，在校园网、校报、校广播站、学校微信微博开设专题，进行节能知识宣传、节能典型专访，宣传学校各单位各部门建设节约型校园的成绩、经验和做法；举行后勤开放日，邀请师生参观节能监管平台，普及宣传校园节能减排内容、策略、技术及成果；在教学楼、食堂、学生公寓、会议室等公共区域设置节能、节水、节粮温馨提示。通过文化宣传，将节能减排、绿色环保的理念转化为师生员工的共同责任和文化自觉，让师生员工以主人翁的角色参与到节能设计、节能监督和节能氛围的营造中，让节能减排处处可见、时时可为，让每一位师生员工都成为践行者、推动者，积极发挥大学对社会文化的引领和辐射作用。

今天的在校生就是未来各行各业的领军人物，复旦大学从细节入手、从身边做起，悄悄地在他们心田里播撒的一颗颗种子，将会在不久的未来发芽、开花、结果，使全社会"关注可持续发展、树立节能意识、坚持绿色发展理念"蔚然成风。

（执笔人：王朦琦、黎春仁）

"朝阳行动"扶贫支教活动
师生共写"三全育人"新篇章

——复旦大学管理学院实践育人的探索

复旦大学管理学院在校党委领导下,深化学院品牌项目"朝阳行动"扶贫支教活动,每年组织老师带队指导学生去安徽农村参加支教扶贫活动,引导学生接触社会实际,热爱人民,服务社会,增强成才报国的责任感,师生共写"三全育人"新篇章。

一、基本概况

从 2014 年起,复旦大学管理学院陆续与国家级贫困县——安徽省霍邱县的临淮岗中心学校、临淮初中、莫店小学、双门小学、大兴小学、后楼小学六所中小学携手合作,建立起教育实践基地,开展以课程教学为主,结对帮扶为辅的支教计划。管理学院本硕博同学分别于 5 月和 8 月集体奔赴安徽,进行为期一至两周的扶贫支教活动,即"朝阳行动"。每年超过 200 名师生参与的朝阳行动,开创了规模化实践教育和素质教育的先河。

二、主要做法

在进行"朝阳行动"支教活动过程中,复旦大学管理学院重点突出以下三个做法。

(一)拓展教育综合改革,搭建师生互动育人平台

2013年开始,管理学院开展了"朝阳行动"扶贫支教活动,探索规模化大学生素质教育和实践教育的教育综合改革新路子。"朝阳行动"着眼于培养学生责任感,是管理教育理论结合实践的一种高质量的实践教学。学院在国家级贫困县安徽省霍邱县的5所小学、1所中学建立教育实践基地,开展以课堂教学为主,结对帮扶为辅的支教计

管理学院本科生指导支教当地孩子

划。根据教育综合改革有关要求，明确举措，推动实施。

1. 抓改革落地

改革硕博连读生培养方案中"实践"环节（2学分）的必修内容，将"朝阳行动"扶贫支教列为实践教学的必修环节之一，要求硕博连读生参加为期两周的支教活动。2014年起拓展为本科生全员支教活动，要求本科生参加为期一周的支教活动，并纳入培养方案"社会调查"学分中，进行等级评分制。

2. 抓院级示范

将"朝阳行动"作为学院示范项目，加强示范引领，与人才培养机制紧密结合，探索形成可推广的经验。

3. 抓组织保障

学院党组织、学院教学指导委员会切实履行主体责任，加强统筹领导，每年都由分管本硕博中心的副院长（2018年起兼任学院党委副书记）带队支教，为推进"朝阳行动"提供有力的组织保障。用好分类管理、分类评价等机制，推进师生履职尽责。

（二）增强"三全育人"意识，深化支教扶贫育人内涵

"朝阳行动"坚持以加强党的全面领导为根本保障，以指导教师队伍建设为关键支撑，以落实立德树人为根本任务，通过"三个牢牢把握"（牢牢把握社会主义初级阶段、牢牢把握中国发展的阶段性特征、牢牢把握人民群众对美好生活的向往）凝聚共识，构建扶贫支教"三全育人"工作格局，着力培养担当民族复兴大任的时代新人。

1. 全员育人，增强育人内容供给

学院调动所有教职员工和学生服务部门主动参与"朝阳行动"，参与对象覆盖本硕博学生指导教师、行政教师、高年级学生领队，其

中指导教师均为副高级职称，形成了相对稳定的实践导师团队，2019年又吸纳了近年新进海归青年教师加入导师团队。制定了《实践导师手册》，要求导师负责指导支教队组的教案、教学方法、行为准则等。建立"以老带新"的传承机制，鼓励参加过支教的同学作为学生领队志愿者，发挥榜样的作用。

2. 全过程育人，增强育人主体供给

学院强化从网下到网上的全过程引领。支教前期，要求支教学生组队进行备课，记录教学准备情况与实践导师沟通情况；支教期间，要求记录每日的支教情况和感想，每天晚上都与导师开会讨论，总结当天支教经验教训，安排第二天的支教内容；支教结束后，撰写支教全过程的反思与总结（不少于 3 000 字），以及进行全体汇报展示。2019 年现场支教活动结束后，硕博生又开启了网上课堂，继续为当地学生进行教学工作，实现长期帮扶工作。

3. 全方位育人，增强育人实践与资源供给

实践方面，学院以课堂教学为主，帮助当地学生学习理解知识，利用周末时间进行学生家访，深入了解和接触农村实际，鼓励家庭更多地支持孩子学习。资源方面，学院制作了本科生 360 度支教考评手册——《本科支教考核手册》，由实践导师、学生本人、小组其他成员对该生进行全方位考核。还专门请三甲医院急救科医生对支教学生进行急救知识培训。

（三）收获亲身感受，锻造"三全育人"品牌项目

在朝阳行动中，大学生不仅是当地学生学习知识的支教老师，更是一种实践体验自我教育，从亲身体验中感受自身心灵上的震撼、责任感的提升，以及对美好生活的珍惜。

"朝阳行动"扶贫支教活动 师生共写"三全育人"新篇章
——复旦大学管理学院实践育人的探索

自"朝阳行动"启动以来，共计 886 名本科生、171 名硕博生、67 人次实践导师、56 人次行政人员和 46 名学生领队志愿者参与，超过 3 000 名当地小学生获益。在 2018 年、2019 年两年中，学院共 24 人次教师担任指导教师，11 位行政同事、24 名高年级学生志愿者、402 名学生参加"朝阳行动"支教活动。

参加了"朝阳行动"的学生感到支教是一种坚持，坚持把细小的改变和成长带给别人，真实地用自己的行动和经验，带给孩子们不一样的观察世界的角度与方法，让他们知道，自己每一步脚踏实地的努力和奋斗，都会使得梦想可以清晰；也让自己怀着纯粹的心，全心全意为学生作出平凡而不平庸的贡献。

参加了"朝阳行动"的指导老师也通过指导学生备课和实施教学方案，带领学生深入农村小学生家庭走访，更加深入地了解同学们对学院本科生课程、导师制的意见，看到了管理学院学生在支教中展示出来的良好的组织力、感召力和责任心，也加深了对新时代高校教师责任和"三全育人"的理解。

三、体会启示

"朝阳行动"不仅是一次传递爱心的扶贫支教活动，也是本硕博学生必修的培养环节。作为管理学院教育改革进程中一项具有创新性的重大举措，"朝阳行动"不仅为当地中小学带去了教学物资，也促进了教育理念的改变。而 6 年的行动历程也证明，支教学生和老师通过"朝阳行动"，能够更多了解社会、认知自我，课堂内外的教学活动能更好地服务于培养目的，学生的综合素质、社会责任感得到了全面提高。总结 6 年的工作，有以下思考和体悟。

（一）社会实践是育人的有效形式

学生在实践过程中理解自己的使命和责任，发挥自己的长处，改进短处，在实践中成长为全面发展的时代新人，能够承担起民族复兴大任。

（二）制度支撑是"三全育人"的有效保障

"三全育人"是对每个岗位教师的要求。如何确保每个岗位的教师都能切实履行育人职责，需要有完善的制度设计保障。管理学院把"朝阳行动"纳入人才培养方案，作为教学环节，确保了"朝阳行动"的长期化、制度化。无论教师还是学生或者是行政支持团队，都在制度框架内明确自己在社会实践中的职责任务，保证"朝阳行动"的圆满成功。

（三）师生共同参加是提高育人效果的有效途径

"三全育人"要求教师必须深入了解学生。教师走出课堂与学生朝夕相处，加深了师生之间的交流互动，拉近了师生距离，建立了师生共同体。在"朝阳行动"的实践过程中，学生在老师的指导下参与支教实践，老师观察指导支教过程。这让老师更加深入地了解了现在学生的思想状况，了解他们对学院课程教学、全员导师制等方面的意见，看到学生表现出来的社会责任感、人文精神和科学素质，也发现了学生身上存在的不足，使得育人更有针对性。同时，教师在整个实践过程中的一言一行、一举一动，都在影响着学生们的价值观塑造，这就要求教师必须身先示范、为人师表，必须从自我做起、提高自身。

（供稿：管理学院）

打造"四政+四共"行动体系完善育人机制

——复旦大学经济学院"三全育人"的探索

一、基本概况

复旦大学经济学院高度重视育人工作,深入推进"三全育人"综合改革,引导全院教师牢记为党育人、为国育才的初心使命,激发教师的育人主体意识,营造"三全育人"奋勇争先的氛围。学院通过开展"课程思政""学术咨政""实践观政"和"人才辅政"的"四政行动",建立师生"共学""共研""共乐"和"共享"的"四共"育人行动体系,将育人工作与学科发展、人才培养、理论创新、教学教材等工作全面衔接,保障"三全育人"工作的顺利推进。

二、主要做法

(一)课程思政,师生共学

教学相长历来是教书育人的不二法门,学院党委倡导通过开展课堂、实践、读书会等各种形式的"共学"活动,促进师生之间的学习交流。

建立课程思政与教材建设领导小组、课程思政与教材建设专家小组，成立"马克思主义经济学课程思政示范课程教研组""现代经济学课程思政示范课程教研组""中国与世界经济课程思政示范课程教研组"三个课程思政教研组，每个课程思政教研组包括若干专业主干课程团队，形成"领导小组、专家小组、教研组、教学团队"四位一体的课程思政质量保障体系，全面落实课程思政的两个"所有"，保证专业不减量，育人提质量。及时修订培养方案，明确"经世济民"的人才培养方向。充分挖掘各专业课程的思政元素，积极建设示范课程，探索形成课程思政"1234"教学教法。"1"是落实一个立德树人根本任务；"2"是坚持"把育人的价值内涵内生为专业课程的教学内涵，从学科和专业的人才培养逻辑当中去布局育人的价值内涵"两条课程育人路线；"3"是聚焦"政治认同和国家意识、品德修养和人格养成、学术志向和专业伦理"三个方面的价值引领；"4"是探索"案例分析、文献精读、启发研讨、实践教学"四种教学形式。举办"三全育人"和课程思政辅导讲座，帮助提升教师课程思政能力。目前已有3门课程进入上海市首批课程思政示范课程，6个教学团队成为上海市课程思政特色改革领航团队，17门课程入选上海市精品改革领航课程。

（二）学术咨政，师生共研

大力倡导学术研究顶天立地，立足中国国情开展理论创新，做好智库研究工作。鼓励师生围绕同一个主题，开展"共研"活动，在"共研"中传承教书育人优良传统。新冠肺炎疫情暴发以来，围绕"疫情对经济的影响及对策"这一主题，学院师生理论联系实际，积极开展学术咨政工作。世界经济学教师党支部联合上海市社会科学界联合会，共同举办"疫情全球蔓延与世界经济发展新态势"云端学术研讨会，学院数十位师生参与研讨，并形成相关咨政成果，研讨会活动得到光明网和中国经济学教育科研网等多家媒体报道，获得社会各界好评。同时，在学院骨干教师牵头下，经过师生共同努力，撰写了共计30余份专报，并在通俗化基础上，将相关文章汇编成册，最后形成《经济战"疫"：新冠肺炎疫情对经济的影响与对策》一书，由复旦大学出版社正式出版。

（三）实践观政、人才辅政

学院高度重视师生社会实践工作，组织教师开展重庆北碚社会实践考察、浙江嘉兴社会实践考察、丽水红色+绿色社会实践考察等社会实践活动，疫情期间保险系教师党支部组织师生就地共同开展行业社会实践，鼓励支持学生参与志愿服务和各类社会实践项目，鼓励师生投身各类形式的挂职锻炼，深入国民经济主战场和最艰苦地区，参与和支持政府工作和企业发展。近年来，每年都有数百人次的师生参与社会实践和挂职锻炼，通过社会实践和挂职锻炼提升师生个人能力，将理论联系实际，勇担责任、奉献社会。

（四）师生共乐、成果共享

寓教于乐是育人的重要工作技巧，学院师生在劳逸结合和其乐融融的共同文体活动中寻找灵感，促进友谊。如经济学系教师党支部与本科生第一党支部联合开展深入学习习近平新时代中国特色社会主义思想知识竞赛，以赛促学、以学促行，提升理论学习的趣味性，提高师生参与的积极性。师生同场竞技，互帮互学、共乐共享。经济学院还筹建设立"育人奖"，倡导"共享"精神，实现师生的共同发展与共同成长。

三、思考启示

（一）打通育人的"第一公里"与"最后一公里"

育人工作的初心和目标就在"第一公里"（起步）和"最后一公里"（落地）之间，育人工作的最大挑战也在"第一公里"和"最后一公里"之间。要做好育人工作，打通"第一公里"和"最后一公里"是关键之中的关键。育人工作的"第一公里"在哪里？就在立德树人和教书育人的基本规范里，就在师德师风的行为准则中。经济金融学科肩负着在经济金融领域为党育人、为国育才的重任，必须在开展科研教育实践等过程中，明确育人的政治方向。育人工作的"最后一公里"又是什么呢？简单而言，就是要将育人共识真正转化为育人

政治经济学学科带头人张晖明教授与学生交流

行动。通过"四政"+"四共"行动，将育人工作贯穿学科体系、教学体系、教材体系、管理体系，打通育人"第一公里"与"最后一公里"。

（二）打造完整"育人"工作生态系统

经济学院党委致力于打造完整的"育人"工作生态系统，将培养德、智、体、美、劳全面发展的社会主义建设者和接班人这一"育人"根本任务与经济金融学科自身发展的全生命周期充分衔接。依托"四政行动"抓手，做到育人流程的全覆盖，实现育人"一环都不能缺"；围绕教师（包括在职与退休）发展、学生（包括各层次学生和中外学生）生涯和校友联络拓展等方面，打造立体化育人平台，做到育人"一个都不能少"；探索贯通部门之间、系所中心之间的育人职责，重点培育教师发展平台，深化育人内涵，拓宽育人外延，最终实现育人"一步就能到位"的目标。

（三）建立基于成效的"育人"价值转化长效机制

十年树木百年树人，在经济金融领域为党育人、为国育才的关键是坚持正确育人导向，培养出德才兼备的"人"，真正实现育人价值的社会转化。经济学院党委围绕育人长效机制开展探索，建立师生"四共"育人行动体系，坚持育人先育己、育人讲育法、育人必育心，在化育中育人，在知行中育人。

（执笔人：陈诗一、李志青、高舒）

推进"三位一体"就业引导体系建设 输送优秀人才到祖国最需要的地方去建功立业

一、基本概况

高校毕业生到基层锻炼,在改革、建设的第一线和艰苦的环境中了解国情、砥砺品格、增长才干是青年人才成长的重要途径。习近平总书记曾勉励青年人:"到基层和人民中去建功立业,让青春之花绽放在祖国最需要的地方,在实现中国梦的伟大实践中书写别样精彩的人生。"复旦大学始终把鼓励和引导毕业生到重点地区、重大工程、重大项目、重要领域就业摆在战略性位置,在"三全育人"综合改革的大背景下,以立德树人为根本,以"服务国家发展战略"为导向,以"加强择业价值观教育"为核心,持续推进"教育引导—激励保障—跟踪关怀"三位一体的就业引导体系建设,激励学生将自己的人生理想融入国家和人民的期望,将报国奋斗内化为成长成才的力量,到祖国最需要的地方挥洒青春,建功立业。

通过实施"基层就业引领计划",重点推进选调生、"西部计划"

推进"三位一体"就业引导体系建设　输送优秀人才到祖国最需要的地方去建功立业

等各项基层就业项目，学校已与 28 个省（直辖市、自治区）开展定向选调生招录，向全国各地基层输送了一大批优秀人才。自 2016 年以来，选调生报名人次和签约人数一直保持着逐年增长的良好态势。尤其是近两年，复旦大学每年报名各省（直辖市、自治区）选调生的毕业生均超过 1 000 人次，2019 年选调生及党政储备人才项目招录人数达 201 人。2020 届毕业生中超过 23 600 人次报名参加 28 个省（自治区、直辖市）的选调生及党政储备人才项目招录。233 人完成签约派遣，连续 5 年持续增长。基层就业发展态势良好。

二、主要做法

（一）厚植家国情怀，强化价值引领

一是通过毕业生思政课、毕业典礼、"赴西部、基层、国家重点单位就业毕业生出征仪式"等内涵丰富的主题教育活动，对赴西部、基层、国家重点单位就业的毕业生进行表彰勉励，教育与激励并重，激发学生矢志报国的热情。二是充分利用微信公众号矩阵、系列纪录片、宣传栏等媒介平台宣传典型人物和突出事迹，展示榜样力量，在校园中营造"以到基层历练成长、建功立业为荣"的浓厚氛围。三是通过完善"扶上马，送一程，关心一生"机制建设，对赴基层、重点地区就业的优秀毕业生实施专项奖励，建设赴基层、重点地区就业毕业生和校友信息库，完善重点领域校友联络体系，建立走访看望基层、重点领域就业校友的常态机制，体现学校的关心关怀。

（二）优化服务平台，拓宽信息渠道

一是升级打造"1+5"就业信息在线服务平台。2019 年 1 月上线

新版就业信息网，网站架构全面更新，服务功能优化升级。"复旦生涯""复旦基层就业""复旦 iCareer"等学生社团自营公众号进一步有针对性地推送相关政策解读、宣讲招聘、咨询沙龙信息。以"复旦基层就业"公众号为例，2020 年度共推送选调生招录、备考经验分享、"时代追梦人"人物特辑等各类文章 329 篇，总阅读量超过 30 万。二是依托校地、校企合作，拓展就业岗位资源。学校持续组织开展各省（直辖市、自治区）、国家重点单位宣讲招聘会，并主动提前对接用人单位招聘需求，邀请航空工业沈阳飞机设计研究所、中国航天科工二院等重点单位开展暑期实习实践宣介。三是精心打造生涯指导课程平台，一方面开设"大学生生涯规划与发展""大学生就业指导"等各类就业课程，另一方面开展"选调生政策宣讲团走院系、进班级""拥抱新时代，奋斗在基层"复旦大学选调生项目宣讲等活动，鼓励学生尽早了解基层就业动态，掌握基层工作认知。

（三）协同多方合力，深化实践育人

积极对接国家战略和地方需求，加强校地、校企合作，将实践育人与就业引导紧密结合，有效推动赴西部、基层、国家重点单位就业工作，优化人才培养输送布局。截至目前，省、自治区、直辖市重点单位实习实践基地 18 个，与学校开展实习实践合作的省级、市级组织部门及重点企业增至 70 余个。持续开展"西部、基层、国家重点单位三行计划""砺行计划"寒暑期实习实践项目，促进引导基层就业。近年来，来自 30 余个院系的近 1 128 名学生分赴 29 个省份、86 个城市的党政机关、重点企事业单位开展实习实践活动，其中赴中西部地区的学生人数比例接近 65%，更多学生扎根基层"看需求"，奔赴前沿"悟变化"，反哺社会"讲担当"。

（四）丰富教育内涵，打造品牌项目

发挥学生团队朋辈互助作用，指导复旦大学基层就业服务协会围绕西部、基层、国家重点单位就业项目开展形式多样的活动，为有志于服务人民、为国奋斗的复旦人提供全程服务，包括通过集中政策解读、强化训练、模拟考试、面试提升和基层走访等课程实践的"新羽计划"，助力更多复旦学子实现奋斗报国的崇高理想；通过举办"复旦人在基层"校友沙龙、"雏燕归巢"选调生校友活动，邀请祖国各地从事基层工作的校友回到母校分享工作经验与体会，鼓励引导复旦学子投身基层、砥砺奋斗；通过"砺行计划"寒暑期实习实践为有志于进入国家党政机关工作的复旦学子提供岗位锻炼，在学思践悟中坚定"立鸿鹄志、做奋斗者"的信念。

此外，持续开展"校外职业生涯导师计划"，充分挖掘和发挥来自党政机关、大型央企（国企）、国家重点单位等相关单位及各类前沿行业的精英、校友力量，配合专兼结合的校内职业咨询师，开展"一对一生涯咨询""简历门诊"和"菁英校友课堂"等活动，全方面全角度覆盖在校学生。

三、体会启示

习近平总书记强调"每一代人有每一代人的长征路，每一代人都要走好自己的长征路"。在这个实现"两个一百年"奋斗目标的历史交汇之年，如何进一步激励学生用实际行动将个人价值实现融入国家发展战略大局，结合就业引导体系建设的实践与探索，我们有三点思考体会。

（一）要提高站位，落实立德树人根本任务

在建设世界一流顶尖大学的进程中，为党和国家建设事业培养、输送更多的一流人才，既是提升学校服务国家战略能级的重要体现，也是检验学校育人质量和思政工作针对性、实效性的重要指标之一，要坚定不移、坚持不懈地将就业引导工作贯穿于人才培养全过程。

（二）要因势利导，强化就业引导机制建设

要积极调动校院两级资源，构建校院两级择业引导体系，服务"三全育人"综合改革需要。一方面，促进价值观、成才观、择业观教育与思政教育相融相促；另一方面，强化生涯规划、就业选择与实践育人的协同发展，不断完善面向政府机关、西部基层、重点行业的就业支撑体系。

（三）要着眼长远，推动招生培养就业联动

应充分认识就业与招生、人才培养联动机制对全面提高人才培养能力、就业引导成效的重要作用。对接"三全育人"综合改革任务推进，加强顶层设计，推动模式创新，健全反馈机制，加强队伍和平台建设，完善保障机制，进一步提升毕业生服务国家战略能级，提升学校人才培养质量。

（执笔人：郁颖佳）

脚下有泥　心中有光

——复旦大学着力打造基层就业朋辈互助新平台

党的十八大以来，以习近平同志为核心的党中央高度重视引导年轻干部到基层锻炼成才。2017年党中央、国务院出台了《关于进一步引导和鼓励高校毕业生到基层工作的意见》，吹响了新一轮高校毕业生奔赴基层建功立业的时代号角。在此背景下，复旦大学指导成立基层就业服务协会，通过打造一系列品牌活动和项目，形成了基层就业朋辈育人新高地，成为在全校乃至全国高校基层就业领域具有广泛影响力的"复旦大学研究生优秀集体"。

一、基本概况

为了贯彻落实党中央对基层选调工作的指示精神，引导广大优秀毕业生赴基层和祖国最需要的地方建功立业，夯实基层堡垒建设，做好党政领导干部培养的蓄水池，基层就业服务协会始终坚持"脚下有泥，心中有光"的初心信念，始终致力于建设"引领、服务、关怀"三位一体的朋辈平台，为有志于报考选调生、公务员和企事业基层工作岗位等就业项目的复旦学子提供信息资源、就业引导和岗前培训。

自 2017 年成立以来，协会已成长为成熟的百人社团。

二、主要做法

为完善协会制度框架，提高服务效率，搭建更有效的基层就业服务平台，协会重点采取了以下的措施。

（一）夯实"牵头统，多方管，协同推进"的机制建设

基层就业服务协会由复旦大学学生职业发展教育服务中心指导，由中心牵头统筹，同时协会不断根据实际需要调整内部组织框架，形成了以"三团""六部""两组"为核心的组织结构。

"三团"指主席团、会长团、顾问团，"六部"指办公室、宣传研究部、人力资源部、校友工作部、对外联络部和培训部六个职能部门，"两组"是指选调生政策宣讲团与选调生报名工作组。三团、六部、两组分工明确，主席团总体负责团队决策与运行，顾问团为协会发展建设提供指导意见。六部中，办公室负责制度建设与监督、会员系统管理和财务管理，宣传研究部负责运营微信公众号、梳理各地选调生政策、策划活动宣传方案等。这些都是保证工作合理分配、顺利交接、高效完成的重要制度保证。

协会在不断完善内部的组织结构的同时，注重以制度为抓手，打造具备凝聚力、战斗力、执行力的工作团队，形成了涵盖绩效考核、会员管理、主席团例会制度、换届选举办法、会长团建设方案、绩效考核管理在内的一整套社团运转管理制度。人事考核制度和会员管理制度是协会最具特色的两项制度，形成了可量化、系统化、可持续的协会内部管理标准，兼顾会员的工作数量和完成质量，对会员态度强

脚下有泥　心中有光
——复旦大学着力打造基层就业朋辈互助新平台

度进行科学考评，并奖勤罚懒，充分调动协会成员的工作积极性。其他相关制度也已明确成文并得到落实。

协会的制度建设注重实事求是，在维持整体制度框架的基础上，不断根据实际情况对组织架构进行调整改革。根据实际工作需要，设置临时工作组；针对新情况、新问题、新环境设置攻关团队。将组织架构与实际工作紧密结合，做到"分级管理，分层推进；适时调整，事事落实"。

（二）秉持"扶上马，送一程，关怀一生"的工作理念

协会秉持"不忘初心、牢记使命"的宗旨，以成才引领、就业引导、培训帮扶、重点关怀为重点，切实做到"扶上马，送一程，关怀一生"，为有志于基层工作的复旦学子提供了便捷有效的服务通道和成才平

焦扬书记为选调生授旗

台，营造"扎根基层，建功立业，服务国家和人民"的奋斗报国氛围。

具体工作可以划分为以下四类。

1. 做深政策宣讲

为宣传选调生政策，协会成立手册组编写选调生项目手册，在初版的基础上结合政策形势的变化不断更新完善；成立了选调生政策宣讲团，对选调政策进行实时的宣传普及。自2018年秋季开展至今，协会共举办近50场院系宣讲活动，累计受众近4 000人次。

2. 做实社会实践

为鼓励引导复旦学子赴基层实习锻炼，协会设计并推行"砺行计划"寒暑期实习实践项目，迄今参与人数近千人次。截至2021年8月，累计参与1 128人次。项目覆盖29个省（自治区、直辖市）的86个城市，其中赴西部地区的人数比例将近三成，为有志于赴基层就业的学生提供了广阔的实践育人平台。

3. 创新招考培训

协会策划举办"新羽计划"选调生特训营，为有志于基层就业的复旦学子提供选调生和公务员考试的备考培训。培训内容包含基础课程、政策解读、基础训练、模拟考试、假期间课、强化训练、基层专访等板块，累计招录学员4 000余人次。通过上述活动培养了学生应对考试的信心，提升了同学们的理论素养和实战水平。

4. 丰富校友活动

协会通过向基层校友约稿、举办校友沙龙、走访校友等形式增强与基层校友们的交流，校友累计约稿130余篇，新增"到岗选调生培训体悟"专题8期，校领导寒暑假走访座谈发言摘编专题5期，"选调生的朋友圈"15期，持续策划开展"复旦人在基层"系列报道；校友沙龙活动累计举办28场，共计超过90名校友参加，为在校学生提供了榜样的力量，也传递了母校对基层校友的关心与鼓励。

（三）弘扬"基层梦，报国志，家国情怀"的品牌文化

协会在提供服务的过程中，还形成了独具特色的品牌活动与特色文化。

协会以"扎根沃土，以人民为中心；脚踏实地，民族国家至上"为宗旨，以"我的梦融入中国梦，复旦人胸怀家国情"为愿景，策划举办"赴西部、基层、重点单位就业毕业生出征仪式"，守好主阵地，唱好主旋律；筹办"雏燕归巢"基层就业校友座谈会及"问十道百话基层，群英荟萃说选调"系列沙龙活动，强化"传帮带"及校友关怀机制的建设；打造"复旦人在基层""时代追梦人"系列推送，持续开展"脚下有泥，心中有光"人物纪录片和出征仪式主题纪录片赏析活动，营造"到祖国最需要的地方去建功立业"的良好氛围。

协会还设计出一系列包含协会特色元素、意蕴丰富的文化标志及周边文化产品，例如以校徽为原型，寓意朝气蓬生、胸怀雏鹰之志，并得到母校爱护之意的会徽，以及设计新颖、内涵丰富的协会吉祥物"复小基"，都是会员们根植基层文化，秉持服务精神，大胆想象设计的优秀作品。为了能够更接地气地宣传基层就业和协会文化，会员们还创作了获评校园最受欢迎歌曲三等奖的歌曲 MV（Music Video，即音乐短片）——《追梦路》，以同学们喜闻乐见的音乐形式鼓励同学们走近基层、了解基层、扎根基层、奉献基层。

三、体会启示

基层就业服务协会自 2017 年成立以来不断发展壮大，取得了优异

成绩。对内，协会注重内涵发展，成为团结、互助、温情的集体；对外，协会注重外延拓展，努力打造具有自身特色的品牌活动，协会活动的影响力、协会品牌的公信力也与日俱增。从选调生政策宣讲到招考培训服务和关怀机制，从开展党政机关实习实践到选调生校友交流沙龙都获得了师生认可。在总结成效的同时，有以下几点思考体会。

（一）始终坚持政策是第一导向

随着党中央对于选调工作的日益重视，各省、直辖市、自治区在高校的选调工作呈现合作紧密化、规模扩大化、政策持续化、流程规范化的特点，协会成立选调生报名工作组，紧跟各地选调政策、协助学校与各省（直辖市、自治区）完成从意向调查到录用签约的选调招录工作，相关数据翔实录入。统筹安排专人跟场，建立选调生政策宣讲团，为地方宣讲会提供支持与保障，为助推祖国经济社会发展，实现全面振兴提供源源不断的后备力量。鼓励广大有理想、有情怀的优秀毕业生投身基层，在条件艰苦的地区和行业中了解国情，熟悉民情，更有利于他们锻炼才干、坚定信念，让青春在祖国需要的地方绽放光彩。

（二）明确服务是第一要义

协会名称中的"服务"二字时刻提醒着协会会员要牢记初心使命，秉承服务精神，在赴基层就业事业中勤劳付出、甘做绿叶。从出征系列活动到校友活动的举办，从"新羽计划"到寒暑期党政机关实习实践，协会坚持为民服务是协会的第一要义，在举办精彩纷呈的活动同时，及时跟进学生需求，不断优化活动设置和服务效能，更好满足广大复旦学子个性化、多元化的成长成才需求，提供专业化、精细化的基层就业服务。

(三) 牢记人才是第一资源

"功以才成,业由才广",人才是创新的第一资源。习近平总书记指出,培养集聚人才,要有识才的眼光、用才的胆识、容才的雅量、聚才的良方,健全集聚人才、发挥人才作用的体制机制,创造人尽其才的政策环境。要发挥好现有人才作用,同时揽四方之才,择天下英才而用之。协会以制度建设为抓手,坚持与时俱进,打造分工科学、运转高效的组织架构,注重内训和内建,建设有温度、有认同、有归属感的集体,力求强化队伍建设和服务能级,通过打造一支有凝聚力、战斗力、执行力的团队,强化可持续及创新型社团建设。

(执笔人:潘一凡)

"三全育人"格局下构建具有药学特色的职业生涯教育体系

一、基本概况

职业生涯教育是学生思政教育的一项常规基础工作。然而,随着国内外形势、社会环境和学生群体的变化,生涯教育面临许多新的挑战。一方面,党的十九大报告提出全面实施健康中国战略。同时,生物医药产业又是上海科创中心建设三大重点发展领域之一,对创新型药学人才的需求更加迫切。另一方面,"95后""00后"逐渐成为我们工作服务的主体,他们个性鲜明、价值追求多元,在一定程度上对职业期望更为理想化。在这一背景下,如何引导青年学生苦练内功、筑牢专业基础,胸怀祖国、自觉将小我融入国家发展中去,是药学生职业生涯教育的核心要义。

二、主要做法

为了更准确把握药学生特点,充分了解学生思想动态,提升工作成效,复旦大学药学院完成《近五年本科毕业生就业质量调查报告》

《专项计划大学生职业生涯教育现状评价分析》和《研究生学习状况调研》。通过调查反馈发现，药学院低年级本科生的专业认知度较低、生涯启蒙较晚，高年级面对升学、就业择业存在迷茫心理，"慢就业"现象日益凸显；而研究生群体普遍科研压力大，学术理想亟须加强，走出校园与行业对接不够深入，综合素质有待提升。面对学生多样的个性化需求，有必要开展切实有效的职业生涯教育，在"三全育人"格局下，药学院全员合力，调动一切育人力量，整合校内外资源，发挥导师、学工队伍和校友所长的作用，探索总结出以下主要做法。

（一）引导学生在药学专业领域成长成才

学院结合本科生和研究生群体特点，以夯实专业基础、增进行业了解、拓展实践平台为手段，致力于培养为人群服务、为人类健康服务的药学拔尖人才。

1. 依托班级导师制度，提高本科生专业认同

药学院推行全员育人的班导师制，在本科生中搭建"辅导员—班导师"的协同机制，每月召开1次"导师—辅导员"例会，就学生发展、课程学习、心理健康、安全稳定等工作进行深入交流，共同出谋划策，建设优良的导学关系。针对低年级学生组织开展"系主任进课堂"专业介绍会和邀请药学学科名家大师为大一新生分享"药学人生"，从而加强专业认知教育，提高学生专业认同和学院归属感。

2. 创新校友导师制度，强化职业启蒙教育

通过加强校内外导师配合，推动第一第二课堂结合，构建创新创业教育体系。2019年至2020年上半年累计启动三期校友导师计划，聘请来自政府、医院、医药企业等各领域的18位药学院校友作为生涯

校友导师生涯教育论坛

导师，开展线上线下座谈、读书会、企业参访等活动，覆盖学生近500人（含线上交流），其中以大一、大二和研一的低年级学生为主。

3. 扎实基础打破壁垒，培养研究生创新创业能力

在研究生培养中强调学术规范教育和创新能力培养，2019年举办第三季毕凯英才创新PPT制作大赛，训练研究生科研展示能力、交流学术成果能力；联合各实验教学中心和各系室举办第四届"药学知识实验技能大赛"，进一步提升学生专业知识基础与实验动手能力；携手复旦大学上海药物创制产业化开发中心，开展面向研究生的Science Café药物研发沙龙，邀请医药行业内"大牛"介绍创新思维、创业知识，吸引500多名研究生广泛参与；打造"猎药人"品牌，推送行业领军人物的科研创新创业路；与罗氏制药合作暑期课程，带领学生体

验新药研发上市全过程。

4. 拓展药学专业实践，切实提升学生就业力

依托张江独特地理优势，在本科生和研究生中分别开展"校外导师"和"专业实践"项目，在中科院药物所、药检所、安捷伦科技、勃林格殷格翰等10家一流科研机构和医药企业建设实践基地，推动实习实践与专业学习深度融合、共同促进。

近几年，超过70%的药学本科生选择在生物医药相关学科继续深造，85%以上的研究生投身国家新药创制的研发、生产、质控、流通和临床使用等各个领域。

（二）激励学生赴西部基层单位建功立业

基层是高校毕业生熟悉当代中国社会、了解中国国情的最好课堂。我国西部地区基层医药卫生水平较低，抗生素使用、常见病联合用药存在一定误区，药学专业人才匮乏。学院积极发挥职业生涯教育的育人功能，在学生中厚植爱国主义情怀，多维度强化择业价值观教育。

1. 开展主题教育，强化责任担当

自2018年开始，学院在毕业典礼上增设为赴基层学生赠送向日葵种子的环节，表彰并勉励他们传承复旦基因，把象征"钟扬精神"的种子播撒在祖国大地。

2. 发挥新媒体功能，营造良好氛围

在学院公众号开设《药学人在基层》《药学人在军营》专栏，表达爱国情、报国志，聆听毕业生的心声和感悟，宣传学生典型，发挥辐射效应。

3. 提供交流平台，优化精准服务

及时推送各省（直辖市、自治区）选调生公告，排摸对应生源地

或周边的毕业生，要求辅导员与有意向毕业生一一对接，为重点学生开展专门指导；组建微信群，搭建选调生校友和在校生交流沟通平台；针对疫情期间特殊情况，毕业班辅导员及时排摸学生情况，对接校内外各类岗位需求，尽力排除就业难点，促进学生就业。

近三年来，药学院每年向西部基层医药卫生单位输送3—4名毕业生，他们分赴广西、湖南、青海、陕西等地相关部门苦练本领，增长才干；10多名学生投笔从戎，报效国家；3名学生加入研究生支教团。

三、体会启示

"三全育人"本质上就是加强党对学校工作的全面领导，把校内外各方面力量调动起来，把一切育人元素利用起来，紧紧围绕立德树人根本任务，促进学生德、智、体、美、劳全面发展，培养担当民族复兴大任的时代新人，培养社会主义建设者和接班人。开展学生职业生涯教育，充分调动和整合校内外资源，发挥导师、学工队伍和校友力量，整合地区、企业、校友资源，积极拓宽毕业生就业渠道，促合作聚合力。

（一）加强校地合作

自2015年开始，学院与张江管理委员会加强合作，努力搭建人才服务通道。在前期对接，了解毕业生规模、需求的基础上合作举办张江科学城高校毕业生专场暨大型人才招聘会，每年吸引超过50家生物医药企业。

（二）开拓校企合作

学院不断开拓就业市场，为学生提供丰富的就业岗位。每年组织针对药学专业学生的大小型专场招聘会近 20 场,发布招聘岗位近 150 个。"请进来"的同时鼓励同学们"走出去",组织辉瑞制药、诺华制药、通用电气、海尼药业、阿斯利康等多场医药企业参访活动,同学们热情参与。

(三)巩固校友合作

积极联系校友,拓宽职业选择路径,每年均有多家校友企业到学院与学生举行双选会;联系校友企业为就业困难群体提供"绿色通道",开展定向帮扶;邀请优秀学长学姐与在校生分享学习生活、职业规划与人生选择的经验,发挥朋辈互助作用。

(执笔人:王宁宁、虞文嫣、徐琛、徐旭)

CHAPTER

05

探索新形式育人载体

举办"自信中国"系列讲座
扎实开展"四个自信"教育

一、基本概况

为深入学习宣传贯彻习近平新时代中国特色社会主义思想，全面贯彻落实全国和上海市教育大会精神，教育引导广大复旦学生牢固树立"四个自信"，复旦大学举办"自信中国"系列讲座，邀请两院院士、知名学者、党政机关公务员、文化艺术界知名人士登上讲台，结合自身经历，从道路、理论、制度、文化四个方面解读中国特色社会主义，引领学生坚定理想信念，投身强国伟业，努力成长为德、智、体、美、劳全面发展的社会主义建设者和接班人。系列讲座自2017年12月开展以来，累计开设中国道路大讲堂、中国理论大讲堂、中国制度大讲堂、中国文化大讲堂共37场，累计听众逾8.5万人次。

二、主要做法

（一）举办"中国道路大讲堂"，重点研究和讨论新中国成立以来社会主义建设和改革开放所取得的伟大成就，展现中国特色社会主义道路是民族复兴伟大梦想实现的必由之路

累计举办"中国道路大讲堂"7期，曾邀请中共中央对外联络部原副部长于洪君、北京大学新结构经济学研究院院长林毅夫、意大利经济发展部副部长米凯莱·杰拉奇（Michele Geraci）、中国人民解放军海军网络安全和信息化专家咨询委员会主任尹卓等国内外政经学界人士就世界格局与国际关系、国家安全、经济发展、"一带一路"等重要议题进行讲解，邀请中国科学院院士、复旦大学校长许宁生讲述"双一流"建设与中国道路，让广大学生深刻认识中国特色主义道路是实现社会主义现代化的必由之路。此外，还与中国科学技术协会（以下简称"科协"）科学技术传播中心合作，邀请童第周之子童时中和颜福庆之孙颜志渊分别讲述老一辈学者筚路蓝缕、追求真理、服务社会的奋斗之路，激发复旦学子的学术热情和报国之志，引导学生将"我"的理想融入"国"的发展。

（二）举办"中国理论大讲堂"，聚焦马克思主义中国化理论和自然科学前沿理论，展现中国哲学社会科学和自然科学研究最新进展与突破

"中国理论大讲堂"累计开展22期，邀请校内外哲学、社会科学、自然科学领域知名学者教授，讲解中国特色学科体系、学术体系、话语体系的历史渊源、内在逻辑与时代价值，涉及文学、哲学、历史

举办"自信中国"系列讲座 扎实开展"四个自信"教育

学、社会学、新闻传播学、经济学、生命科学、环境科学、物理学、信息科学、医学等不同学科专业,展现了21世纪马克思主义、当代中国马克思主义及自然科学的理论底蕴和思想伟力,帮助广大学生树立良好学术风气,提升推动哲学社会科学和自然科学创新发展的学术志趣。

(三)举办"中国制度大讲堂",重点研究和讨论中国特色社会主义制度优势,在实践中、比较中展现中国特色社会主义制度的效能转化

"中国制度大讲堂"累计开展4期,邀请中共中央对外联络部研究室主任栾建章、中国联合国协会常务理事王纪元、中国外文局当代中国与世界研究院院长于运全等国际问题研究专家,结合一线工作经

中国文化大讲堂第三期

历，就习近平外交思想、党的对外工作、中国与联合国、国际舆论格局与党的对外传播等话题进行分享和讲解。疫情防控期间，还邀请复旦大学国际关系与公共事务学院副教授、复旦大学中西医结合研究院研究员秦倩主讲《人类命运共同体视野下传染病防控国际合作》，帮助广大学生更加深入了解中国国情，更加充分理解中国特色社会主义制度的先进性、优越性。

（四）举办"中国文化大讲堂"，重点研究和讨论中国特色社会主义文化，在具体文化作品赏析和创作中形成文化自信

"中国文化大讲堂"累计举办 4 期，邀请著名华人电影导演李安，复星国际董事长郭广昌，《流浪地球》导演郭帆，《天慕》电影主创团队、著名独立游戏制作人陈星汉等文化艺术界人士与学生零距离对话交流，解读优秀原创文化作品的创作历程及其内在蕴含的核心价值观，引导广大学生在欣赏文化、感受艺术的过程中培育人文精神、陶冶审美情趣、提升审美品位、树立文化自信。

三、主要体会

（一）聚焦思想引领

立德树人是教育的根本任务。在开展"自信中国"系列讲座的过程中，注重引导学生认识中国特色社会主义道路、理论、制度、文化，在研究中认清优势，在比较中形成认同。"自信中国"系列讲座走出去、请进来，广泛邀请各界人士走上讲台，精准发力，以不同视角切入，阐释中国特色社会主义道路、理论、制度、文化，深化广大学生对党情、国情、社情、民情的认识，帮助青年学生树立正确价值观，坚定爱国奋斗的理想和决心，引导学生将个人理想融入国家发展。

（二）创新活动形式

一场讲座、同一主题、多人开讲，效果更佳。"中国道路大讲堂"科学家精神专场邀请三位科学家后人同台开讲；"中国文化大讲堂"《天慕》电影创作专场邀请整个创作团队登台开讲，都取得了较好的活动效果。分享人从自身经历出发，解读各行业、各领域所蕴含的核心价值观，引导广大复旦学子在讲座过程中充分理解中国特色社会主义的先进性、优越性。从听众反馈看，形式新颖的讲座活动能给人更深的印象。

（三）形成育人合力

讲者资源是办好系列讲座活动的关键。在已经举办的 37 场系列讲座中，讲座嘉宾来自校内外各行各业，大大丰富和拓展了系列讲座的内容。这得益于与中国科协、青海省委宣传部、复星集团、网易公司等校外单位的沟通协作。此外，主办方还积极依托"研究生心目中的好导师"等品牌活动，发动校内各研究生培养单位，邀请广大研究生导师走上讲台，充分发挥研究生导师的育人作用。2020 年上半年，研究生导师开设"中国理论大讲堂"17 场，通过网络平台传播，在校内外都取得了较大反响。

（执笔人：唐荣堂、黄子寒）

在战"疫"中积极推进"互联网+党建"模式创新

一、基本情况

在新冠肺炎疫情防控斗争中,复旦大学党委深入学习贯彻习近平总书记系列重要讲话和指示批示精神,牢牢抓住加强党的领导这一战胜疫情的根本保证,积极推动学校党建工作传统优势与现代信息技术深度融合,推进"互联网+党建"工作模式创新,加强对党员师生的思想政治引领,提高党组织的组织力和战斗力,实现"党建工作不下线,党员行动不断线"。

二、主要举措

(一)深化"三线联动",确保中央决策部署一线贯通

学校党委第一时间成立疫情防控工作领导小组,依托网络平台建立学校党委、二级党组织、基层党支部"三线联动"疫情防控指挥工作体系,确保组织动员、防控部署、工作落实等有序高效。各二级党组织建立网络工作群,全面摸排本单位各类人员情况,加强师生关

心关爱，扎实落实防控举措，切实担负起政治核心和组织领导责任。各基层党支部充分发挥贴近师生优势，全面掌握师生思想动态，耐心细致做好线上思想政治工作，组织引导师生认真落实、科学参与疫情防控，不传谣、不信谣。学校党委在疫情防控中充分发挥党组织战斗堡垒作用和党员先锋模范作用，要求全体党组织和党员冲锋在前，做到哪里任务险重，哪里就有党组织、哪里就有党员。学校附属医院194名党员带头奔赴湖北抗疫，上千名党员师生积极参与到各地社区值守、便民服务、医疗帮扶等志愿服务工作中，让党旗在战"疫"一线高高飘扬。

（二）创新组织方式，推动"互联网+"党建转型创新

依托"互联网+"创新党组织设置方式，成立7个湖北学生临时党支部，覆盖全校231名在鄂学生党员，通过线上方式开展主题党日、党员大会等，将在鄂学生党员组织起来，积极支持疫情防控工作。成立2个临时党总支、22个临时党支部，将留校学生、集中观察教职工、抗疫一线医务人员等通过网络连接起来，加强思想政治引领，为疫情防控提供坚强组织保证。依托"互联网+"创新组织生活方式，定期编发在线主题党日参考，将习近平总书记关于加强疫情防控工作的系列重要讲话和重要批示指示作为理论学习重点内容，引导党员师生将思想和行动统一到中央决策部署上来。持续在线上开展"'三全育人'我当先""服务师生我创优""报国成才我奋斗"等活动，通过互联网营造立德树人浓厚氛围。2月份以来，全校已有745个党支部开展线上组织生活，参与党员13 000余人次。依托"互联网+"创新志愿服务工作方式，通过"键对键"传递温度的方式，在全校开展"1+1·心贴心"暖心行动，鼓励每名党员在线结对关心和帮助1名群

众师生，让每一个师生都感受到党组织大家庭的温暖。各基层党组织积极探索创新形式，服务社会公众共同战"疫"。如附属华山医院组建由131名党员组成的党员突击队，在线解答疫情防控相关问题；外文学院党委针对社区和医院需求，组建多语种志愿者服务队，编译英、法、德、俄、日、韩、西、意8个语种的《预诊预判交流多语口袋书》，提供给多家医院、街道社区使用。

（三）建强网络阵地，确保党员学习教育入脑入心

大力推进网上党校建设，集中推出精品课程和课件，通过网络将党的创新理论武装到一线、将教育培训输送到一线、将师资课程配置到一线、将教学资源汇聚到一线。在党建学习平台微信公众号推送战"疫"专辑课件47期、共259篇；推出"党的全面领导""国家治理体系和治理能力现代化""统筹疫情防控和经济社会发展""依法战'疫'，完善重大疫情防控体制机制""健全国家公卫应急管理体系"五集战"疫"特辑视频微党课；整合学校优秀师资力量，组织开展线上微党课，组织多位党员专家教授分别围绕中国制度、中国经济、全球应对、文明考验等主题为学生党员讲授微党课，以深度的互动提升制度自信教育说服力，阐明党的领导是中国特色社会主义的制度优势和共建人类命运共同体的大国担当。突出示范引领，通过网络视频与抗疫现场连线，使普通党员与先进模范人物"面对面"，提升党性教育感染力。社会发展与公共政策学院分党委与华山医院抗疫青年突击队组织线上联学活动，邀请在武汉抗疫一线的青年突击队队员介绍救援情况，将抗击疫情中的先进事迹转化为党性教育的生动素材，使党员师生受到直抵心灵的"现场教育"。

三、主要启示

（一）要用马克思主义基本原理正确认识互联网与党的建设的关系，从战略高度上重视"互联网+"党建工作

随着互联网技术的迅速发展，网络已成为现代人工作、学习、生活不可或缺的重要组成部分。人们正在越来越多地通过网络了解社会、进行日常沟通、开展网上交易以及在线学习、召开工作会议等等。这种"互联网+"的方式是由互联网技术所引发的生产关系的巨大变革带来的，新的社会生产方式和经济社会组织不断涌现。党建工作要适应这种变化，就必须在保持传统工作优势的基础上主动"上网""融网"，牢牢把握互联网这一重要阵地的主导权和话语权，切实增强党组织的政治功能和组织力。

（二）要研究把握新时代高校党建工作的特点，提升"互联网+"党建工作的针对性和实效性

高校师生是网络的原住民，他们的政治态度、思想观念、精神风貌对网络舆论乃至整个社会舆论都产生着极为重要的影响。高校师生中的党员是这个群体中的先进代表，承载着党组织对广大师生的期待。利用互联网优势在高校开展"互联网+"党建工作，既要遵循"互联网+"的规律，也要遵循高校党建工作的特点；既不能简单照搬层层传达的传统党建工作模式，也不能随意照抄灌输式的教育培训内容。只有尊重互联网传播规律，改进表达方式，吸引师生主动靠近、自动链接，才能牢牢把握住党在网络阵地上的主导权，不断引领师生党员提高思想认识，发挥示范带动作用。

(三)要趁势而上，持续加强互联网党建阵地建设，强化线上线下同频共振

新冠肺炎疫情发生以来，"微对话""云交流"已成为开展党建工作的主要形式和渠道，绝大多数党组织都在通过微信群、QQ 群等开展工作、组织活动。从某种意义上讲，疫情防控倒逼学校党建工作加速完成了与微信、QQ、钉钉、ZOOM（多人手机云视频会议软件）等互联网技术的深度融合，开辟出了全新的线上党建工作阵地，取得了前所未有的重大成果。要及时抓住疫情防控工作带来的重要契机，顺势而为，全方位推进"互联网+"党建工作转型升级，进一步强化制度供给和内容供给，完善线上线下工作联动机制，不断扩大高校"互联网+"党建的溢出效应。

（供稿：党委组织部）

把稳思想之舵　筑牢信仰之基

——复旦大学打造"复旦品牌"系列视频微党课

为全面加强党对学校工作的全面领导,持续推动学习宣传习近平新时代中国特色社会主义思想往心里走、往深里走、往实里走,落实立德树人根本任务,回应全校师生理论学习的实际需求,复旦大学充分挖掘调动各项育人元素,打造"复旦品牌"视频微党课,为基层各级党组织、广大师生开展政治理论学习提供优质资源,持续推进"三全育人"工作。

一、基本概况

复旦大学党委在"不忘初心、牢记使命"主题教育期间开展调研发现,目前全校师生已经形成日常理论学习机制,但客观上教学科研任务还比较繁忙,希望能依托移动互联网和新媒体技术,利用日常工作生活的间隙和碎片化时间开展好理论学习。针对师生的实际需求,党委党校办公室发挥复旦大学综合学科优势,充分用好信息化、新媒体教育手段,专门录制系列视频微党课,丰富基层党组织和广大师生政治理论学习资源。

目前，已制作完成并向校内外持续推出 40 余讲视频党课，包括"学习《习近平新时代中国特色社会主义思想学习纲要》（以下简称《纲要》）"系列视频微党课共 19 讲、"解码'中国之治'：战'疫'专辑"微党课 5 讲、"解码'中国之治'"系列视频微党课共 16 讲。另外还与学习强国上海学习平台联合制作《大城之治——追寻总书记考察上海的足迹》系列视频，目前已推出两集，后续还将继续推出相关视频。

为进一步深入贯彻学习宣传习近平新时代中国特色社会主义思想要求，落实学校党委"四史"学习教育，党委党校办公室紧锣密鼓推进制作"红色筑梦——'四史'现场讲"党课 10 讲、"学习新思想强国半月谈——复旦大学党委党校学习宣传习近平新时代中国特色社会主义思想系列微党课" 15 讲，致力于通过系列视频微党课，及时将党的创新理论武装到一线，将教育培训输送到一线，将师资课程配置到一线，将教学资源汇聚到一线。

二、主要做法

（一）把握理论内涵与核心要义，原原本本学

录制微党课前，每一位授课教师首先要读原著、学原文、悟原理，牢牢把握习近平新时代中国特色社会主义思想的基本精神、基本内容、基本要求，在视频微党课中做到"三个讲清楚"：把习近平新时代中国特色社会主义思想的时代意义、理论意义、实践意义、世界意义讲清楚；把精神实质、丰富内涵、实践要求讲清楚；把贯穿其中的马克思主义立场观点方法讲清楚。"学习《纲要》"视频微党课 19 讲分别对应《纲要》除绪论和结语外的 19 章节，每讲紧扣一个章节，深

把稳思想之舵　筑牢信仰之基
——复旦大学打造"复旦品牌"系列视频微党课

入阐述马克思主义基本理论和马克思主义中国化的最新成果。"学习新思想　强国半月谈"微党课紧紧围绕习近平总书记阶段性重要讲话、重要文章、重要批示指示、重要会议、重要文件等，按照习近平新时代中国特色社会主义思想的理论框架和思想谱系进行阐释。系列视频微党课紧扣原著原文，既体现马克思主义中国化最新成果，有理论的"高度"和"深度"，也体现复旦大学各学科的学理性解读和阐释。

（二）找准切入角度与援引案例，深入浅出讲

让理论通俗易懂、深入人心是复旦大学开展马克思主义理论研究和宣传阐释的优良传统，也是系列视频微党课的鲜明特色。"学习《纲要》"系列微党课授课教师在讲课中既体现宏大叙事，又有细致入微的比较分析，着重讲清"是什么""为什么""怎么看""怎么办"等问题。"红色筑梦'四史'现场讲"党课坚持讲活历史故事，用活红色资源，以上海市红色地标和纪念场馆作为课堂，邀请专家学者现场开展沉浸式情境教育，移步换景、引人入胜的现场教学让"四史"学习既富"真情"，又有"实感"。"解码'中国之治'"视频微党课聚焦"中国制度"的显著优势，解析中国经济快速发展、社会长期稳定奇迹背后的制度之基、治理之道，

解码中国战"疫"专辑

结合党建引领是基层社会实现有效治理的重要法宝等有关专题进行讲解论述，将切入点放小、引用案例拉近、阐述语言变化，通过用心"加工"，让理论走进生活里、沉到实践中。

（三）整合教育资源与媒体手段，融合技术传

为适应新时代传播特征和广大师生对理论学习形式创新的要求，系列视频微党课挖掘各类教育资源，运用融媒体技术手段，运用大量视频材料和动画技术渲染，并在"学习强国"等多个APP、微信公众号联合推送，强化党课教育与传播效果。"学习《纲要》"微党课邀请具有社会影响力的专家导读，并通过后期制作将视频素材、历史镜头和动画技术融合进党课视频，提升受众现场教育"代入感"，并通过全媒体对外发布加强品牌化、常态化、长效化建设。"解码'中国之治'：战'疫'专辑"系列视频微党课以学者解读为主，辅之以大量疫情防控一线镜头，画面简洁明快、专家娓娓道来，每集时长约10分钟，"短平快"的授课方式更加适应当下学员学习习惯，不断提升理论阐释与学习实效性。

三、体会启示

视频微党课一经推出，便受到校内外广泛关注，被"学习强国"APP全国总平台首页转发，中共中央组织部、共产党员网等官方媒体平台转载，100余家社会媒体进行了持续宣传报道。截至目前，视频微党课全网总阅读量已超过500万人次，视频点击量超过800万人次。《大城之治——追寻总书记考察上海的足迹》系列原创视频被《解放日报》《新民晚报》等主流媒体头版报道，引领申城理论

学习不断深入。

在总结成效的同时，有以下几点思考体会。

（一）要紧扣党委中心工作，坚持以党的政治建设为统领，牢牢把握立德树人工作的时代性、方向性

聚焦重大理论问题、现实问题、实践问题，持续深化党的创新理论研究，坚持为党育人、为国育才的导向，持续推进当代中国马克思主义理论建设，为建设中国特色世界一流大学服务，为中国共产党治国理政服务，为巩固和发展中国特色社会主义制度服务。视频微党课紧扣学习贯彻落实习近平新时代中国特色社会主义思想的重要任务，积极运用融媒体手段，在"不忘初心、牢记使命"主题教育、十九届四中全会、"四史"学习、战"疫"等重要时间节点，围绕学校中心工作，第一时间推出系列专题视频微党课，既是运用新媒体手段开展理论宣传普及的深入尝试，也是积极发挥"习近平新时代中国特色社会主义思想研究工程"和"当代中国马克思主义研究工程"两大工程溢出效应的重要举措。

（二）要把握师生需求，充分利用"互联网+"信息优势，增强立德树人工作的创新性、实效性

深入拓展理论学习教育的外延与内涵，不断提高在新时代、新形势、新场景、新语境下开展工作的能力，做到寓教于知、寓教于理，增强党的创新理论学习的即时性、便捷性、互动性，让党的创新理论研究宣传从"入眼入耳"到"入脑入心"。视频微党课的形式回应了主题教育期间师生提出的理论学习需求，邀请专家聚焦新时代重要思想理论，对党的领导、制度优势和大国担当进行权威解读，充分借力

信息化、新媒体教育手段，突破时间、空间限制，用10—20分钟的短视频形式呈现，切实提升师生理论学习教育的时效性，扩大理论学习的覆盖面，增强理论学习的便捷性。

（三）要着眼长效机制建设，致力于持续打造"复旦品牌"系列微党课，提升立德树人工作的协同性、常态化

坚持巩固视频党课教育优势，持续拓展校内校外、线上线下学习教育阵地，有效激发多元育人主体生机活力，建立协同融合育人的长效机制，动员高校、社会各界力量持续推进党的理论创新研究和哲学社会科学传承创新，营造习近平新时代中国特色社会主义思想的理论研究和宣传普及的良好氛围。视频微党课充分依托学校综合学科优势、上海红色文化资源和媒体宣传优势，既满足了基层党组织与广大师生的理论学习需求，为育人工作新成效赋能加油，又积极服务社会，把哲学社会科学理论成果及时有效转化为理论育人的长效资源，不断扩大"复旦品牌"视频党课的社会影响力。

新时代催生新理论，新理论引领新实践。聚焦新时代，以通俗易懂、喜闻乐见的形式探求真知、呈现灼见，就能让党员干部、师生群众产生思想共鸣。党委党校还将继续坚持把马克思主义理论研究和宣传阐释作为落实立德树人根本任务的重要举措，持续推出更多精品视频微党课，不断深化习近平新时代中国特色社会主义思想进教材、进课堂、进头脑。

（执笔人：周双丽、朱栎瑶）

优化"新生骨干培训班"建设
建强新生骨干队伍
有效扩大党员发展蓄水池

一、基本概况

为强化理想信念教育，在源头上抓好本科骨干学生的培养培训，发挥组织育人作用，进一步扩大党员发展蓄水池，2017年起，复旦大学党委学生工作部、共青团复旦大学委员会联合组织举办本科生新生骨干培训班（以下简称"新生骨干培训班"）。

新生骨干培训班以"理想点亮未来，奋斗创造可能"为口号，通过理想信念教育、个人素养提升、社会实践服务、日常学习研讨、团队素质拓展等环节，培养具有崇高理想信念、奉献服务意识、优秀综合素质的学生骨干。一方面，促进学生骨干积极向党组织靠拢，成为党组织优秀的后备力量；另一方面，促进学生骨干在各级各类学生组织发挥示范引领作用，发挥朋辈教育功能，辐射教育效果，增强党在更广泛学生中的吸引力、凝聚力。

新生骨干培训班在每年新生入校后遴选，培养期一年。目前，2017级、2018级、2019级共有495名学生通过了新生骨干培训班第一期、第二期、第三期的培养。学员在学校各类评奖评优、志愿服务活动中表现优异，发挥了模范作用，培养取得显著成效。例如，2019 级已结业的 180 名学员中，递交入党申请书的比例已达 89.4%。2020 年，第四期新生骨干培训班进一步扩大招生规模，加大培养力度。截至 2021 年 9 月，第四期培训班 200 名学员中，递交入党申请书的比例已达 86.5%。

二、主要做法

（一）第一时间遴选新生骨干

每年本科生新生入学后，立即启动新一期的新生骨干培训班的组织选拔，通过院系、团委、书院推荐和自荐面试的方式，遴选包括班级团支部书记、党章学习小组组长、班长等在内的优秀学生，鼓励他们在党的领导下，勇做走在时代前列的奋进者和开拓者，成为有信念、有梦想、讲奋斗、讲奉献的优秀学生骨干。把这批学生培养成为积极向党组织靠拢的学生骨干的同时，可以发挥他们作为团支部书记、党章学习小组组长及学生组织干部的号召力，在班级及更大的学生群体范围内影响带动更多本科生向党组织靠拢。

（二）精心设计培养方案

培训班为学员精心设计培养方案，共分为五大模块：第一模块为理想信念教育。邀请校内外知名专家学者开展专题报告会，在学员中普及党史党情、校史校情与国内外时事热点，帮助学员深入学习党的基本知识和习近平新时代中国特色社会主义思想，厚植爱国荣校情怀，坚定"四个自信"，做到"两个维护"。第二模块为个人素养提升。培训班依托学校深厚的专业教师资源，邀请各领域资深教师开展系列培训，在坚定学员理想信念的基础上着力提高学员的个人素养与工作技巧，全面促进学员成长成才。第三模块为社会实践服务。培训班在寒暑假期间带领学员赴延安、井冈山、嘉兴、重庆、广州、深圳等地参访实践，传承红色基因，考察改革前沿，发扬奋斗精神；在暑假期间组织学员赴五角场街道参与挂职锻炼，赴虹口区新时代文明实践中心服务宣讲，为学员深入社会基层、认识国计民生、把握时政热点提供良好的平台。第四模块为日常学习研讨。培训班将读书沙龙、师生下午茶等学习研讨活动贯穿于整个培训过程之中，鼓励学员在导师的指导下有针对性地开展自主学习与深入交流，同时将入党宣传教育日常化。第五模块为团队素质拓展。培训班在开班之际开展素质拓展活动，促进学员彼此了解、增强学员团队意识，为后续课程开展打下了坚实的组织基础。

（三）系统优化组织管理

新生骨干培训班不断选优建强指导教师队伍，班级设置班主任老师，分成若干小组，每组配备一名导师、一名联系人、若干导师助理，加强对于学员的日常化教育引导。班主任由学工部和校团委负责老师担任，导师由资深学生工作老师和优秀专职辅导员担任，联系人由人才工程预备队（一期）的优秀队员担任，导师助理由往期新生骨干培训班优秀学员担任。培训班制定《复旦大学本科生新生骨干培训班管理细则》，每季度对班级导师、联系人、导师助理的工作进行考评。新生骨干培训班采取学分制，包括必修和选修学分，学员须根据当年新生骨干培训班下发的培养方案进行修读，修习满一定学分后方可结业。培养期间表现突出的优秀学员经选拔后将进入下一阶段的培养中，经新生骨干培训班推荐到学校各类学生组织继续学习锻炼。

三、体会启示

（一）要抓牢新生入校"关键期"

新生骨干培训班紧紧抓牢新生入校后对入党热情最高、对未来憧憬最热烈的这一"关键期"，在这个时间段里做好新生骨干培训班的宣讲宣传，激发新生群体对新生骨干培训班的向往，提高他们对新生骨干培训班的荣誉感和认同感，为后续培养奠定基础。

新生骨干培训班充分把握学生的成才成长规律，精心策划、科学部署，做到循序渐进，确保切实有效。新生骨干培训班第一学期的培训着力于团队凝聚力建设，组织团队素质拓展；注重感性体验教育，组织开展学校部处探访、往期优秀学员座谈等活动，帮助学员理解新生骨干培训班"是什么"，努力的方向"在哪里"。第二学期则以开展理论学习为主，带领学员深入了解党史党情、国情社情、校史校情、形势政策，进一步帮助新生骨干培训班学员深入理解"为什么"要树立为祖国奋斗的理想信念，同时引导大家积极向党组织靠拢。

在学习专业技能与夯实理论基础之外，培训班于每学期寒假带领学员开展参观考察，增强对于党史、新中国史、改革开放史、社会主义发展史的感性认识与情感认同。在暑假期间与周边街道社区合作，开展基层岗位挂职实践锻炼，帮助学员深入基层、了解国情，在实践中增强责任服务意识，明白当下青年学子应当"做什么"，将理论与实际紧密结合，从学习的输入者的角度转变为服务的输出者，一方面实践学习，一方面服务奉献。

优化"新生骨干培训班"建设 建强新生骨干队伍 有效扩大党员发展蓄水池

(二)要强化理想信念"总开关"

"立志不定,终不济事。"新生骨干培训班将坚定理想信念这一主题贯穿于理论学习、实践考察与日常自学讨论之中,激励优秀学生骨干树立远大理想信念,积极向党组织靠拢,同时能坚守住"初心",真正做到以身作则、自觉表率,在周围学生群体中发挥示范引领带动作用。一是整体培训围绕树立理想信念来进行设计。在专题报告、导师沙龙、寒假社会实践、暑期挂职锻炼等培养环节中,强调理想信念教育,引导学员积极向党组织靠拢,跟党走,激发他们作为优秀青年的使命感。二是具体培训版块中强化理想信念要求。如在理论学习方面,培训班邀请专家来校开展专题讲座,带领学员对党史、新中国史、

新生骨干培训班寒假社会参访实践-改革开放路线

改革开放史、社会主义发展史进行深入学习,对习近平新时代中国特色社会主义思想内涵进行深入理解。

新生骨干培训班围绕"理想信念教育"开展的系列教育培养,目前已呈现出明显成效,以第三、四期新生骨干培训班为例,学员提交入党申请书的比例均为同期大一学生平均水平的3倍。

(三)要配强指导教师"领头雁"

配强指导老师队伍是新生骨干培训班建设的重要环节。新生骨干培训班充分重视指导教师在学生培育中的关键作用,在培训期间一方面邀请相关领域的知名学者为学员授课,致力于提高课程质量,另一方面则精心选配班级导师与导师助理,为学员提供专业化的指导,塑造良好的学习氛围,形成"专业教师—导师—导师助理—学员"的四维培养队伍。素质优秀、数量充足、层次多元的指导教师团队一方面能够给予学员个性化的指导,实现精准滴灌;另一方面也更能在日常潜移默化的交往中,发挥言传与身教相结合的作用,打好教育组合拳,也更符合价值观教育的规律。

(执笔人:杨媛媛)

"星星点灯，初心传承"
本科生入党引领培养计划

——复旦大学数学科学学院组织育人的实践

一、基本概况

针对本科生支部流动性大、正式党员少、"蓄水池"工作任务重等特点，复旦大学数学科学学院实施"星星点灯，初心传承"本科生入党引领培养计划，从递交入党书阶段扩大党组织影响力、积极分子培养期增强师生互相了解、专业教师担任入党介绍人、预备党员考察期规范深入指导四个方面，加强教师党员与学生之间的联系，切实发挥教师党员的思想引领作用，探索专业教师党员合力育人的本科生党员发展和培养机制。

二、主要做法

（一）组织师生共同参观爱国主义教育基地，激发学生入党意愿

为了增强师生之间的了解，搭建师生交流平台，让师生能够在专业知识以外的更多角度进行交流，本科生党支部组织支部成员、入党

教师党员与学生共同参观一大会址纪念馆

积极分子以及其他同学，分成 11 组参访了四行仓库、中共一大会址、周公馆等上海市爱国主义教育基地，邀请党员教师、书院导师和学生共同参观。党员同学担任学习讲解员，全程带领教师和其他学生共同参观并讲述这一段段中国的奋斗史。讲解员收集丰富资料、精心准备讲稿，通过充分的准备把相关的"四史"故事娓娓道来。从五四运动到党的艰难建立再到中华民族的血泪抗争，师生们在参观学习中提高了思想认识、激发了爱国热情，同时，也有 23 名非党章学习小组同学一起参加，他们被革命先辈的精神和事迹所激励和感染。

（二）举办师生午茶会，加强入党积极分子培养

结合学院基层团校、积极分子培训班的课程内容，同时也借助已

经举办近 2 年的师生午茶会平台，组织党章学习小组与党员教师共同参加以"走上数学之路"为主题的师生午茶会，帮助入党积极分子了解党员教师的入党初心，感受党员教师的学术态度，结合专业特点端正入党动机。午茶会上，6 名党员教师从自己的求学生涯、入党经历谈起，结合专业领域前景发展，与学生们交流学习方法和人生经验，告诫同学们要有坚定的理想、认真的态度、积极的信心，鼓励同学们在数学学习外，也要多了解交叉学科的知识，在未来可以做到学以致用，以所学服务国家、服务社会，实现自己入党时的誓言。同学们也向老师们提出了自己感兴趣的问题，交流自己未来的规划和理想，进一步坚定了自身信仰追求，同时也发现了自身的不足。

（三）专业教师担任入党介绍人

根据本科生支部党员"蓄水池"较大、正式党员较少的现状，邀请教师党支部的成员担任部分学生的入党介绍人，参与学生的入党培养期各项工作，同时也促进师生交流，提高育人效果。综合平时表现和群众评议情况，选择被介绍的学生发展对象，再根据发展对象的学科兴趣和学术专长，经学生党总支与教师党支部沟通，确定相应教师入党介绍人的人选。

截至目前，包括长江学者、青年长江学者、国家自然科学奖获得者等在内的 6 位教授担任了 6 名学生预备党员的入党介绍人。在学生入党后，教师入党介绍人还继续关注学生在预备期内的表现，通过季度思想汇报、一对一谈话等，了解预备党员的思想动态和学习情况，继续发挥教师党员对学生党员的引领作用。在谈话的过程中，有的教师党员与学生预备党员交流了自己学习习近平新时代中国特色社会主义思想过程中的体会；有的教师党员与学生交流了习近平在纪念五四运动 100 周年大会上发表的重要讲话有关内容；有的教师党员与学生预备党员交流了对于中美贸易战的看法和认识；有的教师党员与学生讨论"不忘初心、牢记使命"主题教育的意义，分享自己的入党初心，引导学生正确思考党和党员应该肩负的使命。教师党员们还了解了学生对于未来发展的打算和准备，予以针对性指导，引导其对人生价值、青年使命进行深入思考。学生说，每次与党员教师交流都会感受到老党员身上坚定的理想信念，感受到他们关心年轻人成长的热情，每次交流仿佛都是在上一次精彩的党课，学到更多的同时也认识到自己与一名真正优秀共产党员之间的距离。

三、体会启示

邀请优秀的专业教师党员全过程、全周期参与本科生党员发展的入党宣传教育、积极分子培养、预备党员考察等重要环节，切实发挥教师党员的思想引领作用，将专业教师对学生的引导和教育拓展到第二课堂，同时以优秀党员教师的榜样力量扩大党组织的影响力，为党组织输送更多又红又专的新鲜血液。

借助活动设计，为教师搭建课堂之外实践育人、组织育人等更多育人的平台，让师生不仅交流学科知识，更能深入交流理想信念，教师能够全方位参与育人环节，学生能够充分感受到教师党员身上坚定的理想信念和严谨的治学态度。

（执笔人：喻显迪、郭昱君）

以主题文艺党课传承医者使命担当

——复旦大学上海医学院"三全育人"综合改革试点工作案例

一、背景情况

"三全育人"综合改革试点工作开展以来,复旦大学上海医学院(以下简称"复旦上医")党委坚决贯彻上级决策部署,围绕建设国内顶尖、世界一流医学院的战略目标,加强领导,周密部署,扎实推进"三全育人"综合改革试点工作,把立德树人根本任务贯穿办学治学、育德育才全过程,用习近平新时代中国特色社会主义思想铸魂育人。主题教育期间,复旦大学上海医学院党委聚焦"三全育人"综合改革总体要求和建设目标,举办"不忘初心、牢记使命"主题文艺党课,以丰富的艺术形式回顾复旦上医与祖国同兴、与时代同行的光辉历程,传颂上医前辈们爱国奉献、砥砺奋进的追梦故事,展示上医各单位不忘初心、奋发有为的崭新风采,激励和引领全体复旦上医人秉承"正谊明道"的院训和"为人群服务"的精神,为加快建设世界一流医学院和一流医学学科不懈奋斗。

二、主要做法

主题文艺党课生动演绎了复旦上医人的故事,再现了复旦上医的发展脉络,通过重温历史、陈述当下、展望未来,传递了医学的温度,厚植了上医基因,弘扬了上医精神。

(一)矢志报国、赤心永驻:特殊传承仪式传递前辈精神

中国工程院院士、复旦大学附属中山医院汤钊猷向医学生赠送著作《西学中,创中国新医学》。这本书是汤钊猷院士从医65年的特别版,书中倡导学有所长的西医前来学习中医(尤其是中医的核心理念)和中华文明精髓,有利于形成中西医并重、中西医互补的新局

院士赠礼

面，进而创建中国新医学，他说："中华文明和其他文明一样久远，而且是从未中断的文明。"

中国科学院院士、复旦大学脑科学研究院杨雄里将一份 1978 年发表在《科学通报》上的专题综述《色觉研究的某些重要进展》的复印件赠予青年师生，这是他发表的第一篇专题综述。他说，这篇文章的发表是自己走上脑科学研究的一个起点，在此后的科研道路上，他始终坚持努力传承老一辈科学家鼓励、提携年轻人的高尚品格，砥砺前行。

活动还特别邀请了 1949 年出生的 9 位老一辈医学前辈代表来到现场，他们中既有获得共和国 70 周年纪念章的全国劳模，也有上医和附属医院的老领导，还有立足平凡岗位兢兢业业大半辈子的医务专家。来自各院系的 9 位出生在 10 月的医学生为他们献花致礼，共庆生日，致敬前辈。

（二）正谊明道、初心不悔：革命先驱、医学大家故事展现医者仁心

碧血铸医魂，丹心照汗青。附属华山医院、药学院、基础医学院、护理学院深情演绎的 4 堂微党课，分别讲述了上医老校长钱悳教授西迁援建重庆医科大学的故事，方济堃家族跨越 70 载、三代人精神传承的故事，闻玉梅院士与上医共历 60 余载春秋、创建发扬上医病原微生物学的故事，以及护士服变迁的故事。

岁月在流逝，时代在更迭，不变的是上医人始终秉承着医者仁心，为人民健康福祉矢志奋斗的精神。

（三）心有大爱、不畏艰苦：案例展演、主题演讲呈现医者大爱

附属妇产科医院的组织生活案例展演，饱含深情地演绎了高秀惠

教授在生命尽头所做的最后一台手术。在得知一位病人生命垂危的消息后，高秀惠坚持拖着高烧不退的病体迅速从家中赶往医院实施手术。患者得以转危为安，而高秀惠却因病永远地倒在了手术台上。

只要政策有号召、人民有需要，上医人就义无反顾，奔赴祖国大江南北。附属儿科医院援疆干部傅金、援藏干部张源、援滇干部孙松带来了"扶贫攻坚，不忘初心"的主题演讲。他们积极投身医疗扶贫工作，依托远程查房平台实现对疑难病症的精准就诊，切实提升当地医疗服务水平，在华夏大地上书写医者仁心。在一批批上医帮扶人的不懈努力下，新疆喀什创建了喀什二院新生儿科，成立了西部儿童健康发展中心；西藏日喀则人民医院顺利完成新院搬迁，成功创建三甲；云南成立了实训中心，开办了重症医学继续教育学习班。

（四）医路传承、与国同行：年轻学子医生讲述学医从医初心

科研报国是上医人永恒不变的主旋律。青年海归人才在现场用激情澎湃的原创诗歌朗诵向祖国许下了铮铮誓言：祖国，请您相信，斗转星移牢记肩上担，我将实践人类健康的核心价值。祖国的未来请看我们！

医学生分享了学医故事，年轻医生交流了从医心得。人生经历或是身边感动是他们的从医初心，而正是坚守着这份初心，他们为许多患者和家庭带去了希望的曙光。

三、经验启示

这一堂主题文艺党课是上医党委着力推进文化育人的一次探索。

以主题文艺党课传承医者使命担当
——复旦大学上海医学院"三全育人"综合改革试点工作案例

我们的体会如下。

以生动的形式吸引人。主题文艺党课用丰富的表演赢得了关注的目光。党课现场座无虚席,400 余名师生和医护人员饱含热泪认真上完了这堂特殊的党课,课后大家激情澎湃、热血沸腾,纷纷在微信朋友圈刷屏,感动于一代代上医人无悔的初心,感慨于时代赋予的新使命。

以真实的故事打动人。主题文艺党课向师生传递了最真切的情感和精神。舞台上所讲述的、展现的正是复旦上医人所熟知的身边人、身边事。无论是院士先贤的薪火传承、医学大家的情怀寄托,还是援边干部的大爱无疆、青年师生的意气风发,他们都在践行着"守初心、担使命",通过主题文艺党课让复旦上医人的理想信念更扎根土壤,推动"三全育人"往深里走、往心里走、往实里走。

文艺党课的成功举办也启示我们,在"三全育人"工作中要注意如下几项。

首先,通过形式多样、内涵丰富的育人活动,鼓励复旦上医人更加明晰自己的发展方向,唱响时代最强音。榜样的力量是无穷的,医者先贤是复旦上医广大师生医护员工的价值标杆,更是精神脊梁。致敬先贤、坚守初心、传承精神、担当使命,复旦上医人将从党课的生动故事中汲取成长的养分,心怀大爱、正谊明道、矢志报国,唱响吾辈当自强的时代最强音。

其次,助力复旦上医人更加明确学校、医学院和附属医院的建设目标,推动上医再创新辉煌。主题文艺党课生动地把学习贯彻习近平总书记重要讲话精神与推进"三全育人"工作相结合,与学习贯彻党的十九届四中全会精神相结合,与做好当前工作、谋划复旦上医改革发展相结合,为党育人、为国育才,进一步明确如何走出一条综合性大学办好医学院的新路,加快国内顶尖、世界一流医学院建设,提升附属医院的服务能级,为服务上海、服务中国作出更大的贡献。

最后,引领复旦上医人更加深刻领会党和国家的发展方针,为祖国的健康事业贡献力量。通过主题文艺党课,广大师生医护党员干部立足"双一流"事业发展的大局,把以身许党许国、报党报国作为职业担当和使命情怀,牢牢抓住部、委、市三方共建托管的历史机遇,布局服务"健康中国"战略,深化医教研融合创新,为开创医学教育事业改革发展的新篇章而不懈奋斗。

(执笔人:杨泽璇、陈思宇)

同上"疫"党课
同筑"医"理想
同聚"云"力量

——复旦大学上海医学院将抗疫斗争作为
医学生思政教育的生动教材

2020年伊始,突如其来的新冠肺炎疫情牵动着千家万户的心。复旦大学上海医学院结合抗疫斗争形势和医学生思政教育特点,将"爱国奋斗、服务人群"作为年度医学生思想政治教育的主题,将抗疫斗争作为医学生思政教育的生动教材,大力加强爱国主义教育、职业理想教育、社会责任教育,积极谋划医学院"三全育人"新格局、新思路、新办法。

一、基本概况

抗疫斗争是一堂形势政策的大课,一堂医学人文的大课,更是一堂爱国奉献的大课,对于医学生而言,白衣逆行的医护人员就是站在讲台上授课、在医院里擦身而过、在临床实习期间朝夕相处的老师们。他们是身边的师长,更是在战"疫"中以逆行书写伟大的人。在化

"疫情危机"为"思政契机"的过程中,上海医学院凝聚医教协同的育人力量、提供因时而进的育人资源、建立"三全育人"的工作体系,激发全院教职员工与医护人员立德树人的使命感、责任感和紧迫感,引导医学生将"为人群服务、为强国奋斗"作为自己的职业责任,延伸了高校思政教育的广度与深度。

二、主要做法

(一)同上"疫"党课,把服务奋斗的价值精神贯通于全程育人

1. 让一线党员分享战"疫"经历

疫情期间,上海医学院党委强调党员教育不放松、组织生活不断线,对学生党支部"三会一课"提出明确要求。医学学工部通过《组织生活会参考》、支部线上打卡、《上医学工简报》交流等形式,加强对党支部"三会一课"的指导。截至2020年5月底,各单位共组织了200多场次专题党课、主题党日、专题组织生活会,近100名学生递交入党申请书。同时,讲好抗疫一线共产党员的先进事迹,让困难面前"共产党员先上"这一响亮口号成为全体学生党员的自觉行动。

在"让党旗在战'疫'一线高高飘扬"——上海医学院学习抗疫精神专题党课上,附属华山医院副院长、华山医院援鄂医疗队总指挥马昕讲到,在武汉光谷院区ICU(重症加强护理病房)中,第一个带头进ICU的,收第一个病人的,做第一个插管的,第一个做各种操作的都是共产党员,因为"我是党员我先上"。附属中山医院呼吸科主治医生、援鄂医疗队队员刘子龙在武汉战"疫"一线火线入党,在专题党课的"初心分享会"上,他讲道:"我是一名医生,我绝不放弃

每一个病人。我渴望到党和国家需要的地方去，火线之上显英雄本色，危难时刻见责任担当。"在"疫"党课中，医学生们既学习广大白衣战士和共产党员义无反顾的坚定逆行，更凝聚起众志成城、全力以赴、共克时艰的强大正能量。

2. 让党旗在防"疫"一线飘扬

为把在鄂学生党员组织起来，上海医学院举行在鄂学生党员同心战"疫"主题党日，成立在鄂医学生临时党支部，确保每一个党员组织不掉队，思想不掉线。在主题党日上，46名来自上海医学院各院所平台和附属医院的在鄂学生党员在"云端"连线，交流分享他们在鄂的所见所感，共同汲取抗击疫情的冲锋动力和必胜信心。支部成立后，在鄂学生党员通过"党员结对""定点帮扶""学习小组"等形式开展党群结对"1+1"，加强对在鄂学生的健康关怀、心理慰问、舆论引导和交流学习，团结服务好每一位在鄂学生。

学校启动分期分批有序返校后，面对校园疫情防控的压力，医学院学工部设立学生党员志愿服务岗，14个学生党支部、191名党员报名参加，在食堂协助体温测量，在校门口做好人员引导，在园区为返校学生提供帮助，在核酸检测点开展信息登记。医学生党员凝聚起来迎难而上，为校园的疫情防控贡献力量，也让党旗在防"疫"的一线高高飘扬，更让"我是党员我先上"的时代强音与"听党话、跟党走"的信念在心中共鸣。

（二）同筑"医"理想，把医教协同的队伍力量贯通于全员育人

1. 展现医者担当，与抗疫医护人员共筑"云上思政"

2020年4月中旬，援鄂医疗队员们解除医学观察后，上海医学

立德树人　铸魂育人
——复旦大学"三全育人"综合改革案例选编

朱畴文、钟鸣、罗哲在最美"医路奋斗者"访谈分享会上讲述奋斗初心

院先后组织专题党课、主题党日、专题组织生活会、初心分享会、青年故事会、抗疫专题展览等活动,通过线上线下相结合的方式,邀请援鄂医疗队队员、抗疫一线工作者等为身处全国各地的医学生们讲述抗疫故事,分享奋斗初心。在"初心·传承:战'疫'青年故事会暨第九届复旦大学十大医务青年分享会"上,附属医院的战"疫"青年讲师团成员为医学生回溯传承从医初心;在"致敬医路奋斗者"微视频大赛颁奖仪式暨最美"医路奋斗者"访谈分享会上,朱畴文、钟鸣、罗哲、李笑天、蓝斐、宿昆、许雅芳等战"疫"一线的师长,为医学生讲述他们医路奋斗的故事;在"复旦大学抗击新冠肺炎疫情专题展览"上,按满红手印的请战书,见证抗疫历程的医疗队服、手术服、排班表、医疗日记等珍贵实物,再现了一幕幕感人瞬间;在学习抗疫精神专题组织生活会上,正在临床实习

同上"疫"党课 同筑"医"理想 同聚"云"力量
——复旦大学上海医学院将抗疫斗争作为医学生思政教育的生动教材

的同学们讲道:"看到师长们用行动书写的医者仁心,感受到逆行者用行动诠释的家国情怀,体会到全心全意为人民健康服务的宗旨意识,便立志要成为像老师们一样对社会有用的人。"

2. 感悟医者仁心,让家国情怀从心端流淌到笔端

2020年1月25日大年初一,上海医学院就向全体医学生发出《倡议信》,要求身处全国各地的医学生都能以实际行动体现"为人群服务"的责任和担当。从中山医院钟鸣医生作为上海首位援鄂医生出征,到497名复旦大学上海医学院援鄂医护人员悉数平安凯旋,上海医学院先后组织学生通过"说唱写拍画,读演访微创"等形式,开展讲述战"疫"故事、原创礼赞歌曲、拍摄致敬视频、征集祝福作品、访谈战"疫"人物、排演抗疫话剧、组织专题演讲、制作专题推送、开展微视频大赛和纪念品设计大赛十项抗疫主题活动,学习和展现医护人员坚定逆行、共赴时艰的抗疫精神,笔绘初心、礼赞白衣,致敬身边的最美逆行者。

(三)同聚"云"力量,把资源平台的有效供给贯通于全方位育人

1. 筑起战"疫"防"疫"的多级联动工作防线

疫情面前,没有谁是旁观者、局外人。为做好疫情防控工作提供坚强的政治保证、思想保证和组织保证,医学学工部依托学习强国APP、微信、ZOOM(多人手机云视频会议软件)云会议、腾讯办公等平台,构建现场和"云端"同步工作空间,做好政策传达、党建引领、榜样示范、科普宣传等工作。发挥组织优势,建立从校园防控、"蜂巢"管理,到科普宣传、线上问诊,再到为在鄂同胞提供生活帮扶,为援鄂医护子女提供云上辅导的队伍力量,跨越沪鄂两地,凝聚

抗疫力量。不仅收到来自上海援鄂医疗队家属、武汉抗疫医护人员，以及上海市商务委员会、陕西省卫生健康委员会和各地居委会发来的感谢信，更筑起了校园和家园战"疫"防"疫"的坚强防线。

2. 构建从"屏对屏"到"心连心"的工作矩阵

结合抗疫斗争开展线上思政工作，是拓展网络思政工作阵地的重要契机。上海医学院建强新媒体平台，特别是发挥好"复旦上医""复旦医学生""西苑园委会""枫林媒体中心"和院系所/附属医院微信平台的作用，形成新媒体矩阵，发挥联动效应。加强内容生产，贴近医学生实际，丰富传送内容，改进宣传形式和手段，形成一批有教育意义的特色产品。先后推出辅导员制作的"防疫在行动"主题微课，医学生原创的"王小帅战'疫'情"系列动漫科普，以及《出征》《爱因为在心中》《致敬英雄、祈福武汉》等原创抗疫 MV，塑造育人品牌，提升现有平台热度，努力打造一批学生、辅导员中的"网红"人物。以"复旦医学生"微信公众号为例，围绕战"疫"防"疫"工作，共制作 130 余篇专题推送，累计阅读量达 21 万次，转发近 2 万次。形成网上网下、校内校外、境内境外全覆盖、不断线的"云上思政"，提升"键对键"思政工作实效。

三、体会启示

面对疫情这场大考，上海医学院将抗疫斗争作为医学生思政教育的生动教材，上好战"疫"思政课，讲好抗疫人物志，引导广大医学生坚定"四个自信"，争做担当民族复兴大任的时代新人，医学生一路成长，用努力和付出书写自己学思践悟、奋发有为的答卷，取得了疫情防控和立德树人的双胜利。在总结工作做法的同时，有以下几点思考体会。

同上"疫"党课 同筑"医"理想 同聚"云"力量
——复旦大学上海医学院将抗疫斗争作为医学生思政教育的生动教材

（一）要将学习贯彻回信精神与塑造医学生职业理想相结合，传承"为人群服务"的大爱精神

上海医学院注重用好疫情防控"活教材"，将塑造医学生"为人群服务"的职业理想、弘扬医者仁心的大爱精神放在首位。通过学习习近平总书记给复旦大学《共产党宣言》展示馆党员志愿服务队，以及给在首钢医院实习的西藏大学医学院学生、给北京大学援鄂医疗队全体"90后"党员、给中国石油大学（北京）克拉玛依校区的毕业生们的重要回信精神，引导医学生以"我是收信人"的身份将深入学习习近平总书记重要回信精神与树立自身职业理想相结合，在学习中坚定理想信念，在思考中感悟职业精神，在实践中融入大爱精神。

（二）要将师长的言传身教与医学生职业精神的养成相结合，发扬"最美逆行者"的战"疫"精神

上海医学院注重讲好上医人在疫情防控中的"战'疫'故事"，展现"最美逆行者"身上的复旦使命、上医精神和奋斗力量。无论是奋战抗疫一线的医护人员、组团科研攻关的医学工作者，还是筑牢疫情防线的公卫战"疫"人、参与联防联控的广大师生，都是这场战"疫"大课的主讲人，通过他们为医学生职业精神养成提供的生动示范，引导医学生在身边师长的榜样引领下，筑牢"医"理想，将战"疫"精神转化为"为人群服务"的硬核力量。

（三）要将完善"三全育人"工作体系与引导学生践行初心相结合，凝聚"为强国奋斗"的拼搏精神

上海医学院注重将战"疫"精神转化为磨砺医学生坚定理想信

念、矢志拼搏奋斗的原动力,引导学生践行"爱国奋斗、服务人群"的使命担当。通过完善医学生"三全育人"工作体系,聚焦思政工作发展的关键环节和优化育人供给的重点领域,依托"上医师道:口述史工程""上医福庆讲堂、上医福庆学者:创新人才培养计划""尚医明道:学生社会实践项目""三全育人"工作室等平台建设,建立全方位育人体系,完善医教协同的参与机制,引入实践育人学分制,加大医药卫生实践基地的建设管理力度,形成"一院一品"或"一院数品"的生动局面,提升上海医学院"三全育人"工作的力度和效度。

(四)要将强化党建引领与激发学生成长动力相结合,弘扬"我是党员我先上"的时代精神

上海医学院注重发挥党支部"生命线"作用,将"我是党员我先上"的精神价值转化为基层堡垒的战斗力量。通过严格落实"三会一课"、组织生活会等基本制度,提升学生支部凝聚力。建立健全以支部为核心的应急动员机制、信息沟通机制、预防管理机制、志愿服务参与机制。支部强基础、重引领、聚人心,党员亮身份、当先锋、作表率,为筑牢校园联防联控的工作防线提供有力组织保障,让广大师生感受到"身边有党、党在身边"。

(执笔人:陈文婷)

传播正能量　弘扬主旋律争做好网民

——复旦大学以网络文化节为抓手推进网络育人

一、基本概况

为更好贯彻习近平总书记在全国高校思想政治工作会议上的指示精神，"运用新媒体新技术使工作活起来，推动思想政治工作传统优势同信息技术高度融合，增强时代感和吸引力"，复旦大学以网络文化节为抓手，通过评选"校园优秀网络文化作品"和"年度校园自媒体"等优秀的网络文化作品和自媒体，优化内容供给，突出思想价值引领，弘扬健康校园网络文化，推动思政教育和素质教育。

校园自媒体评选活动海报

自 2016 年至今，复旦大学校园网络文化节已成功举办 3 届，广受师生欢迎，对推动学校网络文化建设产生了积极影响。

二、主要做法

（一）举办网络文化作品和自媒体评选活动，树立鲜明导向

在每年的第四季度，充分发动各院系、各部门以及各附属医院，推荐优秀网络文化作品和优秀网络自媒体，同时也鼓励师生以自荐的方式参与评选。通过网络文化作品和自媒体评选活动，调动了师生参与原创网络文化作品的热情，产生了一批传播网络正能量的网络文化作品。其中的部分优秀作品和网络育人案例获得上海市乃至全国高校网络文化节的奖项。获奖作品进一步产生辐射作用，引导师生产更多有质量、有内容的原创校园网络作品，产生强大的精神合力。

（二）邀请获奖作者分享经验，用榜样传递价值

在网络文化节颁奖仪式上，精选优秀网络文化作品的原创作者团队，组织他们与师生分享创作经验，与同行共鸣创作情怀，通过示范带动更多师生提升网络文化创新技能，创作更多内涵丰富、形式多样、受众认可的优秀网络文化作品，展现复旦精神和复旦师生风采。邀请优秀网络自媒体运营者分享初心和运营经验，引导校园网络自媒体立足国家意识、人文情怀、科学精神、专业素质、国际视野，找准定位，策划内容生产，传递正能量和社会主义核心价值观。

（三）举办形式多样、内容丰富的讲座活动

网络文化节经常邀请人民网、新浪网等相关网络媒体的负责人走

传播正能量　弘扬主旋律　争做好网民
——复旦大学以网络文化节为抓手推进网络育人

优秀网络文化作品和优秀网络自媒体颁奖仪式

进校园，解读在当前复杂多变的国际形势下，如何把握社交媒体的正确导向，如何更好地传播网络正能量；邀请抖音、哔哩哔哩等时下最受青年学生欢迎的人气网络平台相关创作者，解读当前网络流行趋势，通过案例展示，讲述如何进行内容创作、策划以及优质自媒体的运营，为师生网络媒体人提供创作思路。

三、体会启示

（一）网络文化要养正

网络文化传播速度快，影响范围广，就更要涵养正道。正道就是用习近平新时代中国特色社会主义思想武装头脑，用社会主义核心价值观成风化人。举办网络文化节的核心思想是要提高思想政治站位，提升内容建设质量，让网络文化建设的思路"明"起来、成效"稳"下去，从而让网络文化真正成为高校思政教育的重要阵地。

(二)网络文化要搞活

网络是青年人活跃的平台,要跟上时代的节奏。让网络文化有服务、有平台、有保障,让网络文化"接地气",要以"网络文化节"为载体,统筹资源,构建全校目标保障体系,让师生广泛参与到网络文化建设中,并最终从中受益。通过网络文化节,学校鼓励和引导广大师生网民巧用、善用新媒体新技术增添网络传播"温度",用网言网语打造了一系列接地气、有灵性、有黏力,并在青年群体中具有话语权和影响力的互联网传播产品和平台。

(三)网络文化要有"复旦味儿"

网络文化节创办至今,产生了很多优秀的网络文化作品,推出了一批优秀的校园自媒体。与社会上广泛存在的网络营销号和营销作品相比,在校园中获得广泛认可的自媒体和作品多数都具有鲜明的复旦特色,其吸引师生的着眼点更集中于对学校历史文化的发掘,对学校建设成就的关注乃至对学校发展与国家、时代发展同呼吸共命运的深刻体会。通过网络文化节,学校争取能够定期总结可推广、可辐射、可示范的网络文化建设经验,形成既具复旦特色、又可复制传承的复旦经验。

党的十八大以来,以习近平同志为核心的党中央高度重视网络文化建设工作,提出了一系列新思想、新理论、新论断、新战略,激励和要求学校从更高站位上积极做好网络文化建设工作。希望通过网络文化节等积极实践,形成全校共建优秀网络文化的合力,让复旦大学网络文化的合唱声调一致、声域宽广、音色丰富、声音强劲!

(执笔人:王亮、丁炜)

发挥志愿服务助人育人功效
引导青年投身实践勇担使命

——以"你的后方,我来守护"战"疫"前线医务工作者子女线上辅导活动为例

一、基本情况

面对新冠肺炎疫情这一传播速度快、感染范围广、防控难度大的突发公共卫生事件,包括复旦大学附属医院在内的全国各地医务工作者驰援战"疫"一线,为阻挡疫情扩散、救治感染患者作出了重大贡献,复旦大学青年志愿者虽然身在家中,但始终关心着战"疫"进展,并通过各种渠道表达了希望参与抗疫的强烈意愿。校团委充分发挥政治优势、组织优势,启动"鹅旦梦"[①] 计划,面向湖北地区青少年儿童开展结对志愿帮扶,旨在通过一对一的线上辅导,帮助受疫情影响的青少年更好地完成课业学习目标,助力成长成才。

[①] "鹅旦梦"是"鄂旦梦"的谐音,寓意复旦大学对湖北心向情牵,也希望通过志愿服务的实践载体,把"团结、服务、牺牲"的复旦精神向更广阔的范围传递。

二、主要做法

（一）筹备招募阶段：坚持组织与指导配套

1. 全校动员，严格考核

积极发动各二级团组织、团支部，依托在网络空间打下的组织基础，利用各类工作阵地、平台和链条，不断扩大宣传覆盖面，在首批报名的 486 名志愿者中，根据工作意愿、实务能力以及工作经历进行面试考察，265 人通过筛选首批上岗。

2. 把握需求，科学配对

在需求端，面向上海市各医院医护人员征集辅导需求，深度了解家庭辅导难点、痛点，并根据辅导需求与志愿者实际情况进行个性化匹配。在供给端，通过试用、跟踪考察等方式，在志愿者和医护家庭之间建立起提前沟通机制，确保志愿者与服务对象性格适配、教学相长。

志愿者为小朋友定制的课表

3. 分组管理，精准指导

根据志愿者相关经验和辅导对象学龄的实际需求，将志愿者分为学前教育组和中小学辅导组，组内按学科或年级分设小组进行集中备课、讨论与管理。同时，积极利用骨干资源，邀请往届研究生支教团志愿者围绕教学技巧、教育资源、心理特点与用语规范等方面为志愿者开展专题培训。针对特殊时期各类人群产生的心理焦虑、不安等情况，邀请心理健康中心专业教师开展心理教育培训。

（二）运行实施阶段：坚持服务与管理并重

在服务方面，积极解决志愿者面临的各类问题。针对志愿者反映的关于教材、教辅资源缺少的问题，积极整合基础教育集团资源，为志愿者提供更为丰富全面、正规管用的各类资源。

志愿者线上"陪伴"儿童

在管理方面，建立健全特殊时期志愿者工作的监督考核制度。一是严肃纪律，做好备案。对每位志愿者每天的服务时长、新需求和培训详情做好备案。二是高效管理，实时跟进。校团委工作人员每天对志愿者的签到、出勤记录等做实时跟进，确保每次服务的完成。三是注重反馈，定期回访。每周对被服务家庭进行回访，结合志愿者的工作表现建立评优表彰制度。

三、经验启示

"三全育人"综合改革的目标是培养德、智、体、美、劳全面发展的社会主义建设者和接班人。志愿服务是劳动教育的重要载体，也是健全实践育人长效机制的重要组成。通过此次活动可以看到，广大志愿者具备的极高活力和极强战斗力，一呼百应积极投身战"疫"行动，彰显了复旦青年的担当。广大基层团组织通过完善体制机制、配齐建强队伍，实现了在青年引领上的协同协作、同向同行。

一是立足政治优势提升服务力，围绕立德树人根本任务开展青年工作。通过"鹅旦梦"计划我们看到，学生对责任担当的认识更加深化，对党和国家的认同愈加强烈，也反映出线上志愿扶贫支教工作的潜在空间，促使我们将青年引领工作融入更加广阔的校园治理、社会治理、国家治理之中，强化顶层设计与统筹规划，发展出一批复旦特色浓、育人效果好、品牌效应广的志愿服务项目。

二是加快信息化建设提升组织力，减少青年工作的时间的空间壁垒。通过"鹅旦梦"计划我们看到，"互联网+青年志愿"的模式具有独特的优势，在实现青年志愿服务需求和供给的衔接过程中效率更高。不仅在动员方式上符合当代青年特征，也使得青年志愿服务工作从专项化转为日常化、网络化，推动青年工作需求清单和供给清单的有效对接、拓宽信息收集和发布渠道，把思想政治工作贯通育人全过程，全方位覆盖育人空间场域，激发全员育人的主体活力。

三是挖掘榜样典型提升引领力，广泛吸引凝聚发挥生力军突击队作用。通过"鹅旦梦"计划，进一步印证了，基层党、团组织把主动参与疫情防控作为复旦团员青年彰显先进性的重要实践载体。在志愿服务工作中挖掘、选树优秀集体和个人典型，讲好复旦大学战"疫"故事，无形中促使了各种育人元素作用充分迸发，在积极传播正能量、增强师生政治意识的同时，也努力助推了三全育人体系建设迈向新台阶，引导广大青年担当大任。

（执笔人：翟梦磊）

发挥网络育人作用
建好网上共青团阵地

——以"青春云接力,加油战新冠"系列直播活动为例

一、基本情况

2020年新冠肺炎疫情发生以来,复旦大学始终坚持疫情防控和立德树人"两手抓",建好网络思政平台,保证育人工作不断线。校团委学生艺术团办公室与学生会联合主办三场"青春云接力,加油战新冠"线上系列直播活动,借助形式多样的文艺节目为战"疫"加油,为夺取防控斗争胜利贡献力量,展现复旦青年积极向上的精神风貌。

二、主要做法

(一)提前谋划,构建线上校园文化活动体系

疫情伊始,复旦大学团委积极调研和谋划线上活动开展方式,旨在以新形式、新内容方便学生进行线上学习和生活交流。

线上自习直播活动一经推出，引起强烈反响，团委学生艺术团办公室随即充分准备，积极探索线上直播文艺活动形式，以拓宽师生接收主题教育、参与校园活动、提升文化素养的渠道。"青春云接力，加油战新冠"系列活动采取 YY 语音（网络视频直播平台）直播、B 站转播的策略，通过线上互动、主题歌曲演唱、社团表演、诗歌朗诵、连线特邀人员等多种方式开展。三场直播活动分别于 2020 年 2 月 19 日、21 日、23 日晚举行，共计 3.5 个小时，互动弹幕 2 994 条，推送阅读总数 5 434 次，最高人气值达 30 750 人。本次系列活动是校团委积极构建线上文化活动传播矩阵、拓宽育人载体、做好网络思政工作的开创性实践。

（二）积极探索，营造丰富的校园活动氛围

在新冠肺炎疫情的特殊背景下，"青春云接力，加油战新冠"系列活动通过青年喜闻乐见的线上开展形式把握青年心理、传播青年声音、激发青年共鸣，为同学们提供抒发自我情绪、与人交流的平台。

此外，本次活动围绕坚强抗击疫情、做好个人防护和校园归属感等主题，营造风清气正的校园文化氛围，引导广大青年在活动中接受文化熏陶、积极思考交流、主动展示自我。通过对三次直播活动留言与弹幕的分析发现，一方面，学生普遍对新冠肺炎疫情保持高度关注，对党和国家的抗击疫情政策表示支持和拥护；另一方面，不少学生在直播的参与过程中，也自觉表达出爱国、爱校情感和坚定打赢疫情防控阻击战的信心。

线上直播活动相比线下活动在传播校园文化、建设育人空间方面收效更好，不仅加强本校师生的交流互动，也吸引了不少外校学生，发挥了复旦大学线上校园空间的作用。

（三）全面动员，扩大活动参与度和影响力

本次活动实现本硕学生群体全覆盖、院系专业全覆盖。活动前期，校团委通过各院系团组织开展广泛调研，了解青年需求、关心青年成长、回应青年关切，科学策划、积极动员、广泛宣传。直播活动还调动了教师的参与度，通过邀请教师与学生连线交流的方式，拉近师生距离，促进师生共同成长。

同时，结合学生居家学习生活的现状，此次活动通过积极创新活动形式，鼓励学生带动身边亲友一同参与活动。在直播中，不少学生自发分享自己或家人的战"疫"趣事：如编写抗疫顺口溜、帮助父母网上授课等，贴近生活、温暖人心；还有些学生讲述自己遵守当地党委和政府的疫情防控规定，做好个人防护、抵制谣言，同时为亲友做出良好示范、担任社区抗疫志愿者的鲜活故事，复旦学子的家国情怀和社会担当借助网络平台的开放式交流不断体现，也在彼此的互动和碰撞中绽放出更加绚丽的青春光彩。

三、思考与打算

在高校校园中，笔记本电脑、智能手机几乎成为人手一份的标配，而课堂之外，微信、微博、弹幕视频社区（如 B 站）等也正在深刻地影响着每一位学生的人生观、世界观和价值观。如何在多样化、碎片化、复杂化、多元化、自由化的网络空间中，引导青年学生树立正确的三观，已成为高校思想政治教育工作的重点。在疫情肆虐、学生无法集中接受教育的特殊背景下，其重要性更甚。在本次线上直播系列活动结束的第二天，校团委召开总结推进会，探讨活动的得与失，并

就当前如何进一步加强网络思政工作提出以下三点思考。

（一）"装备"升级换代，让网络思政工作"活起来"

根据校团委于 2018 年 12 月对全校学生新媒体平台使用情况所做的调研，在微信、微博之外，B 站、知乎等平台几乎融入全校三分之二以上学生的日常生活。随着近两年"00 后"大学生比例的增多，这一数字仍在持续增长。更新更快、时代感强是网络平台的重要特征，也应是开展网络思政工作的基本遵循。这就意味着传统的工作方式已经落后，我们要把自己的"装备"升级换代，让网络思政工作"活起来"。

校园文化活动更要注重进入以 B 站为代表的，在青年学生间广受欢迎的直播、短视频等平台，更好地贴近青年。同时，在议程设置上进行优化升级，用轻松欢快的话语体系讲述真心话、传递好思想、传播正能量。

（二）"模式"转型赋能，让网络思政工作"动起来"

当代青年自我意识强烈，喜欢标榜个性、强调平等对话，这对传统的工作模式提出挑战。一方面，是因为互联网模式下开展主题教育活动本身存在实地参与感不足、个体针对性不强的问题；另一方面，网络虚拟环境的开放性与隐蔽性特征，使得问题被进一步放大。在本次直播系列活动中，我们更加注重师生互动与交流，让主讲人与听讲人共话抗疫，从而最大程度激发学生的参与感、认同感，取得了显著的效果。接下来，将继续推动网络思政工作模式转型赋能，让网络思政工作"动起来"。

首先，培养一批善于运用新媒体技术开展工作的师生团队，根据网络时代的最新特点，不断创新思政工作方法，努力解决线上活动中

发挥网络育人作用　建好网上共青团阵地
——以"青春云接力，加油战新冠"系列直播活动为例

话题讨论区高频词云

主体参与感不足、个体针对性不强的问题。

其次，建立健全网络思政工作运行机制，把握青年特征、顺应网络需求，学习掌握与青年沟通的艺术、善用"青言青语""网言网语"，构建对话式、启发式的网络思政工作新模式。

最后，持续挖掘"身边的故事"典型，以学生现身说法等方式，增强网络思政工作的亲和力，达到青年引导青年、青年教育青年的目的。

（三）"核心"做大做优，让网络思政工作"强起来"

网络平台中，各种社会思潮传播与碰撞，正深刻地影响学生的思

想意识。因此,加强网络思政工作是十分重要且紧迫的,归根结底就是要坚决摆正方向,把"核心"做大做优,让工作"强起来"。立德树人、铸魂育人是思政工作的核心所在,但在网络信息时代,各类繁复的信息资源在消解教育者权威地位的同时,也使得青年学生的思想意识漂浮不定,甚至背离主流价值。面对强大的信息渗透与网络舆论,必须帮助青年学生站稳脚跟。一方面,要做好信息收集与舆情研判工作。在舆论的酝酿阶段就提前介入,就某一或某些集中讨论的问题,利用网络阐清始末,防止被歪曲异化;另一方面,要做好舆情应对工作。并非所有的舆情都能被扼杀在萌芽阶段,对于已经出现的舆情,既要给出正确的观点和意见,澄清误解,又要积极利用学生团队引导舆论方向,营造良好的校园氛围。在本次系列直播活动中,负责团队作了精心安排和周密部署。一是在直播活动中设置专门的弹幕监督员,时刻监督,针对恶性发言进行反击,优化弹幕环境。二是设置弹幕专门学生团队,在冷场、"歪楼"等情况下,通过刷屏、删帖等方式把控风向,建设良性互动空间。

(执笔人:朱逸骏、甲干初)

适应网络安全新态势着力培养智能时代的学生信息素养

一、基本概况

随着大数据、人工智能等新技术到来，我们正走进"大安全"时代，网络安全对国家安全牵一发而动全身。从学生入学到毕业，校园信息化建设贯穿在教学、工作和生活的方方面面。网络安全与信息化相辅相成，"没有网络安全就没有国家安全"。在当前网络安全形势日渐严峻、相关法律法规颁布实施、学校信息系统和用户数量众多、对网络安全的要求日益提高的背景下，开展网络安全宣传教育、提升师生网络安全素养，是"三全育人"的重要内容和保障。

习近平总书记指出，"要运用新媒体新技术使工作活起来，推动思想政治工作传统优势同信息技术高度融合，增强时代感和吸引力"。站在新时代的起点上，复旦大学注重顶层设计，健全完善网络育人新体系；维护网络生态安全，筑牢清朗网络空间；充分发挥校园网络平台作用，努力把育人工作"做到家""入心田"。

二、主要做法

（一）注重日常教育，强化网络安全意识

把网络安全教育作为学校新生入学教育和新教工入职培训重要部分，通过培训课程和在线测试等方式开展教育培训。通过"复旦信息办"微信公众号推送、电子邮件和短信预警，以及信息办主页安全新闻等方式，经常性开展网络安全基础科普、网络攻击的防范、日常办公和生活中网络安全意识提醒、网络安全事件提醒等。定期组织信息化服务宣讲会，帮助师生处理网络安全问题。通过常态化网络安全宣传，提高师生对于网络不良信息的辨别能力，提升个人信息安全保护意识和网络安全底线意识。目前，微信公众号网络安全相关推送覆盖师生用户11万余人；2019年度，学校向师生用户多渠道发送安全提醒14次，主要针对日常爆发的勒索软件、社会工程学攻击、互联网个人账号泄露可能产生的风险、弱密码问题等对师生用户进行提醒。

同时，为响应国家加强版权保护的号召，每年为师生提供微软Windows操作系统全系列、微软Office全系列、Adobe系列、Windows Servers全系列，科学计算和统计分析软件，防病毒软件等常规软件的校园范围正版授权。校园软件正版化的持续推进，不仅能满足师生在教学、科研中对主流和专业软件的使用需求，也能在很大程度上提升师生网络安全和知识产权保护意识，降低网络与信息安全风险。

（二）开展主题教育，深化网络安全体验

在2019年国家网络安全宣传周期间，围绕"网络安全为人民，网络安全靠人民"主题举办为期一周的系列活动，如网络安全高峰论

适应网络安全新态势　着力培养智能时代的学生信息素养

2019年网络安全宣传周·复旦大学校园日

坛、网络安全成果展、网络安全校园行、校园体验日、党员宣传日等系列活动，以"接地气"的方式参与网络安全科普宣传，采用案例讲解、警示教育、情景模拟等方式，面向师生开展体验式、互动式的网络安全教育。

在校园体验日活动上，师生通过现场体验"破解密码""提取指纹信息""发现隐藏的针孔摄像机""展示银行芯片卡读取器中囊括的黑客技术"和"恶意病毒中毒体验"等模拟场景，了解不法分子通过非法手段窃取个人信息的过程，近距离感受网络安全重要性，提升网络安全防范意识。国家网络安全宣传周期间，在邯郸校区光华大道的道路两侧持续展出网络安全知识展板，围绕智慧家庭安全、手机使用安全、网上生活安全、个人隐私保护、网络诈骗犯罪、网上支付安全、安全小贴士等贴近生活的主题，向师生普及有关法律法规和网络安全知识。

(三)强化实践育人,打造志愿服务队伍

实践育人是"三全育人"的重要方面。学校打造一支既懂专业技术又善于培训交流沟通的校园"守护者",组建一批引导校园网络信息安全实践活动的志愿者,分领域、分层次、分类型地开展网络信息安全引领及宣传工作。培育优秀助管队伍,打造信息安全守护新力量,让学生亲身参与到漏洞测试的过程中,在实践中提升信息素养和维护网络安全的能力。注重师资队伍引领,学生队伍协同,引导全体师生参与网络安全建设活动。在疫情期间,从各个院系召集近百名学生志愿者,组建在线教学平台的骨干培训团队,进行操作手册的在线学习,并进行在线考试;动员教师报名,统一开设系列培训课程,对学校推荐的平台分别开展2—3次相同内容的直播培训,让教师快速掌握平台的使用功能;学生志愿者进入多个累计超过千人的教师微信群,对遇到问题的教师进行在线辅导,并将高频问题整理成可参阅的文档、视频,供师生自主学习和查阅。

三、体会启示

在信息化技术的支撑下,全面提高"三全育人"的水平与效果,既是全面落实立德树人根本任务的需要,也是全面推进"双一流"建设,加强和改进新时代高校思想政治工作的需要。

(一)顺应网络安全新态势,牢牢把握立德树人工作的时代性、方向性

始终坚持立德树人的办学方向,不断强化学生对国家使命的认同

感，关系到高校意识形态安全建设的大局。积极引导学生正确认识和使用新媒体，充分利用网络媒介开展网络意识形态安全教育，全面调动学生在网络安全教育实践中的主动性和积极性，营造风清气朗的校园网络空间，才能有效落实立德树人的根本核心，为早日实现"两个一百年"奋斗目标提供人才保障。

（二）把握师生需求，充分利用"互联网+"信息优势，创新网络安全教育手段

疫情对高校信息化工作是一次巨大的挑战，也是一次重大的发展机遇。信息化部门根据师生反馈，调研信息技术发展的方向，分析师生实际使用情况的数据，进一步利用好网络新媒体，创新网络安全教育方式，增强学习教育的积极性，增强网络安全教育的生动性和趣味性，提升网络意识形态安全教育的亲切感和吸引力。进一步加强网络育人平台建设，为各类在线育人资源提供平台，推进育人与网络深度融合，加强育人工作的信息支撑，探索网络安全教育的多元表达和良性互动，积极引导学生开展自主学习和自我教育，建立开放、互动、包容的网络意识形态教育模式。

（三）着眼长效机制建设，建设网络育人工作队伍，做好网络安全教育保障

通过聘请网络专家，在技术层面引导广大教师参与网络育人，打造一支指导专业、学生为主、师生结合的校园网络文化建设生力军。定期安排对安全人员的培训工作，提升处理安全问题的能力，并组织对安全人员进行考核；对各院系部门安全联络人进行安全宣讲和培训，从原点出发减少安全风险。同时，与育人结合进行人员

队伍建设，选拔相关专业学生参与学生助管工作，培养专业人才队伍，参与学校网络安全工作，提高学生的技术能力和校园网络安全工作参与度。

（执笔人：徐竟祎、徐艺扬、董梦舒）

价值引领　学术辅导

——复旦大学哲学学院以《周一谈治学》栏目开展网络育人的探索

一、基本概况

"守护思想、引领时代"是复旦大学哲学的精神传统,"学术立院、育人为本"是哲学学院的立院宗旨。为弘扬学院师德风范,2010年10月,哲学学院正式启动"为人、为师、为学"主题活动,活动共分3期,前后持续约两年半,共采访65名教师,有73名同学积极参与,将教师们身上"为人、为师、为学"的事迹收集编写下来,集成了《师道的光华》一书,描述了在职教职工身上平凡的伟大、展现了"为人、为师、为学"精神的事迹,体现了"师生互动、教学相长"。

2014年,哲学学院适应新媒体发展形势,把"为人、为师、为学"活动转移到网上阵地,通过"学术化、网络化、艺术化、大众化"方式,将思政教育与学术培养、学风培育相结合,充分发挥师生能动性,持续生产具有"高质量、正能量、点击量"的原创文章,以网络化传播手段,艺术化呈现方式,打造出《周一谈治学》特色品牌栏目。

哲学学院《周一谈治学》栏目特色

二、主要做法

2014年10月15日,《周一谈治学》栏目在"复旦大学哲学学院"微信公众号正式上线,栏目旨在书写哲院人的治学之道,萃取凝练岁月的思与言。栏目开始名为《大家谈治学》,第一篇是刘放桐老师的《学术研究的三种品格》。2015年11月改名为《周一谈治学》,意在让"治学"成为学生每周的"第一要事"。除去寒暑假,每周发布一期,目前已累计发布130期,平均浏览量达1 100多次,受到院内外师生多方好评。

价值引领　学术辅导
——复旦大学哲学学院以《周一谈治学》栏目开展网络育人的探索

栏目内容分为五个专题：校风学风培育专题文章、治学精神引领、治学方法提升、校园学习攻略、哲院教师治学初心访谈。在内容生产方面，坚持走大众化、精品化路线。最初，由于经验有限、条件有限，栏目大多是转载学科相关教授已有的文章，但针对性有所欠缺，价值观引导的方向预设不能完全匹配。为了进一步落实育人目标、提高育人效果，学院将辅导员作为主力队伍，招募学生团队，凝聚力量，创新办法，提高文章的原创性。例如，发挥专业教师力量，采取"冰桶挑战"游戏的方式，邀约第一位老师撰稿，老师在提交稿件的同时，还要协助团队邀请他认为治学有方的老师参加下一轮约稿。又例如，结合"不忘初心、牢记使命"主题教育活动，面向全院党员老师开展"从教初心、治学初心"大访谈，将其中的相关内容作为稿件来源。再例如，与奖学金评审等评奖评优活动联动，向学院、学校获奖的优秀学生约稿。通过一系列有效的方式，极大地提高了约稿成功度和稿件质量，确保了每周一的内容供给。

目前，《周一谈治学》形成了"学生党总支—辅导员团队—学生团队"三级联动的运营方式。学生党总支负责选题策划、质量保障、终审把关，辅导员负责具体每篇文章的实施推进，确保文章的教育性、价值引领性，学生团队进行文章图文的具体编撰，确保文章接地气、受欢迎。

三、体会启示

《周一谈治学》栏目将价值引导与学业辅导相结合，通过网络平台整合教师和学工资源，持续不断释放教育能量。工作中有如下几点体会。

（一）要立足专业，凸显价值，让学术讲好"中国话"

《周一谈治学》特别注重针对性，精准定位复旦哲院学生这一群体，结合哲学专业特色编撰文章。此外，在学风培育、学术辅导的同时，将"价值引领"作为每篇文章的灵魂、主心骨，在潜移默化中提升学生的"文化自信"，激发学生"知行合一""学以报国"的志向。例如，栏目曾推送《吴晓明：这个时代，中国人该如何"重塑信仰"》《丁耘：论西方哲学中国化的三个阶段》《哲院学生如何理解复旦治学生活的初心、使命与实践》《陈来：守望传统的价值》等文章，为学生的学术道路定航线，帮学生树立正确的学术价值观。

（二）要打磨精品文章、打造金牌栏目，提高学生黏性

当前自媒体平台繁多，各类文章目不暇接，提高平台黏性是关键，提高了学生黏性，才能让教育理念源源不断地释放出来，持续影响学生。为此，《周一谈治学》栏目经历了三次升级。第一次升级为从《大家谈治学》改名为《周一谈治学》，并以此将栏目推送时间固定在每周一，引导学生在固定时间关注栏目，养成习惯，增加学生对栏目的期待与关注。第二次升级，规范了推送标题，设计了栏目固定的格式，凸显栏目的品牌特性，形成品牌风格。第三次升级聚焦阅读体验，在充分表达作者思想原意的基础上，通过排版设计、艺术化表达、从视觉上和阅读心理上进一步改善阅读体验，进一步提升品牌认可度。

（三）要以内容为王，以原创为先，聚焦学生治学"痛点"

在栏目建设过程中，我们深深地感受到，要想提升育人效果，就不能停留于筛选精品文章、转载精品文章，必须聚焦复旦学生特点、

哲学专业特色，以内容为王，坚持生产有针对性的原创文章。栏目文章各模块间相互联系，互为补充，力求做到每周都有触动，每篇都有引领，打造出一个长期有效的网络第二课堂，助力学生学业成长。

（四）要注重创意，活用新媒体，增强吸引力

《周一谈治学》栏目不满足于文字表达，逐步探索出了符合传播要求的，有趣、有温度的呈现形式。针对不同内容，栏目使用长图、动图等形式做好数据呈现，增强趣味性与可读性。自制符合情境的表情包，以吸引学生注意力，激发阅读兴趣。在涉及学生校园生活的话题上，栏目尝试自制短视频，邀请学生参演，在提高传播力的同时让核心内容在更多人当中传递。

（五）要线上线下联动，网对网、面对面、心连心

《周一谈治学》栏目的不少文章都采取线上线下联动的方式推出。例如首先在线下举办学风教育专题活动，围绕"什么是复旦哲院优秀学生，如何做复旦哲院优秀学生"举办座谈，然后在网上发布《周一谈治学：严谨，是复旦人与世界对话的方式》。又例如，举办"如何做好学术研究"线下座谈会，然后再整理精华，在《周一谈治学》栏目发布，让座谈内容覆盖更多学生。再例如，期末季，在线下搜集新生困惑，采访学长学姐，在《周一谈治学》栏目发布《复习没思路，不如听听学长学姐怎么说》。此外，还曾首先在微信平台发布敦煌研究院副院长的文章《赵声良：敦煌学何以成为"世界显学"》，普及敦煌学相关背景知识，然后再邀请赵声良院长参加线下举办的"瑰丽敦煌"主题活动等。

（执笔人：耿昭华）

构建复旦新工科特色的"科研与创新创业"育人体系

——复旦大学科研机构综合党委和工程与应用技术研究院的探索

一、基本概况

复旦大学科研机构综合党委和工程与应用技术研究院（以下简称"工研院"）依托新工科发展平台，瞄准国家发展需求，围绕新工科前沿与研究热点，引导全体导师积极推动、青年教师踊跃加入、各级学生全员参与，形成了一股源源不断、强凝聚力的创新创业力量，大力推动构建具有复旦新工科特色的以创新创业能力提升为本的"三全育人"体系。

在上述工作体系的有力推动下，研究生积极参与各类双创活动。工研院师生共创的双创项目"智能消毒机器人"在疫情防控期间发挥了重要作用。在学校各类双创赛事中取得好成绩，2018—2019学年，80余个项目报名双创比赛，其中"挑战杯"比赛申报项目20多项，获国赛二等奖1项，上海市赛特等奖1项，复旦大学校赛获一等奖1项、二等奖1项、三等奖4项。"互联网+"大赛申报项目50余项，获国家赛铜奖 1 项，上海市赛金奖 1 项、银奖 1 项，校赛一等奖 7 项、二等奖 8 项、三等奖 7 项。2020 年复旦大学"泛海杯"创新创业大赛推报 40 余项比赛项目，6 项获得校内一等奖，14 项获校内二等奖，占全校获奖项目的 40%，另有 5 名博士生的创业项目获得多项创业基金资助。

二、主要做法

（一）全员参与双创育人体系建设

在科研机构综合党委的领导下，工研院党支部在教师党支部组织生活会、支部书记讲党课、全院大会等场合组织动员全体教师积极参与指导学生双创体系建设，形成导师、辅导员、党政管理人员三支队伍支持双创育人的格局。一是研究生导师指导学生和创新社团开展双创活动，绝大部分导师都指导学生报名参与学校双创活动。二是研究生辅导员在日常思政教育中发动团学骨干，大力鼓励、引导学生组织积极参与创新创业活动的建设。三是科研教学等管理人员在学生参与双创活动的过程中主动配合，将学校相关科研项目与学生双创兴趣相匹配，助力学生取得良好的成果。

通过全体教师的支持与鼓励，学生双创水平显著提高，学生在各项竞赛中取得好成绩，也提升了教师的育人动力和成就感，在学生积极参与的基础上，教师群体掀起指导学生参与双创活动的热潮。

（二）全过程参与双创育人体系建设

工研院在研究生培养的全过程加强双创育人作用的发挥。一是将研究生参与双创活动列入研究生培养的重要环节，要求所有研究生在

"挑战杯"国赛二等奖项目团队在上海市比赛现场

校期间至少参加一次双创活动;二是制定相关激励政策,如将双创竞赛成绩纳入各项评优中,促进双创竞赛转化为实践学分,为参赛队伍给予一定的经费支持等,有效提升了学生报名创新创业比赛的积极性;三是在指导学生参加双创赛事过程中精心准备,面向团学骨干开展相关培训,明确职责分工,将工作抓实抓细抓落地,为每年春季学期的创新创业活动做好准备工作,通过研究生会等团学组织做好经验分享和参赛组织等相关工作。

(三)全方位营造双创育人氛围

面向学生,通过多种渠道充分宣传创新创业类活动,包括新媒体(微信公众号推送)宣传、新生入学教育、团支部宣传、班级宣传等方式。寒假期间即开展相关工作,贯穿创新创业比赛全过程,拓宽宣

构建复旦新工科特色的"科研与创新创业"育人体系
——复旦大学科研机构综合党委和工程与应用技术研究院的探索

传广度,挖掘宣传深度,提升宣传受众面,在全院营造浓厚的创新创业氛围,让积极参与创新创业活动的理念深入人心。一是开展创新创业分享会活动。面向新生这一参赛主体,通过收集相关问题和疑惑,联系往届取得优异赛绩的高年级学生,举办多场双创分享会(本学期为线上分享会),将新生"领进门"。内容涉及参赛项目挖掘、团队构建、项目计划书撰写、路演答辩展示、往届珍贵资料参考等方面,有效提升了集体参赛水平。二是构建院内交流互助平台。第一时间建立专属备赛群,传递学校最新资讯,促进院内学生经验共享、团队共建,实时跟进参赛项目进程。三是充分发挥文工科学生沟通的纽带作用。为弥补工科生在经济、管理类问题上的短板,同时了解到文科类学院专业人才多,但是缺少双创竞赛项目这一实际情况,主动对接经济学院、管理学院的双创竞赛负责人,促进文工科学院双创竞赛的合作,使得参赛队伍在专业性上更加全面。

三、体会启示

党组织要在"三全育人"综合改革过程中发挥核心作用。"三全育人"综合改革的本质是立德树人,党组织要在这个过程中发挥核心作用。科研机构综合党委全力支持工研院"三全育人"综合改革工作,做好举旗定调和组织保障工作;工研院党支部积极发挥战斗堡垒作用,引领广大教师积极参与"三全育人"改革,指导学生参与双创活动。

要将立德树人工作贯穿到研究生教育培养的全过程。德育和智育都是人才培养工作中的重要组成部分。在研究生培养的过程中,不能仅仅注重发表论文、申请专利,更要注重引导学生思考读研究生、参与双创的目的和意义,引导学生自觉将科学研究和创新创业的实践与社会发展和人民需求相结合。

要将新工科的学科特色与特点和"三全育人"改革相结合。工研院是学校新工科建设的主战场和生力军,也是为国家和社会培养工程与应用技术人才的重要研究生培养单位。在人才培养过程中,工研院学科特点与学生参与双创工作有较大契合点,因此将科研与创新创业育人体系建设作为工研院推动"三全育人"综合改革的重要发力点和结合点,促进了改革效能的最大化。

(执笔人:石丽君、徐晓创、赵玮杰)

师生合力唱响"美丽中国"建设主旋律

——复旦大学"水滴"环保宣讲团建设的实践

一、基本概况

实践育人是"三全育人"的有效载体,教师参与是实践育人的效果保障。复旦大学环境科学与工程系、大气与海洋科学系通过调研发现,一些教师有开展环保宣传教育的想法和热情,但苦于没有时间,难以经常性开展科普宣传。一些研究生热心环保事业,有志于开展环保志愿工作,但缺乏指导,志愿服务质量难以保证,亟须构建有专业特色的院系级实践育人平台,开拓教师第二课堂育人载体,使学生在社会服务和实践中加深对所学专业的理解,坚定专业理想,践行生态文明理念。

为更有效地宣传习近平生态文明思想,让"绿水青山就是金山银山"的观点深入人心,鼓励公众共同建设生态文明国家,环境科学与工程系、大气与海洋科学系于2019年成立"BEAD水滴"宣讲团,组织研究生走出实验室,利用所学专业宣传美丽中国建设理念。"BEAD水滴"宣讲团取名自 Be Environmental and Atmospheric Disseminator

（做环境和大气的传播者），宣讲团用通俗的科普语言介绍专业的、公众感兴趣的环保知识并引导公众在生活中积极践行环保理念。一年多来，"水滴"宣讲团已开展多次环保宣讲，宣讲对象既有校内师生，也有包括环境系对口的招生省份福建省的中小学生，以及院系党建共建单位等，服务超过2 000人次。

二、主要做法

（一）发挥全员育人优势，调动教师党员力量

保证宣讲团的授课质量是"水滴"宣讲团建设的关键。一是确保环保理念宣讲的主旋律方向，要求每一位宣讲团成员在完成课程建设过程中集中试讲，并由分管学生工作的学院党委副书记、学工组长、辅导员进行一一点评和把关，提升宣讲内容的正面宣传效应和宣传效果。二是发动教师党支部的全员育人功能，请教师党支部推荐优秀教师党员为讲师团成员辅导，就宣讲内容的专业性和趣味性进行把关。经过多层雕琢，最后形成对外开展宣讲展示的主题和内容。

（二）汇集全程育人资源，创建讲师团品牌效应

作为环境科学与工程系、大气与海洋科学系重要的品牌项目，"水滴"宣讲团首先面向全系教师开展推介，获得了很好的效果。在学院的引导下，学院领导和教师纷纷将宣讲团当作院系对外展示的优秀项目向合作单位推荐，使得"水滴"宣讲团站在一个比较高的起点上。前期严把宣讲团质量也获得了良好的宣讲效果，进一步激发教师们向外推介讲师团的动力，形成了良性循环。

在福州一中开展环保宣讲

（三）构建全方位育人链条，形成长效机制

"水滴"宣讲团能够持续运行，依赖于院系层面的制度保障。人员和内容上，每学期安排研究生党支部开展选题和备课，不断地丰富形成新的环保宣讲主题、宣讲人和宣讲内容。指导教师上，依托环境科学与工程系、大气与海洋科学系教师党支部推荐专业教师党员担任指导教师，通过组织试讲在课程质量上把关。资源上，"水滴"宣讲团作为学校博士生讲师团的分团，得到学校的建设支持，此外，院系也积极争取捐赠用于支持该实践项目。疫情防控期间，"水滴"宣讲团开拓线上宣讲的渠道，通过MOOC、短视频、VLOG（微录，博客的一种类型）的方式进一步拓宽环保宣讲的渠道，增加影响力。

三、体会启示

（一）以社会服务为载体培养学生

在项目的运行中我们深切地体会到，合适的学生社会服务项目是推动"三全育人"工作的有效载体。在动力学上，学生有通过社会服务锻炼受教育的需求，教师有教育学生的愿望，全员全过程全方位育人，既是要求，也是师生的共同愿望。通过学生的社会服务项目将学生组织起来，将教师集中起来，向着一个共同的目标努力，并在同向同行过程中开展学生的培育，不仅丰富了"三全育人"的工作载体，也满足了教师学生的需求，为学院赢得了声誉。

（二）完善机制推进"三全育人"长效常态

好的"三全育人"工作项目，不是一阵风、运动式的，而是需要绵绵用力、久久为功，这需要长效机制的保障。通过完善资源投入机制、人员参与机制、项目运行机制等，确保优质"三全育人"工作项目持续发挥育人作用。

（三）把握特点发挥教师育人主观能动性

发挥教师的育人积极性是"三全育人"效果的保障。与教师自身特点结合起来，与学科特点结合起来，既能提高教师参与的积极性，又能够做实育人效果。"水滴"宣讲团从讲师选拔、主题遴选到备课培训、宣讲推介，教师党员根据自己的特长积极参与、主动谋划，不仅吸引了更多优秀学生参与项目，提升了宣讲水平和质量，也扩大了项目的影响。

（执笔人：季欣）

开拓学生国际视野
服务中国外交大局

——复旦大学国际关系与公共事务学院在培养
全球治理人才中践行"三全育人"的实践

随着中国日益走近世界舞台的中央,需要大批优秀人才代表中国在全球治理体系中尽到国际责任,维护国家利益。"国际视野"是复旦大学的育人特色之一。秉持"为国育才"的理念,国际关系与公共事务学院(以下简称"国务学院")深入贯彻"三全育人"理念,立足学科使命,发挥专业特色,构建了系列项目、平台,通过全方位的实践锻炼、全过程的培养链条和全员参与的教育引导,精心打造全球治理人才培养的长效机制,培养具有国际视野和时代担当的复旦人。

一、基本概况

"青年全球治理创新设计大赛"(Youth Innovation Competition on Global Governance,简称YICGG)、"澜沧江-湄公河流域治理与发展青年创新设计大赛"(简称YICMG)和"荣昶学者"全球治理人才培养计划是学院开拓学生国际视野的代表性项目和平台。随着全球化进程的加快，关乎人类命运的共同话题日益突出。2007年，为了拓展学生的国际视野，推动其对全球问题的关心和了解，培养大国青年的时代担当和创新意识，国务学院创办了中国首个聚焦"全球治理"领域的国际创新比赛——"青年全球治理创新设计大赛"，并通过学校争取到了联合国开发计划署的支持。赛事运行10多年来，已有来自175个国家和地区的1 914名选手参加过YICGG，提交治理方案581个，部分优秀方案已提交联合国等国际组织，为国际公共政策的制定提供参考。经过十多年的积累，YICGG已经成长为全球治理领域的专业赛事和青年深度外交交流的平台，并正在努力成为培养未来全球治理领袖的摇篮。据不完全统计，在历届中国参赛选手中，有21%直接投身全球治理的事业，超过50%的选手通过各种方式继续参与全球治理和国际公共事务。如，2007年首创团队成员之一程远，毕业后就到红十字会国际联合会任职；2013年最佳表现选手张雪滢，作为中国代表团团长参加了2017年二十国集团青年会议（Y20）。

以YICGG项目为蓝本，学院在2015年启动了服务周边国家命运共同体建设的YICMG项目，截至目前已经举办了四次赛事，九次活动，吸引了澜沧江-湄公河流域六国高校和社会机构共计1 400余人次参加，收到澜湄六国青年提交政策创新等方案超过180个。YICMG项目先后被纳入中国-东盟教育交流年的国家级活动安排，在澜湄合作第三次外长会议、第二次领导人会议上作为合作成果展出和汇报，并被列入《澜湄合作第二批项目清单》。项目极大提高了六国青年推进流域国际合作的热情和专业素养，以及参与全球治理的意识和制定国际公共政策的能力，并在共处沟通中将个人能力转化为团队合作输出，在竞争合作中深化人文交流，实现民心相通。

针对中国提高全球治理参与和领导能力的历史性战略需求，学院

开拓学生国际视野　服务中国外交大局
——复旦大学国际关系与公共事务学院在培养全球治理人才中践行"三全育人"的实践

澜沧江-湄公河流域治理与发展青年创新设计大赛六国选手合影

意识到国际视野不仅意味着眼界的开拓，更需要实干的才华，应该让学生直接到全球治理一线经受锻炼。2018年，在上海荣昶公益基金会的支持下，学院启动"荣昶学者"全球治理人才培养计划，希望能够挖掘和培养一批富有潜力、有志于投身全球治理的优秀学生。过去两年里共推荐近50人赴国际组织实习，已有3人成功入职。

二、主要做法

（一）打通第一、第二课堂，坚持学以致用，知行合一

国务学院的专业知识教育就是要让学生在公共生活实践中，有能力去践行核心价值观，为国家社会发展服务，让专业知识通过学习实践真正落到实处，让作为主体的学生真正感到"有用"。学院不仅在课程体系中专门设立了"国际发展学程"，让学生接受严格的国际、多学科视野的现代研究方法训练，以通晓全球治理理论，更通过

YICGG、YICMG 和"荣昶学者"项目，引导学生将第一课堂的知识与第二课堂的实践紧密联系在一起。立足学科特色，强调专业为魂。YICGG 和 YICMG 项目紧扣全球治理主题，强调创新性、国际性，超越学科、超越国界、超越传统理论束缚。项目年度议题的设置根植于国务学院传统和学术关怀，涵盖了全球化、经济可持续增长、食品安全、消除贫困、跨文化沟通、未来能源、乡村振兴、海洋治理、互联网与科技创新、气候变化与灾难防治等领域。YICGG 围绕议题征集创新方案，将各国参赛选手随机分为若干世界团队，通过"自由讨论、主题展示、激情演讲、文化考察"等环节最终产生跨国团队创意方案。YICMG 也强调通过六国青年的团队协作提出解决流域治理共同问题、促进协同发展的有效方案，并在有条件的情况下把方案落实为创新创业行动。"荣昶学者"项目则通过举办"全球训练营"，将学生带到联合国维也纳总部、工业与发展组织、国际原子能机构等全球治理的一线观察与体验，并通过多种渠道输送学生赴国际组织实习、任职，进一步实现专业学习学以致用，不断提升学生的政策实践能力，树立学生的国家战略意识和国际视野，让当代中国与全球社会真正成为学生的实验室。

（二）对接国家战略和外交大局，坚持放眼世界、服务国家

走出国门办赛，YICGG 和 YICMG 项目足迹遍布意大利、格鲁吉亚、哈萨克斯坦、印度尼西亚、法国、老挝、柬埔寨等，主动服务国家战略，对接全球重大外交事件。2015 年 8 月，YICGG 在米兰世博会意大利国家馆成功举办，是中国在米兰世博会最具规模和影响的青年项目。2016 年，以 YICGG 团队为核心，复旦大学成功承办二十国集团青年会议，为中国主场外交盛事作出贡献。2017 年 7 月，YICGG 在

开拓学生国际视野　服务中国外交大局
——复旦大学国际关系与公共事务学院在培养全球治理人才中践行"三全育人"的实践

哈萨克斯坦阿斯塔纳的纳扎尔巴耶夫大学和阿斯塔纳世博会中国馆举行，赛事主题为"未来能源与可持续基础设施"，活动围绕"一带一路"倡议，紧扣上合组织峰会、世博会等主题，是阿斯塔纳世博会最具国际特色的青年公益项目。2019 年 7 月，YICGG 聚焦全球水体保护、利用与开发，围绕"向海而生：共同命运下海洋的可持续发展"，与 39 国青年一同在千岛之国——印度尼西亚探讨跨域水体合作的创新机制。

立足中国本土，YICGG 和 YICMG 项目致力于讲好中国故事，推广中国方案。2018 年 7 月，对标"乡村振兴"战略，YICGG 将主题定为"何以归田园？——挖掘乡村吸引力"，特设"田野调查"环节。44 国青年齐聚崇明，下田体验"稻鳖鱼虾"共生养殖模式，转起机杼织出崇明土布，拿起画笔描摹传统灶花，充分展示了中国人民振兴乡村的智慧和决心。YICMG 项目成立至今，始终以促进澜湄六国高校青年间人文交流，推广中国流域治理、地区发展、人才培养和创新创业特色经验为宗旨，努力讲好中国故事，在沟通和合作中展现积极开放的外交姿态，树立睦邻友好的国家形象。六国大学生通过走访源头所在的玉树州杂多县，亲身体验当地独特的风土人情，实地考察澜沧江源头的生态现状，见证了澜湄源头在中国政府及各方人士的努力下，生态得到了完整的保护，环境有了极大的改善。同时，亲身体会了玉树特有的藏族文化与河流源头的壮美风光，不仅有力地破除了外界对于中国国家形象的误解，更向澜湄六国传递了中国引领澜湄流域治理与发展的决心和实力。

（三）激发学生的主观能动性，坚持青年主导，薪火相传

YICGG、YICMG 和"荣昶学者"项目都是由学生团队自主推动和运行的。每年都会选拔一支学生团队专门负责全年的赛事筹备和项目

组织。学生团队由人才工程队员担任负责人,招募高年级本科生和研究生加入,根据学生特长和兴趣分为选手组、嘉宾组、学术组、会务组、宣传组等若干个不同功能的小组,分工明确、各司其职。学院注重激发学生团队的主观能动性,给足学生施展创意和才华的空间,让学生团队能够自主承担议题设计、赛制规划、举办地选择、嘉宾邀请、会务流程等工作。有的学生从志愿者成为组长,最后成长为学生团队负责人。一年年接力奋斗,学生团队历练了大型赛事和国际化项目的谋划和运作能力,形成了肯吃苦、能战斗、凝心聚力、锐意进取的团队文化和精神内核。YICGG 每年 1 月发布公告开始初选,夏季举行决赛;YICMG 每年 1 月举行决赛,夏季将优胜项目通过创新创业训练营进一步优化;两个项目都已有成熟的赛制赛规和学术委员会支撑机制,最大限度地激发学生团队的创造力。学生们在开拓国际视野的同时加深爱国情感,在钻研赛制的同时体会国际规则,愿意并能够在国际事务中发出青年声音。这三个项目以青年为主导,从青年视角出发,实现青年影响青年、青年凝聚青年。YICGG 正在建设中外选手长期跟踪平台,不断充实全球治理领域的青年人才库,定期联络,追踪发展,与全球治理的未来领袖们建立起长远的友谊。

三、体会启示

培养学生成为具有国际视野和时代担当的复旦人,我们有以下三点体会。

(一)要以育才为目标,以响应国家需要为动力

习近平总书记曾提出,参与全球治理需要一大批熟悉党和国家方

针政策、了解我国国情、具有全球视野、熟练运用外语、通晓国际规则、精通国际谈判的专业人才。然而，在各类国际组织中仍存在中国籍雇员的代表性缺失。国务学院恪守"为党育人，为国育才"的学科使命，贯彻习近平总书记的全球治理观，把响应国家对全球治理人才的迫切需要作为工作的动力和出发点，通过YICGG、YICMG和"荣昶学者"项目深入拓展学生的国际视野，培养有能力代表中国在全球治理体系中尽到国际责任，维护国家利益的优秀人才，为我国参与全球治理突破人才瓶颈提供有力人才支撑。

（二）要以大局为根基，以服务国家战略为指向

当今世界正经历新一轮大发展大变革大调整，全球治理体系变革加速推进。中国正逐步从国际规则的旁观者、跟随者，转变为参与者、制定者、引领者。YICGG、YICMG历年赛事主题设计不仅紧扣全球治理前沿，更注重服务于中国的外交大局，把我国关注关心的议题嵌入主题。尽量在国际重大事件的情境和背景中举办，以达到宣传我国外交立场、理念，策应中国外交主张的目的。YICMG项目就是在"一带一路"倡议的背景下启动，与澜湄合作机制共同成长，服务于周边国家命运共同体建设。学生在赛事的组织和参与中身体力行青年外交，对认识和了解中国外交大局产生了最鲜活和直观的体会。

（三）要以学生为主体，以青年成长规律为遵循

从YICGG，到YICMG再到"荣昶学者"全球治理人才培养计划，国务学院始终遵循学生成长成才的规律，深入挖掘"国际视野"的价值内涵，让学生拥有进阶式的全球治理体验，不断充实丰满全球治理人才培养的长效机制。我们认为，拓展"国际视野"的第一层次是开

阔眼界、认识世界。要让当代大学生走出国门，在文化差异的互动中，在学术对话的切磋中感知全球化浪潮对整个国际秩序的影响和重构。第二层次是引导学生正确认识中国特色和国际比较。通过构建以我为主的青年外交场域，把各国青年汇聚起来，让学生在讲好中国故事、推广中国方案的过程中体会中国特色社会主义发展道路的巨大优势。第三层次则是创造条件让学生将"国际视野"外化为参与全球治理的专业素养，成长为与中国国际地位相适应的人才，真正扛起大国青年在这个新时代的担当。

（执笔人：赵晓惠）

讲好中国故事　传播好中国声音

——复旦大学国际文化交流学院"三全育人"的实践

党的十九大提出，要推进国际传播能力建设，讲好中国故事，展现真实、立体、全面的中国，提高国家文化软实力。复旦大学国际文化交流学院立足学院办学特色和师生实际需求，坚持以"讲好中国故事，传播好中国声音"为工作主线，全面加强党对学院工作的领导，持续推进"三全育人"工作发展，落实立德树人根本任务。

一、基本概况

新中国成立后，伴随着国家改革开放，来华学习的外国留学生人数快速增长。学院建院30多年来，始终致力于开展汉语国际教育和中华文化国际传播，在人才培养、教育教学、科学研究、社会服务等方面取得了一系列丰硕成果。学院培养了来自世界上120多个国家的3万多名国际学生，积极参与7家孔子学院建设，每年派出师生志愿者赴世界各地，承担起汉语国际推广和中国文化传播的重任，推动对外汉语教学、促进中外人文交流、传播中华优秀文化。新时期，在已有良好基础上，学院站在深化中外人文交流、促进民心相通和文明互鉴的高度，站在推动中国特色大国外交、培养更多知华友华爱华力量的高度，站在推进全球治理变革、构建人类命运共同体的高度，思考和谋划汉语国际教育和中华文化国际传播，思考和谋划学校的留学生教育，努力在大格局中找准定位，致力于全方位育人建设，讲好中国故事，传播好中国声音。

二、主要做法

（一）加强教师队伍建设，提高育人思想站位

学院党委充分依托校内外各类学习资源，以专题报告、走访参观、社会实践、座谈交流等多种形式，每年组织10余次活动，强化对教职工的政治理论教育，提升"讲好中国故事"的理论素养和政治本领，实现"三全育人"工作的知行合一。在"不忘初心、牢记使命"主题教育、十九届四中全会、"四史"学习、战"疫"等重要活动和时间节点，先后邀请"中国自贸试验区的新发展""中国税制改革与国家治理现代化""复旦大学医疗队武汉抗疫经历""弘扬复旦精神，共担时代重任""国家战略与上海发展之路"等报告；组织教职工前往中国商用飞机有限责任公司、中国航天科技集团有限公司、上海交通银行、腾讯华东总部、《共产党宣言》纪念馆等地参观交流，加深对中国特色社会主义理论的体认和理解；安排教职工前往深圳、西柏坡、延安、井冈山等中国发展的前沿阵地和中国革命的红色发祥地，实地开展调研实践；组织开展"讲好中国故事"专题交流学习，通过学院赴孔子学院教师的分享，展现如何以符合国际话语体系的方式讲好中国发展故事。

（二）建优"中国概况"课程，深化思政育人内涵

"中国概况"是面向所有本科留学生和研究生留学生开设的公共必修课。学院极其重视这门针对留学生的思政课程，组建了课程特色改革领航团队，由分管教学副院长领衔，成员包括党委书记、副书记、院长以及相关任课教师，凝心聚力编撰教材，不断提升教学成效，课程先后入选校级精品课程和校级精品在线课程。课程特色领航团队通过课堂教学和师生问卷调研，重点关注如何把思政元素融入每一节课，化为润物春雨，帮助留学生形成全面的、积极的中国观。在2019年开展的"'中国概况'本科生课程建设"调研中，高达95%的学生对这门课程表示满意，其中近七成学生表示喜欢这门课程。这表明通过精心建设，"中国概况"课程已成为帮助学生体验中华传统文化、认识当代中国发展之路的集大成平台。同时，学院成立了教师教学发展分中心，以留学生教育教学为特色，创设微信公众号，组织专业培训，帮助教师掌握多元化的教学手段和教学方法，有效践行"三全育人"的神圣使命。

（三）强化师生党建，引领文化育人成效

学院强化对教职工党支部和研究生党支部的建设工作，促进党建工作与"三全育人"同频共振。发挥党支部桥头堡作用，发挥党员先锋模范作用，积极探索党建和文化、实践育人的有机融合。教职工党支部每年均申请党建课题，开展示范党支部、党建特色项目建设，累计申报市级、校级党建课题及创新项目13项，夯实党组织对"三全育人"的政治引领和把关作用。教师党支部还联合研究生党支部开展"中华文化小讲堂""留学生汉语学术训练营""中外学生交流小论

学院研究生党建志愿品牌活动"中华文化小讲堂",坚定文化自信,讲好中国故事

坛"等文化实践活动。党员教师深度参与学生各级各类文化活动,担任学校社会实践、上海市高校留学生"中华经典诗文诵读"大赛、沪上外国留学生演讲比赛、国家汉办"汉教英雄会"等活动或赛事的指导教师。得益于学院党建工作的蓬勃开展,师生党员筑牢了宗旨意识和大局意识,在实践中提升了对专业和科研的认同感与获得感,增强了"'三全育人'我当先、报国成才我奋斗"的责任感和使命感。

三、体会启示

学院持之以恒就"讲好中国故事,传播好中国声音"开展"三全育人"深度建设,呈现出"守初心、聚人心、暖人心"的良性发展态势。学院教职工自觉内化和承担起举旗帜、聚民心、育新人、兴文化、展形象的使命任务。

（一）以党建为引领，把握育人工作方向，铸牢组织保障体系

坚持社会主义办学方向，发挥学院党委的政治核心作用，把党的全面领导贯穿办学治院、立德树人全过程。加强组织体系建设，强化三线联动机制，确保上级决策部署在学院得到全面贯彻落实，确保学院各项事业始终沿着正确政治方向发展。加强党支部建设，把教工党支部队伍建设成为党建和业务双融合、双促进的中坚骨干力量。严肃党的组织生活，提高主题党日活动质量，在党员中形成加强党性修养、恪尽岗位职守、发挥先锋作用的风尚，坚守为党育人、为国育才的使命初心。注重在教学科研一线和优秀中青年学术骨干中发现人才，创造条件让德才兼备、勇于担当的优秀人才脱颖而出，影响并带动最大多数参与到"三全育人"的综合改革工作中。

（二）紧扣学院中心工作，围绕师生所思所想，提升思政育人的亲和力

在进行对外汉语教学、传播中华文化的同时，大力加强对外国留学生的"中国观"教育。既向他们讲述历史之中国、传统之中国，让他们知道今日中国从哪里来，有什么样的文化根基，经历了怎样的发展历程；更向他们展示发展之中国、现代之中国，让他们深刻理解当代中国正在发生的深刻变化，深刻理解"中国为什么能""为什么风景这边独好"，深刻理解"中国将去往何方"。疫情之下，学院更是与时俱进，主动快速实现线上远程配套课程的开发和落地，突破空间、

距离的限制，不断提高在新时代、新形势、新场景、新语境下开展"讲好中国故事，传播好中国声音"工作的业务能力。

（三）文化建设为体，形成特色品牌，创造富有生机活力的育人软环境

学院高度重视文化的感染力、感召力、凝聚力，充分鼓励师生广泛参与到丰富的文化实践活动中，将"一己之长"和"团队作战"有效衔接，不断碰撞出文化育人的火花。教师一支部创建分级阅读公众号，针对外国留学生对中国当代社会问题的一些误解，由老师们专门撰写文章，宣传、解释有关疫情期间中国防"疫"、民众生活状态、经济恢复的做法等信息，作为学生网课学习的补充阅读，2018年创建至今推文百余篇。教师二支部联合研究生党支部，在学院学生微信公众号"复旦国交院学生"上，开辟"中外交流"版块，分享外国留学生就中国问题写的文章以及指导老师的点评，2019年迄今总计推帖32次，60余篇。学院研究生党支部校级品牌活动"中华文化小讲堂"，由学生党员带头，牵引非党员同学和外国留学生同学组队，面向外国留学生开展线上线下结合的中国文化的讲授及互动体验。2017年项目创建以来，总计开展49次活动，服务留学生千余人。以文化人、以文育人的师生活动，均赢得了受众的广泛好评和追随参与，成为学院"第一课堂"以外的重要补充，形成了学院育人的"窗口效应"。

（执笔人：王颖、李洁、袁莉莉）

讲好中国故事
构建人类命运共同体

——复旦大学开展新时期来华留学生国情教育的工作探索

一、基本概况

留学生教育是提升国家"软实力"的重要途径,是国家在对外交往中宝贵的"隐形资源"。目前,复旦大学每年接受来华留学生近7 000人次,他们是复旦学生群体的重要组成部分,也是"三全育人"的对象。

当今世界正经历百年未有之大变局。在"扎根中国大地,办好社会主义特色大学"的思想指引下,在"三全育人"的总体格局下,复旦大学积极开展来华留学生国情教育,通过有效引导,调动留学生的主观能动性,辨别和吸纳中国社会制度和政治理念,提高来华留学生对中国在思想上的认同,培养"知华、友华、爱学校"的来华留学生。

立德树人 铸魂育人
——复旦大学"三全育人"综合改革案例选编

留学生校园生活剪影

二、主要做法

（一）课程育人——以"中国概况"课为切入点，开展第一课堂思想教育

2017年，教育部、外交部、公安部联合颁布了《学校招收和培养国际学生管理办法》（简称42号令），其中第十六条明确指出："汉语和中国概况应当作为高等学历教育的必修课。"

作为来华留学生必修课的"中国概况"课程是复旦大学精品课程，教学实践已经比较成熟，但国内已出版的相关教材从基本内容到表现形式都比较陈旧，不能充分满足国际学生了解当代中国的强烈需求，针对国际学生的政治理论教育等内容则付之阙如。在海外，世界各国学习汉语、了解中国文化特别是当代中国社会的需求日益增长，但在介绍当代中国文化方面，缺乏有深度的、系统的教材。国外高校中文专业课程，限于师资力量的局限，在介绍当代中国方面则往往比较零散、片面。复旦大学顺应新形势的教学需要，推进《中国概况》教材的"供给侧"改革。由外国留学生工作处牵头，整合资源，搭建平台，成立了《中国概况》编写团队，吸收文理医工各学科的专家教授，构建跨专业、跨学科、跨院系的精品教学团队，充分研究并确定适合留学生修读的专题，同时增强课程专业性和学术广度，推出复旦大学版的《中国概况》教材。该教材中文版于2020年定稿，英文版计划于2021年定稿。

（二）管理育人——以国际学生辅导员队伍建设为着力点，加强留学生管理，精准服务

42号令中第二十五条明确规定：高等学校应当设置国际学生辅导员岗位，了解国际学生的学习、生活需求，及时做好信息、咨询、问题活动等方面服务工作。国际学生辅导员配备比例不低于中国学生辅导员比例，与中国学生辅导员享有同等待遇。

2018年，复旦大学四名面向国际学生的专职辅导员上岗，着重从学生学业帮扶等方面进行精细化管理。2020年新冠肺炎疫情对留学生学习产生重大冲击。在"停课不停学""停课不停教"的要求指导下，国际学生辅导员带领数学科学学院的几位留学生，成立留学生数学"云上"辅导小队，充分发挥留学生之间的朋辈互助作用，帮助留学生们解决学习数学过程中所遇到的各种问题，分享在华学习的经验。

留学生数学辅导小队积极策划辅导方案，制定了详细的排班表并梳理可能遇到的问题。小队通过"留学复旦"微信公众号及留学生各社团在留学生中进行推广。小队每天19:00—20:00准时在线，由一名

团队成员在微信群中双语实时解答留学生在学习数学中遇到的问题。在线答疑时间以外提出的问题，队员们也会在空余时间一一回答，以保证留学生可以更高效地学习，保持学习热情。

通过"云辅导"的形式，留学生在互动中探索数学学科的学习方法，从追求考试过关进阶至追求在数学学习上有更大的进步。更重要的是，留学生在疫情肆虐的情况下，仍能在世界各地获得来自学校的线上学习支持，更在这里找到了学习伙伴，通过互动交流形成了积极向上的学习氛围，树立良好的学风校风。

（三）实践育人——校内外联动，丰富来华留学生的实践体验

在中国五千多年文明发展中，孕育着中华优秀传统文化，积淀着中华民族最深层的精神追求，代表着中华民族最独特的精神标识。复旦大学定期组织留学生前往深厚人文积淀的地区开展文化考察，积极组织留学生参与上海市留学生中国诗文诵读大会，中国寻根之旅春令营、夏令营，上海市外国留学生龙舟赛等校内外活动，在实践中亲身体验中国文化，感知中国魅力。

以纪念改革开放40周年为契机，学校举办"行走改革路"中外研究生联合社会实践活动。通过参观考察、座谈交流、理论学习、实践调研等方式，让中外研究生重走改革路，感知新时代，扩大研究生实践育人覆盖面，促进中外学生跨文化交流融合，在不同国籍、不同肤色、不同语言的研究生之间搭建民心相通、友谊常伴的桥梁纽带。承办"My Impression, My Shanghai 上海印象"上海高校国际学生庆祝改革开放40周年演讲比赛，来自四大洲、12个国家的中外学生共聚一堂，讲述自己在上海的留学故事和留学经历。中外青年用自己独特

的视角，感受中国城市发展的速度和魅力，激发中外青年挖掘上海改革开放成果，从历史发展、城市文化等方面深刻生动展现上海的城市精神，对上海乃至中国的发展产生高度认可和深层共鸣。

（四）网络育人——运用新媒体技术，在"云端"中讲好战"疫"故事，深化人类命运共同体意识，共克时艰

在2020年的疫情防控工作中，学校始终高度密切关注留学生群体的情况。由于语言差异、国情差异，留学生对于网络上传播的信息真假难辨。为及时准确地将党和国家抵抗疫情的有力举措，中国人民团结一心抗击疫情的温暖行动以及学校部署的各项措施准确传递给留学生，学校利用"留学复旦"微信公众号作为宣传主阵地，推出外国留学生工作处形象代言人"爱索君 MR. ISO（International Students Office）"系列推送，并通过各种留学生联络工作群以及院系和导师等渠道对留学生进行教育引导、政策解读和心理安抚。"爱索君"每天都有中英双语的文章推送，开设了"全球共此冷暖"系列和"认知中国-热词"系列，内容涵盖各类通知公告、校内外实用资讯、心理疏导信息以及留学生中的抗疫鲜活事例，在"云端"分享国际学生在全球抗疫中的心得、经历。目前"爱索君"的系列推送已经超过140篇，阅读人数不断增加，其中复旦大学一名日本学生为"武汉加油"应援加油的视频被"武汉发布"官方微博转载，获得社会广泛好评。在校庆期间，制作了面向全球学生的祝福视频，凝聚人心，让分散在世界各地的学生感受到来自母校的关心。

疫情阻隔了空间上的距离，但是网络却把大家紧密联系在一起，让全世界各地的学生手拉手，心连心，相互加油，相互鼓励，山川异域，风月同天。

三、体会启示

新时代来华留学生教育承载着人类命运共同体的共同价值追求。复旦大学将来华留学生工作纳入全校人才培养体系，体现了学校对来华留学人才培养的高度重视，也更容易发挥人才培养制度的优越性。我们应继续发挥留学生管理制度的优越性，紧随时代发展需要，针对留学生群体的特点开展工作。既要讲究方式方法，内外有别、注重实效，又要不断通过中外文化互动，相互影响、消除隔阂、促进多元文明间的对话。通过丰富的课内外活动实践，为学生提供在本国无法实现或者获得的信息、思考方式，培养世界眼光和前瞻意识，设身处地地从最大的发展中国家的角度思考问题，通过跨文化交流，彼此尊重，和而不同，实现人类命运共同体的价值追求！

（执笔人：丁洁）

智库：新时代高校"三全育人"工作新阵地

——以复旦大学发展研究院为例

习近平总书记在十九大报告中强调，"深化马克思主义理论研究和建设，加快构建中国特色哲学社会科学，加强中国特色新型智库建设"。作为高校马克思主义理论研究应用于实践，中国特色哲学社会科学服务于改革发展大局的主要阵地，智库天然具有意识形态属性，是高校人才集聚的新高地，是高校"三全育人"工作的新阵地。

一、背景与理念

复旦大学发展研究院（下称"研究院"）成立于1993年，27年来的改革发展实践表明，坚持党管智库政治要求与服务国家价值导向的统一，坚持重大战略问题导向和人才集聚机制创新的统一，是中国特色新型智库建设的基本要求。其中，通过决策咨询科研工作建设一支专业化的智库运营人才队伍，集聚一批能奉献的智库专家，培养一批有素养的智库学生骨干队伍，打造一个知华友华的智库海外朋友圈，是高校智库通过强化阵地意识、履行育人使命的新空间。

二、举措与特色

（一）首创一支专业化的智库运营人才队伍，"知识报国、青春无悔"成为智库主旋律

研究院构建了一支专业化团队负责智库的运营。这支处于智库"幕后"的团队，主要职责是组织专家、服务专家和对接政府需求，对学术研究进行"二次开发""三次开发"，转化成可用的政策报告和媒体稿件。他们平均年龄31岁，"90后""讲政治""海归""高学历"是他们身上的重要标签。在他们中间，党员比例、海归比例均达75%，100%有过短期海外交流和访学经历，团队可用7种外语开展工作。这支队伍的核心工作是公共政策研究、国际形势研判和政府-专家对接，"学习—开发—再学习"是最基本的工作形式，对党的忠诚、对国家的责任、对事业的执着，既是基本的工作内容，也是潜移默化、深入骨髓的价值追求。在这里，智库育人的功能已经成为广泛的共识。

"80后"院长助理黄昊主要从事咨政产品学术开发，管理运营能力突出。工作之余，他认真勤勉，坚持咨政科研，其新书《治理、发展与安全——新时代背景下中国与全球经济治理》刚刚出版，代表性成果还包括多篇重要学术论文，中央级媒体理论文章和著作、编著、译著共6部；撰写内参多次得到批示和录用。

（二）集聚一批能奉献的智库专家，"咨政传帮带"夯实科研新动力

研究院聚集了来自政府、高校、企业、媒体的智库专家，是"没有围墙的机构"。在这里，来自各个领域的老中青专家学者围绕中国与世界发展畅所欲言。通过领军专家们多年的"传帮带"，一批优秀的青年研究人员逐渐崭露头角，在咨政领域成长为"越出地平线"的新生力量。

2019年，国际问题研究院副院长吴心伯的外交政策决策咨询研究团队荣获"钟扬式科研团队"称号，宗教与国际关系研究中心——徐以骅课题组荣获复旦大学"十佳'三好'研究生导学团队"称号，越来越多的"80后""90后"的年轻学者们通过师长的引领和自身的务实研究，为国家发展贡献智慧。

与此同时，还有一部分青年教师在海外中国研究中心——意识形态斗争的最前线经受严峻考验。研究院在全国高校中首创四个海外中国研究中心，在美国中心、欧洲中心和大洋洲中心都选派了青年骨干教师作为中方主任，他们不但回应国际上对中国问题的关切，影响当地社会精英对华认知和态度，而且积极投入到公共外交的各项活动中。在德国获得博士学位的美国中心主任、经济学院教授许闲感慨，"做经济的学者很少能有这样捍卫国家利益的机会，我在美的每一天都时刻告诉自己，我不仅是个学者，更肩负着人文外交的重大使命"；在香港获得博士学位的欧洲中心主任、国际关系与公共事务学院（以下简称"国务学院"）副教授刘春荣说，"我们中心已经成为驻丹麦大使馆的好助手，在这里（丹麦）我代表中国"。

（三）培养一批有素养的智库学生骨干，"好学生，智库造"锻造育人新空间

2012年以来，研究院通过创立"复旦政策规划训练营"，以"青年教师领衔、博士后带队、优秀研究生参与"的形式组建研究小组；

设置专门"智库学术助理"项目吸纳其他高校学生,成立"盲人摸象"社团,针对国家、区域发展的重大问题设立专门研究课题,结合《中国观》《中国大学智库动态》《信息要报》等载体,将学术研究、政策研判、科研实践和学生培养紧密结合起来,激发青年人将自己的职业生涯和祖国的命运关联在一起的热情。至今已经有逾500人次的本硕博学生以各种形式参与到智库研究过程中。在这中间,涌现出一批优秀的智库实践学子。

在研究院的智库实践不仅培养了学生服务国家、服务上海的能力与意识,也极大地拓宽了他们的研究视野。如新闻学院2018级博士生辛艳艳深入参与各类智库研究与专报撰写、编辑工作,取得突出成绩。2018—2019年辛艳艳参与撰写的决策咨询专报获得党和国家领导人多次批示,多次被采纳录用,荣获中共上海市委宣传部"2018年度舆情信息工作先进个人"称号。

国务学院本科生巩辰卓,在研究院期间承担《中国观》刊物编辑等工作,在大四即前往联合国教科文组织坦桑尼亚办事处实习,成为复旦学生赴国际组织实习的探索者之一。"眼越来越冷,心越来越热,对时代大问题的冷静剖析和对社会弱势群体的深刻责任结合在了一起",接受采访时巩辰卓如是说。

(四)打造一个知华友华的智库海外朋友圈,用"第三只眼"看中国

作为学校国际智库中心的重要载体,研究院注重用外智看中国,设立了国际顾问团,吸纳了25位外国政界高官、学界泰斗和商界精英,定期进行沟通和举行会议。自2016年设立"博享访问学者项目",短短3年吸引了来自44个国家的140余位外籍学者或智库研究

2019年上海暑期学校（金砖国家项目）开学仪式

人员以及媒体记者来华开展中长期研究；打造了金砖大学联盟和复旦—拉美大学联盟；和七十几家智库签约合作，形成了覆盖全球的海外"朋友圈"。在这些学者驻站期间，研究院设计了讲座、研讨会、田野调查、沙龙、校园/城市徒步等丰富活动，引导外国专家更深入地了解中国社会，加强他们对中国的理解与认同，成功培养了一批海外知华、友华人士，传播中国故事，为中国发展建言献策。

外国学者认同和信任研究院，在对访问学者进行约稿活动中，其配合率接近100%。部分学者在完成访问期间任务之后，依然会在自己之后的成果发表中署名标注发展研究院的支持。金砖中心访问学者、来自巴西的埃万德罗·卡瓦略就职于巴西最重要的智库瓦加斯基金会，他不遗余力地组织开展推动中巴、中拉交往的活动，《参考消息》对他的报道名为《到中国寻找拉美问题解决方案》，文中他说：

"我们应该特别关注巴西人对中国的看法以及中国人对巴西的看法，因为巴西和中国间有着许多值得相互借鉴之处。"

三、经验与思考

复旦大学始终贯彻党管智库方针，积极探索政学结合的新阵地，在咨政科研工作中坚持学术为本、问题为基、网络聚智、项目聚人的路径，在智库这个空间里，学生和学者的知识有机会得以转化为服务社会与国家发展的应用性生产力，在无形中将其个人的成长和祖国的发展紧密相连，在知识转化的过程中体会到与祖国同呼吸共命运的使命感和责任感。同时，高校智库还是中外人文交流的重要纽带，推动国际合作与交流，培育一批批"亲华""友华"的海外精英，是高校智库的重要职责。

当今世界正处于百年未有之大变局。中国特色新型智库将会发挥越来越重要的作用，高校智库建设也会面临很多新挑战。立足于高校"三全育人"，继续深化智库体制机制改革，继续发挥聚人聚智作用，坚持通过参与服务国家与服务社会的实践活动——咨政科研工作将思想政治工作入心入脑，不忘初心使命，是不断探索和努力的方向。

（执笔人：张怡、黄昊、钱斯蕴）

"旦旦悦读" 以文育人

——复旦大学图书馆的"育人"第二课堂

一、基本情况

"一个人的精神发育史就是他的阅读史。"阅读作为个体获取知识的重要途径,不仅对提高人的知识文化水平有直接作用,而且还具有重要的德育功能。通过阅读可以帮助人的心智和精神成长,影响人的社会意识和行为,也是塑造理想和信念的一个重要手段。复旦大学图书馆积极融入学校"三全育人"工作,在指导"读者之友"学生读书社团活动基础上,结合传统阅读服务,改变思维方式,创新理论和方法,从宣传推广图书馆资源和服务转向以人为本,从大学生素质教育目标和成长的需要出发,把"三全育人"要求贯穿在整个阅读推广服务体系中,建立立体化阅读框架,扩充阅读内容,提升阅读质量,创建"旦旦悦读"品牌化服务,以读辅教,打造素质教育的第二课堂,实现立德树人的目标。

二、主要做法

"旦旦悦读"立体化阅读框架是以培养德、智、体、美、劳全面发展的高素质人才为目标，将其内涵分解为德育、智育、美育等不同主题，与相应图书阅读连接，并根据大学生成长阶段、作息时间特点，策划形式多样的阅读活动，打造图书馆"文化育人"第二课堂，以读辅教，潜移默化，辅助教育目标的实现。目前逐步推出的 6 个子系列活动各有侧重，相对独立，又互相联系。

（一）旦旦研读

"旦旦研读"侧重于精读学术图书和智育阅读。该活动与复旦大学出版社合作，甄选出版社出版的本校教师的通识类、学术类图书，让读者通过线上线下相结合的图书精读，提升专业素养，拓展、完善知识结构，同时提升读者的阅读质量、阅读能力和阅读效果，通过阅读实现对学生的情操陶冶、思想引导和价值引领，起到辅助教育的目的。

该活动自 2018 年推出至今，共开展了 5 期。每期招募读者 30 名，推出 5—6 本不同主题的学术类图书，要求参加者在一个月内精读其中一本图书，并每天在线上打卡交流。阅读同一本图书的同学可以组内或者线下交流，精读一个月后提交读书心得，期间邀请作者或馆员组织对作品解读交流，最后根据每天打卡和读书心得的质量进行评奖。参加了该活动的同学各有收获：有同学认为在一个月的时间里去认真读一本书"实在大有裨益""绝对会开拓视野""在阅读中寻找到自己的乐趣"，也"是对自身坚持做事能力的锻炼和培养"，也有同学感言"认识了不同学科"，接触了新的"学科分支"，使之对经常耳熟能详的话有了更加深入的理解，思想上得到了提升，可以"以更理智、更清明的视野照亮我们前进的路"。

（二）旦旦成长

"旦旦成长"采用研读心理类书籍的形式，在心理导师和馆员的

"旦旦悦读" 以文育人
——复旦大学图书馆的"育人"第二课堂

2020年"阅读生命"主题书评活动微信推送

帮助下使在校大学生实现健全的人格、和谐的人际关系、稳定的情绪、对多种环境（包括竞争）良好的适应能力，积极进取、拥有良好的品质与意志等心理健康的目标。

　　该活动自2018年推出，主要内容是在一个月内精读推荐的心理类图书。读者自读2—3周后，组织两次线下活动，在心理辅导导师的带领下针对该书相关心理问题进行交流与讨论，并进行有关的心理练习，解答读者的心理困惑。参与者先后研读了《遇见未知的自己》《亲密关系》《生命的重建》《安静吧，头脑》《当下的力量》等心理类图书，一起探讨生命的意义、情绪的处理、爱的感悟等，取得了较好效果。参加的同学留言："生活（虽）愈加忙碌，然而，还是想参加每一期的旦旦成长。在这里有老师为你指点迷津，有同学一起倾诉

"旦旦成长"线下交流活动

烦恼,有书籍为你解疑释惑,学会慢慢地指导审视自己的内心,学会更好地管理自己的情绪,收获了心灵的成长。"

(三)旦旦思政

"旦旦思政"精选德育类图书,以学生党支部为单位开展,邀请哲学学院、党史校史等学科教师作为导师,与学生支部共同策划以阅读为主要形式的思政教育活动,通过阅读、分享交流、导师点评等过程,使支部成员了解世界,洞悉社会,成为有信仰有追求的社会主义建设者。该活动自 2019 推出至今,共开展了 4 期,一般由导师或者馆员推荐一本书由支部同学进行精读,读者精读一个月后,组织一次线下活动,通过导师解读,思想交流,共同探讨,答疑解惑。以"悦读"形式开展的组织生活受到了党员的好评:"一个多月细心研读,两个多小时的交流分享,一场思想的盛宴圆满完成。我们在这场充满营养的活动中咀嚼、感悟、收获,更在此次活动中期许、思考、前行。许多之前有所疑惑的问题在老师的讲解中得到解答,部分过去不曾思考的问题在分享交流中得以启发。这次学习所得,在充实我过去有所匮乏的知识领域的同时,将作为我价值观和人生观的一部分,参与指导我未来的思想行动。"

(四)百天阅读

百天阅读通过大约百天的快速阅读、撰写读书心得等方式,提高读者的阅读兴趣,培养阅读习惯,同时拓展读者的知识层面,开阔视野,提高分析和解决问题的能力,培养健康心灵,提升交流与写作能力。该活动自2019下半年推出,每期推出8—10本涵盖心理、哲学、历史、社科等领域的图书,要求每位参与者每周读完一本书,并在每周日晚针对所读图书进行交流与探讨,撰写书评或者感想。每本书都会邀请一位导师或馆员进行解读,以帮助读者更好地理解这本书的内涵。每期限读者20名。参与学生表示,"百天阅读不仅为我们推荐、提供了多种经典好书,更搭建了一个难得的交流平台。很开心能在这十余周里与来自各个院系不同年级的爱读书爱思考的同学们一起聊人生,讨论爱情观、生死观,(让我)对这个世界的理解更加深入","百天阅读的过程是对日常学习生活涉及不到、却不可或缺的道德思想方面的自我学习与探索,可谓收获颇丰"。

(五)经典诵读

经典诵读是新媒体的阅读形式,通过"博看"软件,配合音乐,诵读中外经典诗文、名篇，激发师生对中外优秀文化的热爱和学习，汲取各民族精神的丰富营养，弘扬文学艺术，增强对中国的文化自信，营造文明高雅的校园文化氛围。2020年在第八届复旦大学读书节活动中首次推出，并评选出100篇优秀诵读作品予以奖励。

（六）旦旦书评

根据每年时事或阅读热点设定主题，读者可以任选相关的图书、影视作品，撰写书评、论文。图书馆从中优选出若干作品刊发，与更多的读者分享交流。旨在推动参与者关心时事，广泛阅读，认真思考，养成多角度和独立思考问题的习惯。每期时长大约2—3个月，参与读者不限名额。该活动于2020年在第八届复旦大学读书节期间首次推出，结合抗疫确定"阅读生命"为书评的主题。参与者众多，且收到许多质量较高的书评，其中20余篇荣获优秀奖或鼓励奖。

三、体会与启示

"旦旦悦读"系列品牌活动为学生打造了系列阅读分享交流的平台，不同主题、不同层次、不同形式的活动吸引不同需求的读者参与到阅读中来。在图书馆探索融入学校育人体系，辅助实现学校以"育德为核心的中国特色一流人才培养"的教育目标过程中，有以下几方面的体会。

（一）创新理念，更好融入"三全育人"，做好管理、服务、文化育人

图书馆作为"文献信息中心"，拥有海量的文献资源，并在资源

的获取途径、分类整理、查询、应用等方面具有专业优势。在"三全育人"工作中，图书馆应加强育人意识，创新理念，发挥资源与专业优势，积极融入学校育人体系。根据师生教学、科研模式转变，对于文献信息的需求，通过不断优化资源，加强管理，为师生教学、科研、管理提供可靠的信息资源支撑和情报咨询服务，从而服务于学校育人目标，实现服务育人。在"旦旦悦读"宣传推广服务中，以文献信息资源的建设、管理与服务为基础，借助"营造书香氛围""辅导阅读"，积极打造阅读第二课堂，推动、提升、引导大学生群体的阅读行为，以读辅教，潜移默化，创新了图书馆"三全育人"的模式，直接参与素质教育育人的一线工作，积极以文化人，以文育人。

（二）根据高等教育规律和大学生成长阶段特点，策划阅读活动

图书馆阅读推广活动是否受到同学青睐，是否有同学积极参与，重点在于活动主题策划是否契合了学生成长阶段的兴趣点和发展的内在需要，形式是否符合其心理特点，时间安排是否与其作息规律一致。"旦旦悦读"系列活动从大学生成长阶段特点和兴趣出发，根据其思想开放、求知欲强烈，乐于尝试新事物，敢于创新，同时又较为自我，抗压能力较弱等特点，在阅读方式、阅读主题选择方面贴近其需求，打造导师引领、朋辈交流、互助互学的交流平台；同时，考虑学校教学规律，把活动安排在开学后至期末前或假期中，避开学期开始和期末学习压力较大时期；线下交流一般也安排在周末或晚上，方便同学参加。

（三）积极发挥新媒体作用，做好品牌建设，惠及更多师生

作为新生代的大学生喜欢并积极享受网络获取知识的便捷。"旦

旦阅读"活动从发出公告、组织活动到奖项出笼、活动回顾，充分利用多媒体平台或网络，方便同学，提升效果。该阅读推广服务还注重品牌化建设，打造系列子品牌，形成多种阅读方式、多类阅读主题、多种交流形式的全方位、立体化的阅读活动体系，不仅保证了满足不同层面的读者需求，而且品牌活动具有延续性、系统化、立体化的特点。阅读推广的品牌化经营也使得阅读服务深入到读者的心中，获得读者的认可与称赞。

（四）联合读书社团，服务阅读推广，实现文化、实践双育人

"旦旦悦读"系列品牌阅读活动联合了读者之友协会、北辰文学社、复群公社等学生社团，特别是读者之友协会、复群公社的骨干会员在活动组织、宣传推广等方面积极协助，成为图书馆组织阅读推广工作的得力助手，同时社团组织还搭建与广大同学密切联系的桥梁，扩大了活动的结构和覆盖面，吸引了更多层面的读者参与进来，加强阅读服务在大学生中的影响力，更好地发挥了图书馆在学校人才培养和校园文化建设中的重要作用。社团同学也从中得到了管理实践锻炼，达到了实践育人和文化育人的双重效果。

（执笔人：史卫华、成俊颖）

在高等教育自学考试中利用信息化手段服务育人

一、基本概况

复旦大学高等教育自学考试有约 21 万在籍考生，近年来新生规模和报考门次数以 20%的速度增长。2019 年上半年学校报考课程数为 48 181 门次，报考人数为 17 942 人，其中新生数为 6 471 人。2019 年下半年学校报考课程数为 54 050 门次，报考人数为 19 624 人，新生数为 6 678 人。考试规模不断增长，考生服务工作面临四个方面的主要矛盾：一是考生咨询信息找不到渠道，找不到内容。二是考生办理业务时存在不便的流程和环节。例如，办理成绩复核和毕业时，要到现场办理两次，外地考生尤为不便。在办理缴费时，只能缴纳现金，不能使用移动支付等便利的手段。三是可使用的考场资源紧张，考生希望更加高效便捷的考试管理。四是考生希望更多地了解学校，增加对学校的认同感。针对上述问题，复旦大学继续教育学院利用信息化手段提升高等教育自学考试服务质量，实现"服务育人"。

二、主要做法

（一）通过全员轮岗值班和 AI 智能客服，为考生提供咨询服务

通过轮岗值班，面对面与考生进行沟通交流，深入了解考生需求，及时解答考生问题。收集整理 53 个常见问题，形成了约 13 000 字《自考常见问题解答》，在网站上公开发布，让考生能快速了解自考，找到问题答案。统一工作人员接待考生咨询时的标准答复，咨询服务更加准确和专业。上线手机智能客服功能，在编写《自考考生常见问题解答》的基础上，召开研讨会，挑选和修改相关问题，形成 AI 智能客服的问题库。通过关键词对应，使考生能随时随地进行相关咨询并及时得到解答，提高对考生疑问的响应速度，提升考生的满意度和获得感。2019 年 7 月份 AI 智能客服上线以来已为近万人次提供了咨询服务。

（二）通过微信服务实现一次办结

往年考生办理毕业环节手续需要到现场两次，分别办理初审和交表。为方便考生，减少环节，让考生少跑路，学校开发了微信服务，考生在"复旦继续教育"微信服务号上完成前期信息提交工作，学校初审通过后，考生再到学校一次就可完成所有手续。同时，利用微信移动端进行论文和学位的申请和初审，提高收集数据的完整性和准确性，提高了工作效率。微信移动端数据收集也为网上付费提供了数据支持。利用微信移动应用和财务收费平台，实现全部线上收费和票据电子化。使用学校短信平台进行通知、告知等服务，让考生获得更多信息，享受更好服务。

集约化考场考生入场

（三）推进集约化考场试点改革

为解决考场不足的难题，充分利用现有的考场资源，学校采用便携式设备和高科技手段推出集约化考场试点改革，已研发完成软硬件集成、内网部署、同一逻辑考场内错开分布座位号、可大屏展示的集约化考场排考系统。该套方案可实现考场、考试信息管理，考务材料打印，入场通道管理，监考老师规划和综合数据展示。在考生签到管理方面可以实现证卡人一致性识别，打印考生材料和随机排位。在节约考场和人力资源，减少考务工作量，减少考生入场等待时间的同时，可有效避免替考等情况，提高考试的公平性。

（四）在学位授予仪式中运用信息化技术体现个性化

学位授予仪式是一种充满感染力的仪式教育，既增强了毕业生们的荣誉感和责任感，也将激励着那些还在高等学历继续教育求学路上的拼搏者。学校在学历部第一次学位授予仪式中运用信息技术实现了现场动态生成座位号，并在学位获得者上台时大屏幕准确显示领证人姓名，让每个领证人都能感受到这是属于自己的独特的学位授予仪式，激发对学校的归属感。

三、体会启示

在有限的人力资源和硬件条件的情况下，提高信息化水平，以科技提升服务质量，是"服务育人"工作突破的抓手。

复旦大学继续教育学院利用 AI 智能客服，实现更精准、更及时的服务；开通微信服务号，实现更高效、更便捷的服务；研发和组织集约化考场改革，实现更严谨、更简洁的服务；运用信息化手段在学位授予仪式中实现更暖心、更个性化的服务。这正是以信息化手段提升服务质量，实现"服务育人"理念的一个个缩影。在这条创新和改革的道路上，复旦大学将继续前行，永不止息。

（执笔人：李卓）

CHAPTER

06

构建全校育人共同体

以"两大工程"引领哲学社会科学发展 推动 21 世纪马克思主义、当代中国马克思主义入脑入心

马克思主义学科建设是一项系统工程，学科体系、课程体系、教材体系、教学体系、人才体系是马克思主义学科建设的"四梁八柱"。复旦大学深入实施"习近平新时代中国特色社会主义思想研究工程"和"当代中国马克思主义研究工程"（简称"两大工程"），同时积极吸纳"两大工程"研究成果反哺课程与教学，充分发挥理论成果的育人作用，培养《共产党宣言》精神忠实传人，培养德、智、体、美、劳全面发展的社会主义建设者和接班人。

一、背景与理念

党的十八大以来，以习近平同志为核心的党中央高度重视马克思主义理论研究和中国特色哲学社会科学体系建设，先后主持召开全国宣传思想工作会议、全国哲学社会科学工作座谈会、学校思想政治理论课教师座谈会，为深化 21 世纪马克思主义、当代中国马克思主义的

理论研究提供了基石。党的十九届四中全会将坚持马克思主义在意识形态领域指导地位作为中国国家制度的一项根本制度，要求"把坚持以马克思主义为指导全面落实到思想理论建设、哲学社会科学研究、教育教学各方面"。

复旦大学是一所有着光荣革命传统的大学，100年前，老校长陈望道同志翻译出《共产党宣言》第一个中文全译本，为学校办学治校育人注入了深厚的红色基因。学校党委主动顺应时代发展潮流，坚持以工匠精神打造精品工程，以创新精神锻造传世之作，通过"两大工程"推动马克思主义学科群大发展大繁荣。

"两大工程"以马克思主义理论研究为支点，旨在通过深化对习近平新时代中国特色社会主义思想的历史逻辑、理论逻辑、时代逻辑、实践逻辑的研究阐释，深入对21世纪马克思主义，当代中国马克思主义的原创性、体系化研究，繁荣中国学术，发展中国理论，传播中国思想，为构建中国特色哲学社会科学体系贡献"复旦力量"。同时，学校旨在积极推动"两大工程"由"研究工程""出版工程"向"育人工程"转化，推进理论成果进教材、进专业、进课堂，推进习近平新时代中国特色社会主义思想入脑入耳入心。

二、举措与特色

2017年11月12日，复旦大学正式启动"两大工程"，旨在对新时代中国特色社会主义的重大理论和现实问题、当代中国马克思主义的根本和前沿问题开展基础性、战略性、全局性、系统性研究，助力中国哲学社会科学体系建设。

（一）坚持党的领导，突出政治牵引

复旦大学党委高度重视马克思主义理论研究和学科建设，"两大工程"始终在学校党委的全面领导下推进实施。2017年习近平总书记"7·26"讲话后，学校党委提出"两大工程"的前期设想。党的十九大召开期间，学校党委书记焦扬同志与学校有关部门共同进行"两大工程"的可行性论证，起草《复旦大学"两大工程"实施方案》。十九大闭幕后，学校党委常委会决定正式组织实施"两大工程"建设，党委书记焦扬同志任总负责人，校长许宁生院士任专家指导组组长，下设"两大工程"办公室。2017年11月，复旦大学举行"两大工程"启动仪式，尹汉宁同志出席并讲话。2017年11月以来，"两大工程"专家组屡次召开专题会议，在学校党委集中统一领导下，"两大工程"的课题研究体系、组织运行体系、专家队伍体系、服务保障体系构建完毕，各项工作有力有序向前推进。

（二）加强顶层设计，实现整体嵌入

"两大工程"是在复旦大学已有马克思主义学科平台基础上的整体嵌入，不是"另起炉灶"，而是注重于对学科体系、教学体系、教材体系、课程体系、人才队伍体系等支撑性要素的盘活与集成。在平台机制上，复旦大学马克思主义学院与人文社会科学各院系分工协作，合力推进"两大工程"。2019年，复旦大学以"马克思主义研究院实体化"为契机，进一步整合全校马克思主义研究资源，推动马克思主义学科门类建设的探索实践。在交叉融合方面，以项目带动马克思主义学科群要素联动，推动人才的跨学科整合和课题的协同研究，发挥马克思主义理论研究对推动中国哲学社会科学创新的引领作用。

（三）创新研究模式，开展滚动研究

习近平新时代中国特色社会主义思想本身是一个系统完整、逻辑严密的科学理论体系。因此在实施"两大工程"过程中，采用工程化、系统化方式推动研究。学校党委举全校之力，集中40多名复旦大学知名学者领衔，组成近200人研究团队，通过"集团军"作战方式，分6个系列、38个项目开展重点攻关，对21世纪马克思主义、当代中国马克思主义进行了系统而全面的研究。

（四）加强质量控制，培育学术精品

学术质量是"两大工程"的生命线，是检验"两大工程"实施绩效的重要尺度。学校把质量控制摆在突出位置，努力做到"五个体现"：体现理论深度，避免简单的文本分析，反映复旦大学理论研究的整体水平；体现历史纵深，不限于当下思考，面向未来着眼于理论的新构建；体现国际视野，面向人类与国际，注重比较研究，突出中国理论与中国方案的世界意义；体现中央精神，深入研习中央精神，不从自我研究出发，突出治国理政的研究高度；体现朴素文风，言简意赅，通俗易懂。

（五）注重成果转化，强化课程育人

落实立德树人根本任务，通过"三集三提"（集中研讨提问题、集中培训提素质、集中备课提质量），推动"两大工程"研究成果及时进课堂、进教材、进头脑。"两大工程"产生了重大的育人影响：一是反哺思想政治理论课教学，推动思想政治理论课教师队伍建设，特别是使"习近平新时代中国特色社会主义思想概论"课程建设走在全

国前列，教学大纲被教育部教育指导委员会面向全国重点马克思主义学院推广；二是推动构筑起以思政课程为核心，以中国系列课程、综合素养课程、哲学社会科学课程为支撑，以专业课程为辐射的课程体系，形成从思政课程到课程思政的圈层效应，《入耳入脑入心　同向同行同频：以思政课为核心的课程思政教育教学改革与创新》获得国家级教学成果一等奖。

三、经验与思考

"两大工程"是复旦大学推进马克思主义学科建设系统集成的"自选动作"，体现了政党要求、时代特点、理论需求和复旦优势。2019年学校以"上海书展"为契机，推出第一批研究成果。目前已陆续出版《新时代的历史大视野》（焦扬）、《新时代中国特色社会主义思想文化体系研究》（姜义华）、《新时代中国特色社会主义生态文明体系研究》（顾钰民）、《中国共产党与中国特色社会主义》（陈学明）、《中国特色社会主义》（张维为）、《中国共产党与中国理论》（杜艳华）、《中国共产党与中国文化》（吴海江）、《中国共产党与中国制度》（薛小荣）、《当代中国马克思主义美学研究》（朱立元）、《当代中国马克思主义法学研究》（潘伟杰）等系列精品力作。

中共中央政治局委员、国务院副总理孙春兰同志，中共中央政治局委员、中宣部部长黄坤明同志，马克思主义理论研究与建设工程咨询委员会主任徐光春同志等领导对"两大工程"给予充分肯定，提出殷切期望。经过两年多实践探索，得出以下经验。

首先，马克思主义学科建设是学术研究工程，也是政治建设工程，必须把党的领导"挺在前面"。坚持党的领导，不仅具有把航定向的意义，更有利于有效整合多方面学术资源和人才资源，在理顺各层关系、推进体制机制创新、激发研究者的主动性和积极性等方面发挥重要作用。

其次，如何实现学科资源的系统集成是马克思主义学科建设的重点，也是难点所在。在传统运行机制下，马克思主义学科资源大多是以分散化、碎片化状态存在的，为此，必须高度关注学科资源的系统集成问题，通过体制机制创新来加以解决，"两大工程"对此进行了积极探索和有益尝试。

再次，加强马克思主义学科基础理论问题研究，是"两大工程"的重点建设内容。要深入研究马克思主义哲学、政治经济学、新闻学、法学、社会学、政党学、美学等，通过"马克思主义理论学科群—马克思主义学科门类—中国哲学社会科学创新"实现新时代马克思主义学科建设的"三步走"。

最后，要突出研究成果的转化和运用，整体推出系列成果，配套组织新书发布会、理论研讨会，加强党的创新理论的传播力、影响力。积极推动"研究工程""出版工程"向"育人工程"转化，及时将理论成果转化为教学内容，将学术语言转化为教学语言，推动思政课程和课程思政的整体发展，推进21世纪马克思主义、当代中国马克思主义入脑入心。

（供稿："两大工程"项目办公室）

全面落实研究生导师立德树人职责

——复旦大学加强研究生导师队伍建设的实践

一、基本概况

研究生导师是研究生培养的第一责任人。目前，复旦大学专任研究生导师人数已超过4 000人。为全面落实研究生导师立德树人职责，复旦大学立足当前、着眼长远，通过多项改革举措振奋精神、凝聚共识、建章立制、规范管理、加强建设、优化服务，努力构建长效机制，着力打造一支有理想信念、有道德情操、有扎实学识、有仁爱之心的研究生导师队伍。

二、主要举措

（一）注重思想引领，强化导师立德树人的责任感与使命感

注重思想引领，以宣传学习"钟扬精神"为抓手，引导全校导师在思想上进一步增强立德树人的责任感与使命感。钟扬教授是在本校导师身边涌现出来的"时代楷模"，复旦大学将学习"钟扬精神"与贯彻研究生导师立德树人职责的工作有机结合，以此为契机对全校所

研究生导师专题研讨班

有研究生导师进行深入的思想教育。学校开展了主题党日、专题座谈会、联合党组织生活等各类多层次、多形式的学习"钟扬精神"系列活动,研究生导师积极参与到学习活动中,在自觉加强立德树人职责意识方面经历了一场深刻的精神洗礼。为强化示范引领、榜样教育,学校开展"研究生心目中的好导师""钟扬式好老师"评选活动,选树身边思想素养过硬,业务能力突出,立德树人、爱生如子、敢于担当、甘于奉献的教师典型,集中展现研究生导师为人师表、爱岗敬业的良好风尚,营造尊师重教氛围,同时深化导师教书育人理念,激励广大导师更深入地参与到研究生德育工作中去,以学术造诣和人格风范引领研究生成长成才。开展"十佳'三好'研究生导学团队""钟扬式好团队"评选活动,助力营造优良的校风学风,促进优秀团队间的经验交流,充分发挥团队育人功能,推动良好的研究生导学关系。

(二）构建完善的制度体系，以制度建设保障导师立德树人职责落实

落实导师立德树人职责，制度建设是保障。学校严格贯彻执行教育部关于导师队伍建设的各项文件，深化导师评聘机制改革，制定《复旦大学研究生指导教师岗位管理办法》，明确导师在研究生培养各环节过程中应承担的责任及相应的权利，突出"责权统一"的导师负责制；全面改革导师任职资格遴选制度，建立导师招生资格年度审核制度，形成导师岗位动态调整机制；推进导师组、双导师制等培养模式，充分发挥优秀拔尖人才的学术领军作用和团队合作的优势，推进学科方向之间的交叉融合。通过以上制度体系构建，进一步明确了研究生导师的权责、管理规范、岗位任职资格的基本条件、审核流程等，健全了师德师风建设长效机制。

（三）优化导师服务工作，全面提升导师素养和指导能力

学校定期开展大型导师培训会议，增强导师岗位意识、提升指导能力。从2018年起，将导师培训与导师上岗挂钩，明确规定只有参加过培训的研究生导师才有上岗资格。针对新教工、新研究生导师，加强岗前培训，强化岗位意识，将师德师风、学术规范等主题列为上岗之前的必修课程；针对在岗导师，多途径搭建导师能力提升平台，鼓励和支持导师参加国际高层次学术会议，促进导师不断进取、保持科研创新活力，始终紧跟或处于本学科领域学术前沿。同时，不断优化导师服务，充分发挥服务引导作用。2016年11月成立研究生导师服务中心，强调服务与管理并重的理念，为研究生导师提供服务和支持。研究生导师服务中心每学期开设多次集中或相对分散的小型导师沙

龙、讲座和研讨会，建立不同学科之间导师的互动、交流平台。内容多样、形式活泼的沙龙等活动不仅让复旦大学的导师们受益匪浅，还受到了学术界的关注与肯定，如高分子科学系彭慧胜教授主讲的"功利社会中的研究生培养"被《科技导报》分3期连续刊登；环境科学系马臻教授主讲的"研究生师生矛盾及化解对策"被《学位与研究生教育》杂志全文刊登；经济学院陈钊教授的"研究生培养经验之我谈"和附属肿瘤医院吴炅教授的"指导临床医学研究生的实践与体会"在《上海研究生教育》杂志刊登发表。

（四）以提高学位论文质量为抓手，深入推进导师首要责任人职责落实

学校围绕师德师风与校风学风建设任务，以提高学位论文质量为抓手，真正落实导师是研究生培养首要责任人职责。具体做法是：第一，前移学位论文质量内控关口、做实预答辩（预审）环节，要求提交的学位论文通过预答辩（预审）后才能进入后续环节，避免少数研究生学位论文提交过迟、极少数导师审核不严等问题；第二，引入学位论文网上提交与审核机制，明确要求导师需通过网上论文审核系统，对学生网上提交的学位论文作进一步审核和确认，通过信息化技术手段，更直观地赋予了导师对学位论文的审核权利，令导师对论文审核工作更为慎重；第三，确立学位论文质量指标与招生资源配置挂钩的联动机制，对于双盲评审中出现严重问题论文的学科，扣减所在院系相关学科的招生名额并暂停相关导师下一年度招生资格，同时对在学位论文质量控制方面成绩突出的院系及导师给予招生名额奖励；第四，高度重视博士、硕士学位论文抽检工作，制订《复旦大学博士、硕士学位论文抽检结果处理办法》，对涉及导师作出处理，并根

据抽检结果对下一年度招生资源配置进行联动调整，同时要求相关院系在校学位评定委员会会议上作整改汇报。

三、体会启示

研究生导师担负着教书育人、全面培养研究生的责任，高水平的导师队伍是复旦大学的重要资源。研究生院始终把导师队伍建设摆在重要位置，在校党委统一领导下，全面深化"三全育人"综合改革，按照习近平总书记提出的"教育者先受教育"的要求，加强对研究生导师政治素养、师德师风、业务素质等方面的教育和辅导，提升导师队伍育人意识和育人水平，让研究生导师真正成为教书育人、立德树人的燃灯者，成为以德修身、以德立学的垂范者。

未来，导师队伍建设要更加注重以德为先，全面落实立德树人根本任务，把思想品德、理想信念教育摆在首要位置，将社会主义核心价值观融入研究生教育的全过程、全方位和各环节。

要更加注重全面发展。在研究生教育中导师发挥主导作用，要促进德、智、体、美、劳有机融合，全面提升研究生意志品质、思维能力、创新精神等综合素质，提高身心健康发展水平；创造充分的资源和条件，满足学生按自我兴趣，自由探索、自主学习，实现个人全面发展的各类需求。

要更加注重创新引领。面向国际科技前沿，将激发研究生的创新思维，培育研究生的科研创新能力摆在更加突出的位置，充分激发研究生从事科学研究和实践创新的积极性、主动性，通过创新引领研究生教育的全面改革和发展。

要更加注重因材施教。把促进研究生成才成长作为出发点和落脚点，以学生为主体，以教师为主导，面向研究生个性化、多样化的学习和发展需求，提倡开放合作和个性化培养，完善教育体系，创新体制机制，改进培养模式和教育方法，促进研究生主动学习、释放潜能，获得自身的全面发展。

要更加注重知行合一。将研究生教育与生产劳动和社会实践紧密结合，更加强化实践环节教育，促进理论与实践相结合，以知促行、以行促知，学以致用，强化研究生职业素养和创新创业能力培养。

（执笔人：陈琍、谭嵩）

"小空间,大功能"

——复旦大学语言学习中心全力打造"三全育人"平台助力实现学校国际化人才培养目标

一、基本概况

英语能力是一流人才的基础性能力,在新形势新任务下,大学生对于全方位提升英语能力、开展国际交流的需求与日俱增,而学生的英语学习需求不仅在课上,更在课外。在此背景下,复旦大学于2013年成立了语言学习中心,基于终身学习和自主学习理念,建构"以学为中心"的新型学习模式,促进和引导学习者自主学习,提升大学生核心外语素养。语言学习中心弥补了第一课堂教学在时间、空间及个性化等方面的不足,成为教师课外育人的重要平台。

"听讲座到3108,学语言到5103。"地处第五教学楼103教室的语言中心改建自一间不足百平方米的听力教室,虽然面积不大,但经过在"螺蛳壳里做道场"的精心设计,实现了区域功能自由转换,满足了学生们自习、小组讨论、听讲座、参加一对一辅导及上网学习等多项需求。自建成以来,就成为学生们在课堂以外学习语言的首选地点。

一对一辅导

目前中心已连续运行 13 个学期，即使在第五教学楼整体大修和突发疫情的情况下，中心也克服重重困难、群策群力、坚持正常运行，一如既往地为学生开放自主学习平台，提供优质的语言学习服务。中心常年提供一对一个性化辅导、应试辅导、第二课堂活动及多种学习资源，同时通过中心的微信公众号开拓网络育人空间，为学生随时随地获取所需学习资源提供便利条件。

截至目前，中心实地到访总数逾 60 000 人次，参与一对一线下辅导的学生逾 2 000 人次，来自不同学科，本科生占主体，也包括部分硕博生；参与辅导的大学英语教学部的一线教师超过 300 人次。中心已开设近 30 种内容、形式各异的第二课堂活动，平均每学期开设近 60 场次活动。此外，中心面向全校学生招聘前台管理员，培养学生服务意识，近 200 人次参与了前台管理工作。

"小空间，大功能"
——复旦大学语言学习中心全力打造"三全育人"平台助力实现学校国际化人才培养目标

二、主要做法

（一）满足个性化需求，因材施教、育人成才

中心自运行以来，积极回应学生的实际需求，努力推广大学英语教学部最优质的课外学习资源，让学生找得到，用得好。在这些学习资源中，一对一个性化辅导不仅是中心的主打板块，也是吸引全校学生汇集在5103的一块磁石。参与一对一辅导的教师从资历到所授课程不尽相同，但是出于身为复旦教师的使命感和责任感，都倾其所能，在每场30分钟的时间里，针对学生提出的个性问题，给予有效反馈。此外，他们还以"授之以渔"的方式将多年积累的学习资料直接分享给学生。

2020年春季学期，受疫情影响，中心按照学校"停课不停学"的部署，将一对一辅导移至线上进行，多名教师克服疫情给教学工作及家庭带来的种种困难，积极参加辅导，而学生们鼠标轻轻一点，就可从课堂切换到一对一辅导的平台，既节约了宝贵的时间，也充分利用了线上一对一的便利条件。有些学生在咨询语言学习的同时，也和辅导老师交流自己本学期在线学习的压力，通过师生交流，有效缓解了焦虑情绪。

（二）育人空间转换，第二课堂有效衔接第一课堂

中心工作的第二个主打板块是第二课堂活动，它是第一课堂教学内容的重要补充，也是第一课堂的有效延伸。大学英语教学部的一些品牌课程因为选课人数和时间限制，学生们只能"望课兴叹"，第二课堂正好呼应了这些需求。教师们将课程的部分精华浓缩为微讲座，

配以互动，错峰开讲。因为没有学分、绩点及班级规模的压力，学生们也能充分遵从个人兴趣，各取所需。第二课堂的活动菜单不断推陈出新，涵盖文化、技能等不同种类。为了加快建成世界一流大学，提升复旦学子的学术沟通能力，大英部的学术英语教学团队在中心开设系列讲座，填补了第二课堂高阶课程的空白。除了内容契合学生的需求以外，第二课堂的上课地点也尽量为学生着想，如"复旦英语角"直接进驻志德书院公共空间，送课上门。"英语议会制辩论活动"进驻文科楼会议室，时间安排自由灵活，避免了学校公共场地的使用限制。

（三）促进教育公平，助力学生全面发展

中心除了开展常规的一对一辅导和第二课堂活动，还会同学校学工部、志德书院、外文学院团学联等，为英语基础薄弱的新生专门开办"助力腾飞训练营"。集训内容以专题为主线，由大英部资深教师带领英语达人及学生志愿者组成专题教学团队，帮助学生了解英语学习方法，找到努力的方向。目前已成功开办 10 期，受益学生达 5 000 余人次。同时，逐步整理总结出一套可复制的工作流程，保证了每一期训练营能有序开展，保障成效。

此外，"助力腾飞训练营"也成为复旦学子社会实践的沃土。借助训练营，学生们不仅锻炼了组织能力、沟通能力和自我管理能力，还通过同伴导师制的施行，增进了相互了解，近距离感受到教育资源不均衡对个体和国家带来的影响，从而增强全局观念，明确社会共同进步的重要性。训练营培养锻炼出了一批优秀的学生导师和学生志愿者，他们中的有些人已经成长为优秀的学工干部；有些人受到活动启发，立志钻研语言习得的奥秘，毕业后进一步深造；有些学生从以前

的学生营员成长为学生志愿者，用自己的亲身经历告诉坐在台下的同伴，只要肯付出努力，借力学校的平台，腾飞就有可能。

（四）凝练经验、分享成果，共同进步

中心自建成以来，成为教师"三全育人"的平台，也促进了教师的个人成长发展。中心负责教师在繁忙的教学和行政工作之余，无私奉献、齐心协力，在服务奉献中实现个人价值最大化和育人效果最优化。中心获得"2015年度复旦大学文明窗口""2018年青年文明岗"称号，成为大学英语教学部的一张名片。此外，中心力推平台建设与科研并行，以平台建设孵化科研课题，以科研成果促进平台升级，2018年"泛在化、个性化学习背景下的语言学习中心新功能探索"获得上海高校本科重点教学改革项目立项，目前已顺利结项。中心还非常重视制度建设，编写了《复旦大学语言学习中心使用指南》《复旦大学语言学习中心安全管理细则》《复旦大学语言学习中心使用守则》等手册，每学期根据实际情况进行更新修订，期末进行满意度调查，以制度保障中心的顺利运行。

三、体会和启示

心有所信，方能行远。在中心建设过程中，有下列几点体会，也是中心今后奋斗的目标。

（一）坚持为党育人，为国育才的人才培养目标

习近平总书记强调参与全球治理需要一大批熟悉党和国家方针政策、了解我国国情、具有全球视野、熟练运用外语、通晓国际规则、

精通国际谈判的专业人才。在全球化发展的今天，熟练运用外语，不仅有助于个人的职业发展，更有助于在国际舞台上讲好中国故事，携手各国建立和谐的人类共同体。这一点在此次疫情席卷全球的大背景下尤为明显。中心致力于提升复旦学子英语运用能力，助力复旦大学培养国际化人才，为民族复兴输送有担当、有格局的领军人才。

（二）积极开拓教师育人新空间

中心以一对一辅导、第二课堂活动、"助力腾飞训练营"等为抓手，积极构建学校、教师、学生多方参与的学习共同体，落实课程育人、实践育人、服务育人等育人举措，为奋发有为的复旦学子提供学有成效的语言学习平台，也为教师课外育人搭建了平台。

（三）不断拓展平台新功能

重点聚焦育人新要求，不断总结已有经验做法，在实践和制度上积极创新，全面推进中心建设，利用网络新媒体技术进一步扩大受众覆盖面，方便学生参与平台活动，及时了解学生的需求，深入挖掘育人途径，全方位培养复旦学子。

（执笔人：彭华）

强化育人职责　发挥综合优势
深入推进本科生全员导师制工作

——复旦大学管理学院的实践

一、基本概况

　　管理学院本科生全员导师制是学院"三全育人"育人体系和本科生综合教育平台的重要组成部分和机制保障。管理学院本科生全员导师制于2010年9月开始正式施行，通过为管理学院每位本科生配备导师，以点对点的指导方式来推进师生交流，加强针对性和有效性，打通传统思政工作和教学工作，形成育人合力，切实提高本科生培养质量。本科生全员导师制构建学院、系科和导师三个层面的立体化组织框架和工作平台，整合建立完善的导师制组织和工作体系，相继推出师生午餐会、新生＆家长Orientation（迎新）等活动；组织编纂《师生导航手册》、改版《导师制动态》；开设导师制微信公众号等，经过近10年的运行，取得较好育人效果。超过九成的学生对全员导师制表示满意并认为"导师给我很大的帮助""导师对我产生很大的影响"；96.40%的老师"对导师制充满热情"并希望能发挥更大作用；每年有10余位导师担任学院"朝阳行动"支教带队老师；2018年至今，共有 31 名导师指导学生科创项目，多名同学在各级各类赛事中获奖；"观察中国"和"绿墨水"等特色实践项目吸引了院内外众多本科生积极参与；2019 年学院导师和学生联合组队参加学校庆祝中华人民共和国成立 70 周年合唱比赛并荣获金奖。

管理学院全员导师制建立起以培养学生综合素养为中心，重视新生适应，关心学生全面发展，引领学生人生的育人平台，成为学院"三全育人"体系中的重要一环。

二、工作思路与机制

（一）全员导师制实施机制

1. 明确育人主体，形成全员育人格局

学院明确所有老师都要做育人工作，把专业教师纳入学生思政工作体系，增进思政工作队伍和专业教师队伍的协同育人。不仅要求导师关注学生的学业进展与学术潜能，更要求导师着眼学生思想动态、情绪心理、职业发展等一系列方面，有机融合导师团队与学工团队、教学团队、职业发展团队等传统思政工作部门。

学院着眼学生个体发展，有效关注学生思想动态。把导师第二课堂的工作视角由学生整体转移到对结对学生的个体关注，有效因材施教、因势利导，及时发现并干预特殊问题，及时开展应急处置。例如，全员导师制在学生心理工作中发挥了重要作用，部分学生心理相关问题经导师察觉后报告学工部门，由学工部门牵头建立校院两级"学工-心理-导师-家长"联合干预机制，有效提升学生心理工作效果。

学院原则要求全体在职教师担任导师制导师。新生入校后，在学院全体教职工大会上通过随机匹配方式举行新生与导师的结对仪式，

并借此机会对全体导师进行动员宣讲，使导师了解本届新生的基本情况、群体特点、学生工作的进展和变化以及针对新上岗导师进行的工作职责介绍等内容。

2. 衔接育人时间，打造全过程育人链条

根据学生成长不同阶段，针对性开展教育。一是聚焦新生适应和目标引领，做好学生始业教育。入学即结对，为新生提供丰富的"新生特供"大礼包，引导学生全面了解大学生活，树立学习目标，培养良好学习和生活习惯。二是侧重能力提升，做好学生提升与发展教育。针对中高年级学生，在各类课程学习基础上，导师指导参加学术项目、社会实践，辅助其进行职业认知与规划等，从道德素质、科研素质、实践素质、职业素质等方面，提升学生综合素质与能力。三是分层分类、因材施教，做好学生个性化教育。针对学业困难学生，导师持续跟踪辅导；针对学有余力的优秀学生，指导参加学术兴趣班和曦源、望道、莙政等学术项目；针对延期等重点学生，强化重点管理。四是鼓励学生毕业后保持良好师生关系，做好学生终身教育。全员导师制构筑了超越第一课堂的师生一对一关系，依托全员导师制搭建"导师-校友"交流平台，时刻保持"导师-校友""学校学院-校友"的联系，助力学生终身成长发展。

3. 拓展育人空间，搭建全方位育人平台

拓展育人空间，搭建全方位育人平台。学院推动新生入学教育和家校合作，每年新生入学季举办本科生 Orientation 活动，对新生进行入学教育、导航指南、价值观塑造，使之更好地适应未来的大学生活。开展家长 Orientation 活动，搭建学生、家长、导师三方沟通协作平台。

发挥系科优势结合专业开展导师制工作。各系组织师生联合企业参访及交流活动。产业经济学系师生开展"星光耀复旦"师生交流会

立德树人 铸魂育人
——复旦大学"三全育人"综合改革案例选编

"名企有约"——师生参访上海大众

系列活动,企业管理系师生参访上海大飞机设计研究院,会计系校友职业成功经历分享会即是其中的代表案例。通过调动各系科主动性,开拓学生视野,丰富第二课堂,为学院导师制改革的积极推进带来新的思路。

依托品牌活动推动师生日常交流,依托主题教育强化导师价值引领。师生午餐会目前已成为管理学院全员导师制的一项传统"保留节目"。每年下半年,学院均会举办至少4场师生午餐会。每场午餐会邀请8个系的老师参加,分别针对4个年级的同学举行,采用导师与学生一对一交流和指导的形式,一方面给学生与导师自由交流、答疑解惑的机会,另一方面也给导师提供深入了解学生的平台,同时对师生日常交流起到示范指导作用。近年来,新增设了日常化师生午餐会主题专场,开设如"如何准备和规划你的海外求学之旅""科研学习怎么规划""生涯面对面"等主题午餐交流会，深受同学们的喜爱。

通过新媒体手段做好宣传教育工作。微信公众号"复旦管院全员导师制"（原名"管师贤生"）紧扣导师制主题，坚持原创内容发布，深入调研和发掘导师制工作中的典型案例，持续开展"青年教师专访""对话｜我和我的导师""十年拾光有你"等系列推送，鲜活呈现管院师生的发展动态与精神风貌，从而实现更多元、更具体、更快乐的师生互动。

（二）全员导师制保障机制

学院高度重视，成立管理学院全员导师制指导委员会。由院长任主任委员，党委书记、本科生教学改革领导小组组长任副主任委员，党委副书记以及各系主任任委员。委员会秘书组设在管理学院学工组，党委副书记任秘书长，学研工组长任副秘书长。

做好制度设计和基础设施建设。为保证全员导师制的顺利推行和规范实施，学院制定多项规章制度和工作文件，包括《管理学院全员导师制工作条例（试行稿）》、导师制环境下的《本科生辅导员岗位工作条例》《本科生第二课堂体系建设规划》《全员导师制配对方案》《全员导师制日常管理办法》《全员导师制导师工作手册》《全员导师制学生手册》等。修订《管理学院全员导师制师生导航手册》，提供学校相关资源指引，明确导师、辅导员和其他相关部门的工作边界，帮助各方协同开展学生教育和服务工作。定期出版《导师制动态》，追踪导师制工作动态以形成内参。

做好调查研究工作。学院面向学生思政工作形势和导师制工作情况开展定期调研，针对重大主题教育工作部署和专题工作开展专题调研。2019年在"不忘初心、牢记使命"主题教育期间，就管理学院本科生全员导师制实施的总体情况，以及在实施过程中遇到的难点和问题开展专题调研，研究提出解决问题、改进工作的办法举措，使导师制工作同学校的中心工作、管理学院的育人使命以及本科生培养的实际需求更加契合。

强化导师能力体系建设，提高导师导学沟通水平和素养。学院邀请校内外心理健康领域专家学者，为导师们提供包括"大学生心理危机应对""作为教练的教授""数说管生"等主题的专题培训报告，更新导师关于建立良好师生关系、应对大学生心理健康问题、"00后"学生画像的知识储备。

三、工作体会

首先，要强化教师的育人主体作用。教师是本科生育人工作的主要力量，也是全员导师制当中的育人主体。导师制工作要推动专业教师参与学生思政工作的各个方面，导师要在导师制工作团队辅助下，与学工、教学、就业、心理、校友等各个部门有机联动，建立交流沟通、协调统筹机制，形成育人合力。

其次，要发挥教师的育人综合优势。要充分发挥高校教师在专业学术、价值引领、社会实践和人生引导等方面的综合优势，开展具有鲜明专业特色的育人活动，提升育人引导的思想性、专业性和实践性内涵。针对学生所处的不同阶段，针对学生的个体差异，分层分类做好个性化的解疑释惑和人生引路。

最后，要为本科生导师工作提供有力保障。学院要做好顶层设计，完善制度建设，配齐相关资源，保证相关工作推进顺畅。做好激励工作，把育人措施和成效纳入导师团队和科研、管理、服务等职能考核当中。做好选树典型工作,营造全员育人、立德树人的浓厚氛围。完善导师培训机制,根据导师实际工作中遇到的难点、问题以及客观需求,设计更加有针对性和实用性的培训课程,虚心学习吸收兄弟院校的有益经验。

(执笔人:黄艳艳)

党建为抓手 搭台促共振
——复旦大学化学系强化导师育人的实践

一、基本情况

在理科院系中,导师与自己研究生之间的交流更多集中在科研工作的进展、科学问题的解决途径和探索等方面,往往忽略情感及态度的沟通,导师的育人作用发挥不够充分、不够全面。针对这一问题,化学系分党委提出:打通化学系"三全育人"工作的关键在于提升教师素质,同时兼顾师生之间的良性互动。教育不是单方面的输出或者接收,师生之间同频共振,良性互动,既有利于科研教学工作的展开,也有利于学生培养和育人目标的实现。

基于此,化学系分党委主动谋划、整体布局,抓住"沟通"这一关键因素,为师生搭建轻松、舒畅的沟通平台,促师生同频共振,破解研究培养过程中的导学难题,切实落实"三全育人"。

二、主要做法

化学系分党委充分发挥中场线的引领和指导作用,通过搭建平台、合作共享、挖掘资源等方式，努力探索将教师党建与党委中心工作紧密结合的工作模式，充分发挥教师党员在"课程育人、科研育人、实践育人、文化育人、管理育人、服务育人、资助育人、组织育人"等方面的作用。

（一）支部共建，师生畅叙，促进导学关系良性发展

以支部共建为切入点，通过教师党支部与研究生党支部一起开展主题党日活动，切实发挥教师的教育引导作用，使之成为师生共建、交流的有效途径。在这样的理念指导下，无机化学教职工党支部和2018级博士生党支部于2019年4月开展了"师生'面对面'共话'传承五四精神，争做新时代追梦人'"的主题活动。由于参加活动的教师与学生不是直属导师与研究生的关系，这一形式使得沟通氛围自由和轻松。此次活动让研究生导师直接了解学生的真实想法，面对面对学生做了更有针对性的指导，学生也从导师们的建议和恳谈中更清晰地厘清自己的科研目标与努力的方向。

因此，用支部共建来促进化学系师生交流互动，建立起一种相对开放的导学关系，使得导师和学生的交流由实验室延伸到生活，对于全面促进和引领学生发展，充分发挥教师党员全员全过程全方位"三全育人"的模范带头作用，有着重要意义。

（二）步调一致，春风化雨，来自实践路上的思考

充分利用社会实践的丰富资源，从学生成长成才的需要出发，把社会主义核心价值观与教书育人、师生学习生活彼此渗透，利用师生近距离融合的机会，发挥教师"身教大于言传"的隐性教育，通过互动交流，提升学生的国家认同度和社会责任感。在这样的思考下，化

学系推出了一系列师生共同实践活动。

2019年8月,由无机化学教师党支部牵头,化学系分党委组织了部分骨干教师党员和优秀研究生代表一行12人,赴陕西西安延长石油集团和延安红色革命圣地,开展了为期六天的"壮丽70年,奋斗新时代"延安圣地行实践活动。通过与延长石油研发中心的深入探讨,与延安大学化学学院师生的座谈,参观革命圣地,体验梁家河生活,化学系师生行走在祖国的大地上,更加深刻地领悟了延安精神的内涵与外延,也进一步坚定了共产主义信仰。

育人先育己。教师们从广袤的大地回到三尺讲台,为广大学生传授科学知识和讲述老一辈革命家坚韧不拔的革命精神,有的放矢地把"发扬革命光荣传统,弘扬先辈延安精神"融入课程教学中,用心用

化学系暑期实践——梁家河宣誓

情讲好课程思政、践行"三全育人",把延安精神贯彻到实际工作中,是贯彻落实"三全育人",不负立德树人时代使命的鲜活实践。

2019年11月,无机化学教师党支部与2018级博士生党支部共同观看了红色电影《攀登者》;此外,分析化学教师党支部与2017级博士党支部共建,组织了进社区化学科普活动;物理化学教师党支部带领物化方向研究生党员共建,去宁波大学国家质谱中心参观、交流……这种教师与学生共同实践的模式,引导学生走出象牙塔,触摸到最鲜活的时代叙事,拉近了教师与学生间的距离,也发挥着潜移默化的育人作用。

(三)回望大师,记录历史,传承代代化学人的精神

系史是促学生成长成才的生动教材。在建系90周年系史活动的基础上,化学系分党委以"不忘初心"为主题,结合口述史制作、学科分流会以及积极分子党校等,继续挖掘化学系名师、系友资源,开展访谈活动,讲述系的历史、化学人的初心,激发师生的专业认同与爱校爱系情怀。围绕改革开放40年和新中国成立70周年等主题,结合行业发展变迁,感悟化学人的社会责任。

2019年5月,在2015级本科毕业生即将走出校门之际,化学系分党委组织他们对系资深教授高滋、范康年进行了专访。采访高先生后,学生们纷纷感叹,高先生的人生是奉献的人生,是不计个人得失的楷模,她的家国情怀与社会责任感,应该镌刻在每一代化学系学子的精神基因中。国家级教学名师范康年老师长期以来倾注了大量的心血在学生培养以及教材建设上,他希望将来的学生同样具有这样的情怀和信念。2019年11月,化学系分党委组织了"我与祖国共成长"座谈会,邀请与共和国同龄的马林老师、庞震老师和袁竹书老师为同学们

讲述过去的故事，讲述自己与共和国同命运的人生历程。通过老教授们的讲述，年轻的学子听到了有温情的化学系发展史，增强了心底的自豪感、认同感、归属感。

三、体会启示

以党建为抓手，化学系分党委主动搭台，促进师生同频共振，将育人融入教学科研各环节，凝聚人才培养各方面的育人资源和育人力量，推动全体教职员工切实把工作的重心和目标落在育人上，在构建全面一体化育人体系中进行了初步探索与实践，并取得一定成效。在总结成效的同时，有以下几点思考体会。

首先，要紧扣中心工作，加强教师学习，营造良好氛围。"三全育人"就是要坚持把立德树人作为中心环节，把思想政治工作贯穿教育教学全过程，进而实现全员全过程全方位育人。必须坚持以党建为抓手，紧紧围绕这一中心不动摇，不断加强教师理论学习与正面宣传，营造全员育人良好氛围，调动全体教职员工投入到全员全过程全方位育人工作中。同时注重以多种形式开展各项活动，在实践中推动师生同学习、共振动，不断强化所有教职员工在教书育人、管理育人、服务育人中的针对性和实效性，切实肩负起培养合格的社会主义建设者和接班人的神圣使命。

其次，继续加强育人平台建设，推动改革创新，健全运行机制。推进"三全育人"综合改革，绝不是一蹴而就，搞几次活动就能实现的。要构建"三全育人"的大思政格局，基层党组织就应在实践中扬长避短、整合盘活。化学系将始终贯彻落实学校"三全育人"精神，将新时代对党建工作的需要内化于心，外化于行，灵活运用，以党建工作为抓手,积极探索教师与学生之间交流互动、能量共享的长效机制。将相关工作任务要求纳入化学系整体发展规划和年度工作计划,不断深化师生互动的内容,创新师生互动的形式,新墨旧韵,有的放矢,探索党建紧紧围绕、服务育人工作的"新姿态"。

(执笔人:黄晶菁、刘永梅)

发挥书院导师育人作用 促进学生全面发展

——以克卿书院临床医学八年制导师育人模式为例

复旦大学书院导师制把书院精神与学校通识教育的基本目标有机地结合起来,引导学生培养求真创新的治学理念和独立自主探究的学习方法,逐渐成为对本科生的学习、生活、为人处世、品德教育等方面进行全面积极引导的一种教育形式。导师制下师生之间交流更具有互动性、探讨性和实践性,是全方位教育的重要维度之一。克卿书院根据书院临床医学八年制学生的特点,探索形成针对性的导师育人模式,发挥书院导师育人作用,促进学生全面发展。

一、基本概况

克卿书院的学生集中于医学大类,包含基础医学院、公共卫生学院、药学院、护理学院等院系的学生约1 700人。作为优秀医学家的摇篮,复旦大学上海医学院一直有着追求卓越的传统,改善人民健康的使命。同时上医人又恪守严谨求实的人生观和价值观,走进医院、走进社会、走进人群,用自己的眼睛观察世界,还要求医学教育中贯穿人文精神的"对人的尊严、价值命运的维护和关切",让学生变成更有温度和人文情怀的医者。书院以"宽口径、厚基础、重能力、求创新"为目标,培育具有家国情怀、科学精神、国际视野、人文素养和领袖气质的拔尖人才,其育人模式以医学与人文并重为特色。

在医学大类学生中,临床医学八年制学生无疑是特色鲜明的一个群体。临床医学八年制专业以培养具有医学博士专业学位的高层次、高素质的临床和科研人才为目标,以"八年一贯,加强基础,注重临床,培养能力"为办学原则。在长期的实践中,书院的导师们发现临床医学八年制专业学生面临着一些共性问题:经过前两年的通识学习后转入医学专业学习,存在不适应的情况;在选择临床专业时,仍不能明确自己希望攻读的博士方向;在进入临床学习之后,专业技能落后于有更长技能培训经验的五年制学生;进入临床工作后,不适应临床和科研并重的发展模式。为此,书院积极探索针对临床医学八年制学生的育人模式,以求在学生本科学习早期对学习、生活、为人处世、品德教育等方面进行积极引导的同时,帮助学生提前适应医学专业学习及日后的临床医学工作。

二、具体做法

(一)开展课堂外教学,提供临床知识和专业技能学习的平台

新生导师项目启动伊始,临床医学八年制专业的书院导师活动就致力于在课堂以外的多个教学点,以开展临床知识和技能的学习的形式进行。在附属华山医院、华山医院东院等地点,先后开展包括医学

临床普及、心理学知识科普、外科缝合打结技能教学、腹腔镜操作技巧培训、跟随查房、旁观手术、旁观急诊坐诊的知识技能培训,内容涵盖患者心理关怀、内科、外科等方面。在教学培训过程中,为充分利用可动用的教学资源,先组织部分同学进行集中培训,随后再发动学生将所学知识技能传授给其他同学,力图在正式接触医学专业内容之前,使学生有从大到小、从疾病到个人的关于临床治疗的了解。这些教学内容,旨在在教育早期让学生意识到医学工作的价值与意义,唤起心中的责任感,同时也培养出兼具专业技能和人文情怀的临床医生。

(二)科研与临床并进,为学生提供多样化的学习策略

在临床教学内容之外,书院导师同样注重对临床医学八年制专业学生的科研内容的教学和指导。对于一个临床医生而言,科研与临床是向前迈进的两条腿,成为一个可以独当一面的优秀临床医生,绝不可顾此失彼,左支右绌。为避免出现日后进入临床后因为不适应科研工作而落后于同行的情况,导师指导学生在两年书院生活期间开展课题研究。研究过程中,导师只做引导,学生独立思考,依次完成定题、收集资料、撰写综述、发现研究方向、设计实验、进行实验、收集数据、撰写论文。每个课题组包含学生4—6人,均采用自愿报名,先报先入的报名方式,以保证有意愿学习科研内容的学生,均有足够的条件和平台。同时,科研教学不仅限于该导师指导的新生,而且接受其他导师、其他年级学生的报名。此外,导师还多次组织开展开题报告、中期报告,促进学生间交流,同时邀请一线临床医生参加,为课题提供意见和建议,并指导确定学生研究方向。而这些参与科研学习的学生,在随后的诸如文献检索的学习中,明显表现出熟练的检索技巧和

研究思路。这些都是在日后的临床工作中必不可少的宝贵技能。如近两年内，书院导师杨逸共指导学生完成综述撰写 3 篇，课题论文撰写 2 篇。

（三）从学生自身的兴趣出发，提供符合学生兴趣的个性化专业指导

不论是临床见习或是科研学习，临床医学八年制专业的书院导师们都力图在客观条件允许的范围内，尽可能包含更多的专业内容，以满足学生多样的兴趣需求。在临床见习体验方面，导师们组织了包括普外科、急诊、整形外科、围术期心理关怀等专业体验、社会实践活动。同样，在开展课题研究方面，涵盖了诸如乳腺癌、肠癌、胃癌、脑转移、麻醉、内分泌、心理学等多方面的主题，以此使学生具备对不同专业内容的理解和认识。由此，通过提供多学科的综合平台，力图让每一个学生都赢在起跑线上，让他们带着对专业的充分认识、热爱，乃至知识经验的积累，进入自己理想的专业攻读博士学位。

（四）促进师生交流，从贴近学生角度帮助引导学生学习和生活

导师们定期开展茶话交流活动，内容包括课题研究、研究成果汇报、经验介绍、专业内容普及、专业课学习经验分享等。定期开展交流活动，促进了学生间从学习经验、关注专业热点到生活趣事的交流，拉近了学生之间的友谊，同时也拉近了导师和学生的距离。导师们不仅仅是新生导师，更是学习上的前辈，生活上的朋友，站在过来人的角度帮助学生应对一些学习生活方面的问题，保证学生在学习生活中遇到挫折时可以情绪稳定、积极主动地去面对。

三、体会启示

（一）书院导师的指导应以学生为中心

选择贴近学生学习生活、易于学生理解的教学内容，从学生自身的兴趣出发，激发出学生的学习欲望，充分发挥主观能动性，帮助学生养成自主学习、主动学习的习惯。在这过程中，书院导师应起引导、辅助作用，不可生拉硬拽拖着学生前进。

（二）因材施教，根据学生个人的意愿与能力制定计划

高等教育在进一步发展学生能力的同时，也需要注意不同程度的学生不同的学习需求，以保证在学习过程中每个人都能学有所得。制定适合各能力层次的学生的培养模式，能保证所有学生以不同方式参与到导师的指导活动中来。

（三）重视临床和科研教学的结合

科研工作对于每个临床医生而言都是发展道路上必不可少的一部分。医生不可以只是诊断机器，也不可以只是开刀匠。无论学生将来志在研读外科方向或是内科方向，都不能轻视科研。科研是作为复旦大学基础医学院的学生，对自身能力、行业发展、社会进步应承担的责任。通过在本科学习中加入科研内容，可以帮助学生提前适应科研工作，培养创新思维，有助于帮助他们在学习初期，扫除可能碰到的能力障碍，以便在将来的工作中独立开展研究，取得创新性进展。

（执笔人：杨逸）

以"钟扬精神"为引领
全面提升教师思想政治工作

一、基本概况

全国优秀教师、"时代楷模"、全国优秀共产党员钟扬是"四有"好老师的杰出代表,是共产党员不忘初心、牢记使命的杰出楷模,是新时代爱国奋斗者的杰出典范。作为钟扬同志生前工作的地方,复旦大学持续深入地开展向钟扬同志学习活动,把学习活动常态化、长效化,以"钟扬精神"为引领,全面提升教师思想政治工作,引导广大教师传承"钟扬精神",在新时代坚定理想信念,牢记立德树人使命,在教书育人岗位上为党和人民作出新的更大的贡献。

二、主要做法

(一)广泛宣传弘扬"钟扬精神",以坚定的理想信念引领教师

1. 深入挖掘事迹,广泛宣传报道,让"钟扬精神"感染内心,触及灵魂

学校第一时间组织深入挖掘整理钟扬同志的先进事迹材料,积极

策划、深度参与钟扬同志先进事迹宣传报道工作，配合中宣部和中央、上海主要媒体进行了广泛深入、立体丰富、感人至深的报道。如《人民日报》头版头条和要闻版整版刊发长篇通讯《一粒种子的初心与梦想》，配发评论并连续推出5篇"钟扬的故事"和4个微视频；新华社全媒体头条推出长篇通讯《雪域高原播种者钟扬的"精神珠峰"》并推出系列微视频；《求是》杂志刊发封面报道《钟扬：用初心播种未来》；《光明日报》头版头条刊发长篇通讯《播种未来的追梦人》，等等。据不完全统计，钟扬同志去世后的三年间，90余家全国主流媒体刊发原创报道700余篇，100余家网站刊发相关报道22 000余篇，上千个微信公众号发布相关文章5 500余篇，《"探界者"钟扬》入选新版普通高中统编教材。一系列有格局、有温度、有担当的典型报道，将钟扬定位于新时代知识分子典型、新时代奋斗者代表，将他的时代坐标标注在实现民族复兴的伟大梦想、中国特色社会主义新时代的伟大征程的宏大背景中，激发起广大教师的强烈共鸣，汇聚起爱国奋斗的强大正能量。

2. 组织深入学习，发挥榜样力量，让"钟扬精神"激发理想，坚定信念

榜样引领时代，时代呼唤担当。学校第一时间决策部署、召开干部大会，号召全校师生向钟扬同志学习。把开展向钟扬同志学习活动同深入学习贯彻习近平新时代中国特色社会主义思想和党的十九大精神结合起来，与推进"两学一做"学习教育常态化、制度化等结合起来，与"不忘初心、牢记使命"主题教育结合起来，学先进、赶先进、当先进。学校成立了钟扬同志先进事迹报告团，目前已在校内外举行报告会60余场。复旦大学出版社编辑出版了《钟扬文选》《钟扬纪念文选》《钟扬小传》。在钟扬同志逝世一周年、两周年以及清明节

以"钟扬精神"为引领 全面提升教师思想政治工作

之际,学校均隆重举行纪念活动,召开纪念座谈会、首发纪念并弘扬"钟扬精神"的专著、设立并颁发钟扬教授基金、筹建钟扬纪念室、举办手植红树活动等。通过系列学习宣传活动,让广大教师在向钟扬学习过程中感于心、见于行,进一步坚定理想信念,争做"四有"好老师。

3. 丰富宣传形式,开展文艺创作,让"钟扬精神"落地生根

钟扬同志的先进事迹和宝贵精神充分展现了生命能够达到的高度,具有极强的艺术感染力。在上级相关部门支持指导下,学校积极推动钟扬先进事迹的多维度宣传,校内外艺术家受到"钟扬精神"感染,追随钟扬生前的脚步,走进他的精神世界,创作出一部部感人至深、激荡人心的作品。推出了原创话剧《种子天堂》、纪录片《寻找钟扬》,配合相关单位和个人推出了报告剧《生命的高度》、纪录片《师道·钟扬》《种子》、广播剧《种子方舟》等,全力配合人民出版社等媒体推出钟扬传记、文选等。目前,学校还在积极配合相关电影、

根据钟扬同志真实事迹编排的原创话剧《种子天堂》

戏剧的创作工作。通过多维宣传、文艺创作的形式，鲜活立体地展示了钟扬同志爱国奋斗的一生，把他的事迹镌刻成隽永的故事，使"钟扬精神"得以落地生根。

（二）强化榜样引领先锋垂范，以高尚的师德师风涵养教师

1. 创新师德教育，开展"钟扬式"好党员、好老师、好团队评选

教师，既要做学问之师，又当为品行之师。钟扬同志是全国教师队伍涌现出的重大典型，学校将学习"钟扬精神"与"弘扬爱国奋斗精神、建功立业新时代"等活动紧密结合，引导广大党员、师生立足岗位学习"钟扬精神"，争做"钟扬式好党员""钟扬式好老师""钟扬式好团队"。2018年起，学校每年评选"钟扬式好党员""钟扬式好老师""钟扬式好团队"，持续发挥"钟扬精神"引领作用，创新师德教育长效机制，通过"钟扬式三好"创评工作，引导广大教师以钟扬同志为榜样，牢固树立"四个意识"，切实增强"四个自信"，扎实做好"四个服务"，坚持"四个相统一"，为党和国家培养更多能够担当民族复兴大任的时代新人。"钟扬式三好"创评活动被评为上海市教育系统落细落小落实社会主义核心价值观优秀案例。

2. 紧抓作风建设，以"钟扬精神"带动争当先进、见贤思齐良好氛围

一位先进楷模就是一面高扬的旗帜。学校号召全校教师以钟扬同志为榜样，对标先进、见贤思齐，激发了干事创业热情，营造了敬业育人良好风尚。不断强化师德建设，抓紧抓实师德师风、医德医风、校风学风、机关作风，以学习弘扬"钟扬精神"为契机，开展"大讨论、大展评、大建设"，让全体教师做到有心动、有触动、有行动、有响动。作风建设踔疾步稳，榜样力量催人奋进。学校还创新设立

"十佳百优"荣誉体系，持续做好已经形成品牌的"学生心目中的好老师、好导师"评选活动、附属医院"九十优"评选活动等，通过选树身边典型，营造见贤思齐、创先争优的氛围，激发全体教职工立德树人、为人师表的荣誉感和责任感。

3. 强化政治引领，将"钟扬精神"融入基层党建、教师培训、思政课堂各个环节

学校不断强化对教师的政治引领，通过将"钟扬精神"融入教师政治学习、理论研讨、座谈宣讲等，筑牢理想信念之基，激发广大师生的爱国之情、报国之志。学校专门组织中青年教师，特别是海归教师专题学习"钟扬精神"，积极选派教师参加援疆、援藏和其他对口支援、扶贫项目。将宣传弘扬"钟扬精神"作为重要内容，纳入新教师入职培训、新任研究生导师培训、干部培训、党团培训，纳入骨干教师、党务干部、学工队伍研修培训。将"钟扬精神"有机融入思想政治理论课和相关专业课程等，激发广大教师把个人理想自觉融入国家发展伟业，做新时代奋斗者。

（三）坚定立德树人根本任务，以强烈的责任担当激励教师

1. 深入推进"三全育人"综合改革，充分发挥每一位教师、每一门课程的育人功能

学校大力弘扬钟扬同志以文化人、以德育人的为师风范，坚持把立德树人成效作为检验学校一切工作的根本标准，调动和利用一切育人元素，大力推进"三全育人"综合改革。以构建从思政课程到课程思政的圈层效应为牵引，着力推进"五维育德工程"——以德育德、以智育德、以体育德、以美育德、以劳育德，全面构建具有中国特色、时代特征、复旦特点的立德树人体系，引导广大教师"守好一段渠、

种好责任田",在传授知识之余,更加突出育人价值。

2. 坚持服务国家服务社会,激励教师为经济社会发展贡献复旦力量

建设中国特色世界一流大学、坚持科教服务国家奉献人民是钟扬同志毕生的追求,也是党和国家对复旦大学的期待,是新时代复旦人的光荣责任和使命。学校坚持把开展向钟扬同志学习活动同激发广大教师创新激情、服务国家经济社会发展结合起来,引导教师坚定理想信念,征服科研高峰,矢志报效国家。

3. 全面加强党的领导,为新时代教师队伍建设提供强大动力和坚实保障

办好中国特色世界一流大学,关键在党,关键在人。学校通过激励和引导广大教师向钟扬同志学习,引导教师自觉做共产主义远大理想和中国特色社会主义共同理想的坚定信仰者和忠实实践者。

三、体会与启示

钟扬同志是复旦大学涌现的一位绝对忠诚的优秀共产党员、教书育人好老师的杰出代表。钟扬同志身上所体现出的"爱国"与"敬业"精神,是践行中国特色社会主义核心价值观最有价值的现实写照,是引导激励教师"三全育人"的持久动力。复旦大学持续开展向钟扬同志学习活动,通过发挥先进典型的示范带动作用,有效地激励了全校广大教师不忘初心、牢记使命,在师者岗位上无私奉献、开拓进取,做忠诚于党和人民教育事业的新时代奋斗者,在全校范围内形成了一股崇尚先进、学习先进、争当先进的良好校园文化氛围。我们体会,做好教师典型选树宣传工作有几个关键点。

（一）深入挖掘先进典型的精神实质

进一步发挥引领示范带动作用，坚持聚点成面，通过发挥先进典型在基层党建、教书育人、科研报国中的示范引领作用，使先进精神真正转化为广大教师的一种自觉行动。

（二）深化学习活动

通过课堂教学、主题党日、选树典型、社会实践、校园文化氛围营造等形式，多角度、有层次、全方位地开展向典型学习活动，引导广大教师将"钟扬精神"学深、悟透、做实，真正将社会主义核心价值观内化于心、外化于行。

（三）建立完善的制度保障

建立党委牵头抓总，各部门相互配合、各司其职的领导机制，形成学习典型、宣传典型的长效机制。把典型培育选树纳入学校思想政治工作体系，作为学校党的建设和人才队伍建设的重要内容，确保活动不是"一阵风"，起到久久为功的效果。

（执笔人：陈洁、魏羽彤）

以"四个一"教育实践活动促教师党员在"三全育人"中奋勇当先

一、基本概况

教师的工作是塑造灵魂、塑造生命、塑造人的工作，因而是一个特殊而重要的职业。邓小平同志曾说："一个学校能不能为社会主义建设培养合格的人才，培养德、智、体全面发展、有社会主义觉悟的有文化的劳动者，关键在教师。"

为深入推进"三全育人"综合改革，引导广大教师牢记为党育人、为国育才的初心使命，激发教师的育人主体意识，营造"三全育人"奋勇争先氛围，复旦大学党委紧紧围绕立德树人根本任务，贯彻落实全员全过程全方位育人要求，在全校党员教师中开展了"'三全育人'我当先

教育实践活动,通过"四个一"活动,切实发挥党员教师在"三全育人"中的争先示范作用,带动全校广大教师进一步增强"三全育人"的思想自觉和行动自觉,担负起为党育人、为国育才的使命责任。

二、主要做法

(一)一次专题学习

结合"不忘初心、牢记使命"主题教育,依托"三会一课",组织党员教师围绕"三全育人"开展专题学习,重点学习习近平新时代中国特色社会主义思想和习近平总书记关于教育的重要论述,学习学校"三全育人"综合改革总体方案和专项行动计划。全校36个教学科研单位共组织开展了178次专题学习,参与教师3 386人次。通过学习,党员教师进一步提高了对"三全育人"综合改革的意义、目标、要求和任务的认识,进一步明确了"三全六度十育人"的工作部署,进一步增强了"三全育人"的思想自觉和行动自觉,对标"三全育人"要求认真检视自身,查找差距和不足,按照"'三全育人'我当先"活动要求,在"三全育人"综合改革中带头行动、带头示范。

(二)一堂课程思政示范课程公开课

发挥专业教师课程育人的主体作用,举行课程思政示范课程公开课,积极组织开展课程思政教学研讨交流,鼓励引导教师从心动到行动,充分挖掘各专业课程的思政元素,积极申报新一轮课程思政示范课程建设,充分体现每一门课程的育人功能、每一位教师的育人责任。课程思政示范课程教学团队中的党员教师带头讲授公开课。教育实践活动期间,全校共开设校级课程思政示范课程公开课43门次、院级公开课249门次，266名教师主讲了公开课、1 782人次教师旁听了公开课。制作31门校级示范公开课视频，向师生开放在线观摩，2019年在线播放量达到1 100多次。在第三轮课程思政示范课程建设中，各院系主动申报课程161门。

（三）与学生进行一次面对面交流

教育实践活动期间，党员教师通过支部结对、共建学习、走访寝室、导师见面会、调研座谈、师生实践参访、师生运动会、课后辅导、走访慰问、个别谈心等各种形式走近学生，紧密联系学生，在课堂外与学生进行面对面互动交流，认真倾听学生心声，了解学生思想，为学生提供生活关怀、学业指导、个性辅导、发展引导、人生启迪、价值引领等全方位的关怀和帮助，让学生真切感受到党员教师育人当先的担当和使命。2 890人次教师在活动期间与学生进行了面对面交流。寝室导师、书院导师、社会实践指导教师、社团指导教师、创新创业指导教师等与自己所联系指导的学生或团队进行深入交流，切实发挥教师在实践育人中的指导作用。发挥学科专业优势，把与学生面对面互动交流与党员志愿服务结合起来，如外文学院成立以教师党员为主体的英语写作中心，为全校有需要的学生提供一对一英语写作辅导。

（四）一次主题党日

在以上三项活动基础上，各院系教师党支部组织开展主题党日活动，围绕"'三全育人'我当先"进行专题交流讨论，重点交流"我在'三全育人'中做了什么""我在'三全育人'中能做什么""我在'三全育人'中如何当先"。在交流讨论中，教师党员把自己摆进去，汇报自己参加"一堂课程思政示范课程公开课""与学生进行一次面对面互动交流"活动的情况。通过交流讨论，把全体教师的思想和行动统一到"三全育人"和"两个所有"要求上来。2019年共有近200个教师党支部开展了"'三全育人'我当先"主题党日。校领导深入基层，参加所联系单位的教师党支部"'三全育人'我当先"主题党日活动。

三、成效与启示

通过"'三全育人'我当先"教育实践活动，党员教师们进一步提高了对育人使命责任的认识，对自己如何更好育人进行了再思考、再谋划，激发了教师课程育人、科研育人、课外育人的积极性。各院系通过"'三全育人'我当先"教育实践活动，形成了一些机制性做法，通过党员教师当先，带动全体教师投身"三全育人"，巩固"不忘初心、牢记使命"主题教育成果。在工作开展中，主要有以下几个体会。

（一）党建带动，通过教师党员辐射到全体教师队伍

培养德、智、体、美、劳全面发展的社会主义建设者和接班人是教师的光荣使命，教师队伍中的党员教师应该在认识上率先提高，在行动上主动争先，义不容辞地主动担当起为党育人、为国育才的使命责任。在推进"三全育人"综合改革中要充分利用好学校党建"三线联动"的工作优势，确保"三全育人"的理念率先深入党员教师的心中。

（二）全校联动，营造"三全育人"的积极氛围

"三全育人"理念下，要求育人主体抛弃以往各自为政、各搞一

套的狭隘思想，而是要以"一盘棋"思维构建合力育人的局面。育人工作不仅仅是某位教师个体、某个工种岗位、某个部门机构的事情。在"不忘初心、牢记使命"主题教育中，在学校整体谋划下，全校各环节联动，"'三全育人'我当先"与"服务师生我创优"相互呼应，激发学校育人全要素，大力营造积极氛围，通过环境影响使得"三全育人"理念深入每一位教职员工内心。

（三）做好顶层设计，以有效的方法做好切实引导

在"'三全育人'我当先"教育实践活动中，"组织一次专题学习"和"开展一次主题党日活动"，能促进党员教师对于"三全育人"的思考，而"积极参与一堂课程思政示范课程公开课"和"与学生进行一次面对面交流"，能促使党员教师去尝试发掘更多的育人途径，让平时不知道该怎么做的转变为知道该怎么做。在顶层设计基础上，提供切实引导，才能充分挖掘教师队伍中的育人元素，进而提升学校整体育人能级。

（执笔人：陈洁、张弛）

突出政治引领
加强教师理论学习
夯实"三全育人"队伍基础

一、基本概况

教师队伍是落实立德树人根本任务的关键。习近平总书记在同北京师范大学师生代表座谈时指出，做好老师，要有理想信念，要有道德情操，要有扎实学识，要有仁爱之心。"四有"好老师的第一条就是"要有理想信念"。好老师要胸怀国家和民族，要忠诚于党和人民的教育事业，要传道授业解惑，要为社会播种希望和未来。教师对学生影响最深，教师必须要加深对中国特色社会主义的思想认同、理论认同、情感认同，牢固树立"四个自信"，才能指引学生在实现中国梦的道路上奋勇前行。

复旦大学在全面深化"三全育人"综合改革试点过程中，深入贯彻习近平总书记关于教育的重要论述，特别是关于教师队伍建设的论述，坚持教育者先受教育、育人者先育己，以建设政治强、情怀深、思维新、视野广、自律严、人格正的教师队伍为目标，加强理论学习，突出政治引领，以教师队伍建设新成效，为培养德、智、体、美、劳全面发展的社会主义建设者和接班人作出新贡献。

二、主要做法

（一）定办法，完善制度支撑

校党委制定《复旦大学教职工政治理论学习制度实施办法（试行）》，对全校教职工政治理论学习作出部署，要求全校所有教职工都要参加政治理论学习，自觉把思想和行动统一到中央的决策部署上来，为加快推进学校"双一流"建设，培养担当民族复兴大任的时代新人凝心聚力。明确学习形式，以党支部扩大学习为主要形式，发挥学科、系所、教研室等组织的作用，确保政治理论学习覆盖到全体教职工。严格学习要求，各二级单位按学期制定教职工政治理论学习计划，全年集中学习不少于 8 次，建立学习记录制度，记录政治理论学习的基本情况、出席情况及主要内容。完善条件保障，在安排本（专）科生、研究生教育教学任务和其他各类活动时，充分考虑到教职工政治理论学习时间安排，保证周二下午的集中学习时间，使用学校公共会场进行集中学习，免收会场使用费。加强工作统筹，贯通党员政治学习、教职工政治理论学习和二级单位理论学习中心组学习，一体谋划、各有侧重，通过干部率先学、党员带头学，带动教师共同学。落实考核评价，把各单位开展教职工政治理论学习情况纳入党建工作责任制和二级单位党委、总（直）支书记述职评议考核，作为校内巡察的重要内容。

（二）建课程，提供资源保障

发挥综合性大学和学科专家优势，建设教职工政治理论学习课程

突出政治引领　加强教师理论学习　夯实"三全育人"队伍基础

专家进院系讲授课程

库,通过院系"点菜"、主讲教师"送课上门"的形式,为院系教职工政治理论学习提供优质学习资源。2018年9月推出首批35门课程,其中既有"中国道路和马克思主义中国化"等政治理论类课程,也有"全球贸易战与中美关系的未来"等时事热点类课程,还有"类脑人工智能与微波视觉"等科技前沿类课程,既引导教师学习理解党的创新理论、了解国情世情,又帮助拓宽教师的视野、了解新知新义。2019年4月和11月,结合形势任务、理论热点等,两次对课程库进行了更新拓展,目前在库153门专家讲师团课程,34门博士生讲师团课程,还拍摄了"习近平新时代中国特色社会主义思想学习纲要"视频微党课,为各单位理论学习提供资源。学校通过随堂听讲、电话回访等形式,了解授课情况及效果评价。课程库受到院系热烈欢迎和广泛好评,药学院教师在听了中国研究院教授做的《理解中国模式,树立四个自信》的报告后,评价报告"将深奥的理论以娓娓道来的方式说开、讲透,让大家真实体悟'中国模式'的必然选择,树立并坚定'四个自信'的牢固意识";物理学系教师在听了法学院教授做的《宪法权威与全面依法治国》专题报告后,表示对中国特色社会主义法治体系有了更全面的了解,要坚持党的领导、人民当家作主和依法治国的有机统一;计算机科学技术学院教师在听了生命科学学院教授做的《个体化医学和精准医疗》专题报告后,表示不仅了解了医学科学的最新发展,还要进一步思考如何用信息技术推动精准医疗的进步。

(三)促实践,丰富学习形式

鼓励院系以社会实践、参观考察等现场教学形式开展政治理论学习,让教师在实地体验和亲身感受中悟初心、看发展,明担当、践使命,提高理论学习吸引力、参与度和实效性。学校实施"奋进新时代"教师社会实践三年行动计划,建立了一批校外教育实践基地,为院系开展现场教学提供指导和支撑。院系不仅用好各类爱国主义教育基地、社会实践基地等资源,还深挖学科发展史中蕴含的思想政治教育资源,丰富政治理论学习的形式,把校内和校外结合起来,讲座和实践结合起来,单次学习和延伸学习结合起来,形成特色学习活动。如国际文化交流学院组织全体教职员工赴中国商飞总装制造中心,了解商飞在自主创新方面的战略举措和航空科技方面的卓越成果,实地感受商飞人勇于探索、奋发图强、引领我国航空工业向着更高领域不断迈进的精神风貌。商飞人"用前进的目标激励自己,用比较的差距鞭策自己"深深激励了教师们。数学科学学院开展"寻本溯源,访红色故土;不忘初心,承数学之志"系列活动,先后组织教师赴温州参访苏步青、谷超豪故居,赴金坛参访华罗庚故居,学习老一辈数学家严谨踏实、刻苦勤奋的钻研精神以及立志成才、报效祖国的赤诚之心，激励教师精勤不倦、自强不息，为数学学科不断攀登新高峰而努力，收到良好反响。

三、思考体会

如何使教师理论学习效果更上一层楼，使理论学习真正成为教师头脑的加油站？主要有以下几方面思考。

（一）突出政治性

政治理论学习的突出特征是政治性，要把坚持正确的政治方向作为教师政治理论学习的首要准则，通过理论学习促进教师对社会主义核心价值观的自觉认同和对马克思主义的高度理论自信。瞄准教师思想之惑，强化学理阐释，深刻揭示社会发展的历史规律和内在逻辑，引导教师在工作生活实践中检验马克思主义理论，体验马克思主义理论的价值和魅力。

（二）发挥"三线联动"机制作用

"三线联动"是复旦大学党建工作的有效经验，也是教师政治理论学习的有效机制。党委领导下的校长负责制"中心线"，对全校教师政治理论学习进行宏观设计、统筹协调；院系党的领导"中场线"，对本单位教师政治理论学习进行具体谋划、指导实施；基层党支部建设"生命线"，距离教师最近，与中心工作贴得最近，开展理论学习最直接、最有效。充分发挥基层党支部作用，依托教师支部建立政治学习小组，并与行政联动协同。充分发挥党支部书记"双带头人"作用，履行理论学习带头人职责，引导包括党员教师在内的全体教师加强理论素养。

（三）丰富和拓展学习形式

把集中学习与自主学习、文本学习与现场学习、持续学习与重点学习有机结合起来，通过体系式学习、融合式讨论、案例式教学、项目式研究、针对性解读等多种方式，推动教师政治理论学习的有效开展。2020年疫情防控期间，学校及时整理推出线上理论学习资源，供教师政治理论学习参考使用，保障疫情期间的理论学习不断线。

（四）促进育人目标的实现

从目标到向上看，教师政治理论学习的最终落脚点是育人。一方面，通过理论学习、典型引领、榜样示范，凸显对教师成长发展的思想政治素质和职业道德要求，激发教师见贤思齐的热情，形成"学为人师、行为世范"的思想共识和育人氛围，引导教师将更多精力投入到教书育人工作中来；另一方面，通过构建符合各学科特色的学习体系，优化学习内容，促进教师思想、道德、心理、知识、能力等各方面的发展，更好地支撑教师履行育人使命。

（执笔人：陈洁、李一苇）

坚持育人者先育己 以社会实践提升教师育人使命感责任感

一、基本概况

育才由育师始、育人者先受教育。高校立德树人，根本上要靠教师，决定育人质量和水平的关键因素是教师，这不仅要求全校所有教师都要在思想认识上形成全员育人的共识，也要在专业素养上具备立德树人的能力。"三全育人"综合改革，必须要充分发挥全体教师的积极性、主动性、创造性，提高他们的育人意识和育人能力。一个教师自己没有大境界、大胸怀、大格局，就谈不上给学生指点迷津、引领人生航向。复旦大学党委把教师队伍建设作为"三全育人"综合改革试点的重点之一，在提高育人意识和能力上改革发力，实施"强师行动"计划，通过思想强基、师德固本、实践立行，提高教师理论素养、师德修养、作风涵养，进而提高教师育人意识、育人能力、育人水平、育人效果。

社会是最鲜活的课堂，实践是最生动的教育。高校教师大多从校门到校门，经历相对单一，缺少实践锻炼和社会磨炼。复旦大学实施"奋进新时代"教师社会实践行动计划，创设机制、开辟渠道、搭建平台，鼓励教师走出校园、走近火热的社会生活，见证国家的发展成就，提升对国情社情民情的认识，增强使命意识，更好地立足中国现实、植根中国大地，践行社会责任、培养时代新人。

二、主要做法

（一）学校组织与院系组织相结合

在各类教师培训中加强实践教学和现场教学，结合学校党校培训、教师教学发展研修、课程思政建设等工作，组织开展骨干教师社会实践。2019年暑假，开展"壮丽七十年，奋斗新时代"教师专项社会实践，组织5个教师社会实践团分赴重庆、深圳、河北、德宏、永平开展实践活动，通过完成"在当地听一场与实践主题相关的专题报

2019年教师暑期社会实践河北团在西柏坡合影

告，开展一次实地调研或座谈交流，形成一份实践报告或实践成果"的要求，引导教师更好地了解国情、开阔视野、提高认识，促进理论与实践相结合。同时，发动院系组织教师以实践团队形式到理想信念和爱国主义教育基地、突出反映新中国70年建设重大变革和成就的地方和单位、"三区一线"等地，以主题教育、国情考察、学术调研、社会服务等形式开展导向正确、主题鲜明、内容丰富、形式多样、各具特色的社会实践活动，帮助教师更加直观感受国家改革发展成就，坚定理想信念，增强在新时代建功立业的责任使命意识，同时围绕当地经济社会可持续发展进行调查研究，形成实践成果。2019年共支持29项院系教师社会实践，参与教师近400人。

（二）服务育人与服务当地两相宜

教师社会实践的内容安排和活动组织突出两个注重。一方面注重在实践中引导教师坚定理想信念，增强"四个自信"，从而使教师更好地投身育人工作。组织教师到理想信念和爱国主义教育基地，了解党史、国史、革命史、奋斗史，以革命文化、红色文化、先进文化促进教师树立正确价值观，坚定为国育才的理想信念。组织教师到突出反映新中国70年建设重大变革和成就的地方和单位，实地考察了解中国改革发展成就，增强道路自信、理论自信、制度自信、文化自信。另一方面，用实践成果反哺课程建设，丰富课程思政资源，通过教师亲身感受和理论思考，深刻解读我们党探索中国特色社会主义历史发展和伟大实践，从而在课堂内外更好地向学生讲清楚中国共产党为什么"能"，马克思主义为什么"行"，中国特色社会主义为什么"好"。比如，河北社会实践团在参访了西柏坡旧址后，当晚即召开研讨交流会，研讨如何把实践收获融入课程思政中。同时，引导教师树立为国服务意识，为实践地经济社会发展贡献智慧和力量。组织教师赴"三区一线"等地开展社会调查、志愿服务等，了解国情民生和经济社会发展现实需求，带着问题去，带着课题回来，发挥学科专业优势，为当地提供智力和科技帮扶，更好地把论文写在祖国大地上，把学问写进群众心坎里。比如，永平社会实践团在考察当地脱贫攻坚成果的同时，还为当地党校青年干部培训班送课上门，围绕马克思主义的当代意义、中华传统文化、人工智能的发展等专题，开设讲座；德宏社会实践团兵分三路，围绕当地教育、卫生、经济分别开展调查研究、建言献策。数学科学学院组织教师赴甘肃张掖、基础医学院组织教师赴云南大理开展社会实践活动，在考察了解当地国情的同时，还为对口支援的河西学院、大理大学的相关院系进行示范课、公开课教学，帮助当地教师提高教学水平和技能。

（三）组织保障与投入保障同发力

学校在能够反映我国改革建设成就和发展方向、有一定的代表性和研究价值、对教师具有较强教育意义的单位和地方，建立一批教师社会实践基地，为实践活动提供保障。2018年10月18日至19日，复旦大学纪念抗战内迁80周年系列活动在重庆举行，党委书记焦扬和重庆有关领导共同为重庆红岩革命历史博物馆、复旦大学北碚旧址纪念馆两个复旦大学教育培训基地揭牌；2019年6月15日至16日，党委副书记尹冬梅为云南省德宏州、瑞丽畹町南洋华侨机工回国抗日纪念馆两个复旦大学教育培训基地揭牌；2019年7月9日，党委副书记许征为"复旦—五角场教师社会实践基地"成立揭牌；接下去，复旦大学还将在云南省永平县等地继续建立教育培训基地，为教师社会实践提供组织保障。各院系也结合学科特点特色，建立了一批院系社会实践基地。如管理学院在安徽霍邱县临淮岗乡 6 所中小学建立实践基地，每年组织师生前往扶贫支教，既给当地学生带去更加完善的教育，也让师生们了解到在教育资源分布不均的情况下中国教育环境的多元化现状；国际关系与公共事务学院在新疆克州、安徽铜陵等地建立实践基地，每年组织师生前往开展社会调查，利用学院的优质研究资源，为当地经济社会发展提供理论支持。同时，从 2019 年起，校党委在教师思政和师德师风建设经费、党校培训经费之外，设立专门经费保障教师社会实践活动的开展。

三、体会启示

通过教师社会实践活动，一是增进教师对党史国史、发展成就的了解，"四个意识"更加坚定，"四个自信"更加自觉，增强了培养担当民族复兴大任的时代新人的使命感和责任感。二是增进教师对国情社情、社会需求的了解，使得育人工作、教学科研工作更有针对性，更加符合社会对高校人才培养和科学研究的需要。三是建立学校和实践地之间进一步合作交流的桥梁，为加深校地合作，向地方经济社会发展提供智力、人才、科研支撑开拓新的平台和渠道。

在此过程中，有几点体会。

（一）教师社会实践是教师思政工作的有效形式

长期以来，在高校思想政治工作中，思政工作者十分重视开拓大学生"第二课堂"，注重开展大学生社会实践，却往往忽视教师社会实践对提升教师思想政治教育效果的积极作用。理论联系实际，实践充实理论。教师积极投身社会实践，可以促进理性认识和感性认识的相互转化，从而加深认识，帮助教师将书斋里的知识变得更加鲜活生动。教师思想政治教育要避免空洞的说教，而是要增加教师的个人体验。教师走出书斋、走出实验室、走出校园，积极投身社会实践，尤其是参加有组织、有计划的社会实践，去切身感受中国故事，切身感受国情社情民情，能促进教师自我改造主观世界、从而进行自我教育。

教师社会实践是教师思政工作的有效形式，在现实中也得到了验证。学校开展教师社会实践以来，收到了教师群体的积极反馈，教师们纷纷表示希望学校日后能继续丰富这项工作。

（二）注重科学设计与后期跟踪，保障教师社会实践效果

教师社会实践并非日常性的参观游览，而是带有既定目的的活动。为了保证效果，组织者需要对活动的目的意义、方法过程、预期效果都有清晰的规划、科学的设计，这样才能避免走马观花、浮于表面。比如，在实践地的选择上既要能突出反映新中国70年建设重大变革和成就的地方和单位、"三区一线"等地，还要结合学校教师的自身特点。在组织工作中，做到提前对接、提前了解、提前沟通，将教师需求与实践地需求有效结合，做到学校、教师和实践地的多方互惠共赢。在活动策划上，实践环节的设置要科学合理，层层推进，逐步深入。为了夯实社会实践效果，在活动结束之后，还要注重后期跟踪，收集整理参与教师的反馈意见，指导后续工作开展；将实践成果及时推广，以点带面地扩大教育效果。

（三）总结升华、反哺育人，发挥教师社会实践对育人的促进作用

教书育人是教师的责任和使命，教师思想政治教育的效果提升最

终要切实反映到教书育人的效果提升上来。教师社会实践直接作用于教师，但最终要作用于青年学生成长。师者传道授业解惑，不仅仅意味着教授学生书本上的知识，还要培养学生良好的思想品德素质，引导学生树立正确的人生观、世界观、价值观。在开展教师社会实践的过程中，要将立德树人这一主线时刻贯穿于前期策划、过程组织、后期总结的全链条中，组织者要引导教师积极思考如何将社会实践中的所见所闻所想有效融入教书育人中，要组织教师及时总结提炼，将实践素材切实转化为育人素材。在参与社会实践的过程中，参与教师不仅要自觉地将个人发展、专业研究、学术创新与国家的前途命运相结合，也要带着如何更好地育人这一问题去主动观察、主动思考。

（执笔人：陈洁、张弛）

赋能增效 助力"三全育人"

——复旦大学强化干部教师培训的实践

复旦大学充分发挥党委党校干部教师教育培训，思想引领作用，通过思想淬炼、政治历练、实践锻炼，教育全体党员干部、教师队伍不断增强"四个意识"，坚定"四个自信"，做到"两个维护"，为学校"三全育人"综合改革和"双一流"建设提供坚强保障。

一、基本概况

党校姓党，同时是校。复旦大学以习近平新时代中国特色社会主义思想为指导，立足党校、行政学院、社会主义学院"三位一体"定位，落实立德树人根本任务，强化干部教师教育培训，通过"重心下移、服务下沉、资源下发"方式，充分发挥"三线联动"政治优势，让理论养料"直达"一线师生，为二级单位党组织"中场线"赋能，使党委中心线的重要决策部署直达基层党支部"生命线"，确保党的领导、工作要求一线贯通；依照新思想理论谱系，将党的创新理论武装到一线；菜单选学，将师资课程配置到一线；多方合作，将社会资源汇聚到一线，努力实现学员"乐于参训，学习有益"。

二、主要做法

（一）坚持把开展习近平新时代中国特色社会主义思想教育培训作为首要任务

用习近平新时代中国特色社会主义思想武装头脑、指导实践，提高广大干部政治理论素养，深扎信仰之根，强化担当作为，将学习贯彻习近平新时代中国特色社会主义思想落实到推进学校"双一流"建设的实际行动中。重点围绕新思想理论体系和总书记阶段性重要指示批示和讲话精神，及时通过多种形式，比如"干部学习大讲堂"、集中理论辅导、读书班读书会、融媒体技术网络党课、微视频、现场教学等，强化新思想教育培训，引导学员提高运用马克思主义立场、观点、方法分析解决问题的能力，强化理论素养。坚持集中培训与经常性教育相结合，坚持中长期系统培训与短期专题培训、专题研讨相结合，坚持理论学习与实践锻炼相结合，实现各个班次全覆盖、全过程、全方位，持续推进新思想往心里走、往深里走、往实里走。

（二）构建多层次、分类别、全覆盖的教育培训体系

建立党政领导干部轮训制度，以理论武装为根本、党性教育为核心、能力提升为主线，加强处级以上党政领导干部培训，建设一支懂教育、善管理、肯投入的高素质干部队伍。建立优秀年轻干部轮训制度，突出理论武装、视野拓展、实践锻炼、党性修养等环节，帮助他们提高理论修养，了解党情国情社情、高等教育形势和学校工作全局。实施中青年骨干教师轮训计划，分期分批对45岁以下具有高级职称的教师进行轮训，引导他们坚定政治方向，强化社会责任，争做"四

党支部书记参访上海中心"金领驿站"

有"好老师。统筹实施其他培训项目，着力加强党外干部特别是党外代表人士培训、党支部书记培训、专职党政管理人员培训、辅导员和学生工作干部培训等。

（三）以国家使命和师德师风为重点抓好中青年教师教育培训

通过理论辅导、形势报告、专题讲座、座谈研讨等形式，组织中青年教师认真学习习近平新时代中国特色社会主义思想，特别是在全国教育大会、院士大会、哲学社会科学工作座谈会、全国科技创新大会和教师节座谈会上的重要讲话，引导他们深化对自身历史责任和使命的认识。组织教师赴承担国家重大战略任务的重点行业、重点单位进行实践考察，学习弘扬"两弹精神""载人航天精神"等。邀请两院院士、资深教授围绕"学术·人生·使命"的主题与学员座谈，引导中青年教师学习继承老一代科学家的治学之道和精神风范；邀请国家级教学名师、"学生心目中的好老师"与学员交流，分享育人理念，传授教学心得。

三、经验和启示

当前，高等教育发展迈入新时代，党和国家事业发展对教育的需要、对科学知识和优秀人才的需要比以往任何时候都更为迫切。复旦大学坚持以提高干部教师队伍素质能力为重点，以加强培训能力建设为支撑，持续在创新培训形式、搭建学习平台、推进分层分类培训、提升培训效果等方面下功夫，不断加强干部教师教育培训，为学校"三全育人"综合改革和事业发展提供了长足的动力。

（一）坚持党校姓党，是做好干部教师培训的根本前提

习近平总书记强调，党政军民学，东西南北中，党是领导一切的。干部教育培训是干部队伍建设的基础性、先导性工作，做好干部教育培训，要把讲政治摆在首位，旗帜鲜明地反映党的主张，体现党的意图，落实党的要求，做到党和国家事业发展需要什么就重点培训什么，不断满足事业发展对干部素质能力提出的要求。这也就决定了干部教师培训的基本内容就是要以马克思主义理论及创新成果武装作为主课，将党性党风党纪教育作为必修课，将党和国家重大战略部署培训作为重点课，将新知识新信息新技能学习作为基础课，将能力培养贯穿其中。复旦大学干部教师培训始终坚持正确的政治路线，以坚定干部教师理想信念为首要任务，以提高培训质量为着眼点，以制度建设

为保障，持续推进培训的科学化、制度化、系统化、规范化建设。

（二）坚持按需施教，是做好干部教师培训的基本遵循

习近平总书记多次强调，干部教育培训要着眼于提高干部培训质量，加强对干部成长规律和干部教育培训规律的研究，这两个规律是干部教育培训工作的基本规律，也是提升教育培训科学化水平的基本遵循。做好教育培训工作既要研究把握教育一般规律，又要正确认识和把握干部教师的规律和特点；既要不断适应党的事业和党的建设的需要，促进党的事业和建设的发展，又要适应干部教师成长发展的要求，促进干部教师健康成长。复旦大学干部教师培训坚持问题导向、需求导向、效果导向，紧密结合不同岗位，不同层次、类型干部履职要求和学校事业发展需要，将普遍要求与个性化需要相结合，遵循干部教师学习特点，尊重干部教师学习主体地位，激发其学习内生动力，切实增强了教育培训的针对性实效。

（三）坚持守正创新，是做好干部教师培训的重要动力

时代在发展，科技在进步，干部教师素质在提高，反映组织需要和干部教师需求的教育培训内容也必然要与时俱进，不断改革创新培训内容和方法，持续推动"互联网+干部教育培训"创新升级，拓展培训资源，有效提升干部教师教育培训整体水平，满足事业发展的需求。当前干部教师培训面临的突出矛盾就是干部教师越来越多样化的高质量培训需求与优质培训资源不平衡不充分的矛盾，复旦大学干部教师培训坚持紧密围绕学校事业发展需要，立足"大党建""大思政"格局，紧跟理论创新成果，做好学习内容的培训安排，确保学习重点，加大信息化建设，推动"互联网+党建"转型创新，积极探索现代培

训方式，分层分类，精准施策，拓展校内外资源，增强干部教育培训的有效性，及时把习近平新时代中国特色社会主义思想融入干部教育培训全过程、全链条，着力提高干部教师立德树人、履职尽责、担当作为、统筹谋划、科学管理、依法治校的意识和能力，提高教育培训服务学校事业发展的水平。

（四）坚持协同发力，是做好干部教师培训工作的根本保障

加强干部教师培训工作是一项系统工程，不是一个部门的任务，也不是一朝一夕的事情，特别需要坚持改革导向，以系统思维、综合举措、体系建设，形成合力、持续发力、攻坚克难。复旦大学坚持将干部教师教育培训作为落实立德树人根本任务的重要内容，贯彻到干部教师队伍建设的各领域各环节，形成党委统一领导、党政齐抓共管、部处积极推进、院系主动作为、教师全员参与的大思政工作格局，协同发力，久久为功，确保教育培训工作常态化、长效化。

（执笔人：周晔、周双丽、李达）

以奉献精神胸怀祖国
以专业知识服务社会

——复旦大学社会发展与公共政策学院
教师政治理论学习的实践

一、基本情况

社会发展与公共政策学院（以下简称"社政学院"）建立于2004年，下设六个系所，相关专业包括社会学、社会工作、人口学、心理学、人类学与社会政策等。围绕这些专业，社政学院的教师政治理论学习工作面临三个基本的挑战。第一，来自不同专业的教师彼此在学术研究、学术活动、课程设置等多个方面有自己特有的时间安排。这种高度差异性决定了传统的政治理论集中学习方式具有相当大的难度。如何将教师个人的日程安排、学院公共活动的日程安排与教师政治理论学习的日程安排进行有机结合是摆在学院思政工作者面前的重要问题。第二，学院专业的多样性也决定了教师们有自身独特的理论关注点和兴趣点。因此，某一单一方式、主题以及模式的政治理论学习实践有可能对特定群体特征的教师具有很高的吸引力，但是对于其他群体特征的教师而言则无法充分调动其积极性。鉴于此，学院的政治理论学习需要最大限度考虑多个专业的自身特点，在主题选择和形式安排上成为照顾不同专业的"最大公约数"。第三，社政学院的各个专业均从不同的侧面服务于社会发展与社会治理。因此在教师思政工作和政治理论学习方面，需要紧密结合教师专业优势，将理论学习、思想提升与服务社会结合起来。

二、主要做法

（一）日程化、规范化教师思想政治工作计划

针对学院教师时间分散，难以临时进行人员集合的特征，学院对教师政治理论学习工作提前进行规范化和日程化的安排。在新学期前，学院会提前将整个学期的思想政治学习安排计划，结合党支部活动、学院教师会议等一系列公共活动，制作成相关日程表并提前告知教师。这一日程化和规范化的安排可以提前让全院教职工预留时间，让教师思想政治工作有固定的时间表。经过几年的运行，老师们已经形成了定期参加学院政治理论学习的习惯。

（二）以重大理论和政策为导向的集中学习

针对学院专业多样化的特点，学院的教师政治理论学习工作没有拘泥于特定的专业限制，而是以重大理论与政策为导向，针对具有广泛社会影响和师生们普遍关心的议题，邀请这方面专家，向学院教师进行专题讲座。为此，学院专门设立了"明德新民"讲座系列，相关主题涉及长三角一体化、医疗保障建设、十九届四中全会精神宣讲、国家治理现代化等重大理论和政策。此外，新冠肺炎疫情防控期间，学院及时组织广大师生与华山医院抗新冠肺炎青年突击队举行线上联

组主题党日活动,通过学习一线医务人员抗击疫情、救死扶伤的先进事迹,进一步凝聚人心,升华思想。

(三)聚焦社会服务发挥学科优势,锤炼奉献精神

学院的教师思想理论学习工作和各种教师社会实践活动紧密结合服务社会的主题,做到"知"与"行"的互动。为此,学院充分发挥社会学一级学科的特长,与费孝通先生系统研究过的江村党支部进行联组学习和共建。学院分党委与江村党支部签署了合作协议,深入探讨新时期的新农村建设与乡村治理。此外,学院教师带领自身团队,进驻江村,深入参与和规划江村发展。学院结合教工部的教师实践课题,组织了学院骨干教师赴深圳进行了为期三天的社会实践,深入了解和学习深圳基层党建与社区治理联动的经验。学院还围绕上海社区

2019 年 8 月,学院组织骨干教师赴深圳开展社会实践活动

治理，组织学院教师参观上海比较有特色的社区，如凉城新村街道"社区大脑"项目，积极为社区治理献计献策。

三、总结体会

教师思想政治工作是教师工作的重要内容，既关系到教师自身素养提升，也关系到学院的整体发展。总结学院的相关工作，有三点体会。

首先，教师思想政治工作需要充分结合和发挥本学院自身的学科特色。社政学院的多个学科并存既对教师思政工作计划带来了挑战，也同时提供了很多新的服务社会、知行结合的机会。如何应对挑战，抓住思想政治工作的机遇是日常教师思想政治工作的重要内容。

其次，教师政治理论学习需要做到顶"天"立"地"。既要对党的最新的方针、政策有准确的把握并基于其引导学院的政治理论学习，又需要将相关的政治理论应用于学院教师日常的教学、科研和实践活动。可以说，政治理论既高于实践，又贯穿于实践。

最后，教师政治理论学习需要紧密结合转型期社会的大事件。以突发的新冠肺炎疫情为例，社政学院教师的思想政治学习并没有因为疫情而终止。相反，通过和疫情防控"白衣战士"的直接互动，通过"互联网+"的方法和渠道创新，学院的教师政治理论学习的实效性大大提高。

（执笔人：尹晨、胡安宁）

传承红色基因　重视大师引领
——复旦大学数学科学学院教师思政工作的实践

复旦大学数学科学学院历来都有追求进步的光荣革命传统，数学人传承红色基因、心怀家国天下，与国家民族命运休戚与共，在时代的大潮下勇担重任。老一辈复旦数学家光荣的红色基因是我们宝贵的财富，他们的革命精神和理想信念更是年轻一代教师的榜样力量。数学科学学院在"三全育人"综合改革中立足教师思政工作，坚持教育者先受教育，结合学科特色，采用积极的活动带动教师思政氛围，以榜样的力量引领教师不忘初心、牢记使命，始终把自身教学科研与国家需求紧密结合。

一、基本概况

复旦大学数学科学学科教师群体中高级职称比例超过70%，中青年教师比例超过60%，具有海外留学经历的超过80%。作为典型理科院系，教师队伍普遍思维严谨、注重实干，但不善于表达。青年教师群体学历层次高、知识结构新，善于吸收新观点，但从校门到校门，缺少社会实践锻炼。近年来，随着高等教育面临的挑战和越来越激烈的竞争，教师承受了比以往更多的压力，更加专注于业务学术，但缺乏对国情社情民情的充分了解，蕴藏在教师中的积极性、主动性、创造性有待激发。

数学科学学院坚持"学术为魂，育人为本"，落实"三全育人"机制，在重要时间节点扎实开展"不忘初心、牢记使命"主题教育活动，鼓励教师积极参加社会实践，在海归教师、中青年骨干教师、学科带头人等高层次人才中做好专任教师政治吸纳工作，传承老一辈复旦数学家红色基因，充分发挥大师引领，让教育者先受教育，引导教师努力成为现今思想文化的传播者、党执政的坚定支持者，更好担起学生健康成长指导者和引路人的责任。

二、主要做法

（一）组织实地走访学习老一辈数学家为人为学为师事迹

学院党委开展"寻本溯源，访红色故土；不忘初心，承数学之志"系列主题教育活动，先后赴浙江平阳参观苏步青励志教育馆和苏步青故居，赴浙江温州参观依托谷超豪先生祖居布展而成的温州数学名人馆，进一步了解老一辈数学家严谨踏实、刻苦勤奋的钻研精神以及立志成才、报效祖国的赤诚之心；赴江苏金坛参观华罗庚纪念馆，深入学习了解华罗庚先生身残志坚、自强不息、历经坎坷、一心报国的人生轨迹，感悟华罗庚先生"人民数学家"的赤子情怀。通过实地参观学习，教师们进一步悟初心、守初心、践初心，传承老一辈复旦数学人的治学精神和育人理念，以人格魅力引导学生心灵，以学术造诣开启学生的智慧之门，为国家发展和社会进步作出应有的贡献。

（二）用好各类时间节点学习传承老一辈数学家精神

在谷超豪院士铜像揭幕仪式的同时，召开"教书育人桃李天下，传承师恩不忘初心"专题座谈会，共同缅怀学习谷超豪先生为人为学的高尚品格。在苏步青先生117周年诞辰之际，举行苏老所著《神奇的符号》捐赠仪式暨座谈会，回顾苏步青先生做人做事做学问的"大道理"。每年清明节，组织师生向苏步青先生铜像、谷超豪先生铜像献花，举行纪念仪式。每年教师节，组织教师座谈会，弘扬尊师重教风尚，弘扬爱国奋斗精神，传承优良师道，引领教师进一步思考为人为师为学。通过一系列的活动宣传老一辈数学家的坚定信念，发挥大师引领的导向作用，直观感受前辈们"心有大我、至诚报国"的崇高品格与奉献精神和"严谨务实，勇攀高峰"的治学态度，从而激发新

谷超豪先生铜像揭幕仪式

一代数学人立志以前辈为榜样、传承并弘扬前辈精神的决心,在学院更好地营造崇德尚学、敬业育人的良好风尚。

(三)发挥大师名师在教师队伍中的引领作用

在"礼赞新中国,奋进新时代"复旦大学师生庆祝中华人民共和国成立70周年合唱比赛中,年逾80岁高龄的中科院院士李大潜担任领诵。他不辞辛劳主动参与排练,一遍遍诵读讲稿,反复斟酌修改,力求达到最佳效果。合唱结束后,李大潜院士与师生们合影留念并亲切询问工作和学习状况,他严谨认真的态度与和蔼亲切的人格魅力深深感染了学院师生。李大潜院士常说:"我首先是党员,其次是院士。"他还多次给青年教师、学生党员上党课,在开学典礼、毕业典礼上勉励学生学好知识、为国奉献。

李大潜院士与青年师生一起参加合唱比赛

在"壮丽70年，奋斗新时代"教师社会实践中，78岁的中科院院士陈恕行主动报名参加河北考察学习团。他不顾自身腿脚不便的困难，跟随实践团完成全部考察任务，在西柏坡回顾党史国史，了解雄安新区新格局新面貌，在交流研讨环节，围绕如何将考察收获融入课程思政的问题，他和其他教师一直讨论到深夜。陈恕行院士说："数学对人类的发展起到根本性的作用，我总归希望一生能为党的事业作出更多贡献，这个初心一直没有改变。"他还勉励学生"甘为复兴中华献青春，为国家与科学事业发展作出自己的奉献"。

老数学家们的身先示范、以身作则，给青年教师极大的激励和影响。从巴西归国的田教授在入党申请书中写道："陈恕行院士年逾花甲仍坚持给本科生开课，奋战在教学第一线。我从他身上看到了党的优良传统和作风，进一步激发了我加入党组织的决心和信心。"得知田教授申请入党的消息，入党联系人陈恕行先生第一时间找其谈话。在大师名师的引领下，更多年轻学术骨干教师加入到党的组织中来，继承教育报国的初心，为学院发展贡献力量。

三、体会启示

教师肩负育人的重要使命，一言一行都给学生以极大影响，学院在工作中始终围绕建设政治素质过硬、业务能力精湛、育人水平高超的高素质教师队伍这一目标，加强教师思政工作，积极思考，多措并举，创新教师思政工作的方法与途径；加强引领，注重宣传，提高教师思政工作的吸引力和影响力；结合实际，突出特点，形成具有数学学科特色的工作理念；联动培养，牢固信念，将教师思政工作成效在人才培养中予以体现和检验；教育引导教师时刻不忘老一辈数学人的初心，立志"立德树人、献身科学、报效祖国、造福人类"，传承红色基因，心怀家国天下，秉承严谨求实的品质，主动服务国家重大战略，科学研究、教书育人，为传播数学文化，推动中国数学的发展，提高国际影响力，培养好担当民族复兴大任的社会主义建设者和接班人不懈努力。

（执笔人：刘建峰、杨晓旭）

立德树人我当先
教书育人我创优

——复旦大学物理学系"强师立德"工程

一、基本情况

为建设一支政治素质过硬、业务能力精湛、育人水平高超的高素质教师队伍,复旦大学物理学系根据学校党委《"三全育人"综合改革试点工作方案》的要求,紧紧围绕立德树人根本任务,实施"强师立德"工程,通过"立德树人我争先"活动立德固本,通过"教书育人我创优"活动强师助能,让教师思想政治工作润物无声地融入教学科研实践,融入学生培育的全方位全过程。

二、具体做法

(一)立德树人我当先

万事德为先,物理学系通过寝室导师制、"导通你我"交流会、"明理厚德"讲堂、"好老师"评选等一系列举措,努力弘扬优良的师德师风。

立德树人我当先 教书育人我创优
——复旦大学物理学系"强师立德"工程

1. 寝室导师制,实现全员育人

2019年9月24日,25名寝室导师与全体2018级本科生举行了师生结对见面会,新一届寝室导师走马上任。这已是物理学系实行寝室导师制的第12年。从2008年开始,物理学系面向二年级本科生班级推行该制度,通过1位教授结对1个寝室的方式,用寝室导师的一双双智慧之手和一颗颗育才之心,持续3年对结对寝室学生的学习、生活、心理等进行持续全面的指导与帮助。该举措将教授纳入育人的队伍中来,将教授育人的阵地从教学一线拓展、延伸至生活、科研、心理等更广阔的空间。12年来,全系所有教授都参与其中,平均每位教授担任两个寝室的导师(约8个学生),从2007级到2018级共12个年级的学生因此而受益。

2. "导通你我",促师生交流

为了促进师生间的互动与交流,发挥教师在学生成长中的引领作用,物理学系按照本科生每年4场、研究生每年2场的频率举办"导通你我"师生交流会。这些交流会从学生最关心的热点问题出发,搭建师生深入对话的平台。相关主题涉及:本科生学业指导、如何与导师沟通、毕业班金点子交流、资格考试那些事儿,等等。

3. "明理厚德"讲坛,夯实教师综合素养

为进一步加强教职工政治理论学习,自2018年开始,物理学系推出"明理厚德"讲坛,以此作为教职工通识学习的课堂,全面夯实教师的综合素养。该讲坛内容或从学校理论学习课程菜单中精挑细选,或由本系教师推荐,已经举办的讲坛内容涉及博雅教育、钟扬事迹、中国人口、贸易战、立德树人、学术诚信、依法治国、两会精神、中华文明、创新思维等,进一步拓展了教职工的知识框架。

王迅院士在"明理厚德"讲坛上发言

4. 课程思政，弘扬科学精神

把学生受众面很广的"大学物理"课程建设成为课程思政示范课程，开展集体备课，通过介绍学科的发展历史，倡导建立正确的世界观、科学观；通过科学家的故事，开展励志教育，弘扬科学精神；结合国家的科技发展成果，增强民族自信和民族自豪感，激发爱国主义情怀。以该课程为示范引领，推进全系其他课程的思政建设。

5. 精创活动，发挥模范引领作用

为弘扬优良师德师风，引领教师争做有理想信念、有道德情操、有扎实学识、有仁爱之心的好老师，自 2017 年 6 月开始，物理学系启动了"物理学系好老师"评选活动，每次分别从教学与科研岗位教师、教学岗位教师、党政服务人员中各评选出 1 名好老师，并以教师节为契机，通过邮件和微信推送等形式向全系师生广泛宣传 3 位好老师的先进事迹，倡导见贤思齐，用榜样的力量鼓舞人、感染人、激励人。该评选活动没有仅仅聚焦在科研成果上，而是对教书育人、管理育人、服务育人等不同岗位上的教师的全身心投入和不平凡成绩予以肯定和鼓励，从而让人人获得尊重感，人人感到有奔头，立足岗位，大有作为。在王迅、陶瑞宝、孙鑫三位老院士荣休之际，组织院士和中青年教师的交流活动，请院士们"聊一聊立德树人的那些年"，传承和弘扬师德师风。

（二）教书育人我创优

教学是教师的第一天职。物理学系素来高度重视本科生的培育，多年来，始终坚持一流教授上基础课，把院士、长江学者、杰青等推向本科教学的第一线，让学生在大学起始阶段就享受到优质的教育资源。同时，通过教学沙龙、午间交流会、教学研讨会、听课制度等举措，不断提高教师教学水平，促进教学质量的提升。

1. 教学沙龙，精雕细琢促教学

为给教师们搭建起日常的教学交流的平台，相互学习、取长补短，自2015年4月开始，物理学系每学期举办3—4场的教学沙龙讲座，每次由一位老师围绕一个教学相关主题进行经验介绍、心得分享，与会者展开交流讨论。沙龙的主讲嘉宾除本系教学"老法师"之外，还有国内外教学名师，内容有中外大学现状的比较、物理课程建设方面的经验分享，也有具体到教学知识问题公式推导的讨论，还有关于物理教学如何建设课程思政、如何与文化相融相通等。教学沙龙丰富了教师的教学方法与技巧，提升了教师的教学能力和水平，受到全系教师的欢迎。

2. 每周学术报告会，触摸科研最前沿

与教学沙龙遥相呼应的是已坚持20年的每周学术报告会。该活动每周邀请一位国内外物理学家，或耕耘在科研一线的中青年学者，或

崭露头角的海外留学人员前来举办讲座，使师生的视野始终与国内外最新学术动态保持同步，并从中汲取科研的灵感，对全系科研工作起了极大的促进作用；同时通过了解报告人科研历程的故事，在全系弘扬吃苦耐劳、不屈不挠、敢于创新、追求卓越的科学研究精神。

3. 午间交流会，促实验教学水平提升

2019年，物理学系苏卫锋老师获得了"第五届全国高等学校物理基础课程青年教师讲课比赛"的冠军。这一佳绩的取得，实验中心午间交流会上的说课活动功不可没。物理教学实验中心每周二举行午间交流会，前半段是对物理实验教学的研讨，后半段由一位老师进行实验课程的讲解，并接受全体与会者的点评，以期通过这样的方式，精心打磨中心全体教师的实验教学水平。苏卫锋老师在备赛期间，就多次在此平台上进行试讲，并接受资深教授的"挑刺"，精益求精、反复打磨，才最终斩获了桂冠。

4. 听课制度，实现教学传帮带

为了帮助年轻教师尽快提高教学水平，物理学系一直坚持领导班子和资深教授听课制度。教学名师们纷纷走进年轻教师的课堂，并在听课后及时与年轻教师交流，指出其待改进之处，同时将自己多年积累的教学经验倾囊相授，这一举措有力地促进了全系教学水平的整体提升。此外，把听课结果纳入预聘制教师晋升为长聘制的考核中，有力地督促和引导年轻教师投入教学工作。

5. 教学研讨会，系统研究教育教学

物理学系每两年举办一次全系教学研讨会，研讨内容涵盖教育教学的方方面面：既有理论教学的报告，也有实验教学的探讨；既有课堂教学的研究，也有信息化教学的分析；既有经验的分享，又有热烈的交流与讨论。通过研讨会，系统全面地呈现全系的教育教学状况，进行精准把脉，共享

优质教育教学经验，引导教师重视教学、研究教学、提升教学质量。

三、体会启示

"三全育人"的落实主体是教职工，育人先育己，要全面推进"三全育人"改革试点工作，首先要强化教职工思想政治工作和师德师风建设，提升教师职业素养。

（一）教师思政必须紧紧扎根于教学科研的实践中

想要让教师思政真正入脑入心，必须从教学科研的实践中挖掘思政元素，立足教学科研实践开展相关主题活动，这样才能让教职工对之有亲切感，从而润物无声地达到效果。

（二）教师思政要注重发挥模范引领作用

榜样的力量是无穷的。在我们的身边有众多德高望重的老师，他们学识超群、品德高尚，在师生中享有很高的威望，为大家所敬仰，而又是那么熟悉和亲切。挖掘身边人的先进事迹，发挥榜样的模范引领作用，对于增强教师思政的实效无疑具有事半功倍的效果。

（三）教师思政要注重品牌建设

以物理学系为例，不论是寝室导师制、教学沙龙，还是每周学术报告会等都是坚持多年的品牌活动，已经成为一种院系文化深入到每一位师生的心中，植根在大家的思想深处，所以才能有持久深远的影响力。

（执笔人：高太梅）

完善新时代教师教书育人评价机制 推进"三全育人"综合改革

一、基本情况

立德树人成效是检验高校一切工作的根本标准。完善教师评价机制,发挥教师评价指挥棒作用,对于激励引导广大教师在落实立德树人根本任务中践行初心使命具有重要作用。面对"三全育人"新要求,我校教师教书育人评价机制还不能完全适应。教师育人意识和能力有待提升,教育培训和支撑保障还有待加强;教师思想政治素质和师德师风评价方式还不够多元;教师评价中,重科研、轻教学,重教书、轻育人的问题依然存在;对教书育人成效和贡献的评价不够严格,评价标准不够完备,评价手段不够科学;推优评奖项目多但系统性不足,教育教学价值导向不明晰。这些突出问题亟须通过完善制度和深化改革加以解决。

二、主要做法

复旦大学把评价机制改革作为"三全育人"综合改革试点第二批四

大计划之一，制定了《关于推进"三全育人"综合改革 完善新时代教师教书育人评价机制的实施意见》。评价机制改革以习近平新时代中国特色社会主义思想为指导，紧紧围绕立德树人根本任务，遵循"四个坚持"：一是坚持党管人才原则；二是坚持育人为本；三是坚持分类评价；四是坚持改革创新，加快形成导向明确、精准科学、规范有序、竞争择优的教师评价机制，努力形成全员全过程全方位育人的良好局面。

（一）切实增强教师教书育人意识和能力

明确教书育人是教师的首要职责，提出根据教师不同岗位细化工作数量和工作质量等方面的要求，教授要到一线为本科生、研究生讲授基础课和专业基础课，教授为本科生上课应符合国家规定。鼓励教师积极参与教育教学改革、教学组织建设、第二课堂育人工作，明确研究生导师是研究生培养的第一责任人，强调要积极发挥科研育人在研究生培养中的重要作用。激发教师教书育人主体活力，推动教师培训常态化，提升教师"三全育人"意识，切实将"三全育人"要求落实到每一名教师。

（二）完善教书育人考核评价机制

健全师德评价机制，进一步细化不同评价项目的师德要求，把师德要求前置到教师聘用环节，研究建立"师德考评档案"，探索实施各类行之有效的师德考评方式，完善考评结果反馈机制，健全师德监督惩处机制。优化教学评估体系，注重对教学质量和教学效果的评价。将教材建设、精品课程建设、学位论文指导等内容纳入教师教学评价体系，进一步完善学生课程评教制度，强化教学质量督导与考核，完善评价结果反馈和使用机制。完善育人评价体系，健全教师育人评价机制，将第二课堂育人工作纳入教师评价范畴，纳入育人绩效奖励范围，建立第二课

堂育人与第一课堂教学、学生工作经历之间的成果互换互认机制，健全研究生导师评价机制。建立教师教书育人档案系统，整合记录教师相关教学活动以及各类育人工作情况，形成教师教学终身档案和教学综合数据库。优化公平公正有序的评价环境，完善考核评价程序，加强评价专家数据库建设，完善教师评价诚信体系。

（三）加强重点项目评价机制改革

完善教师引进考核制度，加强对拟聘用教师教书育人能力的考核，教书育人能力考核合格为聘用的必要条件之一，对新入职教师，实行试讲制度。完善岗位考核评价制度，将各类教书育人工作情况纳入年度考核内容，合理增加育人绩效经费投入，以教书育人贡献为核心内容制定育人绩效激励政策。深化专业技术职务评价制度改革，完善教师高级职务聘任实施办法，完善教书育人质量评价制度，鼓励教师将教书育人优秀成果作为代表性成果，完善学生思政系列高级职务聘任实施办法。优化人才计划评价制度，高层次人才遴选和培育中要突出教书育人导向，让高层次人才同时成为卓越教师。完善推优评奖评价制度，突出荣誉奖励的教育教学价值导向，充分发挥荣誉的激励作用，以"十佳百优"制度为核心，建立健全梯度合理的教育教学荣誉体系和激励计划。

（四）做好组织保障工作

坚持"三线联动"，有效形成育人合力，校党委统一领导，职能部门加快形成"三全育人"长效协同机制，二级单位主动落实，基层教学科研组织、党支部积极作为。探索建立校院二级管理运行监控机制，及时掌握院系对学校各项政策、制度和要求的执行落实效果，促使院系不断提升管理水平和工作能效。

三、工作思考

评价机制对教师投入"三全育人"起到导向和激励作用。在"三全育人"体系下，教师教书育人评价机制改革应做好以下工作。

建立健全分类评价体系。根据不同岗位、不同层次人才特点和职责，坚持共通性与特殊性、水平业绩与发展潜力、定性与定量评价相结合，建立健全科学的分类评价体系和科学合理的评价标准。

突出品德、能力和业绩评价导向。坚持德才兼备，以德为先，将思想政治素质和师德师风作为第一标准，巩固"支部初审、分党委审核、教工部复核"的三级师德师风审核体系。坚持凭能力、实绩、贡献评价人才，克服"唯论文、唯学历、唯资历、唯帽子、唯奖项"倾向。

改进评价方式。建立以同行评价为基础的评价机制，加强国际同行评价。遵循不同类型人才成长发展规律，科学合理设置评价周期，注重近期学术活力与长期学术贡献评价相结合。

形成协同机制。各相关职能部门按照改革要求，梳理教师评价、荣誉奖励、绩效激励相关项目、规章与资源投入，分别制定或修订相关方案，出台相关措施，加快形成"三全育人"长效协同机制。同时，还要指导各二级单位主动谋划、主动创新、主动落实，切实推进教师评价机制改革。

（执笔人：王光临）

以师生需求为中心
践行服务育人理念

——复旦大学深入开展"服务师生我创优"实践教育活动

一、基本概况

为深入贯彻落实习近平新时代中国特色社会主义思想，推进高校治理体系和治理能力现代化，全面提升机关效能和管理服务水平，把规范管理的严格要求和春风化雨、润物无声的教育方式结合起来，强化科学管理对道德涵育的保障功能，复旦大学以深化机关作风建设为抓手，在全校管理服务人员中开展"服务师生我创优"教育实践活动，提升机关、后勤和公共服务部门工作人员的精神面貌，激发工作人员团结务实、积极进取、忠于职守、乐于奉献的工作作风，强化工作人员的服务意识，更新服务理念，创新服务手段，切实提高服务师生的专业化水平，坚持"以师生为中心"，为师生解决实际问题，切实提高师生员工的认同感、获得感、幸福感，在管理服务中教育人、引导人。

以师生需求为中心 践行服务育人理念
——复旦大学深入开展"服务师生我创优"实践教育活动

二、主要做法

(一)提升服务意识,规范机关服务标准

开展"优质服务我先行"活动。进一步推进落实"首问负责制""AB角工作制""收件回执制""限时办结制""挂牌服务制""服务评价制"六机制,制定首问负责制接待办理流程图,明晰全程跟进事项的办理情况直至最终事项办结反馈;明确机关各部处综合服务窗口岗位 A/B 角名单,保证不断岗、不间断为师生服务;梳理线下办理业务事项,制定标准收件回执,记录事项的主要内容,便于后续跟踪管理;对所受理的事项须有明确的办理时限,并向办事人公开承诺限时办结;全覆盖落实挂牌服务;公布机关各部处服务监督评价方式,接受广大师生员工对机关服务态度和服务质量的评价。

(二)提升服务效能,聚焦师生高频需求

针对审批事项、审批环节过多的问题,结合审批服务标准化建设,进一步精简审批事项、优化办事流程,协同校办梳理汇总各部门与师生教学、科研、生活密切相关的审批清单和服务清单。为解决师生多次跑腿、难办事的问题,机关各部处梳理"一次性办结"服务事项,并根据师生高频需求优先完成了 10 个服务事项的改进。搜集提升服务效能"金点子",及时推出新的"线上办理事项"。

(三)选树服务模范,发挥榜样引领作用

在机关、后勤和公共服务部门倡导"比学习、比服务、比奉献"精神,不断强化"服务育人"理念,树立"平凡岗位建新功"的目

标。开展"文明窗口"创建活动和"服务明星"评比活动,发挥党员先进性和业务骨干的模范带头作用。开展"青年文明号"创评活动,将机关青年建功立业与成长成才相结合,助力机关青年发展。

三、体会启示

"服务师生我创优"教育实践活动的主旨是推进机关转变作风,提升师生满意度,以学校治理能力和治理体系的现代化,营造治理有方、管理到位、风清气正的育人环境。自开展以来,机关部门优化审批事项141项,服务事项106项,搜集提升机关效能金点子38个,承

eHall 手机移动端服务界面

以师生需求为中心　践行服务育人理念
——复旦大学深入开展"服务师生我创优"实践教育活动

诺"一次性办结"服务事务 25 项。目前在学校 eHall 网上办事大厅接入"线上办理"事项和服务共 248 项，2019 年新上线统一采购申请、修缮项目申请、校内公文流转跟踪等 37 项审批服务事项。2020 年新上线海外交流学习回国情况报告、学生返校确认、ZOOM（多人手机"云"视频会议软件）使用申请、教育培训项目结项管理等 25 项审批服务事项。持续推进 eHall 平台向移动终端延伸，"复旦 eHall"微信小程序于 2019 年 9 月上线，目前已接入事项 80 余项。

在工作推进的同时，有以下三点体会。

首先，紧紧围绕学校中心工作，以机关效能改革为抓手，为加快推进"双一流"建设提供重要保证。当前，我校正处在"双一流"建设的关键时期，以一流的机关管理服务水平驱动和引领一流大学建设，是"双一流"建设的基本路径。机关党委坚持一流导向，聚力内涵发展，以深化机关作风建设、提升机关效能工作为抓手，提升机关管理服务水平和干部队伍的整体精神面貌，从而整体性、根本性地优化学校"双一流"建设的软环境，助力学校高质量内涵发展。

其次，牢牢把握"以师生为中心"，以师生的需求为根本出发点，提升管理育人的实效性。学校第十五次党代会报告提出要"坚持一切为了师生、一切依靠师生，切实提高师生员工的认同感、获得感、幸福感"。机关党委积极回应师生最关注最急需的十大问题，在分批分阶段解决中自觉担当，主动作为，实现从"以部门为中心"向"以师生为中心"转变，从"以管理者为本位"向"以服务对象为本位"转变，真正做到想群众之所想，急群众之所急，用机关干部的"辛苦指数"换取师生的"幸福指数"。

最后，着力加强长效机制建设，深入推进"一网通办"，提升高校治理体系和治理能力的现代化。整体推进"一网通办"改革、大力提升机关效能，不仅是建设高水平高素质机关管理服务的基础性工作，更是巩固"不忘初心、牢记使命"主题教育成果的深入实践。机关党委加强对机关效能和作风建设的顶层设计，以改革创新精神来提升机关管理服务水平，优化办事流程、推动数据共享、提高办事效率，做到"两高两少、一网通办"（行政效能提高、服务水平提高，审批事项减少、审批环节减少），进一步提升"一网通办"师生体验度和满意度。

（执笔人：张骏楠、黄芳）

全周期管理与全链条服务
夯实科研育人根基

——复旦大学社会发展与公共政策学院的实践

一、基本概况

百年树人，以德为先。为切实落实"三全育人"综合改革，复旦大学树立全周期管理、全链条服务意识，以一流学术成果孵化、重大科研项目立项与咨政服务能力提升作为科研育人的三驾马车。

以社会发展与公共政策学院为例，该院是以社会学一级学科为主兼有心理学、人资环经济学、公共管理等学科的多学科交叉学院。学院强调以学术立院，以育人为天职，注重营造追求真理、尊重学术和人才的氛围，努力做到对真理的追求有人文情怀，对学理的探索有跨文化比较视野，对学术的研究有社会现实关怀。学院秉承"崇尚学术，求索真知；明德新民，止于至善"的办学宗旨，力争建成国内一流、国际领先的人才培养中心、学术研究中心和政策咨询中心。在学校的切实指导与鼎力支持下，学院对标第五轮学科评估与"双一流"建设目标，全面激发科研创新动能，全力打造科研育人高地。

2019年，学院教师以第一或通讯作者身份在SSCI（社会科学引文索引）期刊发表论文 51 篇，其中在 SSCI 一区期刊发表论文 18 篇，在 SSCI 二区期刊发表论文 12 篇；学院教师以第一或通讯作者身份在 CSSCI（中文社会科学引文索引）期刊发表论文 48 篇。2019 年，学院获得国家社科基金一般项目与青年项目立项 5 项，国家社科基金重大项目立项 4 项；2020 年，获得教育部人文社科一般项目立项 4 项，三类课题的立项数均位居全校首位。2020 年新冠肺炎疫情期间，学院教师撰写与疫情应对相关的政策专报 30 余篇，为国家与上海市的疫情防控工作提供咨询建议。

二、科研育人举措

在科研服务与管理工作中，学院充分发挥多学科交叉优势，针对学术激励设置、项目申报组织、申报质量把控、科研成果转化等各个环节构建全周期管理与全过程服务链条，形成以下主要做法。

（一）不断优化激励体系设置，孵化一流学术成果

一流学术成果的孵化不仅是科研育人的基石，亦是科研创新能级提升的重要驱动力。学院调整科研奖励体系，鼓励教师回应国际前沿研究问题、对接国家重大战略需求。学院新出台《高水平论文奖励条例》，重点奖励一流学术成果，包括具有重要影响力的 SSCI 顶尖期刊论文、中文权威期刊论文与高被引论文。

（二）高度重视科研项目培育，打造青年创新团队

学院每年设置"种子基金"，为申报国家社会科学基金项目、国家自然科学基金项目、教育部人文社科研究项目与上海市哲学社会科

学基金项目的团队提供预研经费，培育前沿性研究项目，鼓励跨学科交叉研究。种子基金申报者以 40 岁以下青年教师为主，多数为跨学科研究团队。以 2018 年为例，种子基金共资助 11 个研究团队，其中 5 个研究团队均于当年或次年获得项目立项。

（三）全面部署申报动员工作，跟踪项目申报进程

申报动员工作的关键在于及时响应、全盘摸底、多轮动员、精准对标与全过程跟踪扶持。在学校的指导与协助下，学院全盘摸底符合申报资格的教师名单，基于课题指南为教师甄选初步选题，通过面谈、微信或电话等方式开展多轮沟通与动员。在拟定预申报名单与申报选题后，组建申报教师微信群，实时跟踪申报进度，解答细节疑惑，确保教师保持流畅的申报节奏，顺利递交申报书。

（四）切实落实项目论证工作，提高项目申报质量

申报组织工作在扩大申报基数的同时，更需帮助教师提高申报质量，提高立项率。鉴于此，学院一是召开院内申报经验分享会，邀请近两年获得立项的各学科教师分享项目申报经验；二是在预申报名单确定后，及时召开专家论证会，邀请与申报者研究领域匹配的专家在破题思路、研究架构和团队组织等方面给予全方位指导；三是启动申报后期的"一对一专家帮扶计划"，在申报者完成初稿后，学院邀请相关资深教授对申报书提出修改建议，通过反复打磨提升申报质量。

（五）回应国家重大战略需求，鼓励科研成果转化

新冠肺炎疫情期间，学院充分发挥学科优势，组织动员教师立足学术研究撰写政策专报 30 余篇，内容涵盖新冠肺炎疫情期间的社会治

理、公共安全、人口流动、心理疏导、社工支持、媒体传播等各个领域。与此同时，学院联合复旦大学人口与发展政策研究中心对各份专报进行整理、归纳与提炼，向学校提交两份综合性政策报告，科学研判疫情发展态势，审慎评估疫情防控短期举措，反思抗疫过程中社会治理困境，全面探索应对疫情的中长期、整体性社会治理战略，以加速"后疫情时代"社会创伤的修复与社会信任的重建。学院师生切实做到把论文写在祖国大地上，把研究成果应用到战胜疫情中。

三、总结思考

（一）提高站位，以知促行，将思想价值引领贯穿科研育人全过程

学院始终坚持以理想信念教育为核心，以社会主义核心价值观为引领。学院教师定期为学生开设学术规范专题讲座，加强科研诚信教育，努力将学院建设为国内最具影响力、亚洲有较大影响力、世界有较高知名度的引领性学术研究中心之一。

（二）强化担当，以行践知，探索科研育人长效机制

科研是立德树人的重要载体，也是"三全育人"过程中不可忽视的重要环节。学院教师在提升科研能力与咨政服务能力之时，注重弘扬科学精神、倡导创新文化、培养科学思维方法，积极把科研优势转化为育人优势，构建科研育人的长效机制。

（三）破立并举、善于创新，打造科研育人新生态

学院在总结长期经验、挖掘比较优势的基础上，对标新要求与新目标，完善科研激励机制，探索科研管理新模式，拓宽科研服务新思路，促进科研成果转化应用，引导师生树立正确的政治方向、价值取向与学术导向，从而打造科研育人的新生态。

（执笔人：沈可、侯体健）

润物无声 在"云微课"中提升教职工综合素养

一、基本情况

"微课堂"是复旦大学工会的特色群众性文化项目,每周有活动、每月有讲座。"微课堂"内容简洁实用、富含文化特色,自 2017 年 5 月开办以来,已举办线下活动 60 多期,场场爆满,反响热烈,为教职工全面发展提供服务,促进教职工在"三全育人"中更好地培养全面发展的学生。

在新冠肺炎疫情防控期间,"微课堂"利用复旦大学工会微信公众号"复旦教工"平台,采用"视频直播+回看+互动"的形式,将"微课堂"从线下搬到线上,以"云微课"满足广大教职工的精神文化需求。2020 年 3 月至 6 月,"云微课"共举办 30 多期,吸引了 6 000 多人次教职工在线观看,有效解决了线下课程抢课难的问题,扩大了受众覆盖面。

二、以需求为导向,满足教职工成长发展需要

"微课堂"常设"教学辅助""传统艺术手作""健康保健""生

活妙招"四大课程板块，满足教职工不同层次、不同类型的发展需求，让每名教职工都能找到适合自己的微课程。在疫情防控常态化、全面开展在线教学的大背景下，卫生防"疫"、网络教学等问题成为教职工关注的焦点。"云微课"聚焦防"疫"和网课两大主题，精心规划课程内容，及时回应教职工关切。

（一）"教学辅助"类课程，助力教学质量提升

"微课堂"开设了教师课堂发声技巧、教师形象塑造、教师着装礼仪与基础搭配、如何与学生进行沟通等课程，以提升教师的教学技能与素质。疫情防控期间，"停课不停教、停课不停学"，如何在直播镜头前有更好的精气神，成为网课出镜教师们的"刚需"。"云微课"及时推出"教师网课形象"课程，请专业化妆师详细讲解男女教师都适用的上镜妆容。满满干货的"教师网课形象"课程吸引了近200名教职工在线观看，教职工们纷纷留言点赞"及时又实用"。

（二）"传统艺术手作"类课程，传承和弘扬中华优秀传统文化

结合节庆或时令，将中华优秀传统文化融入"微课堂"中，开设新年剪窗花，端午包粽子，夏日手绘团扇，体验中国茶道，制作中国结、非遗绒花、线装家谱、国风书签、香牌等课程，成为"微课堂"中最受欢迎的一类课程。

（三）"健康保健"类课程，守护教职工身体健康

为促进健康校园建设，增强教职工健康意识、舒缓工作压力，

"云微课"太极云手

"微课堂"开设了肩颈保健操、瑜伽、舞蹈等课程。疫情防控期间,"云微课"推出了太极云手、五禽戏、六字诀、八段锦、坐式十二段锦、瑜伽理疗、尊巴等适合居家开展的有氧健身系列课程。不少教职工表示,"云微课"的内容非常好,自己在家就能进行练习,活跃的氛围还能带动全家老小参与运动锻炼。

(四)"生活妙招"类课程,提升教职工生活品质

无论是疫情防控还是平时生活,居家空间的收纳和清洁消毒都非常重要。"云微课"请来专业收纳师,在线教授如何正确地深度清洁

和收纳居家空间。自制口罩、衣服修补、快手便当、中式点心制作等"生活妙招"课程也受到教职工的广泛欢迎。易学易用的生活技能，帮助教职工战"疫"居家健康生活，快乐生活。

三、体会启示

（一）服务育人：围绕学校中心工作，发挥工会独特作用

工会工作只有围绕中心、服务大局才有作为。立德树人是高校立身之本，在学校"三全育人"综合试点改革和疫情防控工作中，工会不能缺席，工作更不能缺位。工会利用自身的组织优势，开办群众性文化项目——"微课堂""云微课"，在党政所需、教职工所盼、工会所能的领域找准服务着力点，服务育人，为学校"三全育人"工作添砖加瓦。

（二）网络育人：新时代新媒介新实践

"微课堂"因为疫情不得不按下暂停键，工会及时调整工作思路，与时俱进，利用互联网平台将"微课堂"从线下搬到线上。"云微课"还打破了线下场地和人数的限制，解决了线下课程抢课难的问题，受众数成倍增加。"云微课"是战"疫"特殊时期的特殊形式，也是工会工作在信息时代的新实践。

（三）文化育人：大力弘扬中华优秀传统文化

"微课堂""云微课"都只是载体，其灵魂则是贯穿课程内容的人文关怀和情感温度。工会立足自身业务，发挥工会"大学校"的作用，将中华优秀传统文化融入"微课堂"，以文化的浸润、感染和熏

陶，让教职工感受中华传统文化的魅力，增加对传统文化的认知认同，进而凝聚成爱国情、强国志、报国行。据统计，"云微课"观看人次最多的前10期里有7期的内容都与中华传统文化相关，充分体现了教职工对中华优秀传统文化的兴趣和爱好。

（执笔人：陈邵莎）

"三全育人"理念下的
校园基础建设

复旦大学以"三全育人"理念为指导，系统推进校园基础建设，始终把立德树人的根本任务放在首位，为培养可担当民族复兴大任的时代新人提供扎实物质基础和条件保障。

一、全新教学楼、宿舍助力"环境育人"

学校部分教学楼和学生宿舍使用年限较长、建筑内部格局呆板、课桌椅和电教设施陈旧、不适应现代化教学需要。学校积极回应师生呼声，在"三全育人"理念指导下组织教学楼、宿舍楼维修、翻新工程，让学生在更加良好的环境中学习和生活。

（一）势不可挡——可持续发展推进智能化教学

2018年、2019年，复旦大学邯郸校区第五、第六教学楼整修工作完成。整修后的教学楼在满足教学功能的基础上，采用灵活布局的家具布置，体现现代化的互动教学方式，实现科学先进的智能化的教学模式；以科技、艺术、生态为导向，将建筑空间通过设计以艺术、文化手段串联起来；整体设计风格统一，既有较强的完整性，又有区域的识别性，实现室内空间个性融入共性的特性；尊重历史，选择性保留原建筑的风貌，并采用绿色环保材料，贯彻"可持续发展"的理念。

全新的5301报告厅，整面曲屏和剧场式的风格与功能改造突破了传统，除承担各类热门大课的教学任务，还承担举办远程交互教学、演讲、学术报告、文艺演出等活动的任务。在2020年复旦大学115周年校庆时，学校也启用5301报告厅开展线上直播，与千万校友线上互动。

（二）智能高效——升级硬件打造现代化智慧教室

2014年至2017年间，学校进行了枫林校区改扩建。改扩建后的枫林二教教室围绕智慧教室的架构风格，充分考虑医学教育的特点，划分出多样的教室功能，在个性中融入共性，让"老建筑"焕发新活力。在新的教室中，易涂板、旋转座椅、扩展电视、电子班牌、便捷插排、衣帽置物架等，均以学生需求为导向，切实做到以环境育人才。

（三）室雅人和——逐步优化学生生活质量

每年暑期，学校都会对有修缮需要的学生宿舍进行中修、大修。中修一般包括卫生间修缮、室内粉刷、屋面防水维修、空气源热泵装等工程，大修一般以完善基本功能设施、优化公共活动空间为目标。在每个工程的准备阶段，学校基建处都会联合相关部门与学生展开座谈，对学生实际的生活需求进行深入了解，并在施工过程中多方协商确保施工在不影响学生的情况下进行，致力打造安静舒心的学习环境。

二、翻新学生活动场馆助力"文化育人"

文化育人是落实立德树人任务的根本途径,也是实现文化传承和创新的基本方式。学校将文化育人的理念落实到校园规划和工程建设中,实现校园山、水、园、林、路、馆建设的使用、审美、教育功能和谐统一,为更好开展课外艺术教育、活跃校园文化氛围、提高学生的文化素养提供硬件保障。

(一)相映生辉——标志建筑修旧如旧,承载历史、传承文化

相辉堂是上海市第四批优秀历史建筑,1947年在复旦大学原第一宿舍的废墟上重建而起。相辉堂作为复旦人共同的精神家园,见证过复旦大学的风雨沧桑,领略过近代西学的熏陶,抵抗过烽火岁月的纷扰,代表着时代的精粹和沉淀,凝聚着一代代学子的精神和气质。然而随着时间推移,相辉堂已经无法满足礼堂的功能要求。为了恢复其应有的历史价值、使用价值和文化价值,学校于2017—2018年对相辉

相辉堂

堂进行了修缮扩建。

经过扩建的相辉堂为一所751座的多功能剧场，修旧如旧的老相辉堂为其前厅，新建的北堂与老建筑协调共生，构成复旦大学的新礼堂。为了还原复旦人心中的精神殿堂，项目团队多次拜访老校友、老教工，努力求证老相辉堂的每一个细节和部件，还原相辉堂的原初样貌。在粉刷外墙时，经4次调制、反复对比，才复刻出了印象中相辉堂熟悉的外墙灰。一如往昔的哑红色门窗仍旧沿用部分老的部件，木框上还带着一袭斑驳痕迹。学生在修旧如故的相辉堂中，不论是参加文艺演出，还是举办开学、毕业典礼，都会是历史的又一批见证者、感受者和传承者。

（二）华丽蜕变——老艺教馆翻新，丰富课外活动空间、支持多维文化发展

老艺教馆经过9年的服役，外观破旧、环境昏暗、设施老化的艺教馆再也无力支撑艺术教育事业的发展。2017—2018年，学校对艺教馆进行全面修缮，将其改造成集观演、教学、办公、接待、交流、展览于一体的新的艺术演艺中心。

新建筑外立面打破了原有建筑的竖向韵律形式，采用体块咬合和黑白红三色搭配的处理方式。一层以通透的大面玻璃为主，二层以黑白色压型穿孔铝板为主，结合红色耐候钢板及深灰色铝板雨棚。新艺演中心不仅打破传统活动场馆惯用模式，也让校园文化活动育人的功能得到了充分的体现和发挥。

（三）续写历史——望道故居换新颜

"国福路51号"曾是复旦大学老校长陈望道的住所，经过精心修

缮，2018年5月这幢掩映在绿意中的建筑以《共产党宣言》展示馆的新身份重回舞台中央。推开黑漆大门，一幢正面望去呈"凸"字形的独立小楼映入眼帘，姜黄底色、墨绿窗框，在绿树环绕中面目一新。经重新设计规划的建筑一层是《共产党宣言》展示馆，常设"宣言中译信仰之源"主题教育展；二层集中布置了主题为"千秋巨笔一代宗师"的展览；三层则是藏书、手札等珍贵史料的展厅。

高校是宣传中国特色社会主义文化的主阵地。2020年6月30日，习近平总书记给复旦大学《共产党宣言》展示馆志愿服务队全体队员的回信中写道："面向未来，走好新时代的长征路，我们更需要坚定理想信念、矢志拼搏奋斗。"在陈望道同志翻译首个中译本《共产党宣言》的100年后，学子们可以在这个崭新的展馆中重温革命先辈的砥砺艰辛，深入学习革命文化、扎实革命信仰，从而汲取营养、求知修德。

三、关注师生需求扎实"服务育人"

服务育人是新形势下高校思想政治工作的重要途径，将服务育人纳入人才培养的新体系中，更有利于营造学生学习和身心健康发展的文化氛围，培养学生成为专业过硬的复合型人才。

（一）人气爆棚——升级食堂提供多种功能服务

食堂不仅是学生就餐的场所，更应该成为校园生活综合体。学校在修缮北区食堂、国年路食堂时，以建设"美丽食堂"为理念，进一步优化校园食堂环境及软硬件设施。两处食堂经过彻底翻修，焕然一新，精心的场景布置配备各种新技术应用，还有自习区、烹饪体验区、学术交流区等多种服务功能，学生好评如潮，连毕业生都赶回来打卡。

江湾校区体育馆

（二）魅力之窗——江湾综合体育馆实现"运动休闲两不误"

体育对学生的身心健康发展、思想人格完善、综合素质提升等都有重要作用。江湾综合体育馆于2019年建成，这是一个具有多元、复合、包容与人性化特点的大众休闲娱乐空间。在外部结构上，体育馆保留原有用地上的青草绿荫，提高内部使用效率，同时释放临湖空间，控制建筑面宽，削减建筑对湖畔景观的阻隔。在功能布局上，体育馆秉持"运动结合休闲、空间多元复合"的设计原则，高效合理地分配各类高低运动空间，叠加组合；同时穿插设置开放、共享、舒适的公共交流空间，成为师生疏解压力，放松身心的场所。

（执笔人：王鑫洁）

弘扬集聚正能量
优良校风代代传

——复旦大学在"三全育人"中发挥离退休教师作用

一、基本概况

高校离退休教师有很强的政治优势、经验优势、威望优势，是"全员育人"中的重要力量。在"不忘初心、牢记使命"主题教育期间，学校离退休工作部门在开展调研中发现，积极探索跨部门合作新思路，主动对接学校中心工作，充分依托老同志的优势资源推动教书育人，非常符合目前学校"三全育人"综合改革的实际需求，也是离退休工作部门充分发挥复旦大学综合学科优势，充分用好老专家、老教授资源的重要抓手。学校老干部党委协同教务处，调动老干部工作处、退休教职工工作处、关心下一代工作委员会、老教授协会等资源，充分挖掘离退休教师育人功能潜能，积极推动、引导广大离退休教师参与到学校"三全育人"的中心工作中来，传承发扬老同志为人为学为师的经验，打造复旦大学离退休教师"老教授课程思政工作坊""老教授谈教书育人""关工委""五老讲师团"品牌，为广大师生开

立德树人 铸魂育人
——复旦大学"三全育人"综合改革案例选编

关心下一代工作委员会会议合影

展教书育人提供优质资源，持续推进"三全育人"工作，起到了良好的正面引导作用。

二、具体做法

（一）搭建"老教授课程思政工作坊"，充分发挥老同志教书育人作用

2019年下半年，老干部党委与教务处合作，成立了"老教授课程思政工作坊"，引导离退休教师利用政治、经验、威望优势，充分发挥离退休教师在校史、教学科研、临床培养等方面的经验积淀，参与学校"三全育人"工作。老教授课程思政工作坊成立以后，通过邀请老教授在课程思政午间研讨会上担任主讲嘉宾、召开老教授课程思政座谈会、与校刊合作推出《老教授谈教书育人》专栏等方式，切实发

挥老同志在课程思政工作中的作用，也为跨部门合作共同推进"三全育人"提出了崭新的思路和可行方案。截至目前，"老教授谈教书育人"专栏已经推出原复旦大学附属中山医院院长杨秉辉教授的"拾遗补阙，我和同事们开了一门课"、生命科学学院退休老师周德庆教授的《登高望远——人人仰望三层楼》、原上海医学院研究生院常务副院长刁承湘研究员的《传递红色基因、致力铸魂育人》等文章。老干部党委也已经面向全校发出"老教授谈教书育人"文稿征集通知，邀请全校离退休教师结合多年来教书育人的经验，围绕"我当年是怎么编写教材的""我当年是怎样在教学中对学生进行价值观教育的""我们当年是这样备课的"等主题撰写文稿，以传授经验为主，讲述当年故事为辅，奉献出一生教书育人的精华和智慧，实现最实实在在的"新"与"老"传承。后续，老干部党委还将进一步与相关部门合作，把文稿汇编成册并遴选出版。

特别值得一提的是，2019年11月15日上午，复旦大学"老教授课程思政座谈会"成功举行。数学科学学院退休教授陈纪修，物理学系退休教授蒋平，化学系退休教授范康年、刘旦初，生命科学学院退休教授周德庆、杨金水，教务处退休高等教育研究员方家驹，历史学系退休研究员傅德华等老一辈教学名师参与研讨交流。各位老教授从教书育人、基层教学组织、教材建设等方面分享了在多年教学实践中的经验做法，并表达了进一步发挥自身育人优势、学术优势，加强对青年教师关心和指导，共同将课程思政工作做得更好的决心和心愿。

（二）发挥关工委和"五老"讲师团正能量，引领新一代大学生健康成长

关心下一代工作委员会（以下简称"关工委"）坚持服务青年的

方向，以立德树人为根本目标，发挥"五老"优势，支持和帮助青年大学生成长成才。近年来，关工委积极落实新时代新形势对关心下一代工作提出的新任务新要求，切实抓紧抓好二级关工委工作；成立"五老"讲师团，为老专家、老教授发挥余热搭建平台，积极推进和优化课程内容和形式，努力扩大"五老"讲师队伍的影响力、受益面；选送政治素质、理论功底高的"五老"讲师加入全校教职工政治理论学习和学生党校师资课程库，已入库11位"五老"讲师、23门课程；加大宣传力度，紧跟时代潮流，利用腾讯会议等线上形式，把老同志变身"网红主播"，开设专题党课、"四史"学习教育报告，用青年大学生喜闻乐见的形式关心引导最新一代。在近期抗疫过程中，复旦大学"五老"代表、原校党委书记、校关工委顾问钱冬生老先生，在线多次开设"超越疫情的思考""新中国的奋斗历程和历史启示"等专题报告，前者宣传了我国我市我校抗疫防"疫"事迹，引导学生认识了解我国成功抗击新冠肺炎疫情的重大现实和历史意义，将党的创新理论武装到一线、输送到一线；后者则作为中国道路的见证者、亲历者，讲述了新中国的奋斗历程和辉煌成就，勉励新一代大学生勇担时代使命，走好新时代长征路。

此外，关工委开展了"读懂中国""红色基因、薪火相传""援建援教援医、共筑全面小康之路""文墨传情、助力抗疫"等主题教育活动，通过挖掘老同志的"三援"及各种事迹，现身说法，给青年师生带来最生动的"四史"教育素材；充分用好校内外优秀思想教育资源，拓展"院士回母校"活动内涵，数学科学学院院士上好新生第一课已坚持8年，"院士讲坛"受到学生好评，已形成品牌。充分发挥特邀党建组织员作用，助力学生党建工作开创新格局；加强与学生的互动，既正面引导，又不回避对社会敏感问题的探讨，提高与学生党员、入党积极分子的谈话针对性；指导青年党务工作者既热心耐心又坚持原则敢担当。近年来，学校特邀党建组织员中有 8 人荣获"上海市高校优秀特邀党建组织员"称号。

三、经验启示

离退休教师在"三全育人"综合改革教育中是一支不可忽视的重要力量。学校老干部工作部门要紧扣学校中心工作，坚持以党的政治建设为统领，牢牢把握老同志参与立德树人工作的方向性；充分利用新媒体技术，增强离退休教师立德树人工作的时代性；着眼长效机制建设，提升老同志参与立德树人工作的持续性，进一步充分发挥好老同志在学校"三全育人"中应有的作用，不断扩大"三全育人"中"复旦老同志"品牌的社会影响力。

（执笔人：孙燕华）

创新校董工作机制
拓展育人工作内涵

——复旦大学发挥校董会在"三全育人"
工作中的新作用

在全面深化"三全育人"综合改革试点工作中,复旦大学创新工作思路,积极探索校董参与育人工作新模式,抓住开学季这个育人工作先导期、关键期,将校董工作深度融入新生入学教育系列活动,邀请校董走进书院、走近学生,用他们追求卓越的创业精神、服务国家的奉献精神、回馈社会的公益精神激励广大学子拼搏进取,不负韶华,不负时代。让校董参与学校育人工作拓展了校董会工作内涵,也为学校"三全育人"工作注入了新动力。

一、基本概况

1995 年在复旦大学建校 90 周年之际,复旦大学恢复校董会,每 5 年一届,至今已有 25 年。新时期的校董会是由关心支持学校发展的知名校友、著名学者和学校代表组成的咨询和议事机构,旨在促进学校与社会建立广泛联系,筹措学校办学资金,共商共促学校发展。复旦

创新校董工作机制 拓展育人工作内涵
——复旦大学发挥校董会在"三全育人"工作中的新作用

大学校董都是行业翘楚、社会楷模，是学校的"智囊团""引路人"和"连心桥"，更是学校育人的宝贵资源。

复旦大学以立德树人为根本，积极拓展校董育人资源，抓住开学季育人先导期和关键期，外联部门和学校学生工作部门携手，将校董会工作与开学季深度融合，邀请校董参加开学典礼，搭建平台让校董走到学生中间，为同学们答疑解惑，以他们追求卓越的故事感召学生、影响学生、带动学生，激励更多复旦学子努力进取、奋发向上。同时，也让校董深入学校人才培养一线，了解学校发展需求，更好地支持学校发展。2015年第六届校董会成立以来，共举办校董与学生的座谈演讲活动9场；引导校董关注招生、培养、实习、就业等全过程，获得捐赠超过1亿元人民币，设立"康泉福建籍新生奖学金""药学学科和药学人才发展基金""香港学生奖学金""泛海海外交流奖学金""霍焱-海外交流奖学金""云锋创业基金"等项目，为学校人才培育提供了宝贵的物资和精神财富。

二、主要做法

自2018年始，学校创新校董工作机制，把一年一度的校董会安排在开学季举行，搭建平台，举办活动，让校董深入参与学校育人工作第一线，拓展全员育人新内涵。

（一）出席开学典礼，树榜样催奋进

2018年以来，校董受邀参加开学典礼成为惯例。在学校最隆重的典礼上，校董与校领导、教授们一起在主席台就座，寄语复旦新生，这既是学校致敬校董，也是润物细无声地宣扬感恩回馈精神的重要时

刻。校董们参加开学典礼感受复旦文化，同时为新生树立榜样力量。2019年开学典礼，学校邀请著名物理学家、诺贝尔奖获得者丁肇中校董到场寄语新生，他讲述了家族与复旦大学百年的缘分，勉励学生们要重视实验，敢于质疑、勇于创新，以兴趣为导向，做出不凡成绩。丁肇中校董的发言在青年学子中产生巨大影响。除了学校的开学典礼，外联处携手各院系和学校职能部门，根据校董们的专业和行业特点，安排校董们参加学院（系）开学典礼，与学院（系）师生近距离互动。这些场景都生动融入新生教育，成为开学季独特的育人风景线。

（二）举办专题讲座，搭平台促发展

校董中有很多是杰出校友，行业翘楚。他们的求学经历、创业历程、回馈社会的故事是复旦人"团结、服务、牺牲"精神的最佳诠释。外联处积极牵线搭桥，在新生季集中举办各类座谈会和演讲，让学生近距离感受校董风采、获得前行的正能量。2018年开学季，中国工程院院士李大鹏校董受邀担任复旦书院特聘导师，为克卿书院新生带来首场院士演讲。他鼓励学生要耐得住寂寞，保持好奇心和想象力，心怀国家、兼济天下。当场，李大鹏校董宣布捐赠5 000万元支持药学学科发展。李大鹏校董以科学家身份艰难创业的故事和慷慨捐赠的行动，深深震撼了现场的学子，学生们纷纷反映，这场活动让他们在初入学校之时就感受到大学的精神气质，为他们如何走好在复旦大学的求学路和未来的人生路指明了方向。校董走进书院、走进院系与同学们亲切交流，关心他们的学习生活，了解他们的生活所需，并尽其所能提供帮助。陈家泉校董与福建籍新生座谈，叮嘱他们要时刻把家乡放在心上，勉励他们将来为家乡建设贡献力量，此后，陈家泉校董与许健康校董一起捐赠设立"复旦大学康泉福建籍医学新生奖学金"，

鼓励福建籍同学们报考医科，学成后回馈桑梓。卢长祺校董与所支持项目——中美互信智库研究的师生交流进展，并提供中美关系研究方面的政学商界人脉资源；朱民校董与家庭经济困难学生座谈，了解学生现状并为学校相关工作提出提升和改善方案；姚祖辉校董与来自香港的同学们深入交流，关心他们的学习、实习和就业问题，会后，他主动建群为香港籍同学搭建交流平台，为他们提供力所能及的帮助。屠海鸣校董走访志德书院，得知书院中庭亟待改造为学生急需的公共活动空间，他欣然表示支持，之后不久就落实了捐赠。通过走访座谈活动，拉近了校董与学校、学生之间的距离，校董们也借机深入了解学校育人各环节和发展最深处，从而与学校之间建立起更紧密的链接。

（三）关爱港籍学生，促融入助成长

复旦大学校董中香港籍的校董人数多、影响大。校董会围绕学校中心工作，充分挖掘资源，与学校国际合作与交流处、港澳台办公室携手，让校董参与到港籍学生的招生咨询、在校学习、社会实践和就业指导全链条中。同时引导设立全额奖学金，吸引优秀港籍学生，入学后则全方位关心，帮助学生了解国情、尽快融入、爱国爱港、成才成长。

李兆基校董长期关心港籍同学的成长成才，自2013年起，便在复旦大学设立"李兆基奖学金"，奖励香港籍优秀学生在复旦大学求学。2018年8月，90岁高龄的李兆基校董与港籍复旦学子、校友座谈，细致询问同学们在校生活情况，鼓励同学们努力奋进。袁天凡校董和香港校友会一起，积极配合学校在港招生，亲自为香港中学生和家长做咨询。姚祖辉校董作为沪港青年会创会会长，长期关注两地青年人的发展。2019年7月，由他发起的"沪港同心——青年考察交流计划"

立德树人 铸魂育人
——复旦大学"三全育人"综合改革案例选编

将复旦大学作为重要一站,来自沪港两地的近千名中学生相聚在复旦大学,交流学习、加深了解。同年,姚祖辉校董在学校设立"沪港联合姚祖辉奖学金",与李兆基资深校董设立的"李兆基奖学金"一起,鼓励、支持优秀的香港籍学生在复旦大学安心学业。屠海鸣校董是复旦大学校友,2019年,他当选为复旦大学香港校友会会长,联系复旦大学在港校友、配合学校在香港地区招生工作,作出了重要贡献。曹其镛校董放眼亚洲,关注内地及香港青年与亚洲其他地区青年的文化交流与融合,出资支持学校"亚洲青年中心"建设项目。建成后的亚洲青年中心,已经成为复旦大学亚裔留学生和世界各地国家、地区留学生交流合作的平台。李和声校董90岁高龄仍心系传统文化推广,长期捐资支持学校传统文化在青年学子中的传承。2018年校董会期间,他带领香港中文大学和声书院师生与任重书院师生交流,来自两个书院爱好京昆艺术的学生们同台表演,切磋技艺。同年11月,在李和声

李和声校董邀请校党委书记焦扬及任重书院师生回访香港中文大学和声书院

校董的支持下，任重书院师生代表赴香港回访和声书院。在此过程中，沪港两地的同学们进一步加深了友谊，也对博大精深的中华传统文化有了更深的体会。

三、体会启示

近几年在校董工作内涵拓展的探索过程中，我们深刻体会到让校董参与到育人第一线，效果显著，作用独特，同时也成为校董会服务校董、密切校董与学校联系、加深校董对大学文化认同的重要抓手。这个工作还刚刚开始，校董育人资源还有很大潜力有待挖掘，我们的工作还需继续深入推动下去。结合过去几年校董参与"三全育人"工作的探索与实践，有三点体会与思考。

（一）用好学校关键节点协同推进

校董参与育人工作应该结合学校重大事件和关键节点，携手学校育人单位协同推进。目前，开学季校董进校园已经常态化，成为开学季育人工作重要内容和亮点。在此基础上，也可抓住毕业季、奖（助）学金颁奖典礼、校庆日、院庆日等重大活动契机，进一步探索校董走近学生和学校的育人模式，力求抓准切入点、做出新亮点、落地见成效。对外联络与发展处亟待与相关单位密切沟通与合作，形成工作机制，激发多元育人主体活力，用好校董资源、拓展校董力量，打造校董育人工作新机制。

（二）把握育人工作所需精准对接

近年来，对外联络与发展处与招生工作办公室紧密合作，了解招生工作所需，应需而动，精准支持了重点地区的招生工作。如何参与育人工作的全过程，这需要准确把握学校育人工作环节中的各方需求，做好精准对接。例如，发挥校董企业的作用，将校董企业作为学生实习实践基地和育人的第二战线；引导校董资源完善奖（助）体系和奖助项目执行，发挥奖助项目公益育人的力量等。以育人工作为抓手，搭建学校育人工作和校董之间互动的桥梁，充分激活校董、校董企业和校董社会资源，为学生的全方位发展提供多元化指引和支持。

（三）构建协同合作机制打造品牌

校董会发挥自身优势参与育人工作应该与校内其他部门形成合力，建立工作机制，打造育人品牌。一方面要全面激活校董资源，提升校董服务能级，做好校董资源大数据，主动创造全员育人条件；另一方面打通校内合作渠道，协同各部门共同做好全方位育人工作。不仅要搭建好联通高校育人与社会资源的平台，更要建构协同合作机制，深入培植校董精神引领与资助引领并重的育人文化，打造品牌活动，形成品牌效应。

（执笔人：邵琰、章晓野）

发挥"校友+"优势
深度服务"三全育人"

一、基本概况

校友是育人工作的重要资源，是"三全育人"不可或缺的环节。挖掘和发挥校友资源在"三全育人"中的作用是近年来复旦大学校友工作服务学校中心工作、助力学校"双一流"建设的重要实践和抓手。

目前复旦大学海内外校友会共有 96 家。对外联络与发展处（复旦大学校友会秘书处）在积极搭建全球校友工作网络的基础上，着力激活各地校友会、校友组织，发挥各院系在校友工作中的"中场线"作用，按照《复旦大学"三全育人"综合改革试点工作方案》的要求，牢牢把握"三全六度十育人"的大思政格局，积极统筹校友育人资源和力量，聚焦"六度空间"协同育人工程，以文化育人和实践育人为主要抓手，推动形成"校友+'三全育人'"的具体举措与办法。

二、主要做法

（一）校友工作贯穿学生培养全过程，全方位、多角度助力学生成长

复旦大学校友工作已经形成在入学至毕业的学生培养全过程中发挥育人作用的格局。在招生阶段，地方校友会注重配合母校搭建未来复旦人感受复旦精神、复旦文化的平台。福建校友会联合母校招生组举行的"福建省优秀学生复旦大学体验营"已成功举办3届，多名优秀学生经过体验营的学习后最终选择并考入复旦大学。部分地方校友会设立新生奖学金，助力优秀学子扬帆起航。在迎新（迎接毕业后至当地就业的校友）送新（送别当地考上复旦大学的新生）阶段，地方校友会与学校校友会形成合力，搭建学生与校友的沟通桥梁。目前，超过15个地方校友会形成了举办"迎新送新"活动的惯例，部分地方校友会更相应地做好与学生家长的联谊，成为学校构建家校关系的有效补充。在学生求学阶段，校友会全方位对接学生工作部门和各院系，精心为学生社会实践、生涯指导等多个育人专项工作搭建平台。在毕业阶段，通过丰富多彩的校友会毕业季活动与服务，突出离开母校不离开复旦人大家庭的基调，进一步加深母校情，开展回馈母校的正向引导，使得他们也成为未来"三全育人"的潜在校友力量。

（二）注重文化育人，将校友工作融入思政教育

讲好复旦人故事，将在各领域建功立业的优秀校友化作引领学生思政的榜样力量。近年来，在复旦大学新生、毕业生思政课，五四团课等上，一个个爱国报国、勇担使命的校友故事被频频提及。在大时

代中，复旦人始终秉承"团结、服务、牺牲"的复旦精神，用选择与奋斗写就自己与祖国同行的人生。在思政教育、思政课堂中嵌入优秀校友案例，成为引领学生成长的精神力量。

讲好校友捐赠故事，发挥公益育人的力量。一直以来校友是学校捐赠的最主要来源，尤其是助力学生成长的各类奖学金、助学金，不仅承载了校友对于母校的深厚感情，也将这份深情厚谊和公益育人的情怀传承给了学生。例如，2019年，何佩鑫、陈晓明校友乘坐地铁到学校来捐赠1亿元的事例就影响感动了诸多青年学子。

（三）注重实践育人，发挥世界各地校友力量

各地校友在搭建学生实践平台，助力海内外实习实践等方面不断拓展资源和力量。京津冀、粤港澳、长三角等国家重大战略布局地区的校友会大力支持复旦大学"卓越思源 服务社会"优秀学生培养计划的学员们在当地的社会实践活动，通过校友的联络，学生们得以走

2019年福建省优秀中学生复旦大学体验营

进当地重点企事业单位,如国家超级计算机中心、腾讯、辉瑞、中石化等,开展项目调研,考察地方经济社会发展,以实践深入国家发展战略。在海外,当地校友会发挥着为出国交流的学生们搭建交流平台的关键作用,通过海外校友网络,学生在感受到复旦大学大家庭温暖的同时,又获得了快速融入当地文化、深入社会实践的机会,如纽约校友会经常举办留学、职场等主题分享交流会,法国校友会经常举办法国文化考察活动,都使在外交流的学生直接受益。

(四)注重生涯指导,主动搭建校友与学生交流互动的平台

根据不同阶段学生成长的需求,利用多种项目,聘请相关领域的校友担任"校友导师",指导、助力学生成长。每年寒暑假及返校季,校友会联手校团委、学工部、研工部、学生职业教育发展服务中心,组织在校生开展"一对一走访校友"的活动。从 2017 年寒假首期走访开展以来,至 2020 年寒假,累计已有 1 000 多名学生参与走访。通过校友走访,加深了学生对所感兴趣行业的理解,指导学生建立并优化职业发展规划,帮助学生争取实习实践机会,鼓励学生树立积极向上的人生理想和务实进取的工作态度,同时培养学生的感恩之心和回馈母校的愿望。

连续 3 年举办"职场零距离"精英校友生涯论坛,结合学校学科布局特点,每年增加行业类别,从最初的每年 3 场到 2020 年"求职力、生物医药、快消、互联网、金融、国企/事业单位、文娱传媒、化工"的 8 个专场。来自各行业的优秀校友共聚云端,吸引了来自不同院系的 1 000 余名同学参与。校友们从自身经验出发,针对同学们的问题进行了全面的解答,并为同学们的职业发展规划提出了许多宝贵建议,得到学生的广泛好评。

三、体会启示

发挥校友工作在"三全育人"中的作用，有以下几点体会启示。

（一）需要顶层设计，校内多部门、多院系协同推进

在学校党委的统一领导下，抓住育人环节中能够发挥校友力量，校友资源能够与校内育人体系有效衔接、互补的领域，进行顶层设计，从体制、机制上不断完善，共同推进，发挥校友育人作用。校友遍布全球各地、从事各行各业，如何高效且有针对性的将其中的资源提取、挖掘，促进"三全育人"内涵式发展需要校内多部门、多院系共同谋划，从育人工作的各个环节展开思考，提高工作的针对性和可行性，实现校友助力"三全育人"的规范化、科学化建设，构建学校各部门、各院系、各校友会多位一体协同育人模式，提升育人成果。

（二）需要与时俱进，探索建立新的模式和技术

校友是学校发展最宝贵的资源。多年校友工作的积累，使得助力"三全育人"工作能够全面深入展开，根据育人工作的需求，已从学生培养的各个环节找到切入点。在新的历史时期，在更多领域开拓校友资源可助力的空间，值得进一步探索。在已有校友参与助力的育人环节中，如何使相关工作常态化、机制化，形成可持续发展模式，需进一步加强。同时，需着力探讨如何进一步利用现代信息媒介和技术手段，提升校友工作的可及性，使得更多更合适的校友加入助力母校育人的体系中。

（三）需要双向互动，从服务出发着力提升育人效能

校友工作的宗旨是"服务校友、服务母校、服务社会"，在工作中要有服务意识，建立学校与校友的双向互动，有效增强校友与母校之间的"黏性"。一方面，通过多层次的校友联络，提供多方位优质的校友服务，提升校友对于母校的感情，培育校友文化，增强校友对母校的反哺之情；另一方面，通过多种渠道，向校友传递母校发展情况、发展规划，在提升校友的自豪感的同时，也为校友主动助力母校发展提供方向。

（执笔人：林晶晶、恽小婧）

图书在版编目(CIP)数据

立德树人　铸魂育人:复旦大学"三全育人"综合改革案例选编/焦扬主编.—上海:复旦大学出版社,2022.7(2022.10重印)
ISBN 978-7-309-14972-2

Ⅰ.①立… Ⅱ.①焦… Ⅲ.①高等学校—思想政治教育—教学研究—中国 Ⅳ.①G641

中国版本图书馆 CIP 数据核字(2020)第 185987 号

立德树人　铸魂育人——复旦大学"三全育人"综合改革案例选编
LIDE SHUREN ZHUHUN YUREN FUDAN DAXUE SANQUANYUREN ZONGHE GAIGE ANLI XUANBIAN
焦　扬　主编
责任编辑/朱　枫

复旦大学出版社有限公司出版发行
上海市国权路 579 号　邮编:200433
网址:fupnet@fudanpress.com　http://www.fudanpress.com
门市零售:86-21-65102580　团体订购:86-21-65104505
出版部电话:86-21-65642845
上海四维数字图文有限公司

开本 787×1092　1/16　印张 36.75　字数 441 千
2022 年 7 月第 1 版
2022 年 10 月第 1 版第 2 次印刷

ISBN 978-7-309-14972-2/G·2160
定价:80.00 元

如有印装质量问题,请向复旦大学出版社有限公司出版部调换。
版权所有　侵权必究